וְזֶה יִהְיֶה מִשְׁפַּט הַכֹּהֲנִים מֵאֵת הָעָם מֵאֵת זֹבְחֵי הַזֶּבַח

היות והושקע בחיבור זה עיון רב וטירחה רבה, וידוע שאי אפשר לספר בלי טעויות ובודאי נפלו בספר שגיאות, הן טכניות והן שגיאות בתוכן התלויין בסברא ושיקול הדעת, לכן מבקשים מכל לומדי הספר להעיר ולהאיר על כל טעות ושגיאה (על ידי האימייל), ועי"ז נזכה לבירור שמעתתא אליבא דהלכתא, ולהוציא לפני הציבור ספר מתוקן במהדורה הבאה בעז"ה.

Published by Igud HaKohanim, Brooklyn NY

יוצא לאור ע"י מכון איגוד הכהנים ברוקלין, ניו יורק

Editor: Rabbi Peretz Rivkin
Contributing editor: Rabbi Yehuda Weingarten
Proofreading: Rabbi Zushe Greisman
Logo, cover design and typsetting: Yossidrizin.com
Images: Igud HaKohanim, Wikimedia commons
Print edition: Lightning Source US

עורך ראשי: הרב פרץ אלחנן הכהן רבקין
כתיבה והגהה חלקית: הרב יהודה הלוי וינגרטן
הגהה: הרב זושא גרייזמאן
לוגו, גרפיקה, ועיצוב: יוסף יצחק דריזין
תמונות: איגוד הכהנים, ויקימדיה
הדפסה: Lightning Source US

Igud HaKohanim
Brooklyn, New York

מהדורה רביעית
ה'תשע"ד

שולחן ערוך יורה דעה

סימן סא

דיני נתינת
הזרוע הלחיים והקיבה לכהן

עם הוספות וליקוטי פסקים **משפט הכהנים**
באותיות קטנות לצד פסקי השו"ע
ומ"מ, תמונות, וטבלאות למטה בהערות
ומילואים ומבחרי תשובות האחרונים בחלות
המצוה בחו"ל בזמן הזה

יוצא לאור בעזה"י על ידי מכון איגוד הכהנים
ראש חודש ניסן ה'תשע"ד

תוכן הספר

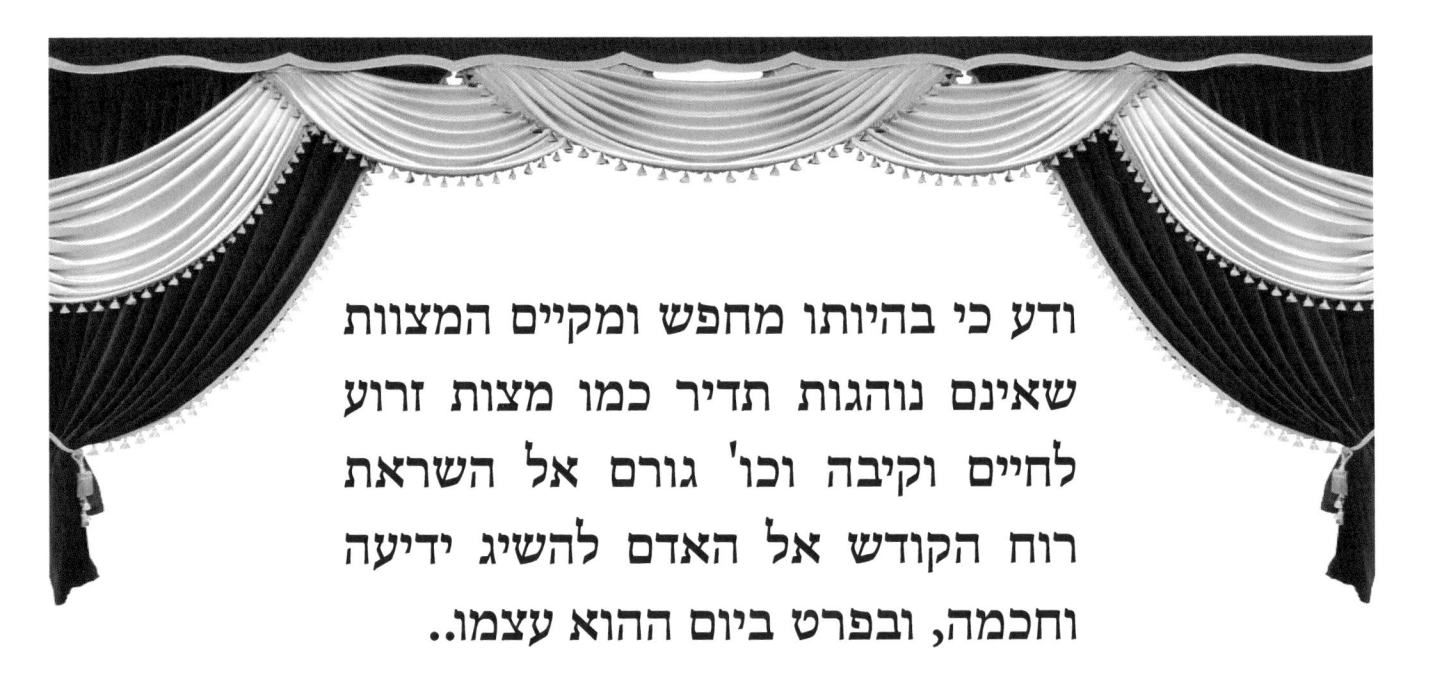

ודע כי בהיותו מחפש ומקיים המצוות
שאינם נוהגות תדיר כמו מצות זרוע
לחיים וקיבה וכו' גורם אל השראת
רוח הקודש אל האדם להשיג ידיעה
וחכמה, ובפרט ביום ההוא עצמו..

שער המצוות, הקדמה לפ' בראשית

א. חייב ליתן לכהן הזרוע והלחיים והקיבה של שור ושה:

≈○ משפט הכהנים ○≈

חייב ליתן לכהן: יש לתמוה דבר פלא, מדוע פותח המחבר דיני מתנת הזרוע הלחיים והקיבה בלשון "חייב" ולא מפרש מיד בפתיחה מי הוא החייב ליתן לכהן; האם זה הקונה? המוכר? השוחט? מי שיאכל מן הבשר? ואילו מי האיש שחייב לא פירש לנו עד אחר רוב הסימן לקמן סעיף כח ושם "השוחט בהמת ישראל חבירו, חובה על השוחט ליתן מתנותיה לכהן" ובפי' *השולחן גבוה* הר"י מולכו, יור"ד סימן סא, ס"ק סא, כתב ביאור יפה למה סתם המחבר העניין כלפי מי נאמר, כי לכאורה זה דבר צִירִי ומַכְרִיעַ בכל דיני נתינת הזלו"ק, וז"ל;

> "הזובחים[1]..חיוב המתנות מוטל עליהם להפריש חלק הכהנים, ונראה היינו טעמא דסתם שוחט *חבר* הוא, מדגמירא וסבירא הלכות שחיטה ובדיקה.
>
> ומסתמא הוא יודע גם כן בטיב הלכות מתנות כהונה ואינו מתרשל במצוה, מה שאין כן בבעל הבהמה דסתם **עם** עם-הארץ הוא ואינו בקי בהלכות מתנות כהונה, ומתרשל במצוה"

ע"כ, ומובן במילא כלפי מי נאמר *חייב*, שכלפי כל באי שערי הלכות שחיטה, זה דבר פשוט מאד שהכוונה היא כלפי שוחט הבהמה - עד כדי כך שאין לנו כמעט שום עסק עם בעל הבהמה, כיון שלולא השוחט בישראל לא מצאנו לקנות ולאכול בשר כשר כלל ועיקר. שמעשה ידיו הוא הגורם להכשיר הבהמה לאכילה. ואגב גררא נמצאנו למדים מדברי הרב בעל שולחן גבוה כמה שבחים אודות סתם שוחט בישראל;

◄ הביטוי **זובח** קאי על השוחט, ואין לטעות ולומר שקאי על הקצב[2] וכן גם מובן מלשון הפרי *מגדים* משבצות זהב ליור"ד סא;כט "השוחט מחויב לטפל בעצמו לילך לבעלים לישאל אם רוצה ליתן לכהן זה או לאחר .."

◄ שבחי מילין כלפי השוחט - שלא רק שהוא בעל אימון-ידים וחסון-לב לעשות מעשה השחי־טה, אלא סתם שוחט הוא גם ת"ח מורם מעם "גמירא וסבירא הלכות שחיטה וזביחה" שמ־כיל כששים סימנים - מהתחלת חלק יורה דעה ועד סימן דידן סימן ס"א. ולפי"ז יוצא שלא רק שהוא אומן ובעל דעה והשכל, אלא שאף אינו מתרשל בעשיית המצווה המוטלת עליו, לדוח־קה לאיש אחר או לשעה אחרת שתבוא המצוה לידי חימוץ ח"ו.

דווקא השוחט בעצמו הוא החייב לתת הזרוע, לחיים וקיבה לכהן

וכעין זה בפי' *החזקוני* עה"פ **וַיִּקְרָא מֹשֶׁה לְכָל זִקְנֵי יִשְׂרָאֵל** שמות יב כא שלעיל בפרשה כתיב **דַּבְּרוּ אֶל כָּל עֲדַת יִשְׂרָאֵל** שמות יב ג ושואל למה שינה הכתוב כאן לומר 'זקנים' ולעיל כתב 'ישראל' סתם? ומתרץ כי מצות קרבן פסח הייתה לכל עדת ישראל אבל מצות השחיטה (של קרבן פסח) היתה רק לזקנים אבל לא להדיוטות פן יקלקלו.[3]

1 פי' השוחט, וראה הערה הבאה.

2 שאף הוא נקרא לפעמים טבח וראה מאמרנו 'הדין עם הטבח' במילואים.

3 וכפי מאמר רבא *הדין עם הטבח* חולין קלב עמוד ב ופי' שם הריטב"א שאינו יכול לטעון ולומר לכהן 'לאו בעל דברים דידי את - לך אצל בעלים'. ו*הכנסת הגדולה* יור"ד סא יח כ' שהשוחט הירא את דבר ה' שלא יהיה בנידוי יפרישם מיד. ובתשובת ר"י בן צייח נדפס במילואים בסוה"ס כ' שלא ישחט עד שיוודא שהסכימו בעלים לתת לכהן מסויים.

ב. הזרוע, דוקא של ימין, והוא מפרק ארכובה הנמכרת עם הראש עד כף הירך שקורין אישפאלד"ה, והם שני פרקים:

≈○ משפט הכהנים ○≈

הזרוע דוקא של ימין: ומבהמת הקרבן איל נזיר (מה שמביא הנזיר בגמר ימי נזרו) נכלל גם הזרוע בְּשֵׁלָה כאחת מן הכ"ד מתנות כהונה, וז"ל הכתוב; **וְגִלַּח הַנָּזִיר ..וְלָקַח הַכֹּהֵן אֶת הַזְּרֹעַ בְּשֵׁלָה** במדבר ו יח, אבל יש הבדל, כי במתנות זלו"ק נכתב לשון וְנָתַן לַכֹּהֵן ובזרוע של איל נזיר כ' וְלָקַח הַכֹּהֵן,[4] ועוד הבדל בין הזרוע כאן והזרוע באיל נזיר הוא ששם אסורה לזרים כיון שיש עליה גם קדושת שלמים, אבל כאן יש לזרוע רק קדושת דמים מסכת בכורות כז עמוד א ומיועד לאכילה באופן של צלי וחרדל, אבל עכ"פ מותרת לזר באכילה על פי רשות כהן ואסורה לישראל בלי רשות כהן - לקמן סעיף לא.

הזרוע לפי"ד הרמב"ם

ויש מחלוקת עצומה בשאלה מהי הזרוע בבהמה. וראשונה, יש לפתוח בחקירה לברר גדר המילה *זרוע* מהי (שהרי לא כתבה התורה ונתן לכהן היד והלחיים וכו' וא"כ יש לעיין במה שונה *זרוע* מיד). ובתוספות מנחות לז עמוד א ד"ה קיבורת כתב שבבני אדם, הזרוע הוא דוקא חלק היד שמחובר לשכם, אבל הבהמה משונה משל אדם, ואצלה הזרוע היא הסמוכה לפרסות הבהמה[5] וכן דעת הרמב"ם להלכה (לא כהמחבר) שהשוחט נותן הכרע היינו עם הפרסות והזרוע אשר עליו לכהן.[6]

4 ויש לתת טעם כי באיל נזיר אין ברירה לנזיר לבחור לו הכהן אלא הכהן שבאותו בית-אב המקריב יקח מעצמו כי זה מתנת-חלקו בשכר עבודתו, משא"כ בזלו"ק שיש איזה טובת הנאה לבחור לאיזה כהן ליתן וראה בדברינו לקמן בסעיף ה אודות מה הטובת הנאה בזלו"ק, וכן אם יש לבעלים בכלל טובת הנאה (או רק טובת נתינה) או שהטובה שמורה לשוחט בלבד או שחברי הב"ד בוחרים איזה כהן יקבלה.

5 אליבא דהיש אומרים *שסובך של רגל* היינו סמוך לקרקע והשוק בבהמה כנגד הזרוע, (מה שנקרא בזרוע *הארכובה שנמכרת עם הראש*). ושם בתוספות; "..ואור"ת לא כדברי המפרשים גובה בשר שבאותו עצם שבין היד למרפק דהא משמע בכל דוכתי דמצות תפילין בזרוע כדאמרינן לקמן דף מג: חביבין ישראל שסיבבן הקב"ה במצות תפילין בראשיהן ובזרועותיהן ובפ' בתרא דעירובין דף צה: וקושר בזרועו במקום תפילין ואמרינן נמי אין לו זרוע פטור מן התפילין ואותו עצם שבין יד לקודא אינו קרוי זרוע אלא קנה ..ההוא דסמוך לכתף הוא זרוע ..ומיהו אין ראיה מזרוע דבהמה לזרוע דאדם דהא שוק דאדם נמי לא הוי כשוק דבהמות.." ע"כ, ועיי"ש.

ומה שכותב התוספות שיש הבדל בין זרוע של אדם לזו של בהמה ביאר הר"י מרצבך שרבים טעו בזה כי בקל אפשר לטעות, כיון שבאדם גם הזרוע, גם הקנה, וגם היד מגולים ואילו בבהמה רק היד והקנה מגולה והזרוע כולה מכוסה בתוך גוף הבהמה וראה מאמרו *הזרוע, מהי בבהמה*, נועם חלק ז דף רפז-ט ודבריו מאירים.

6 א"כ לשיטת הרמב"ם, מה שכתוב בלשון המשנה חולין י ד; "איזהו הזרוע, מן הפרק של ארכובה עד כף של יד" הוא דוקא מלמעלה למטה, ש'כף של יד' היינו הפרסות, ולא כפי' הרע"ב שם.

ובפיה"מ פיה"מ חולין א ד כ' דבר זה בבירור; "זרוע, היד הימנית. וכבר נתבאר לך מהיכן גבולה וכן ממה שביארתי את הארכובה במה שקדם משניות חולין ד ו כי שני פרקים לוקח הכהן האחד הידוע אצל בני אדם בשם *אלכרע* והוא הנמכר עם הראש בבהמה דקה והפרק שעליו והוא הידוע להמון בשם זרוע והוא נמכר עם הבשר" ע"כ.

וכן פירש ברמב"ם הלכות ביכורים ט יח "איזה הוא הזרוע..מן הפרק של ארכובה עד כף של יד

ב. הזרוע, דוקא של ימין, והוא מפרק ארכובה הנמכרת עם הראש עד כף הירך שקורין אישפאלד"ה, והם שני פרקים:

≈○ משפט הכהנים ○≈

ובמשנה כ' "איזהו הזרוע, מן הפרק של ארכובה עד כף של יד", ולפי"ז יוצא שהבין הרמב"ם שהמשנה מגדירה הזרוע דווקא <u>מלמעלה למטה</u> - כלומר ש'כף של יד' היינו כפות רגלי הבהמה (כעין לשון הכתוב **עַד מִדְרַךְ כַּף רָגֶל** דברים ב ה, וכן **וְכַף רַגְלֵיהֶם כְּכַף רֶגֶל עֵגֶל** יחזקאל א ז) **והפרק** *של ארכובה* היינו דווקא הארכובה העליונה.

חץ האדום: *עצם הקולית שהוא מכוסה בתוך גוף הבהמה*

חץ הכחול: *חלק הזרוע כפי שנקרא אצל ההמון*

והתוספתא חולין ט ג מגדירה את הזרוע בזה"ל; "אי זה הוא הזרוע ..נוטלו מבית הפרק וכל הפרק עמו", וי"ל ש'כל הפרק עמו' היינו לכלול גם בשר המפרק שבין עצם הקולית ועצם השכם, וזה איפוא כמוסיף על שיעור הזרוע לחומרא, אבל *בחזון יחזקאל* ביאר ש'הפרק' היינו עצם העליון (הקולית[7]), ואפשר לבאר התוספתא גם לדעת הרמב"ם, שהכוונה היא שיתן הזרוע (היינו מה שנקרא בפי ההמון בשם זרוע) וגם בשר המפרק אשר עליו שמחברו לעצם הקולית.

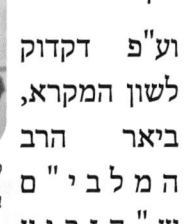

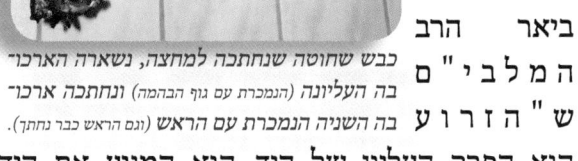

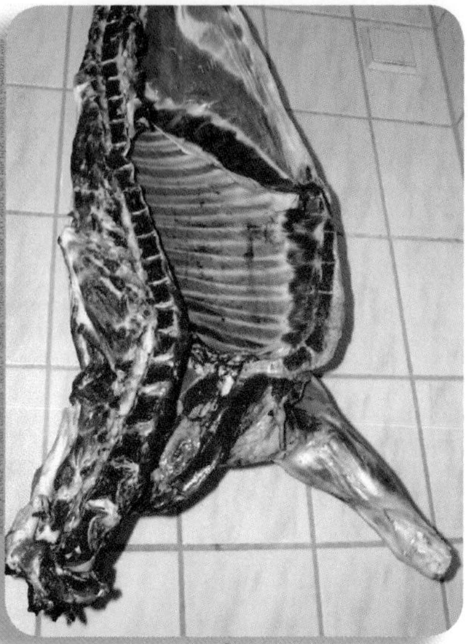

כבש שחוטה שנחתכה למחצה, נשארה הארכובה העליונה (הנמכרת עם גוף הבהמה) ונחתכה ארכובה השניה הנמכרת עם הראש (וגם הראש כבר נחתך).

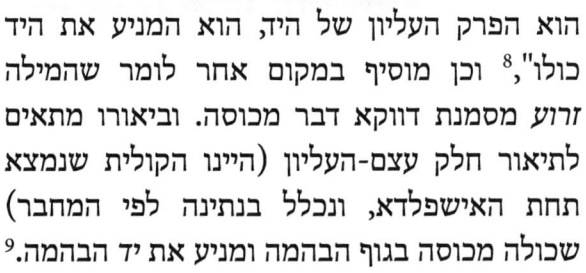

וע"פ דקדוק לשון המקרא, ביאר הרב המלבי"ם ש"הזרוע הוא הפרק העליון של היד, הוא המניע את היד כולו",[8] וכן מוסיף במקום אחר לומר שהמילה *זרוע* מסמנת דווקא דבר מכוסה. וביאורו מתאים לתיאור חלק עצם-העליון (היינו הקולית שנמצא תחת האישפלדא, ונכלל בנתינה לפי המחבר) שכולה מכוסה בגוף הבהמה ומניע את יד הבהמה.[9]

שהן שני אברים זה מעורה בזה" ע"כ.
ויש שהעירו שהרבה לא הרגישו שדעת הרמב"ם במשנ"ת הוא שווה לזה שבפיה"מ. וכן כתב הר"ש *צדוק* משנה תורה המבואר הלכות ביכורים ט יח; "מן הפרק של ארכובה הניכרת בגמל עד כף ידו - דהיינו עד הפרסות - שהן כף יד הבהמה והוא הכרע שאין בו בשר, והשוק (האבר) שעליו. לא החלק הסמוך לכתף המקביל לירך. וממה שאמרו אין מולגין אותן דהיינו גם לזרוע ראיה לרבינו שהכרע ושעליו הוא שניתן לכהן שאותו הוא שיש ושרגילים למלוג" ע"כ. וכעין זה כתב הר"י *מרצבך* בדעת הרמב"ם במאמרו הנ"ל. וגם יש לכל זה קצת ראיה גם מלשון הרמב"ם במורה נבוכים ג, לט שכתב שהזרוע היא ראשית האיברים <u>המשתרגים</u> בגוף, וזה מתאים לדבריו בפיה"מ שנותנים מה שנקרא בפי ההמון בשם זרוע, כי עצם הקולית כולו מכוסה ואינו משתרג מן הגוף וגם אינו נקרא זרוע בפי ההמון.

7 פי' עצם שיש בו מוח קרוי קולית רע"ב חולין ט ה.

8 ביאורו לישעיה נא, ט. סג יב, דברים ד לד, ירמי' יז, ה. תהלים מד ד ועוד.

9 ויש לתת סימוכין לשיטתו ע"פ המבואר לקמן שחלק הזרוע הרי הוא שכר לנשיאת כפים, וידוע אצל הכהנים שבנשיאת כפים חלק הזרוע שביד סובל את כל היד בהרמתם למעלה למשך זמן הברכה (ומרגישים זאת כשהברכה מתארכת וכו').

ב. הזרוע, דוקא של ימין, והוא מפרק ארכובה הנמכרת עם הראש עד כף הירך שקורין אישפאלד"ה, והם שני פרקים:

≈○ משפט הכהנים ○≈

ובמעשה רב מובא אודת הגר"א מווילנא ז"ל שאמר שהזרוע הוא רק עצם אחד ולא שנים, (ואעפ"כ נהג בעצמו לתת שני חלקים), אבל לא ביאר איזה משניהם הוי הזרוע ה"אמיתי".[10] ולפי"ז יוצא אפוא שמעיקר הדין די בנתינת *הזרוע* בלבד שהיא עצם אחד, ויש חולקין שאין שום הו"א שהזרוע בבהמה היא רק עצם אחד.[11]

והוא מפרק ארכובה כו': פירש רש"י הכוונה *ארכובה* היינו בֶּרֶך (מִפְרָק) הבהמה, ובתשובות הרא"ש מדקדק יותר שארכובה היא עצמות קטנות אשר במִפְרָק,[12] ולפי המחבר נמנים שתי ארכובות; אחד שנקרא *ארכובה העליונה* ואחד *ארכובה הנמכרת עם הראש*. *והארכובה העליונה* משאירים מחוברת לגוף אחר השחיטה, אבל *הארכובה התחתונה* הסמוכה אל הארץ היא הנמכרת עם הראש ורגילים לחתוך אותה.[13] ולעיל הבאנו דעת הרמב"ם שגם הארכובה התחתונה היא בכלל הזרוע.

חלק האישפלדה (עצם השכם) אינו נחשב בכלל הזרוע הניתנת לכהן -לכל הדעות

בתמונה: ארכובה העליונה ניכרת בגמל

והם שני פרקים: שני גבולים הללו (פרק הארכובה הנמכרות עם הראש וכף הירך), מוגדרים כאן באופן *עד, ולא עד בכלל*. כלומר, שהעד ולא עד בכלל הראשון הוא מהחלק שנקרא (בלשון ספרד[14]) *אישפאלדה*.[15] והעד, *ולא עד בכלל* השני הוא לגבי

ולכאורה יש דרך לברר מהי הזרוע ע"פ המדרש מדרש הגדול במדבר ו יט שהזרוע הוא חלק מששים שבאיל; "אמר רבי יהושע בן לוי משום בר קפרא כל איסורין שבתורה משערין אותה בששים שהרי הזרוע בהדי בשר ועצם דאיל הוה ליה הזרוע חלק אחד מששים חלקים באיל ולא קא אסיר ליה" ע"כ.

10 כפס"ד המחבר כאן מעשה רב אות ק"ג ושם: "ואמר שהזרוע הוא עצם אחד דלא כפוסקים אעפ"כ נתן שני עצמות" ע"כ. וכן בשערי רחמים אות קס"ג. **ויש מבארים כי סבר הגר"א כדעת רבי יהודה במשנה** חולין י ד וראה לקמן בהערה ט שאינו מוכרח שכן סבר רבי יהודה.

11 פי' הר"י לשאילתות מהדו' הרש"ק מירסקי, פרשת קדושים דף קצד **כתב שרבי יהודה אינו סובר בזרוע הבהמה שהיא עצם אחד ורק בשוק סובר כן, שכן משמעות לשוה"כ וַיַּךְ אוֹתָם שׁוֹק עַל יָרֵךְ** שופטים טו ח **שמשמיע ששוק הוא עצם אחד אבל בזרוע הניתן לכהן לא פליג וסובר ששתי העצמות נקראו בכלל זרוע כדכתיב וּקְשַׁרְתָּם לְאוֹת עַל יָדֶךָ ומניחין תפילין על הזרוע והוא עצם שני.**

ובפי' ראשל"צ חולין י, ע"פ רב צמח גאון מקים המשנה שהלכה כרבי יהודה כנגד סתם משנה, ומנהו הסתם משנה? רבי מאיר, ורבי יהודה ורבי מאיר הלכה כרבי יהודה, וכ' שגם רש"י עה"ת סובר שהוא עצם אחד, עיי"ש.

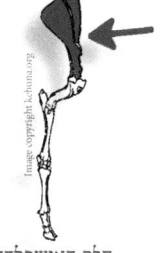

12 תשובות רא"ש סימן כ ס"ק טז.

13 ובלשון רש"י חולין דף עו עמוד א ד"ה שחיטתו "שלשה עצמות בירך התחתון והוא עצם הנחתך עם הפרסות כשמפשיטין הבהמה ואותה ארכובה נקראת ארכובה הנמכרת עם הראש ולמעלה הימנה עצם האמצעי וצומת הגידין בתחתיתו סמוך לפרק ארכובה הנמכרת עם הראש והעליון הוא קולית התחובה באליה" ע"כ.

14 המחבר היה מגולי ספרד ובלשון ספרד דברו רוב העם בימיו, והוא *Espalda*, מה שנקרא באנגלית ולטינית בשם *Scapula*.

15 שפירושו 'דבר זקוף', והושאל לתאר את כתף/עצם-השכם של הבהמה שהוא העליון

ב. הזרוע, דוקא של ימין, והוא מפרק ארכובה הנמכרת עם הראש עד כף הירך שקורין אישפאלד"ה, והם שני פרקים:

≈○ משפט הכהנים ○≈

חלק הארכובה *הנמכרת עם הראש* שגם היא איננה בכלל מתנת הזרוע. נמצאנו למדים הגדרת הזרוע (עם הבשר והעור שעליו); **א:** העצם העליון שנקרא *humerus* **ב:** העצם אשר מתחתיו שנקרא *radius/ulna*.

למה דווקא הזרוע?

ועל דרך דרש יש לבאר, שנתינת הזרוע לכהן הוא כעין זכר ליציאת מצרים, ששם חשף השם את זרוע קדשו וגאל בנ"י ביד חזקה וב*זרוע* נטויה, ונמצא דקנה הקב"ה לעצמו הזרוע כמו שקנה כל בכור פטר כל רחם באדם ובבהמה תחת בכוריהם של מצרים.

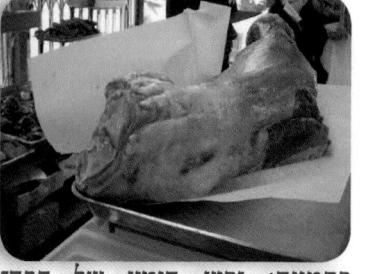

במצרים נהגו לתת זרוע הבהמה לכהני אלילים אולי כנגד זה נצטוו בני ישראל לתת הזרוע לכהני השם יתברך

ובבעל הטורים עה"ת וכן ברמב"ן מובאים דברי הרמב"ם מו"נ ג, לט שכתב בטעם מתנת הזלו"ק, שהלחיים בעבור היותם ראשית לגוף הבהמה, והזרוע בעבור היותה ראשית האיברים המשתרגים בגוף, וקיבה בעבור כי היא ראשית המעיים, כי הראשית בכולם יתנו למשרתי השם. וז"ל ר"י בעל הטורים שם:

"בענין התרומה והמעשר כבר באר סבתם כי אין לו (לשבט לוי) חלק ונחלה עמך וכבר ידעת סבת זה כדי שיהיה זה השבט כולו מיוחד לעבודת השם ולידיעת התורה ולא יתעסק לא בחרישה ולא בזריעה רק יהיה לשם בלבד כמ"ש **יורו מִשְׁפָּטֶיךָ לְיַעֲקֹב וְתוֹרָתְךָ לְיִשְׂרָאֵל יָשִׂימוּ קְטוֹרָה** וגו' אבל נטע רבעי עם מה שיש בו מריח עבודה זרה והתחלתו בערלה כמו שזכרנו הוא נוהג מנהג התרומה והחלה והבכורים וראשית הגז, שהוא ליתן ראשית כל דבר לה' לחזק מידת הנדיבות ולמעט תאוות המאכל וקנות הממון, וכן זה העניין בעצמו בלקיחת הכהן זרוע ולחיים וקיבה, שלחיים מראשית גוף בעל חי, והזרוע הוא הימין והוא תחלת מה שיסתעף מן הגוף גם כן, וקיבה ראשית בני מעיים כולם" עכ"ל,[16]

בתמונה: זרוע הימין של הבה מה הניתנת לכהן כולל שני חלקי העצם עם הבשר ועם העור שעליהם

והש"ך עה"כ מֵאֵת זֹבְחֵי הַזֶּבַח כתב;

"ועשה לו חלק מן הבשר שהוא הזרוע שהן שני פרקים שיש בהם שני עצמות שיש בהם מוח[17] כי הוא מיטב המאכל, ואע"פ שיש בשוק שני עצמות (שטובים מאלו) עם כל זה הזרוע הוא יותר קל והוא קרוב לנפש, פירוש ביותר של יד הבהמה עד מקום חיבורה עם השדרה. וכפירש"י חולין דף צח עמוד ב ד"ה וללישנא בתרא שעצם הכתף אינו נחשב בכלל הזרוע.

16 ואולי כיוון ר"י בעה"ט לעניין גזירת חז"ל כנגד ההולכים היפך הוראת 'למעט תאוות המאכל וקנות הממון' ועוד מונעים המתנות מבני לוי למען הגדלת רווחם וכו' וגזרו משום בעלי כיסין (ראה תוספתא חלה ב ז, מנחות סז., קידושין מא: ועוד).

17 ובהערה לעיל הבאנו דברי הרע"ב שלכן נקרא *עצם הקולית* כי מכיל הרבה מוח עיי"ש.

ב. הזרוע, דוקא של ימין, והוא מפרק ארכובה הנמכרת עם הראש עד כף הירך שקורין אישפאלד"ה, והם שני פרקים:

≈○ משפט הכהנים ○≈

לבית השחיטה.

ואמרו בגמרא כל הקרוב לנפש משיב את הנפש, פירוש לבית השחיטה, ונתן לו חלק בבני מעים שהיא הקיבה שהיא מיטב המאכל שבמעים, כל זה שלא ידאב (הכהן) לבו עליו ואולי יתמה על הקב"ה שעשאו כהן ולא תהיה עבודתו שלימה.

דגם חצוצרת כסף: יש מצוות עשה לכהנים לתקוע בחצוצרות של כסף גם בעת שמחה וגם בעת שזקוקים בני ישראל לתשועת ה'

עוד טעם אחר למה מתנות אלו, הזרוע רמז שהן (הכהנים) נזונין בזרוע, מה שאין כן בשאר העם שהן נזונין מן הצדקות, כמו שאמרו רז"ל על פסוק **שִׁמְעוּ אֵלַי אַבִּירֵי לֵב הָרְחוֹקִים מִצְּדָקָה** אלו בני אדם שכל העולם נזונן בזכותם והן אפילו בזכות עצמן אינן נזונים, כמו רבי חנינא בן דוסא, אם כן אלו (היינו הכהנים) אינן נזונין בצדקה שעושה הקב"ה בעולם אלא בזרוע, שהן משרתים למקום והמשרת יש לו פרס.[18]

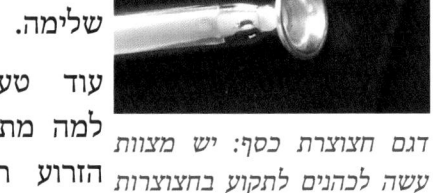

והלחיים לפי שהן בכל עבודה ועבודה מתפללים על ישראל ומשיבין חרון אף הקב"ה מעליהם ואומרים ישוב חרון אפך מעמך ומעירך וגו',[19] וישראל אינן מתפללים ואינן ראוין להתפלל,[20] לזה נתן להם (לכהנים)

18 ובגמ' שם ברכות יז עמוד ב; "**שִׁמְעוּ אֵלַי אַבִּירֵי לֵב הָרְחוֹקִים מִצְּדָקָה**, רב ושמואל ואמרי לה רבי יוחנן ורבי אלעזר חד אמר כל העולם כולו נזונין בצדקה והם נזונין בזרוע וחד אמר כל העולם כולו נזונין בזכותם והם אפילו בזכות עצמן אין נזונין" ע"כ. ובביאור הראשון פירש"י; **והם נזונין בזרוע:** בזכות שבידם, ובצדיקים משתעי קרא וקרי להו רחוקים מצדקתו של הקב"ה ע"כ. ונראה דכיוון לומר שהכהן נדמה לביאור הראשון ודו"ק.

19 סידור (פרשת העקידה), וצ"ע כי לכאורה אין שם שום משמעות לענין לתפילתו של כהן דווקא. ואולי כיוון להביא הפסוק ביואל ב יז: **בֵּין הָאוּלָם וְלַמִּזְבֵּחַ יִבְכּוּ הַכֹּהֲנִים מְשָׁרְתֵי ה' וְיֹאמְרוּ חוּסָה ה' עַל עַמֶּךָ וְאַל תִּתֵּן נַחֲלָתְךָ לְחֶרְפָּה לִמְשָׁל בָּם גּוֹיִם לָמָּה יֹאמְרוּ בָעַמִּים אַיֵּה אֱלֹהֵיהֶם** וגו'. וכן בעגלה ערופה מובא תפילתם של הכהנים; **וְנִגְּשׁוּ הַכֹּהֲנִים בְּנֵי לֵוִי.. וְעָנוּ וְאָמְרוּ.. כַּפֵּר לְעַמְּךָ יִשְׂרָאֵל אֲשֶׁר פָּדִיתָ ה' וְאַל תִּתֵּן דָּם נָקִי בְּקֶרֶב עַמְּךָ יִשְׂרָאֵל וְנִכַּפֵּר לָהֶם הַדָּם.** ועוד כתוב בדברי הימים; **וַיָּקֻמוּ הַכֹּהֲנִים הַלְוִיִּם וַיְבָרְכוּ אֶת הָעָם וַיִּשָּׁמַע בְּקוֹלָם וַתָּבוֹא תְפִלָּתָם לִמְעוֹן קָדְשׁוֹ לַשָּׁמָיִם** דה"ב ל כז, וראה הערה הבאה. וי"ל שגם במצוות תקיעת הכהנים בחצוצרות של כסף חינוך מצוה שפד, **יש צורך בפי הכהן** התוקע דווקא, וע"י עבודת הכהנים בזה משיגים בנ"י ישועה מאת ה' כדכתיב במדבר י ח **וּבְנֵי אַהֲרֹן הַכֹּהֲנִים יִתְקְעוּ בַּחֲצֹצְרוֹת וְהָיוּ לָכֶם לְחֻקַּת עוֹלָם לְדֹרֹתֵיכֶם .. וַהֲרֵעֹתֶם בַּחֲצֹצְרוֹת וְנִזְכַּרְתֶּם לִפְנֵי ה' אֱלֹהֵיכֶם וְנוֹשַׁעְתֶּם מֵאֹיְבֵיכֶם.**

20 דברים אלו תמוהין וצריכין ביאור למה תפילת הכהן יותר נשמעת מתפילת ישראל, וזה שכ' 'שישראל..אינן ראוין להתפלל' אינו קושיא על בעל הש"ך בדווקא אלא על העובדה בכמה כתובים בתורה כנ"ל שדווקא הכהנים הם המתפללים. והאבן עזרא *יסוד מורה* פרק ח כ'; "וטעם **רֵאשִׁית דְּגָנְךָ** דברים יח ד (שנותנים לכהן הוא) כי טוב הוא ממך ובו בחר ה' להתפלל בעדך, וזהו ולברך בשמו כמו ויקרא ט כב **וַיִּשָּׂא אַהֲרֹן אֶת ידו [יָדָיו]..**" ע"כ. ובצרור *המור* עה"כ דברים כא כ **עַל פִּיהֶם יִהְיֶה כָּל רִיב.. כ';** "כי עליהם להתפלל והם ראוים להתפלל" ע"כ.

ב. הזרוע, דוקא של ימין, והוא מפרק ארכובה הנמכרת עם הראש עד כף הירך שקורין אישפאלד"ה, והם שני פרקים:

≈○ משפט הכהנים ○≈

הלחיים עם הלשון.

והקיבה לפי שמשם השינה באה כדאיתא בברכות פרק הרואה;

> תנו רבנן הלב מבין, כליות יועצות, טחול שוחק, קיבה ישן וכו', ישראל ישנים עד שלש שעות כבני מלכים והכהנים אינן ישנים שרוב הלילה הם בעבודה, תחילת הלילה עוסקים באיברים שלא נתאכלו ביום ונשרפין כל הלילה שנאמר על מוקדה על המזבח כל הלילה עד הבוקר, וקמים לעבודה מקריאת הגבר אם כן אלו אינם ישנים, להם ראויה הקיבה שהקיבה מעכלת כל הלילה ואוכלין אותה ועכ"ז הם כובשין יצרם, וכדי להגדיל שכרם לא לישראל להוסיף שינה על שינתם"

ע"כ, וכן דרכו - בכמה מקומות - של בעל הש"ך עה"ת להרחיב הדיבור אודות זכותם של בני אהרן במתנות הכתובים בתורה, שלא יתבייש הכהן לקבל המתנות, ורצה שידע כל כהן שזהו חלקו בחיים לעבוד ולשמוח בעבודות הכהונה ויחזיק טובה יתירה לבורא כל הנשמות שעשהו כהן.

למה נקראו זלו"ק *משפט*?

בחולין קלד עמוד ב איתא, דורשי חמורות היו אומרים הזרוע וגו', היינו דהטעם בחלקים הללו הוא בגלל מעשה פינחס שלקח רומח בידו. ומבאר שם המהרש"א (ח"א) דלא מצאנו בתורה בשום אחד מהכ"ד מתנות כהונה זה הלשון של **מִשְׁפָּט** זולת מתנת הזרוע והלחיים וקיבה. ומתרץ שם דראוייה מתנה זו להיחשב **כמִשְׁפָּט** בגלל מעשה פנחס ע"כ.

ולפי"ז בא ענין המשפט דווקא למתנת הזלו"ק כי יש כאן עניין של מידה כנגד מידה ביתר שאת ממה שיש בכל שאר הכ"ג מתנות. ועד"ז יש לבאר לשוה"כ גבי זלו"ק דכתיב **מֵאֵת זֹבְחֵי הַזֶּבַח** שגם זה מראה ענין של *מידה כנגד מידה*, כדמצאנו לשון הכתוב במעשה פעור ששם אכלו מ"זביחה" לע"ז דכתיב **וַתִּקְרֶאןָ לָעָם לְזִבְחֵי אֱלֹהֵיהֶן וַיֹּאכַל הָעָם..** במדבר כה ב, וכן בתהילים קו כח יש לשון דומה; **וַיִּצָּמְדוּ לְבַעַל פְּעוֹר וַיֹּאכְלוּ זִבְחֵי מֵתִים.**

ובמעשה פעור כתוב שחרה אף ה', ובסדר הכתובים שם בסוף פר' בלק מבואר שלא נשקט תשוקת העם לגמרי לעע"ז ואפילו אחר שפיטת כל ראשי העם; **וַיֹּאמֶר ה' אֶל מֹשֶׁה קַח אֶת כָּל רָאשֵׁי הָעָם וְהוֹקַע אוֹתָם לַה' נֶגֶד הַשָּׁמֶשׁ וְיָשֹׁב חֲרוֹן אַף ה' מִיִּשְׂרָאֵל. וַיֹּאמֶר מֹשֶׁה אֶל שֹׁפְטֵי יִשְׂרָאֵל הִרְגוּ אִישׁ אֲנָשָׁיו הַנִּצְמָדִים לְבַעַל פְּעוֹר. וְהִנֵּה אִישׁ מִבְּנֵי יִשְׂרָאֵל בָּא וַיַּקְרֵב אֶל אֶחָיו אֶת הַמִּדְיָנִית לְעֵינֵי מֹשֶׁה וּלְעֵינֵי כָּל עֲדַת בְּנֵי יִשְׂרָאֵל וְהֵמָּה בֹכִים פֶּתַח אֹהֶל מוֹעֵד. וַיַּרְא פִּינְחָס..** ואחכ"ז כתיב **וְלֹא כִלִּיתִי אֶת בְּנֵי יִשְׂרָאֵל בְּקִנְאָתִי** במדבר כה ד-יא.

נמצאנו אומרים ד*במשפט* ו*במידה כנגד מידה* בא מתנה זו לכהן ובזכות פינחס, כלומר שיבא זביחת בשר תאוה ויבטל אותה זביחה לשם ע"ז ויאָכלו חלקי הזביחה החשובים דווקא לכהן,[21] וכשם שזכו אז בנ"י וזרעם אחריהם לחיים טובים ולשלום להם ולדורי דורות עד עולם - היפך הכלייה ממש, כן זכה פינחס וזרעו למתנת הזרוע והלחיים והקיבה 'ברית כהנת עולם'.[22]

21 שאישיותו מסמן ביטול ע"ז, כי על הכהן להקריב רק להקב"ה, ואם נכשל ועע"ז ח"ו אזי פוסק הרמב"ם הל' ביאת מקדש ט כדעת רב ששת מנחות דף קט שאפילו עבד בשוגג פסול להקריב.

22 ואח"כ כן מצאנו באלשיך הק' דברים יח א, ושם; וזה יהיה משפט הכהנים ..הלא גם מה

ב. הזרוע, דוקא של ימין, והוא מפרק ארכובה הנמכרת עם הראש עד כף הירך שקורין אישפאלד"ה, והם שני פרקים:

≈○ משפט הכהנים ○≈

ולפי זה אתי שפיר להיכתב לשון משפט במתנות הזרוע והלחיים והקיבה מה שלא מצאנו בשום מתנה אחרת משאר הכ"ג מתנות כהונה.

הספרא; מעשה חסד קא גרם

ובכל זה א"ש לדעת דורשי חמורות הנ"ל, אבל יש להקשות כי לא כל הכהנים הם מזרע פינחס ואעפ"כ לא מצאנו מפורש שיש עדיפות לתת הזרוע לחיים וקיבה דווקא לכהנים מזרע פינחס, אלא הפס"ד הוא שנותנים הזלו"ק לכהן (סתם) מבני אהרן, דהיינו איזה כהן שיהיה - גם מבני אלעזר (שממנו יצא פנחס) וגם מבני איתמר.

אבל אליבא דהספרא שעת הציווי לתת הזלו"ק החל מעת ברכת אהרן הכהן את העם (בעת הקמת המשכן בפעם הראשונה), ככתוב **וַיִּשָּׂא אַהֲרֹן אֶת ידו** (יָדָיו קרי) **אֶל הָעָם וַיְבָרְכֵם** ויקרא ט כב ודרש שם הספרא 'באותה שעה זכה במתנות כהונה'. אם כן חזינן דמעשה אהרן גרם.[23]

אבל גם לפי דרשת הספרא שייך כאן ענין *מידה כנגד מידה* כיוון דזוכה הכהן במתן הזרוע הימין בשכר נשיאת כפים. אבל יוצא לנו חילוק עצום בין התלמוד בבלי להספרא; שלדעת דורשי חמורות הנ"ל בבבלי מתנת הזרוע לחיים וקיבה בא בשכר מעשה דין (ויקח רמח בידו) ואילו לדעת הספרא המתנה בא בשכר מעשה חסד (וישא אהרן את ידיו..ויברכם). ובחקירה איזה מעשה גורם המתנה, בקובץ שערי תורה[24] ביאר בזה"ל,

> ואפשר דהכהנים שעובדים ביחד עבודת הקרבנות הוי דינן כמו שותפין שנשתתפו יחד באומנות או בעסק, שמה שכל אחד מהם מרוויח הוא לאמצע.
>
> וכן הכא מה שזכה פנחס זכה לכל הכהנים שיטלו כולם אלו המתנות מחולין, ולפי זה תהיה מכאן ראיה להדיעה המובאת בחו"מ ריש סימן קע"ו דאפילו לא עשו לא זה ולא זה אלא נשתתפו והתחילו לישא וליתן בעסק השיתוף לקנות או למכור יש מי שאומר דמהני, והוא דעת הטור שכן נראה לו, ובבדק הבית מהב"י כתב באמת זה אינו יודע מנין לו, ואפשר שטעמו ממה שאכתוב בסימן שאחר זה 'או שהתחילו במלאכה'.
>
> וכן הכא התחילו במלאכה על פי דרך *הפשוט*, דזה שאמרו בזבחים ק"א עמוד ב לא נתכהן פנחס עד שהרגו לזמרי והובא ברש"י חומש ריש פרשת פנחס הוא ע"פ דרך הדרש שדרשו זה מהכתוב והיתה לו ולזרעו אחריו כו' אבל ע"פ דרך הפשט כו' יתפרש שכרו של פינחס הוא שיהיו הכהנים הגדולים מבניו דווקא כמו שפירש הראב"ע במקומו שם והתחיל לשמש בכהונה עמהן ביחד וזכו כל הכהנים בזכות פנחס שהיה שותף עמהם ומה שנשתכר

שאמר למעלה ראשית דגן תירוש ויצהר וראה"ג שאמר למטה..משפט הכהנים, וגם אומרו מאת העם מיותר? ומתרץ שם מגיע להם בדין ומשפט ..בזה אין להחזיק טובה לישראל כי הנה ..זה העם לא היה בעולם אם לא על ידי פנחס, ..ורמז ענין החיוב באומרו מאת זבחי הזבח שהוא לעומת מה שהגין פנחס שהיו ישראל באשמתם זובחים את עצמם על דבר פעור ..החיה אתכם כאמורו ית' ולא כליתי את נ"י בקנאתי" ע"כ.

23 וכן יבואר על ידי הכתיב "ידו" לשון יחיד שבא לומר שצריך להגביה ידו הימנית מעל ידו השמאלית כדאיתא בזוה"ק זח"ג קמו. ובכ"מ – וכן הובא בשו"ע סי' קכ"ח סי"ב וגם כאן שנותנים הזרוע הימין בדווקא.

24 הרח"ד גרינלאס, חוברת ב, שנה י"ד, הוספות עמ' ז.

ב. הזרוע, דוקא של ימין, והוא מפרק ארכובה הנמכרת עם הראש עד כף הירך שקורין אישפאלד"ה, והם שני פרקים:

≈○ משפט הכהנים ○≈

השכר לשותפות כדין השותפים המבואר בשו"ע שם כו'

ושם האריך גם איך מהני בדבר שלא בא לעולם משום דכיון דגופן בעולם הקנין חל על גופן, והוי כאומר יקדשו ידי לעושיהן. ויש ליישב עוד לדעת התלמוד בבלי שהוא שכר על מעשה פנחס, דברא מזכה אבוה שיחסו הכתוב אחר אהרן (פינחס בן אלעזר בן אהרן הכהן) לומר שמכח אהרן ומזכותו זכה למצוה זו, ולכן כל מה שקיבל פנחס בשכרו על מעשה פעור קבלו וזכו על ידו גם כל אחיו הכהנים.

ויש להוסיף שגדר המצוה הוא שבני ישראל יהיה להם הכרת הטוב לכהנים המצווים לברך אותם. ולכן מחזיקים לכהנים טובה ויתנו להם המתנות בעין טובה, כדקיי"ל הנותן מתנה בעין יפה הוא נותן, וגם לא יחפשו תחבולות ליפטר ממצוה זו, ואדרבא, צא ולמד מזריזות הכהנים שמזדרזים לברך את עם ישראל באהבה. ומטעם זה מצאנו שאמר רבי יוחנן שהמחפשים תחבולות וטצדוקים ליפטר ממתנת הזרוע לחיים וקיבה נענשו שאסרו עליהם המלכות לאכול בשר,[25] אע"פ שהיו התחבולות בדרך היתר וכמו שפירש המהרש"א שם ויובא להלן.

מידת החסד גובר

וכן יש לדמות מצוה זו לפירוש הרקנאטי עה"ת בכמה מקומות שמבאר כי הכהן נקרא בתואר איש החסד, ולפי"ז ראוי שיבא וישתלב מידת הגבורה והחיל - שמסומן בלשון 'זרוע' - תחת ידו של כהן, כלומר שיבא בחינת הגבורה תחת רשותו של איש שבחינתו חסד שיהיה כבוש תחת ידו כדי שלא יפעל בלי רשותו של מידת החסד. וממאמרי האריז"ל בעניין כוונת השוחט כשנותן הזרוע, כתב הרח"ו בשער המצות פרשת שופטים דף נ"ב עמוד ב בזה"ל;

"דע כי הכהן הוא סוד ספירת החסד שהוא זרוע ימין ולכן צריך שיתן זרוע ימין אל הכהן, אבל זרוע השמאל פטור מליתנה לכהן. וכתב בפתוחי חותם דהענין הוא ע"פ סוד, כי הנה ענין החסד הזה שהוא בחינת כהן ובחינת זרוע ימין הוא השם ראשון של שם מ"ב שהוא אב"ג ית"ץ, כי שם זה הראשון הוא בספירת החסד, וזה סוד וְנָתַן לַכֹּהֵן כי וְנָתַן הוא גימטריא תק"ו כמנין אב"ג ית"ץ שהוא בספירת החסד שהוא כהן, וזה שאמר וְנָתַן לַכֹּהֵן, גם זהו הטעם למה השור חייב במתנות אלו כי שם הנ"ל שהוא אב"ג ית"ץ הוא בגמטריא שור"

ע"כ, ובכף החיים יורה דעה סא, ד הביא אמירות נוספות, ושם;

יש לומר אחר הפרשה קודם שיתן לכהן "לשם יחוד קודשא בריך הוא ושיכינתי', הריני בא לקיים מצות נתינת הזרוע והלחיים והקבה לכהן כמו שאמר הכתוב ונתן לכהן הזרוע והלחיים והקבה לתקן את שורש מצוה זו היא וכל מצות הכלולות בה במקום עליון ויהי נועם ה' אלהינו עלינו וכו'.

[25] יבמות סג עמוד ב ושם; אמרו ליה לר' יוחנן אתו חברי לבבל שגא נפל אמרו ליה מקבלי שוחדא תריץ יתיב גזרו על ג' מפני ג' גזרו על הבשר מפני המתנות גזרו על המרחצאות מפני הטבילה קא מחטטי שכבי מפני ששמחים ביום אידם" וברש"י כ' "גזרו על הבשר - שלא יאכלו בשר שחוטה: אמר להם מפני עבירה שבידם שהיו גוזלים מתנות כהונה זרוע ולחיים וקיבה" ע"כ.

ג. הלחיים; הם מפרק של לחי עד פיקא של גרגרת שהיא טבעת הגדולה עם הלשון שביניהם וצריך ליתנו עם העור ועם הצמר שבראשי כבשים והשער שבראשי תיישים שאינו ראשי למלגם ולא להפשיט העור קודם שיתננו לכהן:

≈○ משפט הכהנים ○≈

הלחיים הם מפרק של לחי: במשנה איתא "אי זהו לחי? מן הפרק של לחי עד פיקה של גרגרת" ע"כ, ובתוספתא חולין ט ג כ' "איזה הוא לחי? נוטלו מבית השחיטה וכל בית השחיטה עמה" ע"כ, א"כ הווה אומר שהתוספתא מוסיף על שיעור המשנה - שהרי מקום השחיטה הוא למטה מפיקה של גרוגרת,[26] ומה גם שבית השחיטה מירווח רווח.[27]

ויש חילוקי-דעות אודות *לחי העליון* אם הוא בכלל הנתינה; ע"פ התרגום יונתן דברים הוא בכלל המתנה וכן לפי גירסת הגר"א ספרי, וכן פסק בעל *ערוך השולחן* להלכה וביאר הטעם כי כתבה התורה **וְהַלְּחָיַיִם** בשני יודין דאילו כתב **לְחָיִם** הו"א לחי התחתון וגם העליון אבל רק אלו שמצד אחד בלבד, ואם רצתה התורה רק פרק אחד הייתה כותבת לחי. אבל דעת *החכמת אדם* הוא שדווקא לחי התחתון בלבד ולא העליון, וקרי **לְחָיַיִם** לשון רבים מפני שיש בו שני פרקים, ימין ושמאל. אבל לפי כל הדיעות גם הלשון בכלל הנתינה וכפס"ד המחבר כאן.

חשיבות לחי העליון

ויש טעם לומר דמילת **וְהַלְּחָיַיִם** כולל גם לחי העליון בכלל הנתינה, כי הוא חשוב יותר מלחי התחתון והכרחית לחיי הבהמה וכנראה בתשובת הרמב"ם לחכמי לוניל, ששם החשיב לחי העליון כאבר שתלוי בו רוח חיים ובלעדו היתה רוח קרה נכנס לריאות הבהמה ומזיקתה. וכמו שפסק להלכה הלכות שחיטה פרק ח הלכה כג וז"ל "לחי העליון שניטל טרפה. אבל אם ניטל התחתון כגון שנגמם עד מקום הסימנין ולא נעקרו הרי זו מותרת". והביא הכסף משנה שם שהטור תמה על הרמב"ם שכתב כן, וז"ל הכסף משנה הלכות שחיטה ח כג ד"ה לחי העליון;

> "וכי להוסיף על הטרפיות יש ואין לדקדק מדהכשיר בתחתון מכלל דבעליון טריפה דלגופיה איצטריך לאשמועינן אע"פ שהסימנים מחוברים בו וכ"ש בעליון, וחכמי לוני"ל הוקשה להם כך ושאלו לרבינו; 'בהמה שניטל לחי העליון טריפה ואנו בעניותנו לא שמענו עד היום הזה והיה נראה בעינינו כשאומר ניטל לחי התחתון כשר רבותא אשמעינן אע"פ שנראה כעיקור וכל שכן לחי העליון'.

> והשיב להם מי תלה הסימנים בלחי התחתון עד שתחוש לעיקור דע שהסימנין תלויים הם בין עיקר החיך ובין הלשון אבל המתפצל של לחי התחתון רחוק הרבה מתוך הצואר שבתוכו הסימנין, וזה הלחי התחתון הוא המנדנד ברוב בעלי חיים בשעת אכילה, ולפיכך המפצל של לחי התחתון רפה הרבה, כדי שיהיה נע במהרה בשעת אכילה, ומפני זה נשמט פעמים הרבה מרוב בני אדם לא בשעת אכילה בלבד, אלא בשעת הפיהוק ואם החזירוהו במהרה יחזור ואם לאו לא יחזור אפילו ניטל המפצל ולא ימות החי. אבל לחי העליון קבוע הוא והחוטם הקבוע בו הוא

---

26 ראה יור"ד סימן כ.

27 ראה חולין דף ח עמוד א, וכן דף ל עמוד א.

ג. הלחיים; הם מפרק של לחי עד פיקא של גרגרת שהיא טבעת הגדולה עם הלשון שביניהם וצריך ליתנו עם העור ועם הצמר שבראשי כבשים והשער שבראשי תיישים שאינו רשאי למלגם ולא להפשיט העור קודם שיתננו לכהן:

≈○ *משפט הכהנים* ○≈

נשמת רוח החיים הנכנסת ללב דרך הריאה עם הנשימה שתכנס מן הפה, ואותו הלחי העליון כמו גג הוא לכסות הקנה עד שלא תכנס נשמת הרוח והיא קרה לריאה וימות החי, גם שני לחיים שהם כמו שני ענבים אדומים תלויים בסוף החיך מלמעלה כנגד פי הקנה מפני זה נבראו כדי שיהא הרוח שתכנס מן הפה בעת הכנסת הרוח לריאה תפגע בבשר זה תחלה. ואע"פ שנשתנית בתוך הפה ואח"כ תכנס לריאה ואם ינטל לחי העליון יאבד הכל, ונמצא פי הקנה מגולה לאויר ומיד תכנס הרוח בכל נשימה ונשימה כמו שתכנס לתוך פי האשישה והחלון וביומה תקרר הריאה ותמות הבהמה ואין לך מי שאין כמוה חיה יותר מזו, ומפני זה מנו נטילת לחי התחתון דוקא בכשרות ולא העליון עכ"ל.

וכתב הרשב"א בת"ה 'שדברי רבינו נראים, אלא שיש להתיישב בדבר מפני שאם כן מפני מה לא נשנית טרפותו במשנתנו ולא נזכר בגמ' ג"כ עכ"ל.'

והמשרת *גבר* סובר שגם חכמי לוניל מודים לזה, אלא שדימו חכמי לוניל כי ניטל לחי העליון אף שאין כמוה חיה אך נוטל אבר לחי לא מיקרי מחסרא אבר כי הלחי אינו עושה אלא מעשה שומר בעלמא שלא יבוא רוח הקה, ואין נטילת הלחי גורם הכאב שימות הבהמה דומה לצומת הגידין וגם אין הלחי פועל פעולות הבריא ככנפי הריאה רק עושה מעשה שומר בעלמא ולא מיקרי מחסרא אבר ואף שאין כמוה חיה דמיא למסוכנת.

בתמונה העליונה: בשר לחי בהמה
בתחתונה: אחר חיתוכו לשלש

ולעניין פס"ד המחבר, אינו ברור אם כולל במתנה את לחי העליון עם לחי התחתון אבל גם אינו מן הנמנע שמחייב, כי יש להסיק אפוא שמחייב ממה שמוסיף לומר "צריך ליתנו עם העור ועם הצמר שבראשי כבשים והשער שבראשי תיישים", כלומר כי כל עור הראש ניתן גם כן לכהן עד שבכלל המתנה הוא השער של כל ראש הבהמה, לפי זה נמצאנו כמעט כל הראש ניתן לכהן כי מה נשאר בראש אחר הלשון, שני הלחיים והעור והשער. אבל לפי דברי המחבר לעיל לא משמע כן, וצ"ע.[28]

28 וכן כתבנו לעיל אודות הארכובה הנמכרת עם הראש, דהיינו *עם הראש* לאחר שהשוחט כבר הפריש ממנו את החלקים הניתנים לכהן (היינו השעה, הלחיים, והלשון). ומזה משמע שיש עדיין משהו בראש הבהמה שנשאר לבעלים וגם ראוי למכירה.

ג. הלחיים; הם מפרק של לחי עד פיקא של גרגרת שהיא טבעת הגדולה עם הלשון שביניהם וצריך ליתנו עם העור ועם הצמר שבראשי כבשים והשער שבראשי תיישים שאינו ראשי למלגם ולא להפשיט העור קודם שיתננו לכהן:

≈○ משפט הכהנים ○≈

עם הלשון שביניהם: נתינת הלשון כחלק ממתנת הלחיים אינה כתובה במשנה בהדיא וגם אינו מפורש כ"כ בגמרא, ורק לומדים זאת ממעשה שהיה; "רבא ורב ספרא איקלעו לבי מר יוחנא בריה דרב חנא בר אדא ואמרי לה לבי מר יוחנא בריה דרב חנא בר ביזנא עביד להו עגלא תילתא אמר ליה רבא לשמעיה זכי לן מתנתא דבעינא למיכל לישנא בחרדלא" ע"כ, וברש"י שם כ' "זכי לי מתנתא - תן לי רשות ליקח מתנותיך לאוכלם מפני שהלשון עם הלחיים ניתן לכהנים ובעינן למיכל לישנא בחרדלא שהוא דבר חשוב" ע"כ, וכ"ז גופא טעון בירור שלכאורה מנין שהלשון בכלל הלחיים?

"עם הצמר שבראשי כבשים והשער שבראשי תיישים": כמות השער הגדול בראש כבש יכול להיות שיעור מכובד.
צולם בפסטיבל הצאן במרילנד בארה"ב

אלא י"ל לפי דרש של דורשי חמורות "לחיים כנגד תפלה וכן הוא אומר ויעמוד פנחס ויפלל" ע"כ, כלומר שזה כנגד מעשה התפילה שבלי לשון אין תפילה, ובפירש"י חולין קלד עמוד ב ד"ה הפרק של לחי שם משמע שלשון נחשב בכלל הפרק של לחי, וז"ל; "אצל הצדעים, וחותך כלפי מטה עד פיקה של גרגרת עד שיפוי כובע שהוא פקעיתא ופתחה של קנה בית הבליעה דהיינו לחיים התחתונות עם הלשון".

ולקמן סעיף ז פוסק המחבר שהשוחט יתן הזלו"ק דווקא לכהן ת"ח, ויש לבאר ע"פ הגמ' חולין קלג

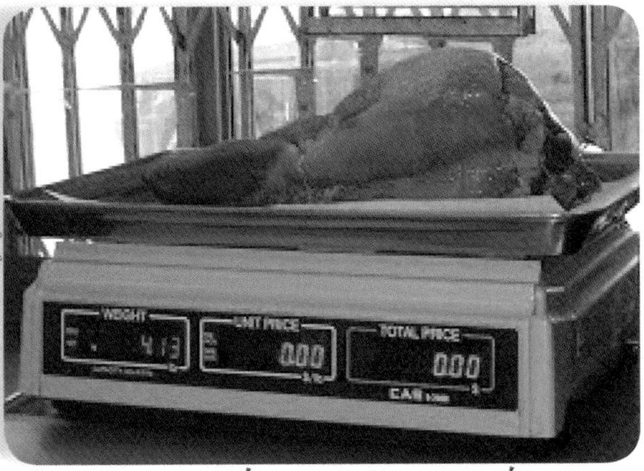

בתמונה: לשון בהמה כשרה, משקלו 4.13 פאונד, דהיינו 1.87 קילוגרם

עמוד א במאמר רב הונא אמר רב; "חוטין שבלחי אסורים ופירש"י שם משום דם, וכל כהן שאינו יודע ליטלן אין נותנין לו מתנה" ע"כ, שמשמע מזה שיש להדר בתר כהן ת"ח שלא נכשילנו באכילת איסור,[29] וכן עפ"ז יש להביא מזה ראיה ראה לקמן סעיף ה שמצוה לשוחט להפריש הזלו"ק מיד, עוד טרם שום בדיקה,[30] מליחה, הסרת חוטין של דם וכדו'.

29 והוי זה דומה קצת לזה שאין לתת תרומה לפני כהן ע"ה כמבואר בגמ' סנהדרין צ עמוד ב; "אמר רב אחא בר אדא אמר רב יהודה כל הנותן תרומה לכהן עם הארץ כאילו נותנה לפני ארי מה ארי ספק דורס ואוכל ספק אינו דורס ואוכל אף כהן עם הארץ ספק אוכלה בטהרה ספק אוכלה בטומאה. רבי יוחנן אמר אף גורם לו מיתה שנאמר ויקרא כב, ט **וּמֵתוּ בוֹ כִּי יְחַלְּלֻהוּ**, דבי רבי אליעזר בן יעקב תנא אף משיאו עון אשמה שנאמר ויקרא כב, טז **וְהִשִּׂיאוּ אוֹתָם עֲוֹן אַשְׁמָה בְּאָכְלָם אֶת קָדְשֵׁיהֶם**" ע"כ.

30 חוץ מבדיקת הורידין כמבואר ביור"ד

ג. הלחיים; הם מפרק של לחי עד פיקא של גרגרת שהיא טבעת הגדולה עם הלשון שביניהם וצריך ליתנו עם העור ועם הצמר שבראשי כבשים והשער שבראשי תיישים שאינו רשאי למלגם ולא להפשיט העור קודם שיתננו לכהן:

≈○ משפט הכהנים ○≈

הַעור ועם הצמר: **עם** בגמ' חולין קלד עמוד ב מבואר שאין נתינת העור והצמר שבראש תלוי במנהג אלא זה חיוב גמור, אמנם עור הזרוע תלוי במנהג, ולכן לא הזכירו נתינת עור הזרוע כחיוב בטור, והב"י כתב כיון שבימיהם לא נהגו כן כמבואר שם בב"י. והפרי חדש ביאר וז"ל "וכיון שהוא מקום שנהגו למלוג בעגלים אהני מנהגא לאוסופי העור וליתן הזרוע בעין יפה עם עורו, ולפיכך לא יפשיטנו אלא יתנו לו שלם עם העור והכהן ימלגנו" וכו'.

והנה המדייק מלשונו יראה שכתב "אהני מנהגא... וליתן הזרוע בעין יפה עם עורו", ומשמע שבא לתרץ, איך מהני מנהגא של אותו מקום לחייבו לעשות כן, ונראה שזה כוונתו במה שכתב 'בעין יפה', היינו שאהני מנהגא לומר שזהו גדר עין יפה, כי גדר עין יפה במקומות שלא קבעו בו חז"ל גדר (כגון בתרומה אחד מארבעים) הוא תלוי במנהג העולם שקובעים מהו גדרו של עין יפה. והנה עדיין יפלא, אע"פ שאהני מנהגא לומר שהוא עין יפה, מכל מקום לא מצינו שעין יפה יהיה חיוב גמור, דבכל מקום ניתנה רשות גם לנהוג בעין רעה ועכ"פ בעין בינונית.

סימן כה וי"ל כי זה מעצם מעשה השחיטה.

והנראה לומר דשאני דין זלו"ק משאר חיובים, משום שדין עין יפה הוא חיוב מעצם המצוה, ולכן אינו יכול לפטור עצמו ולומר אנן עין רעה בעינן וכו', דכל ענין הזרוע לחיים וקיבה הוא חיוב על השוחט לשעבד נפשו לה' וליתנן בעין יפה וברצון טוב שהם ראשית הבהמה כמו הביכורים שענינם ליתן מכל דבר הראשית והמובחר להשי"ת (וכ"ז כפי המבואר במו"נ פל"ט).

בתמונה: דוגמת שער שבראש תיש. יש סברא כי גם הזקן (הצומח בן הלחיים) נכלל בתוך שער שב־ראשי תיישים הניתן לכהן בכלל מתנת הלחיים

וכנראה גם שלכן ציותה לו התורה דווקא ליתנן לכהן ואין לכהן לשאול אותן בפיו לקמן סעיף יא עד שיתננו השוחט משום שרצתה התורה שלא יהיה הדבר כחוב בעלמא בין אדם לחבירו אלא שתהיה נתינה, וגם דרך כבוד בדוקא שעל כן אין לכהן לשאול הזלו"ק בפיו שהוא דרך בזיון וגם אינו כפי מאמר הכתוב 'מאת בני ישראל' שיש להקפיד שתהיה הנתינה ברצון הטוב של הנותן כמבואר להלן, וכל ענין המצוה הוא כמשמעו "מתנה" וכל הנותן בעין יפה הוא נותן, והשוחט שאינו עושה כן עתיד ליתן את הדין על ביטול אחת ממצוות התורה.

למה דווקא הלחיים?

מפרשי התורה נימקו שנותנים הלחיים לכהן כשכר ברכת כהנים שהכהן מברך את ישראל בפיו כלי יקר דברים יח ד, בזכות תורתם ותפילתם

ג. הלחיים; הם מפרק של לחי עד פיקא של גרגרת שהיא טבעת הגדולה עם הלשון שביניהם וצריך ליתנו עם העור ועם הצמר שבראשי כבשים והשער שבראשי תיישים שאינו ראשי למלגם ולא להפשיט העור קודם שיתננו לכהן:

≈○ משפט הכהנים ○≈

פנים יפות דברים יח, ולעיל סימן ב בהערה הבאנו כמה עניינים חשובים אודות ייחודו של תפילת כהן עיי"ש, ויש להוסיף עוד שכן היה מנהג הכהנים מאז ומקדם להתפלל בעד אחיהם בנ"י כדכתיב מלאכי א ט **וְעַתָּה חַלּוּ נָא פְנֵי אֵל וִיחָנֵנוּ**. ובפי' הא"ע שם; "משפט כהני צדק היה להתפלל בעד ישראל.." ע"כ.[31] ועוד, יש מפרשים שכן היה כל עיקר מצוות הערבה במקדש (כולל התפילה אנא ה' וכו'), והקפת המזבח שבעה פעמים בחג הסוכות על ידי הכהנים דווקא.[32] וכעין זה מצאנו גם בתרגום שני לאסתר שאף בחו"ל היה איזה חשיבות מיוחדת לתפילתם של הכהנים.[33]

31 וכעין זה עה"פ **וְנָשָׂא אַהֲרֹן אֶת מִשְׁפַּט בְּנֵי יִשְׂרָאֵל עַל לִבּוֹ לִפְנֵי ה' תָּמִיד** שמות כח ל כ' הספורנו; "שיתפלל עליהם שיזכו במשפט" ע"כ. וכעין זה בתרגום עה"פ **כְּחוּט הַשָּׁנִי שִׂפְתֹתַיִךְ** שה"ש ד ג; "ושפתוי דכהנא רבא הון בעיין צלותא ביומי דכפורי קדם ה' ומלוי הוו מהפכין חוביהון דישראל דדמין לחוט זהריתא ומחוורן יתהון כעמר נקי" ע"כ.

32 ובמשנה כפי שהובא בגמ' ירושלמי סוכה דף יח עמוד ב כ'; "מצות ערבה כיצד ..באין וזוקפין אותן בצידי המזבח וראשיהן כפופין על גבי המזבח ותקעו והריעו ותקעו בכל יום מקיפין את המזבח פעם אחת ..אותו היום מקיפין את המזבח שבע פעמים" ע"כ, ובגמ' שם "ר"ש בן לקיש בעא קומי רבי יוחנן בעלי מומין נכנסין בין האולם ולמזבח? אמר ליה כשירים היו" ע"כ, וכ' הגר"א או"ח סי' תרסא ס"ק א **שאין ההקפה במקדש אלא בכהנים דאין זר נכנס בין האולם ולמזבח**, עיי"ש, היינו שמדובר במשנה דווקא בכהנים כשירים וכן אין גישה גם לכהן בעל מום למזבח לזקוף ערבה וכו'. ועוד קצת ראיה מעניין התקיעה שנכתב במשנה ולא כתבה מי הם התוקעים, וזה פשוט שמצוות הכהנים לתקוע בחצוצרות של כסף וכו'. ומסיים הגמ' שם "אותו היום מקיפין את המזבח שבע פעמים: אמר רבי אחא זכר ליריחו" ע"כ, ויש להוסיף שגם ביריחו הקיפו הכהנים.

33 אסתר ד טז, ושם; "ברירו ביה בקהלא ואשכחו ביה תרי עסר אלפי כהנא בחירי ואנקיטו יתהון שופורי בימיניהון ואוריתא בסמאליהון בכיין וענין וכן אמרין כלפי לעילא אלהא דישראל הא אוריתא די יהיבת לנא הא עמא רחימא בטיל מן עלמא מאן קאים וקרי ביה ומדכר על שמך שמשא וסיהרא יחשוך נהוריהון ולא ינהור דהא לא איתבריאו אלא בדיל עמך ישראל ונפלו על אפיהן ואמרין עננו אבינו עננו עננו מלכנו עננו ושופרי תקעין עמהון ועמא ענאין בתריהון עד די בכון חיילי שמיא ונדו אבהתנא מן קבריהון" ע"כ.

וברוקח לאסתר ח יא ע"פ המסורה שיש בקרייה ג"פ "ולעמד";

1. **וְלַעֲמֹד לִפְנֵי הָעֵדָה לְשָׁרְתָם** במדבר טז ט
2. **וְלַעֲמֹד בַּבֹּקֶר בַּבֹּקֶר** דברי הימים א כג, וזה כל הפסוק שם: הֵמָּה מִסְפַּר בְּנֵי לֵוִי מִבֶּן עֶשְׂרִים שָׁנָה וּלְמָעְלָה, כִּי מַעֲמָדָם לְיַד בְּנֵי אַהֲרֹן לַעֲבֹדַת בֵּית ה' ..לַעֲמֹד בַּבֹּקֶר בַּבֹּקֶר
3. **וְלַעֲמֹד עַל נַפְשָׁם** אסתר ח יא

וע"ז ביאר הרוקח, ש"הביא הכל על התפילה ולעמד בבקר בבקר בתפילה ולעמד לפני העדה לשרתם שיהיו שלוחי ציבור בתפילה" ע"כ.

ועוד מצאנו ברוקח שמות דף קג מהדו' הר"י קלוגמן מאמר נפלא אודות תפילת הכהנים, שבכל מקום שם יעקב קודם לשם ישראל כי כן נקרא שמו תחילה. לכך, מקדים יעקב בכל מקום, חוץ מבספר תהילים ששם להיפך, שמקדים תמיד ישראל ליעקב. ומבאר כי בספר תהילים כל מקום שתמצא שם *אלהי יעקב* מדבר בכהנים כי הוא אלהי כהנים שנאמר **גַּם זֶרַע יַעֲקוֹב וְדָוִד עַבְדִּי אֶמְאַס** ירמי' לג כו ושם פתח בכהנים וסיים ביעקב וע"פ מידה העשרים מל"ב המידות של רבי אליעזר בנו של רבי יוסי הגלילי

ד. הקיבה צריך ליתנה לכהן עם כל חלבה פנימי וחיצון, אלא אם כן נהגו הכהנים להניח החלב לבעלים:

≈○ משפט הכהנים ○≈

הקיבה צריך ליתנה לכהן וכו': מובא בתוספתא תוספתא נדרים ג ה מאמר רבן שמעון בן גמליאל בעניין הנודר מן הבשר אם מותר במעיים (ובתוכם הקיבה), ושם; 'קרביין לאו בשה, ואכליהון לאו אינש' ע"כ. כלומר שהקיבה אינו נחשב בכלל בשר ולא מקובל לאכלו, ובגמ' עבודה זרה כט עמוד א אי' שאכילת קיבה טוב לחולה, ושם; "תנו רבנן ששה דברים מרפאין את החולה מחליו ורפואתן רפואה ואלו הן כרוב ותרדין ומי סיסין יבישה וקיבת והרת ויותרת הכבד" ע"כ. ולקמן הבאנו עניין עשיית גבינה בקיבה שזה נחשב כגבינה מן המובחר בכל מקום, וכן יש נוהגין לצלות הקיבה ע"מ לאכלו.[34]

עם כל חלבה פנימי וחיצון: ובסמ"ע (*פרישה*) כתב *שחלב החיצון* היינו אותו החלב שקרוב לעור החיצוני למטה, ו*חלב הפנימי* הוא החלב שעל גבי הקיבה - מה שרחוק מהחוץ/התחתון של הבהמה - ולכן נקרא 'פנימי'. ובערוך *השולחן* כ' שאע"פ שהחלב הפנימי וגם החיצון אינם נאכלים והוי זה דומיא לשער הראש, שגם השער אינו דבר מאכל ואעפ"כ ניתן לכהן.[35]

חלב הפנימי
חלב החיצון

שנקרא *דבר שנאמר בזה ואינו עניין לו אבל הוא עניין לחברו* לומדים שמדבר בכהנים. וראה מדרש תנאים להרז"ו איינהורן להל"ב מידות הנ"ל ועה"פ **יְשַׂגֶּבְךָ שֵׁם אֱלֹהֵי יַעֲקֹב** תהילים כ ב **זהו במלחמה** היינו שאלהי הכהנים ישגבך במלחמה ועה"פ **יוֹרוּ מִשְׁפָּטֶיךָ לְיַעֲקֹב** מפרש שהכוונה להכהן גדול בהוראתו תורה לשאר אחיו הכהנים דברים לג י ואילו **וְתוֹרָתְךָ לְיִשְׂרָאֵל** היינו הוראה לשאר ישראל. וכך מפרש תקיעת שופר בראש השנה תהילים פא **הָרִיעוּ לֵאלֹהֵי יַעֲקֹב ..תִּקְעוּ בַחֹדֶשׁ שׁוֹפָר בַּכֵּסֶה לְיוֹם חַגֵּנוּ..כִּי חֹק לְיִשְׂרָאֵל הוּא מִשְׁפָּט לֵאלֹהֵי יַעֲקֹב** וכתיב במדבר י ח **וּבְנֵי אַהֲרֹן הַכֹּהֲנִים יִתְקְעוּ** ומרחיב שם העניין לומר שדווקא הכהנים הם התוקעים בשופר ע"כ, ועיי"ש לשונו. וראה גם בפי' *כתוב שם* להראב"ד למס' ר"ה דף סו שדווקא הכהנים תוקעים בשופר במקדש.

34 וי"א כי מטעם ממשלת ארה"ב מכריחים הבתי-מטבחיים לזרוק הקיבה לאשפה, ואין זה מדוייק כי אין בזה שום חוק או הכרח לזרוק הקיבה. ואדרבא מחשיבים חלקי הבהמה שאינם בכלל בשר לכל מיני שימושים. וראה דיון ארוך בנושא; http://www.ers.usda.gov/media/147867/ldpm20901.pdf

סגולות הקיבה

ובגמ' מסכת ברכות דף ס עמוד א **איתא כי הקיבה ישינה**, כלומר שבבני אדם הקיבה היא שגורם שינה לאיש ואילו אצל המלאכים אין שינה כי חסר להם קיבה ס' חכמת הנפש לבעל הרוקח, דף ג:. ובקהלת יעקב פירש שמסגולות הקיבה היא שגורם

35 ומקור איסור אכילת חלב כתוב בתורה **כָּל חֵלֶב שׁוֹר וְכֶשֶׂב וָעֵז לֹא תֹאכֵלוּ** ויקרא ז כג והאיסור כולל חלב שעל הקרב שזה בכלל אימורי קרבן, ולפי רבי עקיבא גם החלב דאקשתא (היינו החלב החיצון) הוא אסור מדאורייתא, וכו"ע מודי בזה חולין נ עמוד א וטעם רבי עקיבא כי הוא בכלל *חלב תותב קרום ונקלף* שאסור באכילה ראה ספרי במדבר יח י. ובארץ *חמדה* ויקרא יט עמוד א הקשה דלכאורה כל הבני מעיים (ולא רק החלב דאקשתא) הוי אסור לכהנים, לפי ההו"א דהם אינם צריכים שחיטה מנחות דף מה ע"פ הכתוב כל נבילה וטריפה לא יאכלו הכהנים דהו"א הואיל ואישתרי מליקה וכו' והוי דינם בזה כדין גוי שאין מזמנין אותן באכילת מעיים מטעם אסור אבר מן החי חולין לג עמוד א, ועיי"ש תירוצו.

ד. הקיבה צריך ליתנה לכהן עם כל חלבה פנימי וחיצון, אלא אם כן נהגו הכהנים להניח החלב לבעלים:

≈○ משפט הכהנים ○≈

הנבואה לצדיקים, שבא ממנה חלום הנבואה ספר קהלת יעקב, ערך קיבה.

ופרשני המקרא ביארו שבזכותו של הכהן שולח הקדוש ברוך הוא ברכה במאכל באופן שאוכלים קמעא ומתברך במעיים ושבע. וגם דימו שכמו שמעי אדם אינן נראין ונותנים לתוכה מאכל והיא משביע לכל חלקי הגוף - כמו כן המזבח, שמקריבים עליו הכהנים קרבנות והוא מזין לכל ישראל בהסתר ספר פנים יפות עה"ת, דברים.

נהגו הכהנים: יש לעיין אם כהן רשאי לשנות מהנהוג אצל אחיו הכהנים, שהם לא נהגו להניח החלב להבעלים, ואיזה כהן יחיד רוצה להניח החלב (כי רוצה שיתנו דווקא לו בגלל הנחה זו), אם יחשב דבר זה כמסייע בבית הגרנות ואז שייך עליו לשוה"כ **שִׁחַתֶּם בְּרִית הַלֵּוִי** מלאכי ב ח ח"ו, או אולי כוונתו מטעם שאין לו מה לעשות עם החלב, דאז שרי ליה. אבל לפי לשון המחבר משמע שכהן יחיד אינו רשאי לצאת מכלל הנהוג אצל אחיו הכהנים מאיזה סיבה שתהיה.

למה דוקא קיבה?

בגמ' חולין דף קלד עמוד ב איתא "דורשי חמורות היו אומרים הזרוע כנגד היד ..קבה כמשמעה וכן הוא אומר ואת האשה אל קבתה" ע"כ ויש לתמוה על מה שהגמ' פי' בזרוע שהיא כנגד היד שלקח רומח והלחיים כנגד התפילה ועל עניין הקיבה אומרת רק 'כמשמעה' ואינו מפרש טעם הקיבה? ובפרשת בלק במדבר כה ח עה"פ **וַיָּבֹא אַחַר אִישׁ יִשְׂרָאֵל אֶל הַקֻּבָּה וַיִּדְקֹר אֶת שְׁנֵיהֶם אֵת אִישׁ יִשְׂרָאֵל וְאֶת הָאִשָּׁה אֶל קֳבָתָהּ** פירש"י *אל הקבה:* אל האהל ועל המילים **אֶל קֳבָתָהּ** פי' כוון בתוך זכרות של זמרי ונקבות שלה ע"כ (כדברי תרגום יונתן שמונה העשרה ניסים שנעשה לפינחס; '..נס תליתאי דכוון ברומחא וברזינון כחדא ית גברא בר ישראל בבית גובריה וית מדיניתא בבית בהתת תורפא').

בתמונה: החץ מסמן החלב הפנימי שעל גבי הקיבה של שור

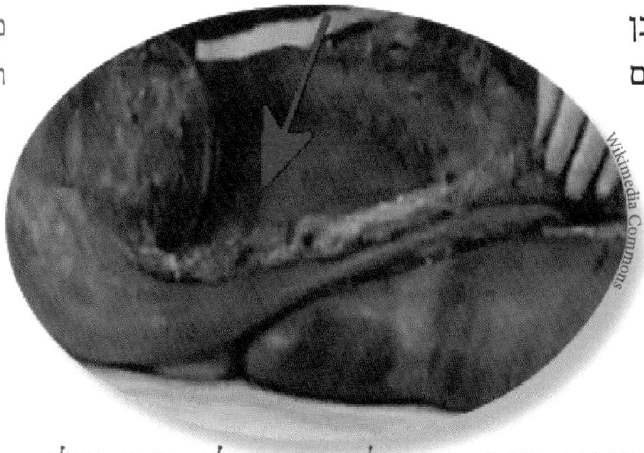

ויש לתמוה, מנין למדרש שכוון בתוך (זכרות שלו) נקבות שלה, כי הכתוב לא הזכיר רחם אלא קיבה, והקיבה והרחם הם איברים נפרדים, ואילו רצה המקרא לא היה נמנע לכתוב לשון רחם כגון שכתב לגבי בכור אדם ובהמה **קַדֶּשׁ לִי כָל בְּכוֹר פֶּטֶר כָּל רֶחֶם** וכו'. ולא מצאנו לזה תשובה ועכ"פ אם קבלה נקבל שנדרש מהלשון **אֶל קֳבָתָהּ** שכיוון לנקבות שלה.

קיבה לתעשיית גבינה

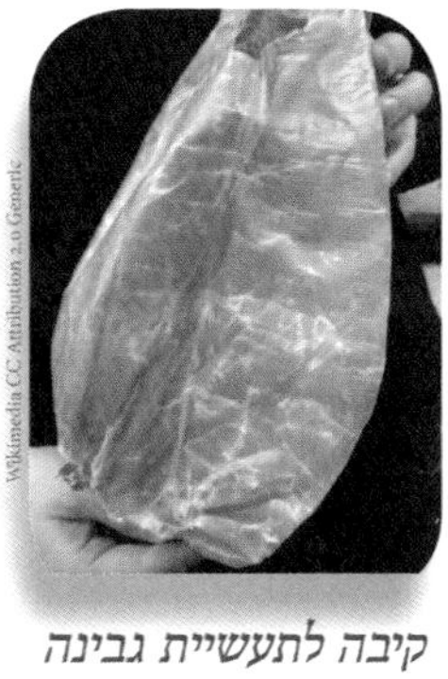

ובפירוש רבינו יואל עה"ת הובא בחומש אוצר הראשונים שכתב **אֶל הַקֻּבָּה, אֶל קֳבָתָהּ;** הועיל בם מה שאמר בלק **קָבָה לִּי אֶת הָעָם הַזֶּה**. אם כן, יש איזה שלשה פירושים למילת קיבה, והם;

- **קללה** קָבָה לִּי אֶת הָעָם הַזֶּה
- **אוהל** אֶל קֳבָתָהּ
- **קיבה כפשוטה** אֶל קֳבָתָהּ, הַזְּרֹעַ וְהַלְּחָיַיִם וְהַקֵּבָה

ד. הקיבה צריך ליתנה לכהן עם כל חלבה פנימי וחיצון, אלא אם כן נהגו הכהנים להניח החלב לבעלים:

≈○ משפט הכהנים ○≈

וי"ל שכל הפירושים שייכים לכהן ועבודתו; שענין השבעת הקללה שייך דווקא לכהן כמ"ש בפרשת

בתמונה: חתיכות קיבה על גבי גחלים

סוטה במדבר ה יח **וּבְיַד הַכֹּהֵן יִהְיוּ מֵי הַמָּרִים הַמְאָרְרִים ..וְאָמַר הַכֹּהֵן לָאִשָּׁה יִתֵּן ה' אוֹתָךְ לְאָלָה וְלִשְׁבֻעָה בְּתוֹךְ עַמֵּךְ בְּתֵת ה' אֶת יְרֵכֵךְ נֹפֶלֶת וְאֶת בִּטְנֵךְ צָבָה**, וכן כאן - במעשה שיטים - היתה ענין של זנות וסטייה מעל עבודת הקב"ה.

וכן עד"ז בענין קובה כמ"ש **וַיָּבֹא אַחַר אִישׁ יִשְׂרָאֵל אֶל הַקֻּבָּה** שגם לזה מצאנו בגמ' ענין *קובה של זונות*,[36] ופינחס כיפר על הזנות והסוטה במקום אוהל משכן הזנות, וי"ל שזה גופא החידוש, שהביא הצדק והדין אל הקֻבָּה דווקא כי אילו הגיש תביעה פלילי לבית בין

בתמונה: חתיכות קיבה

על זמרי הנשיא וכזבי הבת מלך לא הייתה להם שום עונש מיתה לאחר מעשיהם.

וכן עד"ז ע"פ דרשת חז"ל עה"פ **וְאֶת הָאִשָּׁה אֶל קֳבָתָהּ** שכיוון לתוך נקבות שלה, יוצא שקיבת הבהמה שנותנים לכהן הוא כעין זכר לכפרה שכיפר הכהן שם על מעשה הזנות ומהני בכל נתינה ונתינה לכפר על מעשה שכזה אם יארע ח"ו בכל דור ודור.

גרם לנס חנוכה

בין מה שאפשר לכהן לעשות עם הקיבה, יש שני דברים עיקרים; שיעשה ממנו איזה תבשיל לאכילה או שימוש בקיבה לעשיית גבינה.

ויש להציע כאן חידוש אודות נס חנוכה, שאותה בת כהן שהאכילה מהמאכל חלב שהביאה עמה לסרדיוט היווני, שזה גרם לו שינה ואח"כ התיזה את ראשו. ואולי גבינה זה ממש נעשה בקיבה שנתן שוחט מישראל לאביה הכהן, וזה הגבינה היה גרם גדול לנס חנוכה - שמצוה גוררת מצוה באופן שמצוה נתינת הקיבה לכהן גרר איתה עוד מצוה של שחרור עם ישראל מתחת עול מלכות הרשע ועבודתם הזרה, ויהיו פנויים לעבוד את ה' יתברך.

---

36 מסכת עבודה זרה יז עמוד ב; "אתיוהו לרבי חנינא בן תרדיון אמרו ליה אמאי קא עסקת באורייתא? אמר להו כאשר צוני ה' אלהי מיד גזרו עליו לשריפה ועל אשתו להריגה ועל בתו לישב בקובה של זונות.." ע"כ.

וְזֶה יִהְיֶה מִשְׁפַּט הַכֹּהֲנִים מֵאֵת הָעָם מֵאֵת זֹבְחֵי הַזֶּבַח כד

ה. אף על גב שמותר לאכול מבשר הבהמה קודם שיפריש המתנות, מצוה להפרישם מיד:

≈○ משפט הכהנים ○≈

אף על גב שמותר לאכול מבשר הבהמה קודם וגו': דוק בלישנא דמותר לאכול מבשר הבהמה ולא כל בשר הבהמה, וכפי שפוסק המחבר לקמן בסעיף לא שעצם הזלו"ק אסור לישראל לאכלם, עיי"ש.

ויש לעיין היטב בדין זה שמותר לאכול מבשר הבהמה כגון זה עכ"פ ע"פ מידת חסידות להחמיר דווקא לא לאכול מבשר הבהמה עד שיוודע שקיים השוחט את מצוותו ליתן הזול"ק. והנה בגמרא

מסכת חולין קלב עמוד ב	מסכת מגילה כח עמוד א
אמר רבה בר בר חנה אמר רבי יוחנן אסור לאכול מבהמה שלא הורמה מתנותיה,	אמר רבי יצחק אמר רבי יוחנן אסור לאכול מבהמה שלא הורמו מתנותיה,
אמר רבה בר בר חנה אמר רבי יוחנן כל האוכל מבהמה שלא הורמה מתנותיה כאילו אוכל טבלים.	ואמר רבי יצחק כל האוכל מבהמה שלא הורמו מתנותיה כאילו אוכל טבלים.

איתא שתי גירסאות (ראה בטבלא), ובשתיהם מסיק הגמ' *ולית הלכתא כוותיה* ובלי לפרש אם אין ההלכה כמו רבי יוחנן כלל ועיקר, או שאין ההלכה כמאמר הראשון (שאסור לאכול מבהמה שלא הורמה מתנותיה)[37] או שההלכה כמאמר הראשון בלבד (שאסור לאכול) אבל אין ההלכה כמאמר השני (שכאוכל טבל דמי).

ובתוס' חולין קלב עמוד ב ד"ה כאילו אוכל טבלים כתב דטעמו של רבי יוחנן הוא דהוי כאילו אוכל טבלים ממש, דמתנות ילפינן 'נתינה' - 'נתינה' מתרומה חולין דף קלו עמוד א וכשם שבתרומה אסור לאכול היבול טרם ההרמה והוי טבל כן הדין מבהמה שלא נתן השוחט את הזלו"ק לכהן, ונמצא לפי שיטת התוספות דהלאו של *כאילו אוכל טבלים* לא איתמר אלא *אוכל טבל* גרידא[38], כלומר שרבי יוחנן מגדיר בשר תאוה זה - היינו שאר בשר הבהמה[39] - בסוג של *איסור טבל*, דבר פלא וחמור מאד עד לדיני נפשות ממש.[40]

ובגמרא שם חולין דף קלו עמוד א מבואר דלפי רבי אלעאי ילפינן דליכא חיוב מתנות כהונה בשותפים

37 ולקמן פוסק המחבר שאסור לאכול הזלו"ק עצמן, וביאר הגר"א דזה מטעם גזל, לקמן סעיף לא.

38 ובתוספות חולין דף קלו עמוד ב ביאר מימריה דרב נחמן בר יצחק שהאידנא נהוג עלמא כתלת סבי..כרבי אלעאי בראשית הגז, וכתב התוס' שם דהוא הדין מתנות, ולכן חשוב לדייק כי דברי תוספות כאן הם רק אליבא דרבי יוחנן ולאו דווקא להלכה. והרחבנו בשיטת תוספות במילואים בסוף הספר בעניין ניהוג ניהוג דייקא ולא מנהג הנתינה בחו"ל, והבאנו שם קושיית היעב"ץ, ועיי"ש.

39 דוקא שאר הבשר, ולא עצם הזרוע לחיים וקיבה שעליהם לא דיבר כל עיקר (אולי מחמת פשטות הדבר שהם אסורים באכילה), וראה לקמן. וחזרנו כמ"פ על דיוק זה לחלק בין אם מדובר על עצם הזלו"ק או שאר בשר הבהמה כל היכא דאפשר כי קל להתבלבל בזה, כפי שיראה כל מעיין בסוגייתינו.

40 כי האוכל טבל חייב מיתה, ובלשון התוספתא תוספתא כריתות א ב; "ואלו הן שבמיתה האוכל טבל..". ובגמ' זבחים דף יא עמוד ב "אמר שמואל מנין לאוכל את הטבל שהוא במיתה? ..שנאמר ויקרא כב טו **וְלֹא יְחַלְּלוּ אֶת קָדְשֵׁי בְּנֵי יִשְׂרָאֵל**" ע"כ.

ה. אף על גב שמותר לאכול מבשר הבהמה קודם שיפריש המתנות, מצוה להפרישם מיד:

≈○ משפט הכהנים ○≈

משום דילפינן 'נתינה' - 'נתינה' מראשית הגז, ומקשה הגמרא א"כ דגמירא ליה מרביה[41] דאיכא גזירה שוה דנתינה נתינה, א"כ לילף נתינה - נתינה מתרומה לענין שאינן נוהגות אלא בארץ. ומתרץ[42] דאה"נ רבי אלעאי ס"ל כן, ומקשה א"כ לילף שראשית הגז טובל כתרומה ומתרץ דכתיב וראשית גז צאנך תתן לו אין לך בו אלא מראשיתו ואילך עיי"ש. ע"כ.

ולכאורה יפלא אמאי לא מקשה הגמ' על זלו"ק שיהיה בהם דין טבל כתרומה, ואפשר דהבין מסברא דזלו"ק אינן טובלים כיון דהן עומדין ומופרשין מאליהן, או אפשר דאדרבה הוה פשיט לה להגמ' דאיכא בארץ ישראל לרבי אלעאי דין טבל בבהמה דלא הורמה ממנה הזרוע לחיים וקיבה, וכדעת רבי יוחנן.

41 דרבי אלעאי לעולם לא אמר דבר שלא שמע מרבותיו - מסכת יומא דף סו עמוד ב.

42 תירוץ של ר' יוסי מנהרביל לחוד. ושם גרסינן; "אמר רב חנינא מסורא ליתנהו להני כללי, דתניא בהמת השותפין חייבת במתנות ורבי אלעאי פוטר מאי טעמא? יליף נתינה נתינה מראשית הגז, מה להלן דשותפות לא אף כאן דשותפות לא. ואי ס"ד בתרומה מיחייב נילף נתינה נתינה מתרומה אלא שמע מינא בתרומה נמי פוטר, אי מה תרומה בארץ אין בחוצה לארץ לא אף מתנות בארץ אין בחוצה לארץ לא? אמר ר' יוסי מנהרביל אין והתניא רבי אלעאי אומר מתנות אין נוהגין אלא בארץ וכן היה רבי אלעאי אומר ראשית הגז אין נוהג אלא בארץ" ע"כ. ואם נפרש לשון "והתניא" כתמיהה ושאלה וה"וכן היה רבי אלעאי אומר" כמפרך מימריה של ר' יוסי מנהרביל - דהיינו שלא אמר כפי ההו"א של רי"מ - ניתן אפוא לפרש שלעולם לא אמר רבי אלעאי שום פטור בזלו"ק בחו"ל ורק פטור של ראשית הגז בלבד, וכ"ש שלא מצאנו בשום ברייתא שדיבר רבי אלעאי בכלל אודות זלו"ק בחו"ל וראה לקמן בהערותינו לסעיף כא וגם במילואים בסוף החיבור הרחבנו בגדר החיוב בחו"ל.

והנה הרמב"ם כתב הלכות בכורים פרק ט' הלכה י"ד "בהמה שלא הורמו מתנותיה מותר לאכול ממנה. שאינה דומה לטבל שהרי מתנות כהונה מובדלין", ומשמע דס"ל דהטעם הוא משום שזלו"ק מובדלין וניכרין מבין שאר חלקי הבהמה, וצ"ע כיון דפסק שנתינת זרוע לחיים וקיבה כן נוהג בחוצה לארץ - ודלא כרבי אלעאי - א"כ בלאו הכי לא ילפינן נתינה נתינה מתרומה, ומהיכי תיתי דהוי כאילו אוכל טבלים, ואפשר דנקט הרמב"ם טעם זה שהם מובדלים ועומדים כדי לומר דאפילו לרבי אלעאי דילפינן נתינה נתינה מתרומה, מכל מקום לענין זה לא דמי לתרומה כיון דמתנותיה מובדלין וניכרין.[43]

דמיון לטבל

ועכ"פ יש לפרש את דעתו של רבי יוחנן דאמר *אסור לאכול מבהמה שלא הורמה מתנותיה* וס"ל דהוי כאילו אוכל טבלים, הלא הזלו"ק מופרשים ועומדין מאליהן.

ונראה דמכיון שהזלו"ק מחוברין בחייהן ובמותן לגוף הבהמה, על כן אין האיברים מופרשים מאליהם וכל שלא הופרשו חשיבא כל הבהמה כפתיכי ביה פירוש מעורבין ביה כדמתרגמינן "בָּלוּל בַּשֶּׁמֶן" פְּתִיךְ בִּמְשַׁח מתנות כהונה. ולא מבעי לדעת התוס' יבמות פו עמוד א - שאיסור טבל הוא לא משום תרומה דפתיך ביה אלא משום עצם מה שלא הופרשה התרומה מן הפירות - אלא אפילו לדעת רש"י שם שהאיסור הוא מחמת התרומה דפתיך ביה, נראה לומר סברא,

43 ולקמן דף לא הבאנו הקושיא של *החוסן ישועות* שתמה ממ"נ; אם סבירא לן להלכה שהשוחט בחו"ל פטור (מדאורייתא) מנתינת זלו"ק על סמך שהוקשו זלו"ק לתרומה, אז היינו זקוקים לסבור שבארץ ישראל יש לבהמה דין טבל דאורייתא כל עוד שעדיין לא הפריש השוחט הזלו"ק ממנה, ועיי"ש.

ה. אף על גב שמותר לאכול מבשר הבהמה קודם שיפריש המתנות, מצוה להפרישם מיד:

≈○ משפט הכהנים ○≈

שרבי יוחנן סבר שגדר הזלו"ק הוא דומה להפרשת תרומה מטבל, שכמו שכשמפרישים תרומה מטבל הרי התרומה פוטרת את כל הכרי ממש, היינו דיש לחקור מהו דין תרומה, אם יש לכהן איזה חלק שאינו מבורר בכל התבואה שיהיה לו פרי אחד לכה"פ או יותר, או שבאמת לפני ההפרשה יש לכהן חלק בכל פרי ופרי, אלא שגזרה התורה שיוכל להפריש כמה פירות כפי ששיערו חז"ל ועל ידי זה נפטרים שאר הפירות. ונחלקו בזה הראשונים, וכן בזלו"ק באמת החיוב הוא על כל הבהמה, אלא שגזרה התורה שהזלו"ק הם יהיו כתרומה ומעשר על כל הבהמה, וכל זה כשמפריש הזלו"ק ליתנן לכהן, אבל אם לאו, ס"ל לרבי יוחנן דבכהאי גוונא לא אמרה התורה שיהיו הזלו"ק מופרשות מאליהן.

דוגמת פתיכי ביה כפשוטו; אחר שהבשר נטחן, כבר א"א לזהות אם כלל חלקי עצם הזלו"ק בתוכו

והנה רבי יוחנן היה רגיל לומר אגדות בשם רשב"י (ראה ברכות ז:, יבמות קד., ב"ק יז., סנהדרין כה., סנהדרין לט:, סנהדרין ע:, יבמות צז.), ואפשר שס"ל ג"כ כוותיה שדריש טעמא דקרא סנהדרין כא. ועוד, דלאוטובי לכהנים אמרה התורה בזרוע לחיים וקיבה שיהיה חלקם מבורר שהוא גדול בכמות וחשוב באיכות, ולא יוכל לפטרנו בחטה אחת כמו שאפשר להיפטר בתרומה מד"ת, אבל כל זמן שלא מפריש הזלו"ק חזר החומרא שיש דין טבל על כל חלק וחלק של הבהמה.

ומכל מקום ביסוד הענין דכיון שהזלו"ק מחוברין לגוף הבהמה ואינן מופרשות ממנה, חשיב כל בשר הבהמה כטבל, נראה דוודאי פשטות הגמרא ס"ל הכי, וכלשון הגמרא חולין ק"ל עמוד ב 'דאתו לידיה בטבלייהו', ופרש"י "הבהמה שלימה היתה מונחת אצלו, וזכה במתנות מן ההפקר", וחזינן דנקט תלמודא לשון *טבל* לגבי זה, ורק דמאן דפליג על זה ס"ל דכיון דכשבא הבשר לתוך פיו של האוכל שלא ברשות כבר היה הבשר מופרש מחלקי הזרוע לחיים וקיבה, וזה לא חשיב כטבל, אמנם המ"ד האחר ס"ל דכל זמן שהזרוע לחיים וקיבה מחוברים להאיברים האחרים, חשיבא כל הבהמה כאסורה וטבלי, משום דכיון דבחייה היתה גוף אחד, וציוותה התורה את שוחט ליתן מגוף זה בשעה שנשחט את הזרוע לחיים וקיבה לכהן, הרי זה חוב <u>על כל</u> הבהמה, דאין הכוונה שהתורה ציותה לכתחילה ליתן רק הזרוע לחיים וקיבה, אלא דהזרוע לחיים וקיבה הוא מתנה <u>מתוך</u> גוף הבהמה כולה, וכמו שכתב הרמב"ם במורה נבוכים פרק ל"ט שהזלו"ק הוא כעין 'ביכורים' שציוותה התורה ליתן הראשית והמשובח מבהמת חולין אל הכהן לכבוד השם.

קדושת הזלו"ק

והנה בעל התרומה כתב טעם אחר, דכיון דהזלו"ק אין בהם קדושה על כן לא דמו לטבל, וכן פסק הלבוש וז"ל סעיף ו';

"ואלו המתנות אין בהם שום קדושה ולכך אינם טובלים את הבשר, כלומר שאינם אוסרין את הבשר להיותו טבל שיהא אסור לאכול

ה. אף על גב שמותר לאכול מבשר הבהמה קודם שיפריש המתנות, מצוה להפרישם מיד:

≈○ משפט הכהנים ○≈

הבשר קודם שיפרישם כדרך שהתרומה אוסרת לאכול מהתבואה עד שיפרישוה, דשאני תרומה דאיקרי קודש"

עכ"ל, ומיהו אין דבריו מדוייקים כ"כ ע"פ לשון הגמ' בכורות כז עמוד א, דמשם נראה כמוסכם שיש בהן איזה קדושה ולכן יש את החשש שמא 'אתי למיטעי בהון דבר מיתחל קדושתייהו ארבעה זוזי ואתא למינהג בהן מנהג דחולין' ע"כ, ופירש"י ד"ה *תיתחל קדושתייהו*; 'ואתי למינהג בהו מנהג דחולין שלא יאכלם בצלי ובחרדל כדינם המפורש בפרק הזרוע והלחיים והקיבה' ע"כ.

וגדר זה של קדושת זלו"ק צריך ביאור, שאין לומר שאין בהם שום קדושה דע"פ לשון הגמרא מסכת בכורות, דף כו עמוד א-ב מצאנו בהם לשון *קדושת דמים*, וז"ל הגמ' שם;

"..בכולן יש בהן טובת הנאה לבעלים. כיצד, ישראל שהפריש תרומה מכריו ומצאו ישראל אחר ואמר לו הא לך סלע זה ותנהו לבן בתי כהן, מותה. אם היה כהן לכהן אסור. ותנא מאי טעמא לא קאמר מתנות כהונה[44] אמר לך תרומה דקדושת הגוף היא דכיון דלא מתחלא לא אתי למיטעי בה, הני (הזלו"ק) כיון דקדושת דמים נינהו אתי למיטעי בהון דבר מיתחל קדושתייהו אארבעה זוזי ואתא למינהג בהן מנהג דחולין" ע"כ.

הוה אומר שזלו"ק אינו דומה לתרומה כיון שאין בהם קדושת הגוף כתרומה, ומכל מקום יש בהם קדושת דמים ורצו חכמים שהכהן יאכל אותם דווקא צלי ובחרדל, ולא ינהוג בהם מנהוג בזיון וחולין גרידא, ורבנו גרשום שם כתב שחששו פן ישליכם לכלבים והוי זה בזיון לזלו"ק. וכן ביאר *המנחת ביכורים* דמאי ה יט שאסרו בהם טובת הנאה פן יתחללו הזלו"ק בזה שלא ינהג בהן דרך גדולה וכבוד.

טובת הנאה

ויש לעיין עוד מהי הגדר של טובת הנאה, ומצאנו מקור עניין טובת הנאה במדרש עה"פ **וְאִישׁ אֶת קֳדָשָׁיו לוֹ יִהְיוּ אִישׁ אֲשֶׁר יִתֵּן לַכֹּהֵן לוֹ יִהְיֶה** במדבר ה י ושם בספרי;

> **וְאִישׁ אֶת קֳדָשָׁיו לוֹ יִהְיוּ** למה נאמר? לפי שהוא אומר **כֹּל תְּרוּמֹת הַקֳּדָשִׁים אֲשֶׁר יָרִימוּ בְנֵי יִשְׂרָאֵל** (לה') **נָתַתִּי לְךָ וּלְבָנֶיךָ וְלִבְנֹתֶיךָ אִתְּךָ לְחָק עוֹלָם בְּרִית מֶלַח עוֹלָם הִוא לִפְנֵי ה' לְךָ וּלְזַרְעֲךָ אִתָּךְ** במדבר יח יט) שומע אני יטלם בזרוע, תלמוד לומר **וְאִישׁ אֶת קֳדָשָׁיו לוֹ יִהְיוּ** - מגיד שטובת הנאתן לבעליהם.[45]

ע"כ, א"כ הרי כל עניין טובת הנאה הוא כמקביל <u>לנטילת המתנות בזרוע</u>, כי לולא הכתוב **וְאִישׁ אֶת קֳדָשָׁיו לוֹ יִהְיוּ** כבר היינו מתירים הכהן ליטול מרשות בעלים - אפילו ללא רשותו - כיון שזה קדשים ואינו שייך לבעלים כל עיקר.[46]

---

44 כלומר זלו"ק שנקראו *מתנות* סתם בכל מקום.

45 ובהמשך הספרי שם; "**וְאִישׁ אֶת קֳדָשָׁיו לוֹ יִהְיוּ** הרי שמדד להם בארץ ונתוספו אחרים עליהם יכול קורא אני עליו **אִישׁ אֲשֶׁר יִתֵּן לַכֹּהֵן לוֹ יִהְיֶה**, תלמוד לומר **וְאִישׁ אֶת קֳדָשָׁיו לוֹ יִהְיוּ**.
או אפילו מדד בקופה ונתוספות אחרים עליהם קורני עליו **וְאִישׁ אֶת קֳדָשָׁיו לוֹ יִהְיוּ**, תלמוד לומר **אִישׁ אֲשֶׁר יִתֵּן לַכֹּהֵן לוֹ יִהְיֶה**" ע"כ. חזינן כי יתחלף טובת ההנאה כפי מעשה הבעלים ואם באו לקופתו של כהן כבר נחשב כנתון ובא לרשות כהן ואין עוד טובת הנאה לבעלים.

46 כי כאמור, אדון כל העולם - שלו כל הארץ ומלואה - הבטיח לאהרן ולזרעו אחריו

ה. אף על גב שמותר לאכול מבשר הבהמה קודם שיפריש המתנות, מצוה להפרישם מיד:

≈○ משפט הכהנים ○≈

ולגבי זלו"ק, יש שני פירושים מהי עניין טובת הנאה;

- <u>הבחירה חפשית</u> מצד הנותן ליתן לכל כהן שירצה (ויוצא מזה שיחזיק הכהן לנותן לו הזלו"ק שבחר דווקא בו[47])
- <u>שוויות ממון</u> שיתן ישראל לשוחט שיתן הזלו"ק לבן-בתו כהן[48]

ובתוספתא מסכת פאה ב יג נראה שהטובה הוא אינו ממון אלא החזקת טובה בעלמא, ושם; "כל אלו (היינו פרט, לקט, שכחה, פאה) אין בהם משום טובה[49] ואפילו עני שבישראל מוציאין את שלו מידו. ושאר מתנות כהונה כגון הזרוע והלחיים והקבה יש בהן משום טובה ונותנן לכל כהן שירצה" ע"כ.

ובתוספתא מסכת דמאי ה יט נראה שענין טובת הנאה הוי העברת ממון ממש, ושם; "רשאי ישראל שיאמר לכהן הילך סלע זה ותן תרומה לבן בתי כהן. רבי שמעון בן אלעזר אומר; אני אומר, אף במתנות מקדש בכהנים (בכת"י ליתא בכהנים) כן" ע"כ.[50]

ובמהרי"ט אלגאזי למסכת בכורות להרמב"ן פרק ד מבאר שיש כאן פלוגתא בין התנא דמתניתין שסובר שבזלו"ק אסור טובת הנאה (של ממון) ואילו רבי שמעון בן אלעזר מסכים עם התנא שטובת הנאה אסורה אבל אך ורק כשהזלו"ק הם בעין, אבל במקרה - ודווקא באופן של היתר[51] - שאינם בעין, אזי טובה"נ (של ממון) מותרת.

כלל ופרט וברית מלח

ובגמ' חולין קלג עמוד ב מובא הברייתא בעניין כל המתנות כהונה שבכולם שייך בהם ענין של *כלל ופרט וברית מלח* (ופירש רש"י למסכת ב"ק שהמקיים מתנות כהונה כאילו קיים כל התורה כולה), וז"ל הגמ';

> "(אמר רב חסדא הא מתניתא אטעיתיה לחייא בר רב) דתניא עשרים וארבע מתנות כהונה הן וכולן ניתנו לאהרן ולבניו בכלל ופרט וברית מלח כל המקיימן כאילו קיים בכלל ופרט וברית מלח וכל העובר עליהן כאילו עובר על בכלל ופרט וברית מלח ואלו הן.."

ע"כ, ונראה מזה שיש כאן הוספה לסתם *קדושת דמים* ויש גם בזלו"ק - ככל שאר הכ"ג מתנות - החשיבות של *כלל ופרט וברית מלח.* והחסדי

"**נָתַתִּי לְךָ וּלְבָנֶיךָ וְלִבְנֹתֶיךָ אִתְּךָ לְחָק עוֹלָם בְּרִית מֶלַח עוֹלָם הִוא לִפְנֵי ה' לְךָ וּלְזַרְעֲךָ אִתָּךְ**" הוי אומר זה כדין חפץ השייך לראובן ומונח ברשות שמעון שרשאי ליכנס ללא רשות לקחת את חפצו.

47 (דעת רבי יוחנן) שכמה כהנים איכא בבית המדרש וזה בחר דווקא בכהן זה.

48 (דעת רבי יוסי ברבי חנינא) כפי התוספתא בדמאי ה יט, כדלקמן.

49 פירש *המנחת יצחק* כיוון שכתוב בהן לשון "עזיבה", ובלשוה"כ; **וְכַרְמְךָ לֹא תְעוֹלֵל וּפֶרֶט כַּרְמְךָ לֹא תְלַקֵּט לֶעָנִי וְלַגֵּר תַּעֲזֹב אֹתָם אֲנִי ה' אֱלֹהֵיכֶם** ויקרא ט י.

50 ובגמ' ירושלמי דמאי ו ב דף כו עמוד ב פליגי בזה גופא מהי טובת הנאה, ושם; רבי יוסי בי רבי חנינא אמר אדם נותן מעשרותיו בטובת הנייה רבי יוחנן אמר אין אדם מביא מעשרותיו בטובת הנאה ..**וְאִישׁ אֶת קֳדָשָׁיו לוֹ יִהְיוּ** במדבר ה ו מה עביד ליה רבי יוחנן? יתנם לכל מי שירצה. ובשו"ת *פרי יצחק* ח"ב סי' נ חוקר ע"פ המאן דאמר דטובה"נ ממון; אם כוונתו אודות הממון שיקבל השוחט מאת סבו-של-הכהן או ענין הבחירה חפשית שיש לשוחט לתת לכל כהן שירצה ובמילא יחזיק אותו הכהן טובה לו שבחר בו.

51 כגון אם לא מצא כהן (וחושש שיסריח הבשר) או אם הלוה לכהן מעות בשעת דחקו על הזלו"ק שעתיד להפריש.

ה. אף על גב שמותר לאכול מבשר הבהמה קודם שיפריש המתנות, מצוה להפרישם מיד:

≈○ משפט הכהנים ○≈

דוד תוספתא סוף מסכת חלה פירש שכל המתנות איתקשו להדדי ובדבריו שם משמע דעכ"פ אין כאן חולין גרידא.

ויש להביא קצת ראיה גם ממשנה דידן חולין דף קל עמוד א שכתבה "הזרוע והלחיים והקבה נוהגים.. בחולין אבל לא במוקדשין (ואע"ג דאינו נוהג במוקדשין - דקדשים פטורים מנתינת זלו"ק, מ"מ) ..כל הקדשים שקדם מום קבוע להקדשן ונפדו חייבין (בזלו"ק)" ע"כ, ופירש"י אליבא תנא דמתני' שטעם הפטור הוא כיון דאין קדושה חלה על קדושה.

ועפיכ"ז יש סעד להמחמירים (כפי דברי רבי יוחנן כפירוש התוס') דהאוכל משאר בשר הבהמה שלא הורמו הזלו"ק הוי כאוכל טבל ממש, דבנוסף לענין קדושה הנ"ל יש כאן גם מידי דבשר[52] שלעולם נזהרו בזה בנ"י לדורותם (שתמיד נמצא כל מיני קדושות, חומרות וסייגים בבשר וכו') ויש כאן מקום להגדיר ולהסתייג. כי לפי"ז, הגם שקדושת הגוף גרידא של הזלו"ק שנוי במחלוקת (שלשיטת רבי יוחנן שמטיל גדר טבל לכל הבהמה משמע שיש קדושה ממש בעצם הזלו"ק), אבל עכ"פ יש כאן קדושת דמים, ולפי פירוש החסדי דוד הנ"ל קדושה ממש כי איתקשו כל המתנות בהדי הדדי, וכן יש כאן ייעוד לְמָשְׁחָה שלכתחילה יאכלם הכהן צלי וחרדל.

וע"פ לשונו של רבי יוחנן *אסור לאכול מבהמה שלא הורמה* יש לדייק שנימוקו בהאיסור באכילה הוא מטעם דטבלי ממש (וכדברי התוספות), *והמחזיק ברכה* יור"ד סי' סא, ס"ק ד כ' שעכ"פ ריש מאמרו של רבי יוחנן כן נקבע להלכה, כי הבין אליבא דהריטב"א שדברי הגמרא *לית הלכתא כוותיה* קאי דווקא על סוף המימריה על המילים *כאילו אוכל טבלים* אבל לעולם הלכה כריש מימריה שאסור לאכול מכל בשר הבהמה עד שלא הורמו מתנותיה. וכן הובא בפי' מהר"י קורקוס שהפס"ד *לית הילכתא כוותיה* קאי על מימריה בתרייתא (*כאילו אוכל טבלים*) ומיהו מימריה קמייתא (*אסור לאכול מבהמה..*) הילכתא הוא והבאנו תשובתו בשלימותה בסוף החיבור, ואם כן להלכה יש שהחמירו שיש איסור באכילת כל שאר בשר הבהמה ולא רק עצם הזלו"ק, אבל עכ"פ חזינן שדעת רבי יוחנן היא שיש דין טבל לכל הבהמה, ובמקום שיש טבל סברי לומר שיש קדושה כי זה לעומת זה.

שינוי בגירסא מכריע

ובשאילתות מהדו' רש"ק מירסקי שאילתא קסט, ספר דברים דף ל בחילופי נוסחאות כתב שברוב כת"י שהשתמש בהם, אין המילים *ולית הילכתא כוותיה* מופיעים בגוף הכת"י אלא הועלו לתוך הכתב מן הגליון,[53] וזה דבר פלא כיון שלא מצאנו בהדיא בשו"מ בש"ס מי שחולק על מאמר זה של רבי

52 וז"ל בעל המאור לר"ן למסכת חולין דף מז עמוד א; "ויש מחסידי הדורות מחמירין על עצמם להפריש אף בחו"ל וסומכין לומר דלא נהוג עלמא במידי דאכילה כרבי אלעאי הואיל ונפיק מפומיה דרבי יוחנן כל האוכל מבהמה שלא הורמו מתנותיה כאילו אוכל טבלים ותרומה טבלא בחו"ל מדרבנן ובהא אפילו רבי אלעאי מודה. ומטבחי דהוצל דקמו בשמתא דרב חסדא והוצל מחוצה לארץ הוא ומדרב ענן קניס אטמה ורב נחמן קנס גלימא נראה שנהגו להפריש מתנות בחו"ל דלא כרבי אלעאי שאם היה מנהג כרבי אלעא לא היו קונסין ומשמתין והמחמיר על עצמו גורם ברכה לעצמו" ע"כ.

53 תודתנו נתונה לר' רועי הכהן זק שכן הביא בספרו "השתלשלות החיוב החל בחוץ לארץ בהפרשת ראשית הגז וזרוע לחיים וקיבה", דף כט הערה קמה.

ה. אף על גב שמותר לאכול מבשר הבהמה קודם שיפריש המתנות, מצוה להפרישם מיד:

≈○ משפט הכהנים ○≈

יוחנן[54] שאוסר לאכול מבהמה שלא הורמו מתנותיה חוץ ממילים אלו *ולית הילכתא כוותיה*.[55]

דמיון לפיגול

והנה בחולין דף לז עמוד ב, על הכתוב **וָאֹמַר אֲהָהּ אֲדֹנָי ה' הִנֵּה נַפְשִׁי לֹא מְטֻמָּאָה וּנְבֵלָה וּטְרֵפָה לֹא אָכַלְתִּי מִנְּעוּרַי וְעַד עַתָּה וְלֹא בָא בְּפִי בְּשַׂר פִּגּוּל** יחזקאל ד טו הובא מימריה של התנא רבי נתן, שיחזקאל הנביא טען לפני הקדב"ה שלעולם לא בא בפיו *בשר פגול* וביאר שפיגול פירושו הוא כל בשר שבא מבהמה שלא הורמה מתנותיה, ותמהו על ביאור זה של רבי נתן דהא מאי רבותא של יחזקאל כיון דכל העולם אינם אוכלים נבילה וטריפה ופיגול.

ופרש"י שם שיחזקאל בעצמו היה כהן, ולכן אף בלא הרמה שרי ליה אכילה מבהמה שלא הורמה מתנותיה[56] ותוס' פירש דלא מבעי לרבי יוחנן דהוי טבל הא גם כהן אסור לאכול טבל ואין זה רבותא ע"כ, אלא אפילו לדידן דלא ס"ל כן מ"מ שפיר קא משתבח, וכנראה שכוונתו דהוי מידת חסידות שאע"פ שאין כאן גזל הכהנים כי בעצמו היה כהן, מכל מקום יש כאן חשש של *איסור עשה*.[57]

ובדרך דרש "לא זו אף זו",[58] י"ל ששניים הראשונים

---

54 וגם אילו יצוייר מי שיחלוק על רבי יוחנן כבר מילתא אמורא (לפי כללי פסיקת הלכה) שהלכה כמו רבי יוחנן; כגון שמואל ורבי יוחנן הלכה כרבי יוחנן, רב ורבי יוחנן הלכה כרבי יוחנן. וראה בכללי *התלמוד* בתרייתא להכנסהג"ד ס"ק לט שמביא ראיות שגם כנגד התנא רבי יהושע בן לוי - הלכה כרבי יוחנן.

55 והגם שאין זה מדרך הלימוד לומר דנפל טעות בגמ' בכגון דא, לאידך גיסא מצאנו כבר בדיני זרוע לחיים וקיבה איזה שלש מקומות שנפל בהם שיבושים בגירסאות שמכריעות מאד אליבא דהילכתא (הא' כאן, הב' לקמן בדין מנדין אותו, והג' בדברי רש"י כמבואר במילואים), ומי יודע אם יתגלה איזה כת"י ש"ס וכו', וכבר מצאנו באוצהג"ד כרך ד דף קכ בזה"ל; "יש מדברי רב יהודאי גאון הרבה דיבורים ולשונות בכת"י ודפוסי התלמוד, הרבה לא הרגישו בזה כגון רש"י ובעלי התוס' אבל רבותינו הספרדים העירו בזה; הרמב"ן, ותלמידי רשב"א והריטב"א והר"ן ורוב אלו ההוספות הן בב"מ דף ג, יג, יד, יט, כו, לה, נא, צח. ומס' ב"ק נ, ברכות ד' לו, חולין ד' קיג וכיוצא בהן רבות".

56 וזה ששרי לכהן לאכול משאר בשר הבהמה קודם ההרמה של זלו"ק י"ל (אליבא דרש"י) דהוי דומה לזה שכהן אינו צריך להרים חלה מתרומה שנתן לו ישראל, וגם באפיית לחם לשולחנו הפרטי רשאי להרים ואוכל התרומת־חלה בעצמו.

ובזוהר ח"א דף קצא כ' שכיון שיחזקאל הרחיק מפיו מאכלי איסור זכה ונקרא **בֶּן אָדָם** יחזקאל ב א והתקיים בדמותו של אדם הראשון, ואפשר לקשר זה לענין שמילת *טבל* הוא נוטריקין *טב-לא* - כלומר שעדיין מעורב הטוב והרע שעת רצון זח"א לו עמוד ב - והוי זה כאכילה מעץ הדעת ח"ו, וא"כ נמצאנו למדים שיחזקאל תיקן עוד יותר מאדה"ר.

וכן אפשר לקשר מניעת אכילת-בשר כזה לזכות האריכות ימים של רבי פרידא, שכיון שנמנע מלאכול דבר שיש בו אפילו חשש טבל הוי זה כאילו לא אכל מעה"ד - מה שנאמר עליו בראשית ב יז **וּמֵעֵץ הַדַּעַת טוֹב וָרָע לֹא תֹאכַל מִמֶּנּוּ כִּי בְּיוֹם אֲכָלְךָ מִמֶּנּוּ מוֹת תָּמוּת.** וזכה עי"כ לאריכות ימים, ולשאלת מאי רבותא כ' המהרש"א מגילה דף כח שלא סמך על שום מנהג להקל (כגון שותפות עם גוי או כהן וכו', היות השוחט בחו"ל וכו').

57 ראה בהערותינו לקמן לסעיף לא שהרחבנו על מהות האיסור-עשה שיש באכילת הבשר.

58 דרך המקרא לדבר בכל מקום בדרך לא זו אף זו ולא בדרך זו ואין צריך לומר זו הקד' אילת השחר לספרא סי' קצ"ט-ה, וראה כללי

ה. אף על גב שמותר לאכול מבשר הבהמה קודם שיפריש המתנות, מצוה להפרישם מיד:

(נְבֵלָה וּטְרֵפָה) הם טענות אכילה גרידא ואילו טענה האחרונה (לֹא בָא בְּפִי בְּשַׂר פִּגּוּל) טען הנביא שלא רק שלא אכל מבשר בהמה כזו אלא יותר מזה שאפילו לא בא בשר כזה לפיו כלל, וראה שאולי בלי טענתו זו האחרונה מסתמא לא היה הקב"ה מקבל את טענותיו הקודמות והיה מכריחו לבשל לחמו בצואת אדם, ודו"ק.

ובכרתי יור"ד סי' סא כתב כי בשעת מעשה היה יחזקאל הנביא בחו"ל, ואעפ"כ החמיר על עצמו לא לאכול משאר בשר הבהמה טרם הרמת הזלו"ק, ועל סמך זה תמה על רבים וכן שלמים בחו"ל שנוהגים להקל, ומסיים ואומר "יש להחמיר בחוצה לארץ גם כן לאיש חסיד ופרוש", אבל בדברי מהר"י קורקוס משמע שאין להסתפק רק באיש חסיד ופרוש לחוד אלא שכן הדין לכולי עלמא, וכן בתשובת מהר"י צאייח ועיין בתשובתם בשלימותם בסוף החיבור.

ובחוסן ישועות לחולין דף קלו עמוד א הקשה, דלפי מה שנוהגין על סמך רבי אלעאי (לקולא) לא לתת הזרוע והלחיים והקיבה לכהן בחוצה לארץ, כל שכן שיש לנהוג כוותיה לחומרא לומר דטובל בארץ ישראל כמו תרומה, דדוקא בראשית הגז כתיב מיעוטא ראשית גז - דאין לכהן בו אלא מראשיתו ואילך. אבל בזלו"ק דלא כתיב בהן מיעוטא, מסתברא דטובלות אליבא דרבי אלעאי. ואם כן קשה האיך פסיק הש"ס לעיל דלית הלכתא כמאן דאמר משמיה דרבי יוחנן דכל האוכל מבהמה שלא הורמה מתנותיה כאילו אוכל טבלים עכ"ל, ולא מצא תירוץ לזה אלא לפי שיטת הרמב"ן עיי"ש. ויש להעיר דמזה איכא קצת ראיה דהגמרא ס"ל דמחייבינן השוחט בחו"ל, וכפי דעת רוב ככל הראשונים (וכדלקמן), והרז"ה פרק

התלמוד בתרייתא לכנסהג"ד ס"ק עט אודות כלל זה בדברי חז"ל.

הזרוע כתב שלדעת רבי אלעאי אכן בחו"ל יש לשאר הבשר דין טבל דרבנן כגון תרומה בחו"ל.

מצוה להפרישם מיד: ויש לעיין מהו דין הפרשה זו, דהא הזלו"ק מופרשים מאליהם, ונראה בבירור שהכוונה היא שהשוחט יחתֵך ויפריש הזרוע והלחיים והקיבה משאר חלקי הבהמה ויעשה כן מיד ממש,[59] ואולי גם יפרישם בדיבור פיו ויאמר *הריני מקיים מצוות הרמת זרוע לחיים וקיבה ואתנם לכהן פלוני.*

וכעי"ז מצאנו בתשובת הרדב"ז ח"א סי' קנ"ד, אודות שאלה על הדברים הצריכין ליעשות לשמן - אם צריך דיבור או סגי במחשבה לבד;

"תשובה; כבר דברו הראשונים בזה, והעלו דצריך דבור, והטעם לדעתי שבכל דבר שבקדושה כגון ספר תורה תפלין ומזוזה שהצריכו לשמה אין הקדושה חלה במחשבה לבד אלא בדבור, שהדבור עושה רושם גדול וחכמי המדרש הזכירו זה בכמה מקומות. ואם תאמר התינח דבר שבקדושה אבל כתיבת גט דבעינן לשמה דכתיב *וכתב לה* לשמה לעולם אימא לך דבמחשבה גרידתא סגי. ויש

59 ועד"ז מצאנו פירוש נאה עה"פ בראשית יח ה וְאֶקְחָה פַת לֶחֶם וְסַעֲדוּ לִבְּכֶם אַחַר תַּעֲבֹרוּ כִּי עַל כֵּן עֲבַרְתֶּם עַל עַבְדְּכֶם וַיֹּאמְרוּ כֵּן תַּעֲשֶׂה כַּאֲשֶׁר דִּבַּרְתָּ. וַיְמַהֵר אַבְרָהָם.. וכתב התשב"ץ אבות א טו על מה שאמר אברהם לאותם אורחים אַחַר תַּעֲבֹרוּ פירושו שהאכילם דבר שאינו צריך שום הפשט וניתוח (שזה יקח זמן וכו' אלא יזרז האכילה כל היכא דאפשר), וזה לשון הבהמה שאפשר לחתכה מיד, עכתו"ד. ולפי"ז י"ל שבעצם כל שלשת חלקי הזלו"ק ראוים לחתיכה בקלות ללא טירחת ההפשט ואפשר ליתנם לכהן מיד.

ה. אף על גב שמותר לאכול מבשר הבהמה קודם שיפריש המתנות, מצוה להפרישם מיד:

לומר דסוף סוף קדושה יש בגט לפי שנקרא ספר וכתוב בו *כדת משה וישראל*. ותו דאם כתב אותו סתם אינו כורת בינו לבינה ועל ידי שכותב ותו לשמו ולשמה כורת.

לפיכך צריך שיוציא הדברים בפה כדי שעל ידי כך יתקיים המעשה שאין הדברים מתקימים במחשבה לבד. וכן במגלת סוטה צריך ג"כ לשמה וצריך להוציא בשפתיו כדי שהמים יפעלו פעולתם בכח השם הקדוש הנמחה אל המים ולכן טוב וישר בכל הדברים שצריכין לשמה לפרש בדבור שהוא עושה לשמן אבל בדיעבד מודה אני שאין הדבר נפסל בכך כיון שגמר וחשב בדעתו לעשותן לשמן" עכ"ל.

ההפרשה או הנתינה?

ויש לדון אם ראוי להדגיש את הנתינה של הזלו"ק או את ההפרשה, דלכאורה לשון הכתוב יוכיח **וְנָתַן לַכֹּהֵן** ושהנתינה היא העיקר וההפרשה אינה אלא הכשר מצוה בעלמא.

ויש לבאר למה שינה לכאורה המחבר מלשון חז"ל שבנוגע לזלו"ק, הם נקטו לשון *הרמה* (ולא לשון הפרשה), לא מיבעי שכן מאמר של רבי יוחנן "אסור לאכול מבהמה שלא <u>הורמה</u> מתנותיה ..כל האוכל מבהמה שלא <u>הורמה</u> מתנותיה כאילו אוכל טבלים" חולין קלב עמוד ב שאתי שפיר שלא נקט לשון *הפרשה* אלא לשון *הרמה* כעין של לשון תרומה,[60] כיון דסובר שאסור לאכול שאר בשר הבהמה עד ההרמה והוי דין כל הבהמה כטבל. וכן במשנה ביצה יב עמוד ב במחלוקת בית שמאי ובית הלל בענין הולכת הזלו"ק לכהן ביו"ט **איתא לשון הרמה**, ושם; "בית שמאי אומרים אין מוליכין חלה ומתנות לכהן ביום טוב בין ש<u>הורמו</u> מאמש בין ש<u>הורמו</u> מהיום. ובית הלל מתירין" ע"כ.

ועוד, אולי דייקו חז"ל ע"פ לשון תוכחת הנביא מלאכי ב ג **הִנְנִי גֹעֵר לָכֶם אֶת-הַזֶּרַע, וְזֵרִיתִי פֶרֶשׁ עַל-פְּנֵיכֶם** וכו' שראו מזה שלשון *הפרשה* אינו מכובד כ"כ - כ"ש בזלו"ק שהם חלקים חשובים בתוה"ק ליתנם לכהן ה' למען יחזקו בתורת השם, וכעין זה יש לתמוה על לשון 'הפרשת' חלה, (ואליבא דהרמב"ן בהשגותיו למנין המצות להרמב"ם, שורש יב **לשון** זה מדוייק כיון דיש בחלה שתי מצות, אחת ההפרשה כדי להוציאה מגדר טבל והשנייה נתינתה לכהן) למה נקט לשון הפרשה ולא הרמה - ובפרט ששם ראוי לשון הרמה כיון דטבלי לולא המצוה, וע"י מצוות הרמה אזי המורם נהפך לקודש ועי"כ מתקן כל העיסה כולה. ומאידך - בזלו"ק - כיון דפסק המחבר דאין בשאר בשר הבהמה איזה חשש טבל - ואף טרם ההפרשה מותר לאכול שאר הבשר, יש צד לומר שהיה ראוי יותר לקרוא לשון *הרמה* כיון דבהפרשה אין השוחט פועל כלום, ואולי מטעם זה גופא נקט המחבר לשון *הפרשה* להראות דאין בהפרשה רק הכשר מצוה בעלמא ועיקר המצוה הוא בהנתינה.

למה מיד?

וכתב הב"ח הטעם למה השוחט חייב מיד אחר מעשה השחיטה להפריש הזלו"ק, וז"ל;

> "ילפינן נתינה - נתינה מתרומה דמצוה להפריש מיד ..וכן כתב התוס' להדיא חולין

60 וראויים הדברים לבעל המאמר, וכפי מעשה שהיה; תרי תלמידי דהוו יתבי קמיה דרבי, חד אמר מפני מה בוצרין בטהרה ומוסקין בטומאה וחד אמר מפני מה בוצרין בטהרה ואין מוסקין בטהרה ..מנו, רבי יוחנן מדרש הגדול בראשית ז ח.

ה. אף על גב שמותר לאכול מבשר הבהמה קודם שיפריש המתנות, מצוה להפרישם מיד:

דף קלא עמוד א ד"ה ה"ג וז"ל והא דחשיב מתנות כו' משום דטבלי אע"ג דלית הלכתא הכי אבל מכל מקום איסורא איכא לאכול מבהמה שלא הורמה מתנותיה כלומר מצוה להפרישם מיד ואי לא הפרישם מיד עבר על המצוה והיינו איסורא" עכ"ל הב"ח.

הפרשה טרם הבדיקה

והמחבר נקט לשון *מצוה* כמקביל לשאר הביטויים בסימן דידן כגון 'רשאי', 'צריך', 'יש לו' וכו', וי"ל דמצוה זו של השוחט שיפריש, היא תקיפה מיד אחר השחיטה ממש, ובא להשמיענו שאין לשוחט להחמיץ מצות ההפרשה עד אחרי ההפשטה או הבדיקה,[61] וכן משמע גם מקדימת סעיף זה לסעיף הבא (בדין *שחט ומצא טריפה*), דמשמע אפוא שהשוחט יזרז ויפריש הזלו"ק עוד לפני שום בדיקה ולענין שיחשוש איך יצא בדיקת הריאה אם להכשיר או להיפך וכו' ראה דיוננו בסעיף הבא בענין טריפה מחמת חומרא דרבנן.

ויש להביא עוד קצת ראייה שיפריש השוחט עוד טרם הבדיקה, מזה דחזינן דכמה רבני רברבתא סברו דיש לשוחט לברך על נתינת הזלו"ק לכהן ראה לקמן סעיף ט ואילו גבי הבדיקה אין סברא שיברך כל עיקר[62] הוה אומר שיבוא הטעון ברכה בדין קדימה וכו'.

ונראה דמידת הזריזות בהפרשה שקולה לזה שבעל קרקע יפריש תרומתו מיד אחר קצירת שדהו כי גם כאן יש לחשוש פן יבואו לידי אכילה מבהמה שלא הורמו מתנותיה (ואע"פ שמותר, משמע שאין לעשות כן לכתחילה וכל שכן ברגילות וכו'). וגם נראה מלשון המחבר שאין נ"מ כ"כ עניין הנתינה (שתבוא מיד אחריה), דהתחלת המצווה הוי בהפרשה ואחר שהשוחט כבר התחיל במצוה אנו בטוחים שמצוה גוררת מצוה ויקיים מצוות התורה של וְנָתַן. ובלבוש כתב *מצוה להפרישם מיד וליתנם לכהן, דזריזין מקדימין למצוות*, והפר"ת אות ג' כתב הטעם משום דכיון דנתחייב במצוה עובר משום הלאו של **בל תאחר**[63]. ו*בכריתי* אות ה' כתב "ויש להחמיר לכתחילה (שלא לאכול שאר בשר הבהמה), דיחזקאל התפאר בעצמו שלא אכל טרם שהורמו מתנות" ע"כ.

הפרשה מיד בלי להמתין לכהן ת"ח

ונראה דמצוה זו, שהשוחט יפרישם מן הבהמה ויתנם לכהן מיד, שקול לדין הקדימה לכהן ת"ח על פני כהן שאינו ת"ח, ולכן אף על פי שהיה מקום לומר שצריך הוא לעכב את הזלו"ק בידו עד שימצא כהן ת"ח ליתן לו הזלו"ק, כבר כתבו הרשב"א והר"ן ד"אינו צריך לעכבם עד שימצא כהן אחר או ישכור וישלח למקום אחר", ובפשטות משמע דהטעם הוא משום דלא אטרחוהו רבנן לשמור על המתנות עד שימצא כהן אחר או לשכור ולהוציא הוצאות לשלוח למקום אחר, אבל כנראה כלול בזה גם משום דיש הידור ליתן המתנות לכהן מיד כמ"ש הלבוש, ולכן אין צריך לעכבם בידו, דגם זריזין מקדימין למצות הוא מעלה גדולה.

61 חוץ מבדיקת הורידין כמבואר ביור"ד סימן כה וי"ל כי זה נחשב כעצם מעשה השחיטה.

62 כי השחיטה בחזקת היתר היא רוקח סימן שטו.

63 אין הלשון מדוייק, דלשון הכתוב דברים כג, כב הוא **לֹא תְאַחֵר**, ושם; **כִּי תִדֹּר נֶדֶר לַה' אֱלֹהֶיךָ לֹא תְאַחֵר לְשַׁלְּמוֹ, כִּי דָרֹשׁ יִדְרְשֶׁנּוּ ה' אֱלֹהֶיךָ מֵעִמָּךְ וְהָיָה בְךָ חֵטְא.**

ו. אפילו אינו שוחט לצורך אכילה, אלא לכלבים או לרפואה, חייב במתנות. אבל שחט ומצא טריפה, פטור:

≈○ משפט הכהנים ○≈

אפילו אינו שוחט לצורך אכילה: במשנה חולין י ג כ' "השוחט לכהן ולנכרי, פטור מן המתנות" ע"כ, והתוס' רי"ד כתב שהמשנה פוטרת דווקא בשוחט בהמת נכרי, ולצורך הנכרי,[64] ובתפא"י חולין פ"י ס"ק כז כ' (כפי פס"ד המחבר כאן) שבהמת ישראל ששחטה לצורך נכרי אזי השוחט חייב, כיוון שזה לא גרע משחיטה לאכילת כלבים עכתו"ד.

מצוה להפרישם מיד; מצוה לשוחט להפריש חלקי הזלו"ק מן הבהמה מיד אחר השחיטה. וככל הנראה - ועוד קודם ההפרשה - יש לו לבדוק אם נחתכו הורידין כראוי.

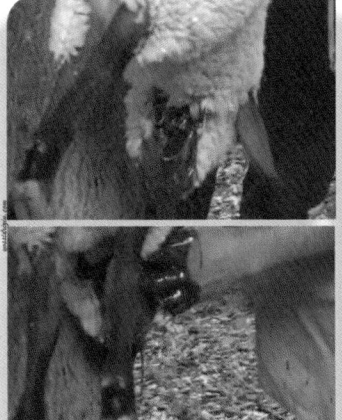

ובמקרה שהשחיטה היא בשביל ישראל, כ' *בערך לחם*, יור"ד סי' סא, וכן בפר"ח יור"ד סא ס"ק מא, וכן בפר"מ יור"ד סא, כז; "גוי (שמביא בהמתו לרשות ישראל לשחוט, והסכימו ש) ..אם נמצאת כשרה נשארת לו (להישראל) והטריפה לוקחה הגוי, חייבת במתנות" ע"כ[65] וזה גם ברור כי אינו בכלל שוחט לנכרי אלא בכלל שוחט לישראל. ולכאורה נראה שעניין המכריע בכל המקרים לחייבו הוא, - מדין תורה - אם הבהמה שייכת לישראל בשעת השחיטה,[66] אבל מדרבנן חששו גם *בכוונת-לב* של השוחט (אם מכוון לשחוט לאכילת ישראל או לאכילת גוי) וגזרו אפילו אם הבהמה היא בבעלות גוי בשעת השחיטה, וכ"ש אם שוחטים למטרת רווח ושיווק לציבור ועיין לקמן בדברינו לסימן כה.

שחט ומצא טריפה: בספר *מקור מים חיים* מהר"א פאדווא ליור"ד סי' ס"א, ו מציין דבר פלא בזה שהרמב"ם לא הביא דין זה של השחט ונמצא טריפה ופטור השוחט מנתינת הזורע הלחיים והקיבה. ומסביר שם כי אין דרכו של הרמב"ם להביא אלא 'דין מפורש העולה מן התלמוד', וכיוון שהדין מסכת חולין, דף קלו עמוד א אינו מוסכם לרבנן אלא הוא שיטה של רבי שמעון בלבה, ולכן לא הביאו הרמב"ם כלל להלכה, כיון שפטור זה לא הובא במשניות וגם אינו מוסכם

64 ובתוספות רי"ד חולין קלב עמוד ב "מדתני השוחט לכהן ולנכרי פטור מן המתנות דמשמע דוקא אם שחט ישראל הבהמה לצורך הכהן והנכרי הוא פטור ישראל מן המתנות.. איצטריך למיתני דוקא אם שחט ישראל בהמת הכהן (וה"ה בהמת גוי) (או הגוי) לצורך הכהן אבל אם שחטה לצורכו - כגון שקנאה ממנו - חייב הוא, מפני שהדין עם הטבח ..דדוקא מעשרות דטבלי אזלינן בתר מי שגדלה אצלו אבל מתנות.. דלא טבלי אזלינן בתר טבח" ע"כ.

65 ומלשונו משמע קצת שגם בשחט ונמצאת טריפה יהיה חייב, ועיין לקמן בשיטת הרמב"ם ועוד.

66 סד"א שאפילו השוחט לגוים את בהמתן, מֵאֵת הָעָם קמ"ל ולא מאת אחרים ראה ספרי דברים ע"פ הרד"פ. ו*בערוגת הבשם* יור"ד סא: י כ' שגם במקרה ששוחט בהמת נכרי ברשות הנכרי אם השוחט מחייב עצמו לנכרי עבור אונסים אם יקרה וכו', הרי זה גם נקרא בבעלות ישראל והשוחט חייב בזלו"ק, עיי"ש.

ו. אפילו אינו שוחט לצורך אכילה, אלא לכלבים או לרפואה, חייב במתנות. אבל שחט ומצא טריפה, פטור:

≈○ משפט הכהנים ○≈

בתלמוד אליבא דרבנן, עכתו"ד.

שיטת הרמב"ם

ולרבותא, יש סוברים כי הרמב"ם סבור בפשטות דהשחט ומצא טריפה אזי השוחט חייב בנתינת הזלו"ק, וכן הובא בפי' *שערי דעה* הרב אליעזר לוו, יורה דעה סימן סא ס"ק א **בזה"ל; "אדרבא, ממשמעות לשונו** (של הרמב"ם) ..מדלא ביאר דבטריפה פטור, משמע להדיא דגם בטריפה חייב וכן מבואר בתוספות בר"פ הזלו"ק דגם הם סוברים דטריפה חייב, וכן בתוספתא חולין פ' הזלו"ק **משמע** דחולק אספרי באמרו 'השוחט ונתנבלה, והנוחר, והמעקה.' משמע דדוקא בהני דלאו שחיטה הן (רק אז השוחט פטור) אבל בטריפה חייב, וסבר הרמב"ם דגם בטריפה זבח איקרי," ע"כ.

והר"א לוו ממשיך על דרך פלפול שאם נסבור דאיסור צער בעלי חיים הוי דאורייתא, הרי שפיר קרינן אפילו נתינת הזלו"ק לכלבו של כהן בגדר **וְנָתַן לַכֹּהֵן**, ויוצא לנו שכן דעת הרמב"ם כיון שסובר שצעב"ח הוא איסור דאורייתא כמו שפסק גבי בכור בהמה שנפל לבור, ועיי"ש בארוכה.

ודרכו של הרמב"ם בכ"מ לא להביא דעת תנא יחיד להלכה - ואפילו במקום שאין מי שחולק עליו, וכן מצאנו כשתמהו עליו חכמי לוניל בעניין מה שלא חייב שזירה לציצית מדין תורה, וז"ל השאלה; "..ואחד חוטי לבן ואחד חוטי תכלת אם רצה לעשותן שזורין עושה: יורנו מורינו ורבינו והלא יליף בספרי פרשת שלח פיסקא קט"ו **תכלת ממשכן מה להלן שזורין אף כאן שזורין**" ע"כ.

והשיב להם הרמב"ם; "זה שלמד שזורין מן משכן רבי שמעון הוא שסתם ספרי רבי שמעון ולפי שלא מצאתי שום אדם שיאמר דבר זה לא כתבתי כמותו שאם כן יהיו שזורין ששה כמשכן".

וכן הדבר נראה בנדו"ד שהשיטה האומרת ששחיטה שאינה ראויה לאו שמיה שחיטה היא דעת רבי שמעון ומה גם שפליגי עליו החכמים בהדיא וסוברים שלעולם שחיטה שאינה ראויה הוי שחיטה. ולהלכה, הרמב"ם דלג על דין הפטור וגם הרא"ש, ובעל הסמ"ג עשין קמב, וגם ספר החינוך השמיט דין זה.

התורת יקותיאל

ובספר *תורת יקותיאל* יור"ד סימן סא ס"ק ב מרבה להקשות על מה שכתב המחבר כאן לפטור, ותוכן דבריו הוא כי לא מצינו מוסכם בשו"מ בש"ס שהשוחט ונמצא טריפה פטור מנתינת הזלו"ק, וכל שיטת הפטור הוא רק אליבא דסתם ספרי - ומאן הוא, רבי שמעון - שדורש **מֵאֵת זֹבְחֵי הַזֶּבַח** לאפוקי השוחט ונמצא טריפה. דלשיטתו זביחה טריפה לאו שמיה זביחה, אבל רבנן פליגי עליה דשמיה זביחה. וכן רש"י והר"ן שפירשו שהש"ס סובר לפטור השוחט - אין דעת הש"ס כטעמיה דרבי שמעון, אלא מלשון הכתוב של **וְנָתַן לַכֹּהֵן** ודרשו שיתן הזרוע לחיים וקיבה לכהן עצמו אבל לא לכלבו של כהן.

ומוסיף התו"י להקשות עליהם, כי גם מקור הילפותא של רש"י והר"ן לא נמצא בש"ס דידן, ואע"פ שלפי פשטות לשון הגמרא נדה נא עמוד א וחולין קלו עמוד ב משמע דכן הילכתא שהטריפה פטורה מדין זלו"ק, הניח משמעות זאת בצריך *עיון* בלבד ולא נמנע מלצדד לחומרא.

והרמב"ם כנ"ל נמנע מלכתוב דין מפורש בזלו"ק

וְזֶה יִהְיֶה מִשְׁפַּט הַכֹּהֲנִים מֵאֵת הָעָם מֵאֵת זֹבְחֵי הַזֶּבַח לו

ו. אפילו אינו שוחט לצורך אכילה, אלא לכלבים או לרפואה, חייב במתנות. אבל שחט ומצא טריפה, פטור:

לגבי טריפה, אבל בדין ראשית הגז כתב בפירוש שהטריפה חייבת הלכות ביכורים ומתנות כהונה פ"י ה"ז. והכס"מ שם מביא מהר"ן שביאר דעת הרמב"ם למה חייב טריפה בראה"ג, כי סובר דשיטת רבי שמעון היא דעה יחידאה ואילו רבנן חולקין, ולכן לפי הכלל *'יחיד ורבים הלכה כרבים'* קבע הרמב"ם ההלכה כהרוב, וכן דעתו להלכה אע"פ שהגמ' מפלפלת בארוכה בשיטת רבי שמעון.[67]

ולאידך, לפי המבינים בדעת הרמב"ם[68] שמחייב השוחט ומצא טריפה בזלו"ק (ראה לקמן) צ"ב איך הבינו הגמ' הנ"ל נדה נא עמוד א וחולין קלו עמוד ב.[69]

והתורת *יקותיאל* מוסיף להקשות גם על עצם שייכות הדרשה של **וְנָתַן לַכֹּהֵן** ולא לכלבו, כי לפי משמעות התוספות פסחים לג עמוד א **דכל** *היכי דשרי בהנאה שייך ביה נתינה* נראה שאע"פ שאין הבשר ראוי לאכילת כהן בעצמו בגלל איסור אכילת טריפה אבל עכ"פ שייך **וְנָתַן לַכֹּהֵן** כיון שיהנה הכהן מהבשה. ועד"ז במקרה של *טריפה דרבנן* - כגון שנאבדה הריאה וכדומה - חייב השוחט בנתינת הזלו"ק לכהן, וז"ל; "**מִוְּנָתַן לַכֹּהֵן** לא שמעינן מידי אלא מלימוד הספרי, ולכן יש לומר דלהלכה לא קיימא לן כהך דספרי משום דסבירא לן שחיטה שאינה ראויה שמיה שחיטה" ע"כ. ועד"ז יש להוסיף שמשמעות התוספות דכל *היכי דשרי בהנאה שייך ביה נתינה*, שהכהן יאכילנו לכלבו והוי דומיא לתרומה טמאה שיהנה הכהן בשריפתה.[70]

וכן **אליבא דההיקש בין זלו"ק לתרומה** במשנה אודות הולכת זלו"ק לכהן ביו"ט, ביצה דף יב עמוד ב, **ולפי הכלל בהיקשים דלחומרא מקשינן**[71] **י"ל שגם כאן**

---

67 ובשולי הדברים יש למצוא סימוכים מביאור זה של הר"ן (בפי' הרמב"ם) שהכלל הידוע *יחיד ורבים הלכה כרבים* גובר על הכלל שהיכן שמפלפלת הגמרא בארוכה על שיטת פלוני סימן שהלכה כמותו.

ובעצם כלל זה של 'שקיל וטרי בארוכה' מראה שהלכה כמותו, ראה *כללי התלמוד* של הכנסהג"ד ס"ק נז שמביא שיטת *בעל המאור* דלא חיישינן לכלל זה אבל בעל הבאר *שבע* חולק עליו ומקיים הכלל.

68 ויש צד לומר שהרמב"ם פוטר השוחט ומצא טריפה מדין זלו"ק כי לכאורה א"א לו לכהן לקיים בזה דין **לְמָשְׁחָה** לאכלן צלי וחרדל, אבל מאידך גיסא אפשר עכ"פ העניין של **לְמַעַן יֶחֶזְקוּ בְּתוֹרַת ה'** כי מיקל עול הפרנסה מעל הכהן שימצא טריפה בידו להשליך לכלבו.

69 וכן התוס', הסמ"ג, ורבינו ירוחם. ושם בגמרא; "..האיכא טרפה דחייבת בראשית הגז ואינה חייבת במתנות" ע"כ. ואופן א' לתרץ הוא שגם קושיית הגמ' אינה אלא אליבא דרבי שמעון דסבר שטריפה איננה בכלל **זֶבַח**, וראה ס' *חכמת בצלאל - פתחי נדה* להר"ב רנשבורג דף תקלז-ט (מהדו' מוהר"ק) שהאריך לבאר כן בטוב טעם **אבל לרבנן דסברי שהשחט ונמצאה טריפה נקרא זֶבַח וממילא גם עניין של 'ונתן לכהן' שייך** בדבר שאסור באכילה, יוצא שגם בהמה טריפה חייבת בדין זלו"ק.

וכ"נ **מהתוספות** חולין קל עמוד א ד"ה תיתי מלקות ויתום שטריפה חייבת, ושם; "הוה מצי למימר נמי תיתי מכלאים וטרפה ועוד טובא.." ועיי"ש גם בפי' *מלוא הרועים* חולין ק"ל. על תוד"ה תיתי.

70 וישרפנו הכהן את התרומה ברשותו (אליבא דמתניתא קדמייתא) - ראה ירושלמי מסכת תרומות דף נח עמוד א. וכעין זה בשער האותיות להשל"ה, קדושת האכילה ס"ק מא. וכעין זה בשו"ת מהרי"ט ח"א סי' פה דנתינה לכהן עדיף.

71 אליבא דר"ת שסובר שלעולם לחומרא מקשינן ולא שנא באיסורא ולא שנא **בממונא**, תוס' ד"ה דומיא ב"ק דף ג. **ואילו רש"י** חולין קלו. **מפרש דלחומרא מקשינן היינו דווקא באיסורא אבל בממונא קולא לנתבע** (בנדו"ד הוי השוחט הנתבע), **והממע"ה**.

וכנראה דשיטת הפרי מגדים הוא גם שלעולם

ו. אפילו אינו שוחט לצורך אכילה, אלא לכלבים או לרפואה, חייב במתנות. אבל שחט ומצא טריפה, פטור:

≈○ משפט הכהנים ○≈

דסברא היא שכשם שנותנין תרומה טמאה לכהן להנאתו ולא לאכילתו, גם כאן אפשר שהשוחט יקיים וְנָתַן לַכֹּהֵן להנאתו של כהן ולא לאכילתו של כהן.

שעת הכושר

אבל מעיון בגמ' פסחים דף לג עמוד א **שפיר** משמע שיש אופן שבעל התרומה יהיה פטור לגמרי מנתינתה לכהן. וזה ע"פ ביאור הגמרא למה 'המקדיש תרומה חמץ אינה קדושה', והוא לפי *שלא היתה לו שעת הכושר* או לפי טעם השני *שאינו נקרא <u>ראשית</u> כי אין כאן שיריים של חולין*. וכן הוא כאן ממש אצל השוחט, שכיוון שלא הייתה לבהמה שעת הכושר אין לו שום חוב ליתן הזלו"ק ל'אורו של כהן'. ואם כנים ההיקש של תרומה לזלו"ק, אזי מובן הפטור לשוחט מטעמיה של רבי שמעון דאין כאן זביחה כיוון שזה דומיא להמקדיש תרומה חמץ שאין כאן קדושה.

תרומה טמאה תוכיח

ועל הילפותא של הר"ן ורש"י של וְנָתַן לַכֹּהֵן ולא לאורו יש להביא עוד קושיא, ע"פ הגמ' מסכת תמורה דף לג עמוד ב ובמשנה תמורה פרק ז משנה ה, ושם כתוב ש"מדליקין בפת ובשמן של תרומה".

ובפיה"מ להרמב"ם שם כתב "שלא יעלה על הדעת שהתרומה טמאה אסורה בהנאה (לכהן), ..אם נטמאת השמן של תרומה הרי הכהן מדליק בו" ע"כ.

והרע"ב מבואר כעין זה ומביא לכך ראיה מוכחת, וז"ל; "דכתיב **וַאֲנִי הִנֵּה נָתַתִּי לְךָ אֶת מִשְׁמֶרֶת תְּרוּמֹתָי**, במדבר יח ח בשתי תרומות הכתוב מדבר, אחת תרומה טהורה ואחת תרומה טמאה, וכתיב לְךָ - שלך תהא להסיקה תחת תבשילך". וכן בתלמוד ירושלמי פסחים טז עמוד א כתיב כעין זה; "תרומה טמאה, אפרה לשבט"[72] - היינו לשבט הכהונה להנאתם.

נמצאנו לפי מקורות הללו חילוק גדול בין תרומה שלא הייתה לה שעת הכושר לתרומה שנטמאה. שבזלו"ק שלא הייתה לה שעת הכושר מעולם יש עניין של וְנָתַן לַכֹּהֵן ולא לאורו, ואילו לגבי תרומה טמאה יש עכ"פ ליתן התרומה הנשרפת דווקא לכהן שיהנה מהשריפה, כי אפרה נחשבה כנכס הכהן.

אלא יש לומר דאין הילפותא דומה יפה להשוות תרומה למתנת זלו"ק, כי הנידון בפסחים הוא דווקא אודות 'קדושת' תרומה, היינו שאין הגידול קרקע עולה לקדושה, ויש לחלק כי שם מחמירים בגלל

לחומרא מקשינן גינת ורדים פפד"מ תקכ"ז אבל אח"כ חזר בו פתיחה כוללת לאו"ח ח"א אות י' פפד"מ תקמ"ז וכתב דזה שלחומרא מקשינן היינו דווקא מספק.

אבל לקמן ציטטנו ס' *שולחנו של אברהם* שכ' "ואין לומר דבמתנות כיון דאיכא דררא דממונא *המוציא מחבירו עליו הראיה* שהרי מוכח בפרק ראשית הגז דקל"ה וקל"ו דבמתנות אזלינן לחומרא.." עיי"ש. ובמילואים הבאנו תשובת מהר"ם מרוטנבורג שהביא הכלל דלחומרא מקשינן בהדיא בדין זלו"ק.

72 יש לתמוה על הגדרת הכהנים בגדר <u>שבט</u>, כי לכאורה הביטוי שבט כולל את <u>כל</u> שבט לוי, וידוע שאין לכל שבט לוי חלק בתרומה - רק לכהנים בלבד, וכן פי' ברמב"ן במדבר יז יז עה"פ **אִישׁ אֶת שְׁמוֹ תִּכְתֹּב עַל מַטֵּהוּ** שגדר שבט שייך לכל השבט כולל כהנים ולויים, ושם; "..שם הנשיאים, ועשה אהרן נשיא לשבט לוי והוצרך לפרש כי הם מטה אחד ונשיא אחד להם לומר אע"פ שחלקתים לשתי משפחות כהונה לבד ולויה לבד מכל מקום שבט אחד הוא ונשיא אחד להם.." ע"כ, א"כ לכאורה הביטוי שבט אינו מדוייק.

לח וְזֶה יִהְיֶה מִשְׁפַּט הַכֹּהֲנִים מֵאֵת הָעָם מֵאֵת זֹבְחֵי הַזֶּבַח

ו. אפילו אינו שוחט לצורך אכילה, אלא לכלבים או לרפואה, חייב במתנות. אבל שחט ומצא טריפה, פטור:

הקדושות והחומרות שיש בתורת התרומה[73] ולא כל גידול קרקע עולה לכלל קודשת תרומה. אבל לעניין זלו"ק שאין בהן קדושת הגוף כגון תרומה יש לחלק ולומר שבכל אופן ובכל פעם רשאי הכהן – אם ירצה - לשורפם לאורו, משא"כ בתרומה שאסור לכהן לשורפה כל עוד שהכהן והתרומה טהורים.[74]

מצוות עשה גרידא

ויש להקשות עוד על עצם הילפותא, כי בנוגע לנתינה (זלו"ק) שאינה ראוייה לאכילה, כתב המחבר לעיל ש"הקיבה צריך ליתנה לכהן עם כל חלבה - פנימי וחיצון" והרי חלב פנימי וחיצון נהגו בו איסור אכילה ואעפ"כ הם בכלל נתינת הקיבה. וכן הצמר שבראשי כבשים והשער שבראשי תיישים כנ"ל סעיף ב גם הם אינם ראויים לאכילה ואעפ"כ ניתנים לכהן כחלק מהמצווה של נתינת הלחיים.
ועל קושיא זו האחרונה תירץ בעל *מלא הרועים* וגם ברש"ש, חולין קלו עמוד ב, דמה שנותנים לכהן על סמך ריבוי *אות* (היינו השער מריבוי והלחיים וחלב הקיבה מריבוי והקבה) אין צורך שיהיה דווקא ראוי לאכילה וכל זמן ששאר החלקים כשרים לאכילה. אבל עכ"פ המתנות בעצמן (היינו עצם הזרוע, עצם הלחיים, ועצם הקיבה) מוכרחים להיות ראויים באכילה לכהן, לאפוקי טריפה שאינה ראוייה לאכילה.

אבל עדיין יש להקשות, כי כל תורת השחיטה עצמה באה בקבלה ואסמכוה אקרא,[75] ואיך נפטר השוחט מנתינה שחייבתו התורה בהדיא בשחיטה בצוואר שלא יצאה כשרה לאכילה - נהי דלאכילה גרידא איננה ראוייה ואילו יצוייר שהשוחט נחר או עקר ורידי הבהמה שפיר היינו פוטרים אותו, דאין נחירה ועקירה בכלל זביחה (וכנ"ל בס' שערי דעה להר"א לוו דהביא ע"פ התוספתא ש'השוחט ונתנבלה, והנוחר, והמעקר' שמשמע שהנוחר והמעקר אינם בכלל שחיטה), אבל כל עוד ש"זבח" בצוואר

---

73 כגון שגזרו חכמים לחומרא שכהן לא יקבל תרומה מעם הארץ אלא בשעת הגיתות תוספתא סוף מסכת חגיגה במעשה דרבי טרפון שהבריות היו מרננין אחריו כיון שנהג להקל וכו'.

74 ובשולי הדברים יש להקשות ע"פ שיטת המחבר דנראה כי הוא מסתמך על הלימוד ההובא בר"ן של **וְנָתַן לַכֹּהֵן** ולא לאורו, כי לקמן פסק שאפשר ליתן מתנת הזלו"ק לכהנת - ואפילו היא נשואה לישראל, וזאת אליבא דתלמודא דדבי רבי אליעזר בן יעקב שסברו כן מהמיעוט של **וְנָתַן לַכֹּהֵן**, ואם כן לכאורה אין **וְנָתַן לַכֹּהֵן** מופנה להילפותא של הר"ן של **וְנָתַן לַכֹּהֵן** ולא לאורו, וצ"ע.

75 ובספר החינוך מצוה תנ"א איתא; "נצטוה משה רבינו..פירוש, לא שיהיה כן במשמע הכתוב אלא שהציווי הזה באה בקבלה עליו שיהיה כן.." ע"כ, היינו שדקדוקי שחיטה לא נתפרש בהדיא בקרא, וחז"ל סעדו הדקדוקים בכמה אסמכתות על המקרא כגון **וְשָׁחַט** ויקרא א יא 'ממקום ששח' היינו צווארה, ששח לאכול עשב, **חטהו**' חולין ל עמוד ב, ו'אין ושחט אלא ומשך', **וְזָבַחְתָּ** 'ממקום שזב, חתהו' וכו' ובחולין כח עמוד א הובא הברייתא: "תניא רבי אומר **וְזָבַחְתָּ כַּאֲשֶׁר צִוִּיתִךָ** דברים יב כא מלמד שנצטוה משה על הושט ועל הקנה" ע"כ ופירש"י שם 'מלמד שנתפרשה לו מצות שחיטה בעל פה, דהיכן צוהו בכתב רוב אחד בעוף..?' וראה סמ"ע פרישה ודרישה ליור"ד סימן א.
וחשוב לציין כאן כי עצם הקרא **וְזָבַחְתָּ כַּאֲשֶׁר צִוִּיתִךָ** דברים יב כא נדרש לאפוקי שום הווה אמינא דהותר הזרוע לחיים וקיבה לישראל באכילה על ידי זביחה כשירה. וכן לשון מדרש הגדול דברים יב כא; "**וְזֶה יִהְיֶה מִשְׁפַּט הַכֹּהֲנִים;** למה נאמר לפי שהוא אומר **מִבְּקָרְךָ וּמִצֹּאנְךָ.. וְאָכַלְתָּ** דברים יב כא שומע אני אף הזרוע והלחיים וקבה במשמע תלמוד לומר **וְזֶה יִהְיֶה מִשְׁפַּט הַכֹּהֲנִים**" ע"כ.

ו. אפילו אינו שוחט לצורך אכילה, אלא לכלבים או לרפואה, חייב במתנות. אבל שחט ומצא טריפה, פטור:

≈○ משפט הכהנים ○≈

הבהמה ומה גם בכל דקדוקי הלכות השחיטה כולל הברכה בשם ובמלכות, על זה צווח קרא ואומר **וְזֶה יִהְיֶה מִשְׁפַּט הַכֹּהֲנִים מֵאֵת הָעָם מֵאֵת זֹבְחֵי הַזֶּבַח** ולמה יהיה שום נפק"מ לנו מעיקר דין תורה אם מצאו אח"כ סירכא או שאר הטריפות וכו' כי חזינן דהשוחט קיים רישא דקרא לזבוח בכלל **זֹבְחֵי הַזֶּבַח** (כי זבח ולא נחר או עקר) ועכשיו יקיים גם סיפא דקרא **וְנָתַן לַכֹּהֵן.**

בטריפה דרבנן

ויש מכריעים לומר דנהי דבטריפה *דאורייתא* גרידא אהני לשוחט הילפותא ההובא בר"ן ורש"י, ואילו אם מדובר אודות טריפה *מחומרא של דבריהם* ישתנה הדין לחייב השוחט. וכן כתב בעל *שולחנו של אברהם* יורה דעה סימן סא, וז"ל;

> "מכל מקום נראה עיקר דבכסוי (הדם) ומתנות (זרוע לחיים וקיבה) ושלוח הקן אזלינן בתר דאורייתא וכיון דמדאורייתא שרי, חייב בכולהו ואין לומר דבמתנות כיון דאיכא דררא דממונא *המוציא מחבירו עליו הראיה* שהרי מוכח בפרק ראשית הגז דקל"ה וקל"ו דבמתנות אזלינן לחומרא דפריך אדרבא נילף[76] וכו' ע"ש בפירש"י[77] עיי"ש עוד"

ויש לברר מהי *טריפה מדבריהם*, וביאר בפי' *פרי תאר* רבי חיים בן-עטר, יור"ד סא ס"ק ד לחלק בין טריפה מדבריהם של חז"ל לטריפה מדבריהם של אחרונים, וז"ל שם:

> "..מה שאנו אוסרים מחומרות האחרונים - ומדאורייתא שרי - פשיטא דחייב, דלא מצינן לפקועי זכותיה דכהן במאי דזכי ליה רחמנא ורבנן נמי לא גזרו לאפקועי זכותיה דכהן"

עכ"ל, היינו במקרה של *חומרות וסייגים בדברי האחרונים* - וכחומרות עדיות שונות - שלפעמים במקום שעדה פלוני מחמירה ועדה פלוני מתירה, הפסק-דין הוא שאין לאפקועי כהן מזכותיה משום איזה חומרא בכגון זה, ויש לשוחט להפריש ולתת לכהן חלקו כרגיל (ויודיע לו מה שמצא וכו') ויעשה בהם הכהן כרצונו, אם לאכלן לעצמו, להאכילן לפועליו נכרים, לכלביו או להנות מכספי מכירתן

76 ובגמ' שם חולין קלו עמד א נראה כמוסכם לכו"ע שיש היקש בין תרומה לזלו"ק, ושם; "..איכא למימר יליף נתינה - נתינה מראשית הגז מה להלן דשותפות לא אף כאן דשותפות לא כתב רחמנא דברים יח, ג **מֵאֵת זֹבְחֵי הַזֶּבַח** אלא טעמא דכתב רחמנא **מֵאֵת זֹבְחֵי הַזֶּבַח** הא לאו הכי הוה אמינא לילף מראשית הגז, אדרבה נילף מתרומה - אין הכי נמי.." ע"כ, היינו מזה חזינן ששפיר נילף זלו"ק מתרומה, ותרומה אינו עניין של ממונא גרידא אלא של איסורא, וראה הערה הבאה.

77 ככל הנראה, כוונתו לפירש"י בדף קלה עמוד ב, ושם; "אדרבה לילף מתרומה לחיובא - דהא בתרומה נמי כתיב ראשית ושותפות חייבת בה וקולא וחומרא לחומרא מקשינן יבמות דף ח עמוד ב" ע"כ. ובתוס' ב"ק דף ג עמוד א אודות 'לקולא ולחומרא לחומרא מקשינן' הובא שיטת ר"ת ש"מדה היא בתורה לא שנא באיסורא ולא שנא בממונא" ע"כ, וכנראה שכוונת רש"י הוא שענין לחומרא מקשינן היינו שמסכים הגמ' שיש לילף זלו"ק מתרומה כמקביל לראה"ג - כי לחומרא מקשינן - אבל לאו-דוקא ללמוד שכל צדדי החומר שיש בתרומה שייך גם לזלו"ק. ולאידך, י"ל שאדרבא, רבי יוחנן למד כל חומר האיסור לאכול מבשר הבהמה שלא הורמה זלו"ק ממנה מהיקש זה גופא, שכיוון שלחומרא מקשינן אזי יש דין טבל לבהמה דומיא דתרומה. ובתשובת מהר"ם מרוטנבורג נדפס במילואים לקמן הביא כלל זה שלחומרא מקשינן בעניין זלו"ק גופא והוכיח שהוקש דווקא לתרומה ע"פ הלשון וְנָתַן משא"כ בראשית הגז ששם כתיב תִּתֶּן, עיי"ש.

ו. אפילו אינו שוחט לצורך אכילה, אלא לכלבים או לרפואה, חייב במתנות. אבל שחט ומצא טריפה, פטור:

≈○ משפט הכהנים ○≈

לנכרי, או לשורפן כפי שירצה, כי כלל גדול בידינו שלעולם לא גזרו רבנן להפקיע הכהן ממה שזיכתה אותו התורה, וזה פשוט.[78]

וזה אינו מופרך גם מלשון המחבר, להקים דעתו שסובר *בטריפה מדבריהם של אחרונים*, *שפיר* נאמר (כהסבר הפרי תאר) שמופרך הוא שרבנן יגזרו לאפקועי זכותיה דכהן, ועוד יותר י"ל דאינו מן הנמנע בלשון המחבר לפטור רק הטריפה מדין תורה.[79]

ויש לדון אם יש לשוחט שבא לתת הזרוע והלחיים והקיבה לכהן מבהמה שטריפה רק מדבריהם - להתחשב כלל ועיקר עם דעת הבעלים בנדו"ז,[80] ויכול לסמוך הנתינה על פירוש בעל *תורת יקותיאל* הנ"ל ודעימיה. ולפי דעת המחייבים ברכה בעת הנתינה אולי יכול לברך ג"כ דאין כאן חשש מצוה הבאה בעבירה (וראה לקמן בענין אי הזלו"ק נחשבו כבאים משולחן גבוה וכו' ואין הבעלים נותן מדידיה כלום וכו').

78 ועל פי דברינו בסעיף ה, יש לשוחט להפריש הזלו"ק מיד ועוד טרם הבדיקה.
ועצה טובה היא שהשוחט ירשום הזלו"ק בתיאום להבהמה שיודע מאיזה בהמה בא הזלו"ק פן יצא טריפה מדבריהם בעת הבדיקה, ויודיע לכהן כנ"ל.

79 ובעל החינוך מצוה עג מדגיש ששמונה טריפות הן הלכה למשה מסיני, ואילו רק דין *דרוסה* מפורש בהדיא בקרא (ולכן כל ספק דרוסה אסור), אבל האחרות (נקובה, חסרה, נטולה, פסוקה, קרועה, נפולה, ושבורה) סמכו אקרא לפי מידת *דיבר הכתוב בהווה* (היינו מידת דבר *שנאמר במקצת והוא נוהג בכל*), וחז"ל (בגמ' חולין דף מב עמוד א) סמכו עליהן ע"ב טריפות (שעליהן אין להוסיף וכו'). וא"כ, יש לבאר איזה טריפה פטר המחבר מדין זלו"ק, כלומר אם הכוונה רק *לדרוסה*, או לדרוסה ורק *השבע טריפות* שהן הלמ"מ (שמלשון בעל ספר החינוך משמע שספקן מותר מד"ת), או גם לדרוסה, גם להשבע טריפות, וגם לכל הע"ב טריפות שמדברי חז"ל, ולכן אפשר שאינו מן הנמנע שסובר כמו שכתבנו.

80 ולפי דברינו לקמן הצענו שבין כך ובין כך אין לשוחט להתחשב בדעת בעלים (מטעם שאין הזלו"ק שלהם אלא הכהן משולחן גבוה קא זכה כדברי הרשב"א או מטעמים אחרים) דעליו לומר לבעלים שיש מצוה על השוחט לתת חלקים הללו ללא שום רווח לבעלים וזה סדר השחיטה בישראל, ואם הלה מסרב יאמר הרי בהמתך בחיים לפניך קח ולך כי אין שליח לדבר עבירה.

ז. יתנם לכהן חבר, ואם אין שם חבר, יתנם לעם הארץ:

≈○ משפט הכהנים ○≈

יתנם לכהן חבר: וצריך עיון אם בית דין כופין על זה, ובתפארת *יעקב* יורה דעה סא ה כ' שמעיקר הדין רשאי לחלקן לכהן ע"ה אבל יש כח ביד בית דין להוציא פסק שיחלקם אך לכהן ת"ח. והנה בגמרא חולין דף קל עמוד ב איתא; "וְזֶה יִהְיֶה מִשְׁפַּט הַכֹּהֲנִים, מלמד שהמתנות דין, למאי הלכתא, לאו להוציאן בדיינין? לא, - לחולקן בדיינין. וכדרב שמואל בר נחמני, דאמר רב שמואל בר נחמני אמר רבי יונתן מנין שאין נותנין מתנה לכהן עם הארץ? שנאמר דה"ב לא ד **וַיֹּאמֶר לָעָם לְיוֹשְׁבֵי יְרוּשָׁלַם לָתֵת מְנָת הַכֹּהֲנִים וְהַלְוִיִּם לְמַעַן יֶחֶזְקוּ בְּתוֹרַת ה'**, כל המחזיק בתורת ה' יש לו מנת ושאינו מחזיק בתורת ה' אין לו מנת", עכ"ל הגמרא.

ובתחילה מדייקת הגמרא מהלשון **מִשְׁפַּט** שיש לכהנים דין-פלילי על הזלו"ק עוד לפני שניתנו לכהנים, ולכאורה הכוונה *להוציאן מידם* היינו להוציא מידו של השוחט, בתביעה לפני הדיין ובכפיית-דין, אך למסקנת הגמרא הכוונה של **מִשְׁפַּט** היא לדין שבין כהן ת"ח ובין כהן ע"ה - ששניהם כהנים, ולכאורה הוי סיפא דומיא דרישא, ונראה מזה שהבית-דין מתערב בדבר לצוות לשוחט שיתן את הזרוע הלחיים והקיבה דוקא לכהן תלמיד חכם.

ואמנם מרש"י (ד"ה בדיינין) משמע שאין כאן דין כפייה, וז"ל "דיינין אומרים לו לישראל לזה תן המתנות שהוא חבר ואל תתן לזה שהוא עם הארץ" עכ"ל, אלא דהיה אפשר לומר שרש"י נקט לשון *אומרים* דמסתמא א"צ כפייה על זה כיון דמה איכפת ליה לשוחט כ"כ למי ליתן כיון דהוא עצמו לא יכול לאוכלם ובפרט במתנת הזלו"ק דטובת הנאה אסורה בהן בכורות דף כז עמוד א-ב, וראה דברינו בסעיף ה. אמנם מלשון המחבר משמע שמדובר בחיוב גברא ולא בדין משפט הדיינים כלל.

אם אין שם (כהן) חבר, יתנה ל(כהן)עם הארץ: בראשונים (הרשב"א והר"ן) איתא לשון "אין צריך" להמתין עד שיבוא כהן ע"ה או לשכור מי שיוליך הזלו"ק אל כהן תלמיד חכם, אבל מלשון השו"ע משמע דצריך ליתן דווקא לכהן עם הארץ מיד ואין לחכות.

ונראה דהמחבר אזיל לשיטתו שפוסק לעיל שצריך השוחט להפריש הזלו"ק מיד אחר השחיטה, וכתב הלבוש דהוא הדין ליתנן. והטעם משום דזריזין מקדימין למצוות, וכנראה דס"ל להשו"ע דדין דצריך להפרישן מיד שאני מדין קדימה לכהן ת"ח, דדין קדימה לכהן חבר אינו הידור מצוה מצד הנותן רק הוי דין קדימה מדין הכהנים, וכמו שמשמע מהגמרא שהדיינים אומרים לו תן לזה (כהן חבר) ואל תתן לזה שהוא ע"ה (ופשיטא דליכא למימר שהכהן עצמו קודם לתבוע המתנות בדין לכהן ע"ה דהא אין לכהן לתבוע הזלו"ק כמ"ש המחבר בסעיף יא), משא"כ הדין ד'זריזין מקדימין למצוות' הוא הידור מצוה של השוחט שמראה בזה חביבות המצוה ולכן דין זריזין מקדימין קודם לדין קדימת כהן ת"ח, ולכן יתנן מיד אפילו לכהן ע"ה.

ויש לעיין למה לא יהא דין הקדימה לכהן ת"ח גם דין הידור מצוה, לפי מה שביארנו דטעם הקדימה לכהן ת"ח הוא משום דזהו רצון התורה שיתנו לכהן המתנות **לְמַעַן יֶחֶזְקוּ בְּתוֹרַת ה'** דברי הימים ב לא ד שיוכלו לעסוק בתורה ולהורות בהלכותיה, וכיון שכן מדוע לא יהא הידור מצוה ליתן הזלו"ק באופן שהנתינה מתקיימת באופן הרצוי על ידי התורה יותר? ונראה שכן הוא דעת הראשונים שכתבו שאין מצריכעו השוחט לחכות עד שיזדמן לו כהן ת"ח, אבל משמע דאם רוצה לחכות שפיר דמי וכנראה שהטעם הוא כנ"ל דגם ענין של זריזין מקדימין למצות וגם נתינה לכהן תלמיד חכם הוא הידור

ז. יתנם לכהן חבר, ואם אין שם חבר, יתנם לעם הארץ:

מצוה ומאי חזית להקדים אחד על פני השני כל היכא דאיכא לקיים **וְנָתַן לַכֹּהֵן** מיד וכפשוטו.

ובהגהת הרמ"א כ': "וכן אם ה(כהן)חבר אינו רוצה לקבלן, נותנין ל(כהן)עם הארץ. בית יוסף בשם תוספות:" ע"כ. ויש לדון עוד אם דין קדימה זה' של כהן ת"ח על פני כהן ע"ה הוא חיוב גמור, ונ"מ קצת במקום שהשוחט כבר נתן הזלו"ק לכהן ע"ה במקום שהיה שם כהן ת"ח ולא ידע מזה בשעה שנתן המנה לכהן ע"ה, אם רשאי לומר דהוה נתינה בטעות גמורה, דוודאי חפץ ליתן לכהן ת"ח כיון שהוא חיוב גמור, או דילמא לא הוי חיוב גמור ומצי למיתן לכהן ע"ה באופנים מסויימים למשל אם הוא עני גדול ומחייהו בזה.

והנה בפיה"מ להרמב"ם מצינו שהיקל בזה ומשמע שאין זה אלא דין דלכתחילה, וז"ל בפירוש המשניות חלה ד ט;

> "אמרו בגמרא הביכורים והבכורות לאנשי משמר, והשאר לכל כהן, רצו באמרם לכל כהן שלא פרט בהם כהן תלמיד חכם מעם הארץ, אלא על דרך הטוב והיפה, לאומרו הש"י **וּנְתַתֶּם מִמֶּנּוּ אֶת תְּרוּמַת ה' לְאַהֲרֹן הַכֹּהֵן** במדבר יח, ואמרו בספרי מה אהרן חבר אף כל חברים, מכאן אמרו אין נותנין מתנות כהונה אלא לחבר, וזה הדין הוא חיוב במקצת המתנות, כמו שיתבאר בזה הפרק, ובשאר המתנות יהיה הכל חוזר לרצון הנותן, אבל שיהיה אסור לתתם לעם הארץ לא"

עכ"ל. ובאמת הרמב"ם כאן לא הזכיר שום דין שיש עדיפות לכהן ת"ח, ורק בהל' תרומות פ"ו ה"ב **כתב** לענין תרומה שיש ליתן לכהן ת"ח וגם שם כתב דהוא מטעם דכהן ע"ה הם בחזקת טמאים, אמנם מלשון השו"ע כאן משמע שהוא חיוב גמור, ולפי"ז היה נראה שאם נתן לכהן ע"ה במקום שיש כהן ת"ח ולא יכול השוחט לטעון שהוא מקח טעות. אלא דמכל מקום זה אינו, דכיון דלא גרע מאילו באו הזלו"ק ליד הכהן שלא ברצון הנותן כגון שחטפן הכהן דהוי שלו, וכ"כ הרדב"ז על הרמב"ם פי"ב מה' תרומות.[81]

והנה מצאנו חידוש במאירי חולין קל עמוד ב, **שלמד** שמה שיש עדיפות ליתן לכהן ת"ח הוא משום הכבוד שעל ידי מעשה הנתינה גופא, שמכבד את כהן הת"ח בעצם הנתינה. וז"ל המאירי;

> "מתנות אלו אין נותנין אותם לכהן עם הארץ שנאמר **מִשְׁפַּט הַכֹּהֲנִים**, מלמד שהמתנות דין ר"ל שראוי לעיין בהם מי ראוי ליטלם, וכן כתוב **וַיֹּאמֶר לָעָם לְיוֹשְׁבֵי יְרוּשָׁלַםִ לָתֵת מְנָת הַכֹּהֲנִים וְהַלְוִיִּם לְמַעַן יֶחֶזְקוּ בְּתוֹרַת ה'** - המחזיקים בתורת ה' יש להם מנת שאין מחזיקין בתורת ה' אין להם מנת.
> יש שואלין והלא במסכת חלה פרק אחרון אמרו אלו ניתנין לכל כהן החרמים והבכורות ופדיון הבן ופטר חמור וזרוע ולחיים וקיבה ראשית הגז וכו' ופירשו חכמי האחרונים על האמור כאן שהוא בשיש שם חבר ועם הארץ ומאחר שיש שם חבר ראוי לכבדו על האחרים, אבל כשאין שם חבר נותנין לאותו שהוא לשם ואפי' עם הארץ ובכיוצא בזו נשנית אותה שבמסכת חלה וכן הדברים נראין"

עכ"ל, ויש לדייק מדבריו שס"ל שהוא דין במעשה הנתינה שראוי לכבד כהן ת"ח על פני כהן ע"ה במה שנותנן לו, ואפשר לומר בזה שתי דרכים:

---

81 וכן הדין שאם הכהן חטף הזלו"ק אחר השחיטה, אזי הוי שלו ובדין א"א להוציאן מידו.

ז. יתנם לכהן חבר, ואם אין שם חבר, יתנם לעם הארץ:

≈○ משפט הכהנים ○≈

◄ שזהו משום שהמתנות כתיב בהם **לְמָשְׁחָה** במדבר יח ח היינו לגדולה והרי שיטת הרמב"ם - שהמאירי אזיל כוותיה בפירוש הסוגיא כדמוכח שם, היא דגם נתינת הזלו"ק היא באופן של כבוד דווקא וגם עלה קאי דין **דלְמָשְׁחָה**. ועל זה ס"ל דכוונת הפסוק הוא דבכבוד זה גופא שמכבדים הכהן עדיף טפי לכבד כהן תלמיד חכם, משום שהוא מקיים יותר מצוות כהונתו בפרט של ללמוד על מנת ללמד ולהורות, ולפי"ז נמצא דהעדיפות ליתן לכהן חבר הוא דין מהל' מתנות כהונה, דהרי נצטוינו לכבד איש כהן במתנות כהונה שנותנים לו דרך גדולה כלשון התורה **לְמָשְׁחָה**, והרי כהן ת"ח חשיבי כמקיים מצוות כהונתו טפי, א"כ גם מצוה לכבדו טפי והעדיפות הזו היא מדין הכהונה.

◄ או אפשר לומר בדרך אחר עפמש"כ בתוס' חולין קד עמוד ב דבמקום שיש 'כהן-עני-ע"ה' הוא קודם *לכהן-חבר-עשיר*, כיון דמצווין להחיות את העני בלא"ה. וכוונתו דא"כ אה"נ דמדין מתנות כהונה יש עדיפות ליתן לכהן חבר, אבל מדין מתנת עניים יש חיוב גמור ליתן לכהן עני, וחיוב זה לתתו לכהן-עני גובר על העדיפות ליתנם לכהן-חבר. וי"ל עד"ז דאף דין זה גופא שנותנים לכהן חבר גם הוא אינו מדין מתנות כהונה אלא מדין כבוד ת"ח, וכנ"ל.

והנפקא מינה בין שתי דרכים אלו י"ל במה שחקרנו כמ"פ בחיבור זה, אם ליכא כהן חבה, אם יש הידור לחכות עד שיהיה כהן חבר או לא. דלאופן הראשון הוי הידור מצוה בדין מתנות כהונה, וא"כ יש מקום לחכות כדי לקיים המצוה בהידור טפי, ואע"פ דזריזין מקדימין למצוות הכא שאני שרוצה לקיים אותה מצוה עצמה ביותר הידור. אבל אם הטעם הוא משום כבוד כהן-ת"ח, א"כ העוסק במצוה פטור מן המצוה, ואין לו לשוחט לחזר אחר מצוה נוספת של כבוד כהן תלמיד חכם במקום שצריך להשלים חיובו ליתן מיד משום שזריזין מקדימין למצוות או משום טעמים אחרים כמבואר במקומו על פסק השו"ע. ועיי"ש שביארנו שבזה וכיו"ב פליגי הראשונים אם מותר לשוחט לחכות עד שיהיה כהן-חבר נוכח במקום השחיטה.

ייעוד הכהן לתלמוד תורה והוראה

הטעם הדבר שיש עדיפות לכהן חבר איתא בגמרא דהוא משום דכתיב דברי הימים ב לא ד **לְמַעַן יֶחֶזְקוּ בְּתוֹרַת ה'**, היינו כדי שיוכל הכהן לפנות עצמו ולעסוק בתורה ולהורות בהלכותיה, שזהו יעודם של שבט לוי ובפרט הכהנים, וכדאי' ברמב"ם ראה לקמן במילואים בהרחבה אודות ייעוד בני-לוי לעסוק בתורה יותר משאר העם.

ועם כל הייעוד להעדיף כהן ת"ח על פני כהן ע"ה אין זה לעיכובא ואין חוששין כאן כמו שחוששין בתרומה תוספתא דמאי ד יט ושם; "אין מפקידין תרומה אצל כהן ע"ה מפני שלבו גס בה" ע"כ, היינו כי אין קדושה בזלו"ק כגון בתרומה, וכן איתא בגמ' יומא פז עמוד א "הרבה בנים היו לאהרן שראוין לישרף אלא שזכות אהרן גרמה להם.." ע"כ, ואף כאן נפסק ההלכה כי הנותן זלו"ק לכהן ע"ה יצא ידי חובתו מדין תורה וכהגמ' הנ"ל שזכות אהרן גרמה להם.

ובילקוט שמעוני במדבר דף שיב מהדורת מכון המאור מובא; "גדולה ברית שנכרתה לו לאהרן מברית שנכרתה לו לדוד, אהרן זכה לבניו לצדיקים ולרשעים ודוד לצדיקים ולא לרשעים שנאמר מלכים א ב ד **אִם יִשְׁמְרוּ בָנֶיךָ אֶת דַּרְכָּם** .." ע"כ.[82] וכעין זה במדרש תהלים כ' שברית אהרן (וגם ספר תורה) לא ניתנה

82 והש"ך עה"ת כרך ב דף שנז מהדו' מקור הספרים י"ם תשס"ד מוסיף שאהרן זכה לא רק לבניו אלא גם לבנותיו, עיי"ש.

ז. יתנם לכהן חבר, ואם אין שם חבר, יתנם לעם הארץ:

≈○ משפט הכהנים ○≈

על שום תנאי.[83] הרי חזינן להדיא כי כרת הקב"ה ברית מלח עולם עם אהרן וזרעו אחריו בין לצדיקים ובין וכו' ומי יודע חשבון מלכו של עולם שלא נפתח עדיין לבו של אותו כהן לאהבת ה' ותורתו, ועכ"פ זוכה לפרס כשאין שם כהן ת"ח וכולי האי ואולי יכיר גדולת הכהונה והכדאיות לעבוד השם ית' כשאר אחיו הכהנים המקדישים חייהם לעבודת השם.[84]

ועה"פ **לֹא יִהְיֶה לַכֹּהֲנִים הַלְוִיִּם כָּל שֵׁבֶט לֵוִי** פי' *העמק דבר* דברים יח א ע"פ רש"י והספרי שמילת כָּל מרבה גם כהן ע"ה, היינו שה' הוא נחלתו ולא יתענג על עוה"ז אלא על ה', ע"כ. ולזה אנו מצפים - ומי יודע סוף מעשה אותו הכהן, ומה גם לפי הדעה שרבי אליעזר בן הורקנוס היה כהן[85] והיה שקוע בעבודת האדמה עד גיל כח שנה[86] (ולגי' אחרת כב שנה[87]) ולבסוף בא לכלל גדולת התורה והוראתה. ובשו"ת *מעשה אברהם* אזמיר תרטו, סי' כב דן בעניין נתינת זלו"ק לכהן בעל תשובה, עיי"ש.

נתינה לחלל

ויש לדון אם מותר ליתנן לחלל, ומתחילה יש לבאר ע"פ הכלל משנה סוטה ג ז, **שכהן אינו מתחלל**. כלומר, כיון שנולד ככהן כשר הרי הוא כהן לחייו ורק כל עת שלא פרש מן העבירה נתחלל מקדושת הכהונה, ובעת ששב ופרש מן העבירה, שב לכשרותו.[88]

אבל חלל גמור, היינו בן כהן שנולד מנישואים האסורים על כהן מצאנו שאינו אוכל בקדשים ואפילו הכי כשר לעבודה על סמך הכתוב **וּפֹעַל יָדָיו תִּרְצֶה** דברים לח יא ולמדו מזה שאפילו חולין שבשבט לוי תרצה ה' בעבודתו תוספות תענית יז עמוד ב ד"ה דבר זה. וברמב"ם כתב שאין לו להקריב לכתחילה ואי עבר והקריב עבודתו כשירה.[89] אבל רש"י פי' שזה רק לגבי עבודה, אבל לגבי שאר דברי הכהונה, לאו-דווקא שנחשב ככהן כשר.[90] ולכאורה *משמע שאין ליתנן לחלל גמור.*

83 משא"כ ארץ ישראל, בית המקדש, ומלכות בית דוד מדרש תהילים, מזמור קלב.

84 ואח"כ מצאנו סברא זו ברי"ט אלגאזי לרמב"ן על מסכת בכורות מד ג שכ' "מן התורה אין חילוק בין כהן חבר לכהן ע"ה כיון דגופיה חזי לעסוק בתורת ה' ואפשר דעל ידי שיש לו פרנסתו יעסוק בתורה ויזכה לתורת ה' ויעשה עצמו חבר".

וכן הדין בראיית נגעים, שאף 'כהן שוטה' (אין הפשט שהוא שוטה בלי דעת רא"ש נגעים ג א, אלא שאינו בקי בדקדוקי נגעים, וכן בתירוץ ראשון תוס' ערכין ג עמוד א וז"ל; "..אפילו כהן שוטה רואה נגעים אע"ג דמסברי ליה וסבר מקרי ליה כהן שוטה שאינו בקי בפני עצמו" ע"כ) ציוותה התורה שאין טומאה וטהרה יוצאה אלא על פיו - ואפילו עומד עמו חכם שבישראל.

85 ראה בפי' קרבן העדה לתלמוד ירושלמי סוטה ג ה, דף טז עמוד א.

86 פרקי דרבי אליעזר, פרק א.

87 אבות דרבי נתן, ו ג.

88 וגי' אחרת 'אין כהן מתחלל', וראה שם בפי' המלאכת שלמה ע"פ הספרא. ובגמ' מנחות דף קט כ' שכהן שעבד ע"ז ושב, קרבנו ריח ניחוח, אבל ברמב"ם ביאת מקדש פ"ט פסק כדעת רב ששת דאפי' עבד בשוגג פסול להקריב ראה ס' שעת הכושר ע' קצו ועה"פ **וְגַם מֵהֶם אֶקַּח לַכֹּהֲנִים לַלְוִיִּם** ישעי' סא כו כתבו המפרשים שאף כהן שעבד ע"ז לא יאבד זכותו ויוכשר ככהן אחר שהיה זה באונס.

וספר האגודה ע' קס טו"ב הביא מתשובות רבינו גרשום מאור הגולה שכהן דהמיר מרצונו - שלא באונס - הוא פסול לכל ענייני כהונה; לדוכן, ולקריאת ס"ת, ולברכת המזון וכו' ולא נהגו העם כן כדי לפתוח יד לבעלי תשובה.

89 הל' בית הבחירה ו י ובכס"מ שם. ובמדרש הגדול לדברים לג יא משמע קצת שכל זמן שקפץ ועבד עבודתו כשירה, ושם; "אפילו חולין שבו תרצה..נמצא חלל עבודתו כשרה לשעבר ואינו עובד להבא ואם עבד לא חילל עבודה" ע"כ.

90 רש"י מכות יב עמוד א ד"ה פועל ידיו (היינו לענין שיבת הרוצח לעירו אינו נחשב ככהן).

ח. נותנים אותם לכהנת, אפילו היא נשואה לישראל, והנותנם לבעלה ישראל קיים מצות נתינה. וכל שכן שבעלה ישראל פטור מן המתנות:

≈○ משפט הכהנים ○≈

נותנים..והנותנם: יש לדייק מלשון המחבר "נותנים אותם לכהנת, אפילו היא נשואה לישראל, והנותנם לבעלה ישראל קיים מצות נתינה" דמשמע קצת דברגילות (אם כבר נותנים לנשי הכהונה ולא לכהן עצמו) יש לעשות כפי הרישא וליתנן לכהנת גרידא[91] כי כן משמעות לשון "נותנים" שקאי על השוחטים וכעין מעשה מקובל המועדף כמקביל לבת כהן הנשואה לישראל אבל לאו-דווקא כמקביל לכהן גרידא כדלקמן, ואילו העושה כפי הסיפא שכתב המחבר בלשון 'הנותנם שקאי על עצם הזלו"ק לבעלה ישראל' היינו לשון יחיד שנותן (ומה דהווה הווה) זה ג"כ לא הפסיד. ועוד י"ל שהדין נאמר בלשון רבים כי באמת יש רבים - כמו דאמרינן חולין קל עמוד ב 'מאי לאו להוציאן בדיינין' - שדייני בית-דין מפקחים על יישום המצוה בפועל, וגם יש להם סמכות לצוות לאיזה כהן ליתן ולמי לא ליתן.

ונראה דהטעם הוא דעדיף בכל מקום ליתן הזרוע לחיים וקיבה לכהן עצמו הוא כדאיתא בספרי שופטים פסקא קס"ו **וְנָתַן לַכֹּהֵן;** "לכהן עצמו", ומשמע שאיכא הידור מצוה לתת ליד הכהן עצמו בדוקא. וסברא הוא דכשם שיש מצוה בו בשוחט יותר מבשלוחו לתת לכהן, כך יש הידור לשוחט לתת לכהן עצמו ולא לשלוחו של כהן, משום חביבות המצוה.

והרע *אברהם* הר' ליכטנשטיין פירש כוונת הספרי באופן אחר, שאם עבר הכהן וזיכה באיסור את הזלו"ק לישראל שאינו ת"ח שהוא עני והרי אסור לזכות לו, שלא יסכים השוחט ליתן הזלו"ק לאותו הישראל ת"ח אלא לכהן עצמו, משום שאין לכהן לזכות אך ורק לישראל ת"ח שהשעה דוחקו בעניות.

וכל שכן שבעלה ישראל פטור מן המתנות: בגמרא חולין קלב עמוד א הובא המחלוקת הידוע בין דבי רבי אליעזר בן יעקב לבין דבי רבי ישמעאל, ושם;

> "דבי רבי ישמעאל תנן כהן ולא כהנת וילמד סתום מן המפורש.[92] דבי רבי אליעזר בן יעקב תנא כהן ואפילו כהנת הוי מיעוט אחר

---

91 כלומר לאשת כהן, וראה במילואים מאמר בירורים בגדר כהנת בביאור המחלוקת בין דבי רבי אליעזר בן יעקב לדבי רבי ישמעאל.

92 היא המידה הי"ז מבין ל"ב מידות שהתורה נדרשת בהן (של רבי אליעזר בנו של רבי יוסי הגלילי), ונקראת גם בשם *דבר שאינו מתפרש במקומו ומתפרש במקום אחר*, לפיה, יש מקומות במקרא שהכתוב אינו מפרש העניין לגמרי אלא "סותם" מקצת, ואילו במקום אחר במקרא הכתוב מרחיב את הדיבור (לכאורה ללא שום צורך) וע"י זה "מפרש" את סתימת הכתוב שבתחילה, שתי דוגמאות לכך;

1. **וַיִּטַּע ה' אֱלֹהִים גַּן בְּעֵדֶן** בראשית ב ח, ולא כתוב שם שה' נטע גם "חופות של זהב ואבנים טובות ומרגליות" בתוך אותו הגן עדן. ואילו בספר יחזקאל כח יג המקרא מפרש שכן עשה ה'; **בְּעֵדֶן גַּן אֱלֹהִים הָיִיתָ כָּל אֶבֶן יְקָרָה מְסֻכָתֶךָ אֹדֶם פִּטְדָה וְיָהֲלֹם תַּרְשִׁישׁ שֹׁהַם וְיָשְׁפֵה סַפִּיר נֹפֶךְ וּבָרְקַת וְזָהָב מְלֶאכֶת תֻּפֶּיךָ וּנְקָבֶיךָ בָּךְ בְּיוֹם הִבָּרַאֲךָ כּוֹנָנוּ.**
2. מהפסוק **אֵלֶּה הֵם הָאֱלֹהִים הַמַּכִּים אֶת מִצְרַיִם בְּכָל מַכָּה בַּמִּדְבָּר** שמואל א, ד ח "נתפרש" כי המצריים לקו עשרה מכות על ים סוף - מכות שלא נתפרשו בספר שמות ראה מדרש הגדול שמות ז כה. וראה לקמן היכן - אליבא דדבי רבי ישמעאל - נתפרש העניין שיש ליתן לכהן בדווקא ולא לכהנת.

ח. נותנים אותם לכהנת, אפילו היא נשואה לישראל, והנותנם לבעלה ישראל קיים מצות נתינה. וכל שכן שבעלה ישראל פטור מן המתנות:

מיעוט[93] ואין מיעוט אחר מיעוט אלא לרבות"

עכ"ל הברייתא, ובגמ' שם;

"עולא הוה יהיב מתנתא לכהנתא. איתיביה רבא לעולא; מנחת כהנת נאכלת, מנחת כהן אינה נאכלת. ואי אמרת כהן ואפילו כהנת, והכתיב **וְכָל מִנְחַת כֹּהֵן כָּלִיל תִּהְיֶה לֹא תֵאָכֵל** ויקרא ו טז? אמר ליה רבי מטונך, **אַהֲרֹן וּבָנָיו** כתובין **בפרשה** ומביאה הגמרא שם כמה עובדות;

"רב כהנא אכל בשביל אשתו, רב פפא אכל בשביל אשתו, רב יימר אכל בשביל אשתו, רב אידי בר אבין אכל בשביל אשתו".

ע"כ בגמרא, והנה בשאילתות מובא כנ"ל אבל בגירסא אחרת, ובקצת עיון ניכר שכמעט פנים חדשות באו לכאן, וזה"ל שם;

ברם צריך למימר כהנת מי שרי למיכל מתנות או לא, מי אמרינן **מִשְׁפַּט הַכֹּהֲנִים** כתב, ותו כתב **וְנָתַן לַכֹּהֵן**, הוה ליה מיעוט אחר מיעוט ואין מיעוט אחר מיעוט אלא למעט, למימר דאפילו כהנת נמי, או דילמא יליף כהנים **מֵאֱמֹר אֶל הַכֹּהֲנִים** מה להלן בנים ולא בנות אף כאן **מִשְׁפַּט הַכֹּהֲנִים** כהן ולא כהנת? תא שמע דכי אתא עולא אמר "הבו מתנתא לכהנתא" אלמא סבר עולא 'כהן ואפילו כהנת'.

איתיביה רבא לעולא **וְכָל מִנְחַת כֹּהֵן כָּלִיל תִּהְיֶה**, מנחת כהנת נאכלת מנחת כהן אינה נאכלת. אמר ליה עולא; רבי מטונך, **אַהֲרֹן וּבָנָיו** כתיב בפרשה. רב הונא אכיל בשביל אשתו, רב פפא אכיל בשביל אשתו, רב אכיל בשביל אשתו, והלכתא כהנות נמי אכלן וכן הלכתא.

עכ"ל השאילתות, ונמצא - לפי גירסת השאילתות - שכל עיקר הדין והדברים סובב על ציר של 'מי שרי למיכל', היינו שהשאלה העיקרית היא: אי ראשית כהנת לאכול חלקי הזרוע הלחיים והקיבה. כי לכאורה יש הו"א לומר דלא תהיה ראשית כי כתיב **וְנָתַן לַכֹּהֵן** כלומר דווקא לבנים ולא לבנות (וכעין זה במתנות כהונה אחרות שלא מחלקינן לכהנת וכדלקמן).

מטונך: ממשאך שבאתה עלי להכביד אכביד עליך -רש"י זבחים לב עמוד ב

וַיְדַבֵּר ה' אֶל מֹשֶׁה לֵּאמֹר. זֶה קָרְבַּן אַהֲרֹן וּבָנָיו אֲשֶׁר יַקְרִיבוּ לַה' בְּיוֹם הִמָּשַׁח אֹתוֹ עֲשִׂירִת הָאֵפָה סֹלֶת מִנְחָה תָּמִיד מַחֲצִיתָהּ בַּבֹּקֶר וּמַחֲצִיתָהּ בָּעָרֶב. עַל מַחֲבַת בַּשֶּׁמֶן תֵּעָשֶׂה מֻרְבֶּכֶת תְּבִיאֶנָּה תֻּפִינֵי מִנְחַת פִּתִּים תַּקְרִיב רֵיחַ נִיחֹחַ לַה'. וְהַכֹּהֵן הַמָּשִׁיחַ תַּחְתָּיו מִבָּנָיו יַעֲשֶׂה אֹתָהּ חָק עוֹלָם לַה' כָּלִיל תָּקְטָר. וְכָל מִנְחַת כֹּהֵן כָּלִיל תִּהְיֶה לֹא תֵאָכֵל -ויקרא ו, יב-טו

93 היא מידה רביעית מהל"ב *מידות של רבי אליעזר בנו של רבי יוסי הגלילי*, לפיה יש להסיק משמעות מן המקרא שאינה כתובה במפורש, כיון שהמקרא כתב לשון כפול של שלילה (בכל זאת, אין בכח המידה לנגד את עיקר פשט המקרא אלא לפרש את כוונת המקרא בלבד, וכן א"א לרבות אלא דבר הדומה להמיעוטים אילת השחר להרב המלבי"ם, כלל רלז). שתי דוגמאות;

1. **וַיֹּאמְרוּ הֲרַק אַךְ בְּמֹשֶׁה דִּבֶּר ה' הֲלֹא גַּם בָּנוּ דִבֵּר וַיִּשְׁמַע ה'** במדבר יב ב המיעוט השני מלמד כי גם באהרן וגם במרים דיבר ה'.
2. **וַיֹּאמֶר אַבְרָהָם כִּי אָמַרְתִּי רַק אֵין יִרְאַת אֱלֹהִים בַּמָּקוֹם הַזֶּה וַהֲרָגוּנִי עַל דְּבַר אִשְׁתִּי** בראשית כ יא וב*חזקוני* עה"ת מביא הדרש; יכול שלא ייראו כל עיקר? תלמוד לומר **רַק אֵין**, אין מיעוט אחר מיעוט אלר לרבות, הדא הוא דכתיב **וַיִּירְאוּ הָאֲנָשִׁים מְאֹד** בראשית כ ח.

וברי"ט אלגאזי להלכות בכורות להרמב"ן מב ג חקר אם אפשר לדרוש מיעוט השני לרבות גם כהן ע"ה, ובמילואים לקמן הצענו שיש לדרוש מיעוט השני לרבות כהן פרטי על פני המשמרת העובדת בביה"מ, וגם הצענו שלפי הכלל שאין דורשין תחילות, לכאורה יחסר כאן האפשרות לדרוש מיעוט אחר מיעוט, ועיי"ש.

ח. נותנים אותם לכהנת, אפילו היא נשואה לישראל, והנותנם לבעלה ישראל קיים מצות נתינה. וכל שכן שבעלה ישראל פטור מן המתנות:

≈○ *משפט הכהנים* ○≈

ותשובת הדבר תלוי בזה אם נדמה איסור היטמאות כהן למת/ומנחת קדשים אל מתנת הזלו"ק - דבשלשתן (איסור טומאה, מנחת קדשים וזלו"ק) מופיעה מילת כֹּהֵן (או כֹּהֲנִים) ולכאורה הוי כוונת התורה לשון זכר בדווקא וא"כ יצאה כהנת מן הכלל, שכמו שאין מנחת כהנת נשרפת כליל (כמו מנחת כהן) וכן אין לכהנת שום איסור של היטמאות למת,[94] נמצאנו צד דכהנת בכלל אסורה לאכול מתנת הזלו"ק אחר שכתוב לגבי זרוע לחיים וקיבה לשון **וְנָתַן לַכֹּהֵן**, ויש אפוא מקום לפרש לכהן כפשוטו ובדווקא ולא לכהנת.

והשיב לנו השאילתות שאין דמיון לא למנחת כהן ולא לאיסור היטמאות למת שבשניהם כתיב **אַהֲרֹן וּבָנָיו** (ובפרשת אמור כתיב **בְּנֵי אַהֲרֹן**), ומסיק לן השאילתות הלכה *שכהנות נמי אכלן* היינו שכהנת רשאית לאכול מתנות הזרוע לחיים וקיבה.

ביאור תמיהת השאילתות (בדרך אפשר)

תמיהת השאילתות ששאל אם רשאית כהנת לאכול זרוע לחיים וקיבה, יובן על פי המשנה שכבר דימו חז"ל בגזירה שווה בין מתנת זרוע לחיים וקיבה למתנת תרומה,[95] ונבאר תמיהת השאילתות על פי זה שבדין תורה מחלקין תרומה בגורן לאשת-כהן, ורק מטעם גזירה דרבנן *פן תתגרש*, גזרו שאין מחלקין לה שם בגורן מסכת יבמות סח עמוד א - ב ובמאירי שם. ולפי השאילתות כאן משמיע לן שאין כאן המקום לחשש זה ולגזור שאין לחלק לאשת-כהן (כי זלו"ק חולין הן ולאו כתרומה דקדושה אית בה).

ויש להוסיף דאין הפירוש של *אכיל בשביל אשתו* שבת-כהן תינשא לזר וגם תזכה לקבל מתנת הזלו"ק, כיוון שמצאנו בגמ' שקפדו החכמים שתדבק בת כהן דווקא בשבטה[96] ולא תהיה כעוברת וגם נשכרת.

94 ובגמ' קידושין לה עמוד ב "בשלמא בל תטמא למתים דכתיב ויקרא כא, א אמור אל הכהנים בני אהרן בני אהרן ולא בנות אהרן" ע"כ וכן בכמה מקומות.

95 הגם שכתוב במשנה לשון *גזירה שוה* ביצה יב עמוד ב, אבל רש"י פירש דאין זה גזירה שווה ממש אלא דומיא דגזרה שוה בדרבנן.
ואולי לשון גז"ש כאן הכוונה שיש דין שקול על פי תורה שיתנו דברים אלו לכהן.
וזה"ל במשנה ביצה א ו; "בית שמאי אומרים, אין מוליכין חלה ומתנות לכהן ביום טוב, בין שהורמו מאמש, בין שהורמו מהיום. ובית הלל מתירין. אמרו להם בית שמאי, גזרה שוה; חלה ומתנות מתנה לכהן, ותרומה מתנה לכהן, כשם שאין מוליכין את התרומה, כך אין מוליכין את המתנות. אמרו להם בית הלל לא, אם אמרתם בתרומה שאינו זכאי בהרמתה תאמרו במתנות שזכאי בהרמתן".
ולרווחא דמילתא - בשינוי הגירסא אליבא דרבי יוסי - נמצא דבית הלל סברו מהגז"ש, ונציג לשון התוספתא ביצה א;
"רבי יוסי אומר ..נחלקו על התרומה ..אמרו בית הלל גזירה שוה חלה ומתנות מתנה לכהן והתרומה מתנה לכהן כשם שמוליכין את המתנות כך יוליכו את התרומה ..אמר להם בית שמאי ..אם אמרתם במתנות שהוא זכאי בהרמתן תאמרו בתרומה שאינו זכאי בהרמתה" ע"כ.

96 תוספתא כתובות א ב, תלמוד ירושלמי מסכת קידושין פ"ד ה"ד (דף מה עמוד א) ומסכת כתובות דף ו עמוד א ובפי' *של תורה שם*, תלמוד בבלי מסכת יבמות דף פד רש"י ד"ה מאי כשרה.
ובמדרש *אותיות דרבי עקיבא* נוסח ב הודפס בבתי מדרשות חלק ב, דף תז מצאנו: "סמ"ך, מפני מה הוא סתום ואינו פתוח? מפני שהוא ישראל

ח. נותנים אותם לכהנת, אפילו היא נשואה לישראל, והנותנם לבעלה ישראל קיים מצות נתינה. וכל שכן שבעלה ישראל פטור מן המתנות:

≈○ משפט הכהנים ○≈

ולפי"ז נראה שפירוש המילה 'כהנת' קאי או על *בת-כהן שעדיין בבית אביה* או *אשת-כהן* (ואפילו היא בת ישראל), ומסקנת השאילתות היא שאפשר לבעלה הכהן לשלוח אשתו לבית המטבחיים לקבל הזלו"ק מהשוחט ורשאי השוחט ליתנן לה ואין שום חשש פן תתגרש כי אין קדושה במתנת זלו"ק, ועפי"ז הפירוש *אכיל בשביל אשתו* הוא שעל פי דין חולקין לאשת כהן בבית המטבחיים והבעל (שהוא כהן) **אכיל** (הזלו"ק) **בשביל** (בגלל) **אשתו** (שהלכה וקבלם עבורו מבית המטבחיים).

ויש לסעד את הדברים ע"פ זה שדווקא עולא הכריז 'הבו מתנתא לכהנתא', כיון שמצאנו בגמ' שהוא החמיר כנ"ל לגבי ארוסת כהן ואכילתה בקדשים כתובות נז עמוד ב **ושם**;

> "אמר עולא דבר תורה ארוסה בת ישראל אוכלת בתרומה שנאמר ויקרא כב, יא **וְכֹהֵן כִּי יִקְנֶה נֶפֶשׁ קִנְיַן כַּסְפּוֹ** והאי נמי קנין כספו הוא, מה טעם אמרו אינה אוכלת? שמא ימזגו לה כוס בבית אביה ותשקה לאחיה ולאחותה"

ע"כ, וע"פ הנ"ל נראה שדוקא אצל תרומה הביא עולא שגזרו חכמים שאינה אוכלת, אבל לגבי זלו"ק לא סבר ליה הכי כנ"ל, ואף הוא בעצמו נחת לבבל והכריז "הבו מתנתא לכהנתא" כיון דאין חשש בזלו"ק כגון בתרומה פן תתגרש.[97] ויש להביא עוד סימוכין לפירוש הנ"ל על פי מה שמצאנו שבלשון חז"ל - על פי הרוב המכריע - פירוש המילה *כהנת* איננה כוללת בת-כהן שנישאה לאיש זר (והרחבנו הדברים לקמן במילואים מאמר בירור *המילים בת-כהן וכהנת*).

וכל **שכן שבעלה ישראל פטור מן המתנות:** נראה שבמקום שיש כהן חבר פי' כהן שהוא תלמיד חכם, עדיף ליתן לו על פני כהנת אשת ישראל-חבר פי' ישראל שהוא ת"ח, כיון די"א דאין ליתן לכהנת אך ורק במקום שיש כהן עם-הארץ, ונחלקו הפוסקים אם עדיף ליתן לו לכהן ע"ה או דעדיף ליתן לאשת ישראל-חבה.

ובעיון הדברים, יש לדון אם יש עדיפות לכהן על פני כהנת, כיון שכבר מבואר לעיל שיש מעלה לכהן תלמיד חכם על פני כהן עם הארץ שאינו עוסק בתורה והרי אשה אינה מצווה – וממילא אינה עוסקת – בתלמוד תורה. ולכאורה שאלה זו תלויה בחקירה מדוע יש לתלמיד חכם דין קדימה על פני עם הארץ, אם זה מפני מעלתו של כהן התלמיד חכם *כמחזיק בתורת השם* דהיינו שעוסק בתורה ומקיים

בשעה שעושין רצון הקב"ה שכינה סביב להן כחומה לארבע רוחותיהם והם אינן מתחלפים בזרע אחר וזרען אינן מתחלפין (נ"א מתערבים) בזרע אחר שנאמר **כִּי יַעֲקֹב בָּחַר לוֹ יָהּ יִשְׂרָאֵל לִסְגֻלָּתוֹ** תהילים קלה ד ואומר **כִּי חֵלֶק ה' עַמּוֹ** דברים לב ט **אלא כהן לבת כהן, לוי לבת לוי, ישראל לבת ישראל, שנאמר וַאֲנִי אֶהְיֶה לָּהּ נְאֻם ה' חוֹמַת אֵשׁ סָבִיב וּלְכָבוֹד אֶהְיֶה בְתוֹכָהּ** זכרי' ב ט" ע"כ.

97 ומשמע דעד דאתי עולא לבבל (דהיה מן ה'נחותי' שהיו יורדים מארץ ישראל לבבל וכדחזינן בגמ' ברכות לח עמוד ב, "ורבותינו היורדין מארץ ישראל ומנו עולא"), לא נהגו לתת זלו"ק לכהנת.
ולחשבון סדר הדורות עבר כאלף חמש מאות שנה מן עת ציווי הקב"ה לתת הזלו"ק לכהנים ועד תקופת עולא, ומשמע שלעולם לא נהגו לחלק בין מתנת זלו"ק לתרומת חו"ל עד דאתי עולא, ודו"ק.

ח. נותנים אותם לכהנת, אפילו היא נשואה לישראל, והנותנם לבעלה ישראל קיים מצות נתינה. וכל שכן שבעלה ישראל פטור מן המתנות:

הוראותיה על צד המעולה, או מפני גריעותו של עם הארץ שעזב את לימוד התורה והרי הוא מאותם שיכולים לעסוק בתורה – כל אחד כפי יכולתו – ואינו עוסק (וראה במילואים סימן ד').

ייעוד הכהן לעסוק בתורה

ונראה בפשטות - וכן מצאנו שכתבו הרבה מהפוסקים - דטעם המתנות כהונה הוא **לְמַעַן יֶחֶזְקוּ בְּתוֹרַת ה'**, כי הרי זה יעוד לכלל שבט הלוי ובפרט הכהנים[98] וכלשון הרמב"ם פי"ג מהל' שמיטה ויובל פי"ג הלי"ב;

"ולמה לא זכה לוי בנחלת ארץ ישראל ובביזה עם אחיו, מפני שהובדל לעבוד את ה' לשרתו ולהורות דרכיו הישרים ומשפטיו הצדיקים לרבים, שנאמר **יוֹרוּ מִשְׁפָּטֶיךָ לְיַעֲקֹב וְתוֹרָתְךָ לְיִשְׂרָאֵל** דברים לג יא, לפיכך הובדלו מדרכי העולם, לא עורכין מלחמה כשאר ישראל ולא נוחלין ולא זוכין לעצמן בכח גופן. אלא הם חיל השם שנאמר **בָּרֵךְ ה' חֵילוֹ** דברים לג יא. והוא ברוך הוא זוכה להם שנאמר **אֲנִי חֶלְקְךָ וְנַחֲלָתְךָ** במדבר יח כ.

עכ"ל הרמב"ם, ונראה מזה דעל כן נתן הקב"ה המתנות-כהונה מאת בני ישראל לכהנים למען יחזקו הכהנים בתורת ה' וזה בעצם רצון ה', ולפי זה אפשר דאשה שאין מצוותה ללמוד תורה ולדון בהוראות כהנים *כנגעים וערכין וסוטה וריבי פרה ועגלה ערופה* (וגם *איסור ההוראה בשכרות* לא נאמר אלא לאהרן ובניו) כו' אין לה דין כהונה בעניין זה. א"כ גם לענין זה דינה ככהן ע"ה עכ"פ, דלא שייך בה כ"כ טעם זו שכתוב בתורה **לְמַעַן יֶחֶזְקוּ בְּתוֹרַת ה'** דברי הימים ב לא ד.

וראיה לדבר מגמ' ירושלמי סנהדרין וכן בבראשית רבה פ, א דהובא דרשתו החריפה של *יוסי מעונאה* כפי שתרגם בכנשתא דבית מעון עה"כ **שִׁמְעוּ זֹאת הַכֹּהֲנִים** הושע ה א ושם; "למה לית אתם לעין בדאורייתא, והלא יהבית לכם כ"ד מתנות כהונה.." כו',[99] ויש שדייקו מזה מים חיים, דיהרנפורט ת"ן דאיש הישראל מחזיק את איש הכהן לפרנסו ועל ידי זה פטור הישראל ממצות **וְהָגִיתָ**, כי זהו ייעוד מתנות כהונה למען יעסקו הכהנים הם בתורה יומם ולילה וכפי הפסוק בדברי הימים שהבאנו לעיל.[100]

98 וברש"י שם כ' "יותר ברצון. ועוד, בעוד שיהא להם פרנסתם מזומנת יכלו לעשות ולעסוק בתורת ה' לפי שלא נתנה התורה אלא לאוכלי המן ושניים להם אוכלי תרומה" ע"כ. וכן הוא במכילתא שמות יג יז, ושם; "רבי שמעון אומר לא ניתנה התורה לדרוש אלא לאוכלי המן, ושוין להם אוכלי תרומה" ע"כ.

99 ושם ירושלמי סנהדרין יג עמוד ב; "תירגם יוסי מעוני בכנישתא בטיבריה **שִׁמְעוּ זֹאת הַכֹּהֲנִים** למא לית אתון לעין באורייתא, לא יהבית לכון כ"ד מתנתא? א"ל לא יהבין לן כלום **וְהַקְשִׁיבוּ בֵּית יִשְׂרָאֵל** למה לית אתון יהבין כ"ד מתנתא דפקידת יתכון בסיני? אמרו ליה מלכא נסיב כולא. **וּבֵית הַמֶּלֶךְ הַאֲזִינוּ כִּי לָכֶם הַמִּשְׁפָּט** לכם אמרתי **וְזֶה יִהְיֶה מִשְׁפַּט הַכֹּהֲנִים** עתיד אני לישב עמהן בדין ולפסקן ולאבדן מן העולם" ע"כ.

100 ובדעת הרמב"ם עצמו נראה קצת טעם אחר, כי במורה נבוכים פל"ט כתב "ענין התרומה והמעשר כבר באר סבתם כי אין לו חלק ונחלה עמך וכבר ידעת סבת זה כדי שיהיה זה השבט כולו מיוחד לעבודת השם ולידיעת התורה ולא יתעסק לא בחרישה ולא בזריעה רק יהיה לשם בלבד כמ"ש **יוֹרוּ מִשְׁפָּטֶיךָ לְיַעֲקֹב וְתוֹרָתְךָ לְיִשְׂרָאֵל יָשִׂימוּ קְטוֹרָה** וגו' אבל

ח. נותנים אותם לכהנת, אפילו היא נשואה לישראל, והנותנם לבעלה ישראל קיים מצות נתינה. וכל שכן שבעלה ישראל פטור מן המתנות:

≈○ משפט הכהנים ○≈

וכן פירש השל"ה הק' פ' שופטים "כל ענין שבט לוי לא יהיה להם חלק ארץ כי נבחרו לעמוד התורה כמ"ש **יוֹרוּ מִשְׁפָּטֶיךָ לְיַעֲקֹב וְתוֹרָתְךָ לְיִשְׂרָאֵל**, ואם היה להם חלק בארץ זה רץ לכרמו וזה רץ לזיתו אם כן תורה מה תהא עליה, וכן כתיב לתת מנת ה' (על פי פסוק הנ"ל **לְמַעַן יֶחֶזְקוּ בְּתוֹרַת ה'**) למחזיקים בתורה, ועל כן נצטוינו ליתן להם כדי שיהיו פנויים לעסוק בתורה בלי טרדה".

וכן פסק הלבוש סעיף ז' וז"ל ויתנם לכהן חבר אם ישנו שם שהוא קודם לעם הארץ, שלא צוה הקב"ה לתת מתנות לכהנים אלא כדי שיהיה להם סיפוקם בריוח ויהיה להם פנאי לעסוק בתורה כעניין שנאמר **וַיֹּאמֶר לָעָם** כו' ושם; וַיֹּאמֶר לָעָם לְיוֹשְׁבֵי יְרוּשָׁלַם לָתֵת מְנָת הַכֹּהֲנִים וְהַלְוִיִּם לְמַעַן יֶחֶזְקוּ בְּתוֹרַת ה' דברי הימים ב, לא ד.

וכן כתב המהרש"א סנהדרין צ עמוד ב וז"ל "כל המחזיק בתורת כו' נ"ל לפרש **דלְמַעַן יֶחֶזְקוּ** וגו' קאי על הנותן המתנה כדרך שאמרו חז"ל **עֵץ חַיִּים הִיא לַמַּחֲזִיקִים בָּהּ** משלי ג יח, *לעוסקים* בה לא נאמר אלא *מחזיקים* בה, דהיינו המסייעים ומחזיקים לתורה ונותנין ללומדי תורה, כגון המעשרות ללוי ולכהן, ולזה הזהיר על הנותן להחזיק בתורת ה' בנתינתו שיתן כדי שילמדו הכהנים ולוים על ידו וק"ל" עכ"ל. ועד כמה חמור דין עדיפות זה של כהן חבר נראה מזה דיש כמה ראשונים שנחלקו בזה עי' תשו' הרשב"א ח"ה סי' רל"ט והגהת רחמים לחיים שם באורך בזה וכתבו דאפילו במקום שאין כהן חבר לא יתן לכהן עם הארץ.

ולפי זה יש לדון אם יש עדיפות לכהן חבר גם על פני בת-כהן דהיא אשת ישראל-חבר, כיון דמכל מקום ברור שיבואו הזלו"ק לידי בעלה הישראל שקונה אותן מיד, ונמצא דתרתי איכא, באו הזלו"ק לרשות בת כהן וגם מסייעין לת"ח למען יחזק בתורת ה', והרי גם זה הוא קצת קיום רצון התורה, כי אע"פ שבעיקר יעוד הכהנים הוא להיות חבר, הרי ברשות כל איש לעשות עצמו כלוי לענין זה עיי"ש ברמב"ם הלי"ג, וכתר תורה מונח ועומד וכל הרוצה יבוא ויטול,[101] ולכן אע"פ דאין נותנין מתנות כהונה

נטע רבעי עם מה שיש בו מריח עבודה זרה והתלותו בערלה כמו שזכרנו הוא נוהג מנהג התרומה והחלה והבכורים וראשית הגז, שהוא ליתן ראשית כל דבר לשם לחזק מידת הנדיבות ולמעט תאוות המאכל וקנות הממון, וכן זה העניין בעצמו בלקיחת הכהן זרוע ולחיים וקיבה, שלחיים מראשית גוף בעל חי, והזרוע הוא הימין והוא תחלת מה שיסתעף מן הגוף גם כן, וקיבה ראשית בני מעיים כולם" עכ"ל.
הרי שחילק בין תרומות ומעשרות - שעיקר טעמם למען הכהן המקבל שיחזיק בתורה למען יהיה מורה-הוראה - ובין נטע רבעי וזרוע לחיים וקיבה שעיקר הטעם הוא לטובת הנותן, שיתרגל הבעלים ליתן ראשית כל דבר לה'.

101 וכ"ה ברש"י עה"פ **וְלֹא נָתַן ה' לָכֶם לֵב לָדַעַת וְעֵינַיִם לִרְאוֹת וְאָזְנַיִם לִשְׁמֹעַ עַד הַיּוֹם הַזֶּה**; "**עַד הַיּוֹם הַזֶּה**: - שמעתי שאותו היום שנתן משה ספר התורה לבני לוי כמ"ש בפרשת וילך **וַיִּתְּנָהּ אֶל הַכֹּהֲנִים בְּנֵי לֵוִי** דברים לא ט, באו כל ישראל לפני משה ואמרו לו; 'משה רבינו אף אנו עמדנו בסיני וקבלנו את התורה וניתנה לנו ומה אתה משליט את בני שבטך עליה ויאמרו לנו יום מחר לא לכם ניתנה לנו ניתנה', ושמח משה על הדבר ועל זאת אמר להם **הַיּוֹם הַזֶּה נִהְיֵיתָ לְעָם** וגו' דברים כז ט היום הזה הבנתי שאתם דבקים וחפצים במקום" ע"כ. ויש להקשות כי לפי רש"י זה לא מצאנו רק ששמח משה על זה שבנ"י דבקים וחפצים במקום אבל עכ"פ לא חזר הכתוב מענין **וַיִּכְתֹּב מֹשֶׁה אֶת**

ח. נותנים אותם לכהנת, אפילו היא נשואה לישראל, והנותנם לבעלה ישראל קיים מצות נתינה. וכל שכן שבעלה ישראל פטור מן המתנות:

≈○ משפט הכהנים ○≈

מכירי כהונה: היינו שאיש ישראל נותן בקביעות לאיזה כהן מסויים את הזלו"ק מכל זביחתו, וזה ידוע לכל. ועל כן כל שאר אחיו הכהנים מתייאשים מזלו"ק אלו ואין להם צפייה שיתן להם אותו הישראל חלקים הללו מזביחתו, וממילא הזלו"ק הם של אותו כהן מסויים לגמרי מפאת ייאוש אחיו הכהנים.

לישראל-חבר גרידא מ"מ הכא דתרתי איכא דין כהונה וסיוע לחבר אפשר דשפיר דמי.

אבל נראה דמכל מקום יש ודאי עדיפות לכהן חבר על פני בת-כהן אשת ישראל-חבר, דעיקר רצון התורה במתנות הכהונה הוא להחזיק הכהנים למען יחזקו הם בתורת ה' ויש להם עדיפות ודין קדימה בזה מישראלים. אלא דמכל מקום הא בריךא דיש עדיפות לבת כהן אשת ישראל-חבר על פני כהן ע"ה, משום דבדין הכהונה שניהם שוים, ואיכא נמי טעמא דמסייע לישראל תלמיד חכם לעסוק בתורה, אבל דא עקא דמונע עי"כ ענין הלְמָשְׁחָה, כי אין לבעל הישראל שום מצוה לאכול הזרוע לחיים וקיבה צלי ובחרדל כמצוות הכהונה, ואליבא דרבי ישמעאל לא קיים מצוות וְנָתַן לַכֹּהֵן כלל.

העוני מכריע

כתבו האחרונים שהקילו חז"ל חולין קלג עמוד א לכהן שיש לו מכירי כהונה להקנות הזלו"ק לת"ח ישראל עני שהוא ורק מטעם עניותו, ודייקו מזה הפוסקים דדווקא התרתי בעינן, שיהיה *צורבא מרבנן* וגם *עני*. די"ל דבכהאי גוונא שיש סיוע באמת לישראל ת"ח שאינו יכול לעסוק בתורה שיוכל לעסוק בתורה אז מותר לוותר על דין האכילה צלי ובחרדל כדי לקיים דין זה של סיוע עני ישראל-ת"ח אבל באופן אחר אסור וכן נפסק בשו"ע סעיף י"ד.

ובים של שלמה חולין פ"ט סימן ו' הסתפק בדעת הטור, אם יש עדיפות לכהן על פני כהנת, ודייק מפשטות לשון הטור דמשמע שיש עדיפות לכהן על פני כהנת כי כתב "ונותנין אותה לכהנת אפילו נשואה לישראל, ולא עוד אלא שאפילו בעלה ישראל - פטור בשבילה" ע"כ.

ולכאורה קשה דפשיטא הוא, אלא על כרחך דק"ל דהחידוש הוא דבעלה ישראל פטור ליתן בשבילה אע"פ שיש כהן גמור שקודם לכהנת, אך מסקנתו הוא שלא כן הוא הביאור בדברי הטור, ובאמת אין

הַתּוֹרָה הַזֹּאת וַיִּתְּנָהּ אֶל הַכֹּהֲנִים בְּנֵי לֵוִי דברים לא ט **ואדרבה בדברי הימים עה"פ וְעִמָּהֶם הַלְוִיִּם שְׁמַעְיָהוּ וּנְתַנְיָהוּ וּזְבַדְיָהוּ וַעֲשָׂהאֵל ושמרימות [וּשְׁמִירָמוֹת] ויהונתן וַאֲדֹנִיָּהוּ וְטוֹבִיָּהוּ וְטוֹב אֲדוֹנִיָּה הַלְוִיִּם וְעִמָּהֶם אֱלִישָׁמָע וִיהוֹרָם הַכֹּהֲנִים** דברי הימים ב יז ח **ביאר רש"י;** "ועמהם אלישמע ויהורם הכהנים" - כי על הכהנים והלוים ללמד ולהורות כדכתיב **כְּכֹל אֲשֶׁר יוֹרוּ אֶתְכֶם הַכֹּהֲנִים הַלְוִיִּם** דברים כד ח והשרים הלכו עמהם לפי שלא ימרו את פיהם ולהכריחם לשמוע להם ולשמור לעשות כמצות השופטים דוגמת **שֹׁפְטִים וְשֹׁטְרִים תִּתֶּן לְךָ** דברים טז ח שופטים לשפוט את העם ושוטרים להכריחם ולעשות צווי השופטים" ע"כ.

ובילקוט שמעוני דברים דף תכג במהדו' מכון המאור מובא מדרש הנ"ל בשינוי לשון קצת, ושם; "**וַיְדַבֵּר מֹשֶׁה וְהַכֹּהֲנִים הַלְוִיִּם** דברים כז ט מה דברים היו שם? ללמדך שבאו ישראל ואמרו למשה נטלת את התורה ונתת לכהנים שנאמר **וַיִּכְתֹּב מֹשֶׁה אֶת הַתּוֹרָה הַזֹּאת וַיִּתְּנָהּ אֶל הַכֹּהֲנִים** דברים לא ט אמר להם משה רצונכם שיכרתו לכם ברית שכל מי שמבקש ללמוד תורה לא יהיה נמנע? אמרו לו הן, עמדו ונשבעו שאין אדם נמנע מלקרות בתורה שנאמר **אֶל כָּל יִשְׂרָאֵל לֵאמֹר** אמר להם משה **הַיּוֹם הַזֶּה נִהְיֵיתָ לְעָם**" ע"כ. הוה אומר שהברית כרותה שכל הרוצה מבנ"י ללמוד לא יהיה נמנע מלקרות בתורה ח"ו אבל עכ"פ יש כאן אפוא עדיפות לכהן לעניין ההוראה, וראה לקמן במילואים בפרק ייעוד הכהן להורות בתורה.

ח. נותנים אותם לכהנת, אפילו היא נשואה לישראל, והנותנם לבעלה ישראל קיים מצות נתינה. וכל שכן שבעלה ישראל פטור מן המתנות:

שום קדימה לכהן על פני כהנת, ולכן כהן ע"ה אינו קודם לבת-כהן שהיא אשת ע"ה, וכן כהן חבר אינו קודם לבת-כהן אשת חבר, ובת-כהן אשת חבר קודמת לכהן ע"ה.

ונראה שהוא פליג על טעם הנ"ל, וס"ל דמעלת חבר הוא משום מעלתו וחשיבותו בקיום מצוות התורה ומצוות תלמוד תורה בפרט, ולכן גם לאשת חבר יש מעלה זו, דאשת חבר כחבר. אמנם החת"ס שו"ת יו"ד תשובה ש"א מפקפק אם מותר ליתן לבת-כהן אשת חבר אם לא שמתנה עמה על מנת שאין לבעלה רשות בה, וז"ל;

> "וצ"ע קצת איך [מותר] ליתן מתנות כהונה לאשה שיש לה בעל ישראל או מכל שכן לבעלה בשבילה, הא גוזל השבט דזרוע לחיים וקיבה שנותן לאשה קנתה הגוף והפירות לבעל וממילא חזר חסרה ליה שווי הפירות ולא יהיב להשבט כל הסך המגיע אם לא שיתן לאשה על מנת שאין לבעלה רשות בה כו' וצ"ע"

עכ"ל,[102] וכיון דאיכא לן ספיקא בין הני תרי רברבי, היש"ש שמסיק דמותר לכתחילה ליתן לבת-כהן שהיא אשת ישראל-חבר, והחת"ס שמסתפק בזה - אא"כ יתנה (עם האשה) בשעת נתינה על מנת שאין לבעלך הישראל רשות בה – א"כ מה יעשה, אם יאמר על מנת שאין לבעלך רשות בה נראה דאפילו אם היא אשת ישראל חבר אין מעלה ליתן לה כיון דלא יבואו הזלו"ק לידי כהן, וא"כ שוב חוזר דינה

102 וראה גם *בשדה צופים* דף סח, על מסכת קידושין דף ח שהקשה כעין זה עיי"ש. ולפי"ז עיקר הקושיא היא שאיך הותר לו לבעל לאכול הגוף בלי דעת אשתו ובלי שתתן לו במתנה כיון שגוף הזלו"ק שייך לאשה ורק הפירות לבעל.

כע"ה ויש לכהן עדיפות עלה באופן כזה לכו"ע, ואם לא יתנה כתנאי הנ"ל הרי איכא ספיקא אם יצא לדעת החת"ס. [ויש לצדד דאפילו בתנאי כזה יש מעלה לתת לאשת כהן-חבר כיון דמשתרשי ליה לכהן מלפרנס את אשתו כיון דחייב במזונותיה, והרי זה כבאו מעות לידו וצ"ע].

והנה צד נוסף בעניין זה, דבמשנה כתובות יב עמוד א איתא אודות תקנת *בית דין של כהנים* שגבו בסכום ארבע מאות זוז לכתובת בת כהן ולא מאתיים זוז כשאר כתובה, ומפורש בתלמוד ירושלמי שסכום המופרז הוא משום שרצו חכמים שתדבק בת-כהן בשבטה ותינשא לכהן, וכן שלא ישא זר בת-כהן (ובתוספות ר"י מלוניל פי' שאין זה נחשב כיוהרא עיי"ש ובכל הראשונים שמשמע שזה נוהג אף בזה"ז, ופרש"י דלא הווה סעודת מצווה אף אם ישא כהן לבת ישראל וכנ"ל במסכת יבמות רש"י ד"ה מאי כשרה), ובתלמוד בבלי מסכת פסחים דף מט עמוד א מבואר דישראל-ת"ח שאני בבחינת קפידת אהרן הכהן שאינו ניזוק, עיי"ש.

ובשו"*ת מהרי"א הלוי* ח"א סימן כ נשאל אודות אחד שבא לערוך פדיון לבנו ואמרה אֵם (שהיתה בת כהן נשואה לישראל) אבי-התינוק הבכור שברצונה לקבל החמשה סלעים ואם הוי הנתינה לה נחשב כקיום הפדייה, ורצה השואל לסמוך על הא דמצאנו בתירוץ שני של תוספות קידושין ח עמוד א ד"ה רב כהנא שרב כהנא היה ישראל וערך פדייה על סמך שהיה נשוי לכהנת, ושם "דבשביל אשתו היה לוקח כדאשכחן בפרק הזרוע חולין דף קלב עמוד א רב כהנא אכל בשביל אשתו" ע"כ. ושם הרי"א החמיר מאוד שזה לא מהני וכתב וז"ל;

ח. נותנים אותם לכהנת, אפילו היא נשואה לישראל, והנותנם לבעלה ישראל קיים מצות נתינה. וכל שכן שבעלה ישראל פטור מן המתנות:

≈○ משפט הכהנים ○≈

"ולפענ"ד נראה שאין לסמוך כלל על זה דלא שבקינן דעת הרמב"ם והרא"ש והרשב"א והטור והבית יוסף מפני ספיקו של התוס' והכי נקטינן".

עכ"ל. ושם מציע שגם אליבא דתוס' לאו-דווקא מוכח שאשה יכולה לפדות, והביא סברת הרי"ט אלגזי בכורות פ' ח שכיון שהקרא כתב לאהרן כָּל פֶּטֶר רֶחֶם ..יִהְיֶה לָּךְ במדבר יח טו הרי כאן ענין של מכר, וא"כ בעינן שיקנה הכהן הבכור לאביו עבור החמשה סלעים שמקבל, ואילו איתתא לא ידעה לאקנויי.

משתרשי ליה: הוא משתכר בשיווי המעות שעכשיו אין לו צורך להוציא אותו סכום ממון להוצאותיו

וגם מביא מהגהת הרמ"א שולחן ערוך שכא יט העניין שכהנת ולוי' פטורין מפדיון פטר חמור, אבל בעליהן חייבין. ויש להקשות (אליבא דסברא שאין בת-כהן הנישאת לזר בגדר כהנת[103]) מאי שנא זלו"ק מפדיון פטר חמור ששם בעלה הישראל חייב ובזלו"ק לא רק פטור אלא גם נותנין לו. ועוד, כיון שכתוב בתורה וְנָתַן לַכֹּהֵן הרי בעינן מי שיקבל הזלו"ק בתורת קניין גמור (כי איך תהיה נתינה אם אין מי שיקבל), והרי בעלה ישראל הגם שהוא ת"ח אינו ראוי מצד עצמו לקבלת הזלו"ק כי אינו כהן, וכל עצמו אינו זוכה אלא מכח אשתו שהיא בת-כהן, והיא בעצמה אין כח בידה לאקנויי כנ"ל.

ומהרי"א הלוי האריך בתשובה הנ"ל והביא שוב ממהרי"ט אלגזי למסכת בכורות פ"ד שהביא היש"ש דאשת חבר לענין זה כחבר ממש ויש לחבר עדיפות רק על פני פנויה או אשת ע"ה, אך המהרי"א הלוי מחמיר בזה משום דרוב ראשונים ס"ל שלא ליתן לכהנת. ולכן נראה שבמקום שיש כהן-חבר עדיף ליתן לו על פני בת-כהן אשת ישראל חבר כיון די"א דאין ליתן לכהנת. אך עדיין צ"ע מה הדין במקום שיש בת-כהן שהיא אשת חבר-ישראל וכהן ע"ה, דכיון שלפי דעת המהרש"ל עדיף ליתן לאשת חבר הנ"ל שדינה לענין זה כחבר ממש, ולפי דעת החת"ס אפשר דמותר לעשות כן רק אם יתנה בתנאי, ואם יתנה נכנס בזה למחלוקת הפוסקים כמבואר לעיל, ולפי דעת המהרי"א הלוי אין ליתן לכהנת בשום אופן, א"כ צ"ע מה עדיף.

המזכה זלו"ק לכהן קטן

כתב במים חיים סימן ד' שהמזכה זלו"ק לכהן קטן יצא ידי נתינה, והוכיח זאת הפר"ח מהגמ' יבמות צט עמוד ב ושם; "עשרה אין חולקין להם תרומה בבית הגרנות ואלו הן חרש שוטה וקטן וכו' ע"כ, וכולן משגרין להם לבתיהם חוץ וכו' - והיא ראיה שאין עליה תשובה".

ויש שהקשו איך יצא השוחט ידי חובה אם לא יקנה הקטן את המתנות מדאורייתא. וכתב הפר"ח הטעם דמהני הקנאה לכהן קטן מפני שהנותן מזכה לקטן, והקטן בדעת אחרת מקנה היינו בדעת הנותן, ויש זכייה לקטן מדאורייתא לדעת רוב הפוסקים.

וכתב בס' *גז צאנך* שם דכל זה בהגיע לעונת הפעוטות

103 וכעין זה כ' בתוס' (אליבא דדבי רבי ישמעאל) לחלק בין בת כהן שנישאת לזר חולין קלב עמוד א ד"ה דבי רבי ישמעאל תנא כהן ולא כהנת ושם; "נראה דלא ממעט אלא בנשאת לזר אבל לא נשאת כיון דאכלה בתרומה דחמירא כ"ש דיהבי ליה מתנות ומיהו אפשר דלא יהבינן לה לר' ישמעאל" ע"כ. וי"ל ששאלה זו תקיפה גם אליבא דדבי רבי אליעזר בן יעקב, שגישה זו - שבת-כהן שנישאת לזר (וזרע הוה לה) איננה עוד בגדר כהנת - אינה נמנעת מגי' הגמ' חולין קלב עמוד א (ועיין במילואים לקמן).

ח. נותנים אותם לכהנת, אפילו היא נשואה לישראל, והנותנם לבעלה ישראל קיים מצות נתינה. וכל שכן שבעלה ישראל פטור מן המתנות:

≈○ משפט הכהנים ○≈

דהיינו צרור וזורקו, אגוז ונוטלו והיינו כבן שש שנים, אבל בכהן שוטה אליבא לדעה שאין מהני דעת אחרת מקנה אסור ליתן לו הזלו"ק, אך כתב שם שלדעת הקצוה"ח שגדר הזכות הוא **חֵלֶף עֲבֹדַתְכֶם** במדבר יח לא יועיל ליתן אפילו לקטן שלא הגיע לעונת הפעוטות ושוטה. ויש להוסיף כי אית שוטה ואית שוטה, כמוש"כ התוספות ערכין ג עמוד א ופי' הרא"ש משנה נגעים ג א שפירוש כהן שוטה (בעניין ראיית נגעים) שאין הפשט חסר דעת לגמרי, אלא שאינו בקי בדקדוקי נגעים ובפרט זה נחשב כשוטה ואם נלך בתר סברת חלף עבודתכם, הרי אף כהן כזה נחשב כ'עובד' כיון שסמכינן עליו לפסוק דיני נגעים, וכן אליבא דהרמב"ם גם סמכינן על כהן קטן לפסוק הדין בנגעים הלכות טומאת צרעת ט א-ב[104], א"כ הוי גם לו ג"כ חלף עבודתו.

והקצות החושן סימן רמ"ג ד' כתב להוכיח דבזלו"ק כיון דאין להבעלים בהם אלא *טובת הנאה*[105] וקיי"ל דאינה ממון הלכך הוה ליה כמו מציאה דאין בה דעת אחרת מקנה, והא דיש לקטן זכייה במתנות כהונה היינו משום דהמתנות כהונה הם כעין שכירות חלף עבודתם בכהונה וכבר זכתה בהם התורה לכהנים והוי כירושה דאית ליה לקטן נמי, וכשכירות עבודת הקטן שזוכה מדאורייתא.

ובשו"ת חת"ס סימן קצ"ב כתב דאפילו נימא דאין קנין לקטן מהתורה מ"מ בזלו"ק לא כתיב **וְנָתַן** "בידו" שצריך יד לקנות אלא נתינה כתיבה ביה, וכיון שנתנו הבעלים לכהן יקנה או לא יקנה, כיון שנתנו לו יוצאים ידי נתינה.[106] ובנתיבות המשפט

104 ובס' *הדרש והעיון* הר"א לווין, דף שב הקשה איך מכשירין כהן קטן לראות בנגעים אחר כי הוקשו ריבים לנגעים, ובדיני ריבים קטן אסור בהוראה וא"כ לכאורה גם בפסיקת נגעים כך צ"ל ומציין שם לטור חוש"מ סי' ז.

105 ולקמן הבאנו ע"פ הגמ' במס' בכורות דף כז דבזלו"ק אסרו חז"ל שום טובת הנאה שלא תיתחל קדושתייהו אארבע זוזי וכו' ועיי"ש אופן ההיתר המוגבל בדעת הרמב"ם בזה.

106 אולי כגון בגט כריתות דכתיב **וְנָתַן בְּיָדָהּ** דברים כד אבל לאידך גם בזלו"ק כתיב **וְנָתַן לַכֹּהֵן** - ואולי אות "ל" כטעם *ה הידיעה* (כגון **אֲשֶׁר לַמֶּלֶךְ נִשְׁעָן עַל יָדוֹ** מלכים ב ז ה) או כטעם ל *הקנין* (כגון **וְאָמַרְתָּ לְעַבְדְּךָ לְיַעֲקֹב** בראשית לב יט **וְלַה' הָאָרֶץ וּמְלוֹאָהּ** תהלים ג ט - וראה צהר התיבה להרז"ה ע' קמ ויסוד הניקוד ע' קסד) כי רצתה התורה שתבא הזלו"ק ליד 'הכהן הידוע' היינו כהן שהוא גדול (וגם ת"ח כמבואר לעיל) ולא קטן.
ויש להביא קצת ראיה מהגמ' כתובות מב עמוד ב שלשון **וְנָתַן** משמע דבר הנתון כבר וכן גם שחל איזה קנין מצד המקבל, ושם; **וְנָתַן הָאִישׁ הַשֹּׁכֵב עִמָּהּ לַאֲבִי הנער [הַנַּעֲרָה] חֲמִשִּׁים כָּסֶף וְלוֹ תִהְיֶה לְאִשָּׁה..** דברים כב כט... ובפירש"י שם **וְנָתַן** משמע דבר הנתון כבר (ו המהפך של **וְנָתַן** מראה שאין כספי-הקנס כנכס האב להוריש לבניו (אם ימות) עד שיבואו הכסף לידו ממש - היינו כמשמעות שכבר בא ואם תתבע בתו לאחר מיתת האב הכסף שלה ולא לאחיה) ואולי לפי"ז גם בזלו"ק אין קיום המצוה כלל עד שיבואו לידי כהן גדול בעל יכולת להקנות. ויש להביא עוד קצת ראיה מלשון יעקב אבינו בראשית כח כ **וַיִּדַּר יַעֲקֹב נֶדֶר לֵאמֹר .. וְנָתַן לִי לֶחֶם לֶאֱכֹל וּבֶגֶד לִלְבֹּשׁ** ופשוט שהתנה שיחל קנין בלחם ובבגד. והצענו לעיל שגם כהן קטן יחשב ככהן גמור כיון שבדיני נגעים סוגרין ומחליטין על פיו (לדעת הרמב"ם), וגם נתינת חלה לו לאכילה בכורות כז עמוד א נחשב כקיום מצוות נתינה, ועוד סימוכין מצאנו בשו"ת *כתב סופר* סימן טז שכתב שיש להחמיר *בהאיסור להשתמש בכהן* גם בכהן קטן.

ח. נותנים אותם לכהנת, אפילו היא נשואה לישראל, והנותנם לבעלה ישראל קיים מצות נתינה. וכל שכן שבעלה ישראל פטור מן המתנות:

≈○ משפט הכהנים ○≈

על שו"ע, רמ"ג ח' **כתב דהא דאמרה תורה וְנָתַן,** לאו משום דיש חיוב על הנותן רק שהתורה זיכתהו בטובת הנאה שיוכלו ליתן לאיזה כהן שירצה וממילא יכול ליתן אפילו לחש"ו כיון דאין צריכים לזכותה לכהן אלא הכהן יכול ליקח אותה לעצמו. ולכן כתב שאם נתן לכהן קטן ונאבדו מידו לא יצא ידי נתינה (בפדיון הבן) כיון שהקטן עדיין לא זכה בו אבל אם האכיל לקטן חמשה סלעים שקנאם הקטן באכילתו יצא נתינה.

בת-לוי נשואה לישראל

ובדין בת-לוי נשואה לישראל כתבו הפוסקים שבעלה חייב בזרוע לחיים וקיבה. ולא דמי זה לבת-כהן נשואה לישראל שבעלה פטור בשבילה התם כתיב וְנָתַן לַכֹּהֵן ואף כהנת במשמע והוה ליה כאילו נותן המתנות לאשתו, ומשום הכי מיפטר, וכן פסק בפרי חדש.

ט. לא יחלקם להרבה כהנים, שצריך לתת לכל אחד דבר חשוב כדי נתינה, אלא נותן זרוע לאחד וקיבה לאחד ולחיים לשנים. ובשור הגדול יכול לחלק הזרוע לשנים, לכל אחד פרק אחד:

≈○ משפט הכהנים ○≈

לא יחלקם להרבה כהנים: וכן אין להוביל כל החלקים לכהן אחד, וכדאיתא בגמרא עירובין סג עמוד א אודות דוד המלך שהיה נותן כל מתנותיו לכהן אחד ונענש כל העלם על זה, ומסיק שם הגמ' שהיה לו לחלק מתנותיו לכמה כהנים, וז"ל שם;

> אמר רבי אבא בר זבדא כל הנותן מתנותיו לכהן אחד מביא רעב לעולם שנאמר שמואל ב כ, כו **עִירָא הַיָּאִרִי הָיָה כֹהֵן לְדָוִד** לדוד הוא דהוה כהן לכו"ע לא אלא שהיה משגר לו מתנותיו וכתיב בתריה **וַיְהִי רָעָב בִּימֵי דָוִד** שמואל ב כא א.

ויש לתמוה מה ראה דוד לתת כל מתנותיו לכהן אחד? וי"ל שדרש כן מסוף הכתוב דברים יח ג **וְנָתַן לַכֹּהֵן הַזְּרֹעַ וְהַלְּחָיַיִם וְהַקֵּבָה** שיש וי"ו החיבור שמקשר כל החלקים בנתינה לכהן אחד, ועכ"פ חז"ל לא סברי כן מטעמים הידועים להם.

ברכה בעת הנתינה

בראשונים, נחלקו הר"י בן פלט[107] והרוקח[108] אם יש לו לברך בשעת נתינת הזלו"ק לכהן, ודעת הרוקח[109] רבינו אלעזר מגרמייזא, סרט"ו ס"ו, רוקח הגדול סי' שסו מציין לירו' פ' כיצד מברכין גבי קידוש ואפר חטאת להזות הוא דיש לו לברך על נתינת הזלו"ק לכהן אע"פ דהווה מצוה בין אדם לחבירו, מטעם דכל מצוה שהיא *חקות*[110] *וגזירה* צריך לברך עליה. אבל הר"י בן פלט הובא באבודרהם ש"ג, ברכת המצות ומשפטיהם נימק דאין מברכין על נתינתן, כיוון שאין הנותן מוסר כלום משלו אלא משלחן גבוה קא זכא הכהן בזלו"ק (ואין השוחט רק מעביר בעלמא).

ולבאר קצת הגדר בעניין איזו מן המצוות תיקנו חז"ל שמברכין עליהן, כתוב בתוספתא ברכות ו יד ש"העושה כל המצות צריך לברך, העושה סוכה לעצמו אומר ברוך שהגיענו לזמן הזה" ע"כ, ובהמשך התוספתא משנה יט שם כתוב; "היה מהלך להפריש תרומה ומעשרות אומר [ברוך[111] אשר קדשנו] להפריש

107 הבאנו הסברא לפי מקורו דהוא סברת מהר"י בן פלט, ואע"פ שהובא דבריו בתשובות הרשב"א סי' יח, לפי ביאורו של בעל פאת השלחן הלכות ארץ ישראל פרק ג סימן לט, לאו-דווקא הרשב"א מסכים לדבריו ואדרבא וכו' עיי"ש.

108 אבל לא בירורו בפירוש **מי** הוא המברך, ואם שרבים מבינים שבעל הבהמה הוא המברך, קרוב יותר לומר *שהשוחט* הוא המברך, כיוון דעליו רמיא המצווה הזאת כפי שהובא בדברינו בסעיף א.

109 במהדו' רוקח הגדול להרב"ש שניאורסאן ירושלים תשכ"ז נראה שכלול סימן שסו בהלכות ברכות שמתחיל בסימן שסג ושם לפני הסימן כתוב 'הלכות ברכות' ושורה תחתיו מופיע עוד שורה עם המילים 'רבינו יב"ק בן מאיר'.

ואם כן הדבר, גם תוכנו של סימן שסו יחשב כדברי רבינו יב"ק אביו של הרוקח ולא לרבנו אלעזר מגרמייזא עצמו.

וברוקח הגדול סימן רפג דף קנה במהדו' ירושלים תש"כ דפוס *ש.* ויינפלד כ' דמברכין רק על מצוה הנעשית בבת אחת, כגון מגילה ושופר וכו' עיי"ש.

110 כך כתוב במקור, ואוצ"ל 'חוקה'.

111 וכבר אמרו כל ברכה שאין בה אזכרה ומלכות לאו שמיה ברכה רע"מ פ' עקב דף רעב:, רע"מ ויקרא דף ג:. וכנראה הכוונה כאן שיש לברך בשם ובמלכות ג"כ ואולי דלג המדפיס מלכתוב השם ומלכות במילואם, וכן הדרך בכמה וכמה דפוסים של

ט. לא יחלקם להרבה כהנים, שצריך לתת לכל אחד דבר חשוב כדי נתינה, אלא נותן זרוע לאחד וקיבה לאחד ולחיים לשנים. ובשור הגדול יכול לחלק הזרוע לשנים, לכל אחד פרק אחד:

≈○ משפט הכהנים ○≈

תרומה ומעשר. מאימתי מברך עליהן משעה שמפרישן" ע"כ. וכן במשנה הובא הדין 'ערום לא יתרום', ושאלו בגמ' בבא מציעא קיד עמוד ב מנין לערום שלא יתרום דכתיב דברים כג, טו **וְלֹא יִרְאֶה בְךָ עֶרְוַת דָּבָר** ובתוס' מקשה ע"ז וז"ל;

> "הוה ליה למימר 'מנין שלא יברך', דבשעה שתורם ממנו אינו אסור אלא בשעת ברכה, ושאר ברכות אסור לברך כשהוא ערום אלא נקט הכי משום דמשנה היא ערום לא יתרום"

ע"כ, ולכאורה חזינן מזה דגם מצוות הרמת תרומה טעונה עמה ברכה, וא"ש סברת הרוקח כי מצוות תרומה היא *חקות וגזירה* (שטעם זה אף מכריע היותה מצוה בין אדם לחבירו). וגם אליבא דהר"י בן פלט לא יוקשה, דאפשר לומר דבעל השדה מתקן תבואתו ע"י הרמת תרומה ומוציאה מדין טבל, ועל *התיקון* יברך ולא על *הנתינה* לכהן. ועדיין צ"ב, כי תיקון זה אינו אלא בדרך-אגב כמקביל להנתינה גרידא, דלא ציוותה תורה ש'יתקן' איש את תבואת שדהו - אלא כשבא לתת תרומה במילא יתקן עי"כ את יבולו.

היקש הירושלמי

בתלמוד ירושלמי מסכת ברכות דף מא עמוד ב הובא היקש מגולה לחייב כל המצוות כולן בברכה, ושם;

> רבי חגי ורבי ירמיה סלקון לבי חנותא[112], קפץ רבי חגי ובירך עליהן אמר ליה רבי ירמיה יאות עבדת שכל המצות טעונות ברכה. ומניין שכל המצות טעונות ברכה רבי תנחומא רבי אבא בר כהנא בשם רבי אלעזר **וְאֶתְּנָה לְךָ אֶת לֻחֹת הָאֶבֶן וְהַתּוֹרָה וְהַמִּצְוָה** שמות כד יב הקיש תורה למצות מה תורה טעונה ברכה אף מצות טעונות"

ע"כ, ולפי"ז יוצא ברור שיש לברך על כל המצוות ממש (כולל נתינת זלו"ק[113]). ויש לתמוה למה דבריהם לא נתקבלו להלכה-רווחת, ומוכח שלא נתקבלו דבריהם לפי"ז שנתלבט הרוקח ושאר הראשונים למצוא גדרים לאיזו מצוה כן מברכים ולאיזו א"צ לברך. אבל בפי' *בעל ספר החרדים* לתלמוד דירושלמי מסכת ברכות, רבי אלעזר אזכרי ה'רצ"ג - ה'שס"א משמע דלא נדחתה גישת הירושלמי בשתי ידים, דכתב בזה"ל "כן מצאתי

דברי חז"ל.

112 **בי חנותא:** בית דין, וכמשמעות הגמ' סנהדרין ז עמוד ב; "רב הונא כי הוה נפק לדינא אמר הכי אפיקו לי מאני חנותאי" ע"כ. ובגמ' ירושלמי דף לה עמוד א "מן סדרא רובה עד חנותיה דרבי הושעיה" ואילו בבבלי מסכת שבת כא: וקכט. משמעותה סתם חנות, ושם כתיב לשון 'חנותא' ולא 'בי חנותא', והכל לפי הענין. משמעות אחרת הוא מיקום עתיק הנקרא בשם 'חנות' והיום נקרא בשם 'חורבת חנות' הסמוך ליער מטע שליד בית שמש.

113 ובחסדי דוד תוספתא חלה ב ח סבר דיכול לברך על מצוות זלו"ק ככל יתר מתנות הכהונה, וכתב בזה"ל;
"המקיימן כאילו קיים כלל ופרט וברית מלח, **כְּכַלֹּתוֹ לְדַבֵּר אִתּוֹ** שמות לא יח, מה כלה כ"ד קישוטין אף אהרן ששבינא דמטרוניתא כ"ד מתנות, כלל כולהון בחדא קדושה כדכתיב **לְכָל קָדָשֵׁי** במדבר יח ח דחשובין כעיקר מצותיה של תורה והמקיימן כאילו מקיים ד"ת.
ויכול לברך עליהן **וצונו** דהיכן צונו? **מלֹּא תָסוּר** דברים יז יא" עכ"ל.

וְזֶה יִהְיֶה מִשְׁפַּט הַכֹּהֲנִים מֵאֵת הָעָם מֵאֵת זֹבְחֵי הַזֶּבַח

ט. לא יחלקם להרבה כהנים, שצריך לתת לכל אחד דבר חשוב כדי נתינה, אלא נותן זרוע לאחד וקיבה לאחד ולחיים לשנים. ובשור הגדול יכול לחלק הזרוע לשנים, לכל אחד פרק אחד:

≈○ משפט הכהנים ○≈

לרבינו אליהו[114] שהיה מברך כשהיה נותן צדקה או מלוה לעני וכן בכל המצות. ולא נהגו כן העולם ..וכבר נשאל הרשב"א על הדבר ונדחק לתת טעם מה נשתנה אלו מאלו" ע"כ. וכל הנ"ל רק כטעימה בעלמא בעומק הסוגיא של איזו מצוה נכנסת בגדר הטעונה ברכה ואיזו לא, אבל עכ"פ נציג כאן קצת מראשי השיטות וטעמיהן;

עת הברכה

והמנחת *ביכורים* על התוספתא הנ"ל ברכות ו יט

ברכה על נתינת הזרוע והלחיים והקיבה לכהן		
בעל הנימוק	הדין בזלו"ק	הנימוק
תוספתא ברכות ו יד	צריך לברך	ליתא
רבי אלעזר תלמוד ירושלמי ברכות דף מא עמוד ב	צריך לברך	הקיש תורה למצות מה תורה טעונה ברכה אף מצות טעונות ברכה
ר' אלעזר מגרמייזא ד'תתקכ"ה - ה' אלפים רוקח הגדול סימן שס"ו	צריך לברך	מצוה זו היא חוק וגזירה
ר"י בן פלט ד'תת"פ אבודרהם שער ג	א"צ לברך	הנותן אינו נותן דבר מנכס של עצמו
רבו של בעל העיטור ד'תתפב- ד'תתקנג תמים דעים סימן קעט	א"צ לברך	אין זו מצוה הנעשית בינו לבין עצמו

114 אולי הכוונה לרבינו אליהו הזקן (ד'תש"מ - ד'תת"ך מחותן לבי רב האי גאון) ונראה לבאר שזה שכתב 'כן מצאתי' אין הכוונה שראה כן בעיניו אלא ראה כן בספר או שמע בע"פ מרבותיו.

מציין לרא"ש בכורות פ"א סו"ס יד דהסביר שלגבי מצוות פדיון פטר חמור, בעל החמור מברך בעת פדיית חמורו בשה, כי פן ימות השה טרם הנתינה

ברכה על נתינת הזרוע והלחיים והקיבה לכהן		
יש סוברים מובא ע"י בעל העיטור בשאלתו תמים דעים סימן קעט	צריך לברך	אין זו מצוות עשה שיש בה אזהרה
תוספות רי"ד ד'תתקכה - ה'א ספר המכריע סימן ס"א פסקי ריא"ז למסכת פסחים הלכה א ס"ק כד	צריך לברך	מברכין על כל המצוות
ר"ן ה'ע"ה - ה'קל"ז מסכת פסחים דף ג עמוד ב בדפי הר"ן	צירך לברך	מברכין על כל המצוות
הגר"א ה'ת"פ - ה'תקנ"ח ביאור הגר"א לשו"ע או"ח סימן ח ס"ק ב	צריך לברך	היא מצוה ש; • יש בה מעשה • תלויה ביד העושה • אינה באה בעבירה • אינו מברך על פורעניות
שולחן ערוך הרב ה'תק"ה - ה'תקע"ג אורח חיים סימן תפט סעיף ג	צריך לברך	מברכין על כל המצוות בין של תורה בין של דברי סופרים

לכהן ואם ימות נמצא שכבר קיים בעל-החמור את מצוותו ויהיה פטור מלשלם דמי השה לכהן. משא"כ בפדיון הבן, שאבי-הבן חייב באיבוד המטבעות עד שיתנם ליד כהן, לכן בפדיון בנו מברך

ט. לא יחלקם להרבה כהנים, שצריך לתת לכל אחד דבר חשוב כדי נתינה, אלא נותן זרוע לאחד וקיבה לאחד ולחיים לשנים. ובשור הגדול יכול לחלק הזרוע לשנים, לכל אחד פרק אחד:

≈○ משפט הכהנים ○≈

בעת הנתינה.[115]

לפי"ז יוצא שעיקר זמן הברכה הוא בעת עצם קיום המצוה וכתבה התורה *וכל פטר חמור תפדה בשה* ובעת הפדייה יש לברך. אם כן, גם בנדו"ד דציוותה תורה לזובח *שיתן* הזלו"ק לכהן, הרי בהפרשתו מקיים רק הכשר והקדמה לעצם המצוה, ורק בעת הנתינה הוי קיום המצוה בפועל.

אך עדיין לא ברור, כי התוספתא כתב דמברך על תרומות ומעשרות בעת ההפרשה וכמו כן הובא ברמב"ם הלכות תרומות פ"ב הט"ז לגבי תרומה גדולה או תרומת מעשר. וניחא אולי לגבי פדיון פטר חמור בשה דשם לא כתוב בתורה לשון תתן או תתנו, אבל בתרומה דכן כתיב בתורה לשון נתינה, א"כ איך יברך בעל השדה על תרומותיו ומעשרותיו בעת ההפרשה כשעדיין לא קיים דבר התורה, דהתורה לא הסתפקה בהפרשה בלבד?

והרמב"ן כתב שורש יב בזה"ל; "דברים שאינם טובלים כגון ..הזרוע והלחיים והקבה, לא נמנה אלא נתינתן והוא גם כן פשיטה דקרא שלא נצטוינו בהן בהרמתן, אבל אמר **וְנָתַן לַכֹּהֵן הַזְּרֹעַ וְהַלְּחָיַיִם וְהַקֵּבָה..** ואינו מברך בהפרשתן כלל" ע"כ. ובעל פאת השולחן סימן ג אות לט הבין מלשונו שסובר דאין לברך דווקא על ההפרשה, אבל סובר הרמב"ן שיש לברך על הנתינה, ועיי"ש שהאריך.

ובמצות חלה, נוסח הברכה הוא *להפריש חלה* (ואין מברכין על הנתינה לכהן), וי"ל כי בזה יש חילוקי דעות (בין הרמב"ן והרמב"ם[116]) אם מצוות חלה

115 ולעצם החילוק י"ל כי בתרומה כתיב לשון נתינה לכהן משא"כ בפדיון פטר חמור.

116 השגת הרמב"ן לסה"מ להרמב"ם, שורש יב.

וראה בנודע ביהודה ליורה דעה סימן רא שביאר שעיקר המצוה בחלה הוי הנתינה ולא ההפרשה, ויש להרחיב העניין ולומר שכל חששת חז"ל *שלא תשתכח תורת חלה מישראל* קאי דווקא על הנתינה לכהן ואכילתו, ולכן תקנו נתינה בחו"ל לאכילה לכהן דווקא עד כדי תיקון חלה שלישית ורק שיבא הפרוסה לפיו של כהן -דעת רבינו אפרים צוטט במאירי למסכת פסחים מו. בשם י"א ויש כמה סברות כעין זה המצדדות לתמוך שיתנו תרומת חלה לכהן ע"מ לאכול ממש, ולא כפי שנוהגים תושבי חוצה לארץ בימינו לשרוף. ואדרבה, חז"ל רצו דווקא שהכהן יאכל (מה שא"א בארץ ישראל כי בא"י לדעת רבי יוחנן, וראה בשל"ה א שמט יש קדושת תרומה להחלה וכולנו טמאי מתים) כי כל עצם חלת חו"ל הוא רק מדרבנן והם אישרו האכילה כי אין בזה שום קדושה מן תורה (ורק בתנאי שאין טומאה יוצאה מגופו של הכהן), ותקנו האכילה כדי שלא יאמרו 'ראינו תרומה טהורה נשרפת' פיה"מ להרמב"ם, ר"י בן מלכי-צדק, מלאכת שלמה למשנה חלה ח ה, וראה ספר יראים סימן קפג ומוטב לרבות בחלה הנאכלת ריבמ"ץ, ר"מ, רא"ש , ר"ש חלה ד ז.

וכן הביא הרמב"ם סוף הלכות תרומה הובא להלכה בהגהת הרמ"א לשולחן ערוך יורה דעה סימן שכב:ה נוסח הברכה בחוצה לארץ וז"ל; על הכהן לברך על מין החטה ואחר כך לברך "ברוך את ה' אלהינו מלך העולם אשר קדשנו בקדושתו של אהרן וצוונו לאכול תרומה" ע"כ, ובהל' תרומות פרק ה, ט-יא כ' שבחו"ל מפרישין חלה ראשונה לכהן גדול שטבל וא"צ להפריש שניה לאש. ובהל' איסורי ביאה סוף פרק כ כ' ש"אוכלין אותה הכהנים שבזמננו שהן בחזקה" ע"כ.

ועוד צד שיתננו לאכילת כהן הוא למען יחזקו בתורת ה' וראה תוספות בכורות כז עמוד ב ד"ה וכי

ט. לא יחלקם להרבה כהנים, שצריך לתת לכל אחד דבר חשוב כדי נתינה, אלא נותן זרוע לאחד וקיבה לאחד ולחיים לשנים. ובשור הגדול יכול לחלק הזרוע לשנים, לכל אחד פרק אחד:

≈○ משפט הכהנים ○≈

הוי מצוה אחת או שתים ואליבא דהרמב"ן עניין ההפרשה הוה מצוה גמורה, אבל בזלו"ק נראה כמוסכם לכו"ע שאין השוחט פועל עיקר המצוה בהפרשה לחוד כי אין כאן דין טבל כגון בחלה, ולכן מסתבר שלדעת המברכים יש לברך על הנתינה דווקא ולא על ההפרשה.

נוסח הברכה

וכתב בעל החינוך שעזרא ובית דינו תיקנו עצם נוסח הברכות על המצוות, והאדמו"ר האמצעי ביאר בזה"ל;

> "בזמן בית ראשון היו כנסת ישראל במעלה עליונה מצד שורש האור אלקי שקבלו במתן תורה ולא היו צריכים לברכות המצות כי על ידי המצוה עצמה נמשך גילוי אא"ס בנפש. אבל בזמן בית שני תיקנו אנשי כנסת הגדולה לברכות המצות כי נפלו כנסת ישראל יותר למטה והיו צריכים להמשכות..על ידי הברכות שלפני כל מצוה".[117]

ואליבא דסוברים שיש לברך, יש חילוקי דיעות מהו הנוסח המבורר של הברכה. ובס' *גן צאנך* נסתפק לגבי זלו"ק אי צריך לפרט בנוסח הברכה "מתנות

הזאה, ותוספות חולין קד עמוד ב ד"ה וניתנת. ובש"ך ובבאר *היטב* לשולחן ערוך יורה דעה סימן שכב סעיף קטן ז כ' **שממצת מצוה** היינו לליל הסדר **יש לתת על מנת לאכול ועיי"ש שכ' לכהן קטן דווקא** חכמת אדם שערי צדק פי"ד ד שכן נהגו בוילנא ע"פ הגר"א, **וברא"ש** חלה ד ח רוח אחרת עמו (ולדעתו אף לגדול, וכן נהג הוא וכל הקהל), וז"ל; "האי דנקט בכורות כז עמוד א כהן קטן ולא קאמר כהן גדול יטבול ויאכלנה לפי שקטנה היא היינו עוסקת הסוגיא בכמות חלה קטנה שאינה ראויה לגדול כדקאמר התם שקלה ליה בריש מסא ..וכהן גדול לא יטבול בשביל אכילתה" ע"כ. ו*בקיצור פסקי הרא"ש* חולין ח ה, דף קד עמוד א - ב כ' עוד וז"ל; ..וכן אנו נוהגים להפריש אחת לאור ואחת לכהן, ויש מקומות שאין מפרישין רק אחת לאור, ויותר טוב הוא המנהג הראשון שכתבתי, ע"כ. וברוקח עה"ת, ס' במדבר דף נו כ' שהמילה **לְדֹרֹתֵיכֶם** במדבר טו כא משמע אף בחוצה לארץ והוא כעין דאורייתא, אבל עכ"פ נאכלת עם הזר על השלחן ומציין למסכת חולין דף קד עמוד ב ולספרי זוטא. ורבו הסוברים שיש לכהן פרס באכילת חלת חו"ל רמב"ן הל' בכורות פ"ה, וכן הסכים תשב"ץ פסקי חלה פ"א -ובתשובותיו ח"ב סי' רצא. ראב"ן סי' נד. ובמדרש הגדול הובא טעם נוסף שמצוות חלת חו"ל הוי חובת הגוף שנוהגת בין בארץ בין בחו"ל מדרש הגדול דברים כו א, ספר יראים השלם סי' קמח. ומעניין לעניין יש לעיין אם מותר בכלל לקרוא שם *חלה* ללחם שאוכלים בשבת קודש (בארץ ישראל) וכגון שאמרו שאסור לאדם שיאמר היינו בקניית בשר בחנות וכדו' "בשר זה לפסח" ואפילו בשר עוף, רק יאמר "בשר זה ליום טוב", וכן כאן אם יקראו ללחם ש"ק בשם "חלה" הרי יש חשש שמקדישו כתרומה והוי אסורה באכילה לזרים. בס' *האגודה* ע' שלג טור ב הסיק שגם בחו"ל נהגו להחמיה, וז"ל; כיצד מפרישין חלה בטומאה? רבי אליעזר אומר לא תקרא לה שם עד שתאפה, רב אלפס והגאונים ור"י פירשו דווקא בחלת ארץ ישראל אבל בחלת חו"ל אין צריך אלא יכול לקרות שם דחזי לכהן קטן או לכהן גדול שטבל לקריו ע"כ דבריהם, ומסיק בעל האגודה זצ"ל ולא נהגו כן אך כרבי אליעזר דאמר לא תקרא לה שם", ע"כ.

117 מאמרי אדמו"ר האמצעי, דרושי חתונה עמוד קפא-ב ועיי"ש בארוכה, ולפי"ז משמע שמעת ציווי הקב"ה לתת הזלו"ק ועד תקופת אנשי כנסת הגדולה - במשך של כמעט אלף שנים, לא נהגו בנ"י לברך על מצוה זו כלל.

ט. לא יחלקם להרבה כהנים, שצריך לתת לכל אחד דבר חשוב כדי נתינה, אלא נותן זרוע לאחד וקיבה לאחד ולחיים לשנים. ובשור הגדול יכול לחלק הזרוע לשנים, לכל אחד פרק אחד:

≈○ משפט הכהנים ○≈

הזרוע לחיים וקיבה" ואי צריך להזכיר "לכהן", ובנותן זרוע לכהן אחד וקיבה לכהן אחד ולחיים בשניים לא באותו זמן אי יברך ברכה כל פעם ואיך הוא הנוסח בכה"ג, ואת"ל דאין מברך אלא פעם אחת שותפין בבהמה מהו שיברך כל חד.[118]

ודעת התוס' רי"ד הוא שאין להקפיד כ"כ בנוסח הברכות, וז"ל;

"..לא דקדקו חכמים בדבר, שפעמים כתבו על המעשה ופעמים כתבו *לעשות* והבא לחלק ביניהם אינו יוצא מידי קושי' לעולם והוא נצרך להדחק לעיולי פילא בקופא דמחטא וסוף סוף אינו מעלה דבר.."

ע"כ, ודעתו הובא גם על ידי נכדו הריא"ז פסקי ריא"ז למסכת פסחים הלכה א ס"ק כה, הובא בשלטי הגיבורים על הר"ן פ"ק דפסחים דף ג עמוד ב וז"ל;

"ומז"ה[119] אומר..כל המצוות מברך עליהם קודם לעשיותן והם מוטלות על המברך אם רצה לברך לעשות מברך ואם רצה מברך על המעשה. ודברי מז"ה עיקר..הכל לפי רצונו שלאדם ולפי צחות לשונו הוא מברך"

אבל הכתוב **וּכְבֹד מְלָכִים חֲקֹר דָּבָר** משלי כה ב מעודדנו לחקור ולמצוא נוסח מבורר להברכה, וגם כי מברכתו של אדם ניכר אם ת"ח הוא וכו'. ויש מדריגות שונות לחקירה אם לברך בשם או שלא בשם, על הנתינה או על ההפרשה, ובזה גופא אם לומר 'על נתינת' או 'ליתן', ובזה גופא אם לומר 'מתנות' או לפרש ולומר 'הזרוע והלחיים והקיבה', ואם לומר 'לכהן' או שזה יחשב כשפת יתר וכו' וישמח החכם כי מצא מלאכה שאינו פוסקת.[120]

---

118 וי"ל שאם יחלק המתנה לכמה כהנים הו"ל פעולה נמשכת ולא פעולה נגמרת בבת אחת ויש לעיין אם יברך פעם אחת על התחלת החלוקה או בכל נתינה ונתינה' ומצאנו על פי *התמים דעים* סי' קעט שכל מצוה הנגמרת בעשייה אחת אומרים 'על' משא"כ כשהחוב מתמיד והולך אין אומרים 'על'. ובתלמוד ירושלמי מסכת סוכה דף יד עמוד א אי' כגון זה; "העושה לולב לעצמו אומר <u>ברוך אשר קדשנו במצותיו וצונו לעשות לולב</u>, לאחר <u>לעשות לולב לשמו</u>. כשהוא נוטלו מהו אומר <u>ברוך אשר קדשנו במצותיו וצונו על נטילת לולב</u>, נתפלל בו אומר <u>ברוך שהחיינו וקימנו והגיענו לזמן הזה</u> ומברך עליו כל שעה שהוא נוטלו. כיצד מברכין על נר חנוכה? רב אמר <u>ברוך אשר קדשנו במצותיו וצונו על מצות הדלקת נר חנוכה</u>. הכל מודין ביום טוב הראשון שהוא אומר על נטילת לולב מה פליגין בשאר כל הימים; רבי יוחנן אמר על נטילת לולב רבי יהושע בן לוי אמר על מצות זקנים. מה אמר רב בלולב? מה אם חנוכה שהיא מדבריהן הוא אומר על מצות נר חנוכה לולב שהוא דבר תורה לא כל שכן. מה אמר רבי יהושע בן לוי בחנוכה? מה אם לולב שהיא דבר תורה אומר על מצות זקינים חנוכה שהיא מדבריהן לא כל שכן לא צורכא דילא מה אמר רבי יוחנן בחנוכה? חייה בריה דרב מברך על כל פעם ופעם רב חונה לא מברך אלא פעם אחת בלבד. רבי חונה בשם רב יוסף טעמיה דרב חונה דמאי מדבריהן ושאר כל הימים מדבריהן. מה דמאי אין מברכין עליו אף שאר כל הימים אין מברכין עליו" ע"כ.

119 'ומורי זקני הרב' - הכוונה לסבו, הרי"ד.

120 ובילקוט כרך י דף תערב במהדו' מכון המאור עה"פ **קְוֻצּוֹתָיו תַּלְתַּלִּים** שיר השירים ה יא ..אדם נכנס ללמוד תורה ושומעם תלי תלים, אם עצל הוא בורח ואם בקי הוא שמח שמצא מלאכה שאינה פוסקת.

י. אם אין שם כהן, יָשׁוּם המתנות בדמים ואוכלם, ונותן הדמים לכהן:

≈○ משפט הכהנים ○≈

אם אין שם כהן: מובא בפוסקים שראוי לבטל המנהג בזה שיש נוהגין ליתן לכהן דבר מה חילוף הזרוע לחיים וקיבה, והכהן מתרצה בשביל שיהיה הישראל רגיל ליתן דווקא לו ולא לכהן אחר, ומכל שכן אם אין נותנין כפי שווי המתנות כו'. וז"ל מחנה אפרים סימן ט' בהלכות זכיה ומתנה;

"במה שנוהגים שמי שיש לו מתנות ליתן לכהן, שאומר הילך זוז בשביל המתנות שיש לך אצלי ולפעמים הכהן מוחלם לישראל בלא דמים, וכל זה קודם שבאו לידי הכהן.

לעניות דעתי נראה דלא עבדי שפיר, שכל זמן שלא באו לידי כהן עדיין לא זכה בהם כהן כדי שיוכל למחול לישראל או למוכרם. ותדע דהא שנינו במסכת פיאה פרק ה משנה ב שבלת של לקט שנתערבה בגדיש מעשר שבולת אחת ונותן לו אמר ר"א וכי האיך העני הזה מחליף דבר שלא בא ברשותו וכו' ואמרו ליה בירושלמי דהיינו טעמא דרבנן משום דעשו את שאינו זוכה כזוכה בכי האי גונא וכלומר וחשבינן להאי שבלת של לקט כאילו כבר באה לידו של עני לענין שיכול להחליפו באחרת ואתיא כרבי יוסי דאמר כל שחליפיו ביד כהן פטור מן המתנות, ואילו בפרק כל הגט אמרו רבי יוסי יחידאי הוא ומשום הכי אוקמוה למתניתין דהמלוה מעות לכהן אי במכירי כהונה אי במזכה להן על ידי אחר ולא סבירא ליה דעולא דאמר עשו את שאינו זוכה כזוכה וכן נראה מדברי הרמב"ם ז"ל בפ"ז מהלכות מעשה.

איברא דראיתי לו ז"ל בהלכות מתנות שפסק למשנתינו דשבולת וכו' ונראה דהוא ז"ל מחלק דעל כרחך לא קיי"ל כר"י אלא כשהחליפין בעין בשעת החילוף משא"כ בההיא דהמלוה לעני שעדין אינה התבואה בעולם לא קרינן ביה כל שחליפיו ביד כהן כו'"

עכ"ל, ומסקנת דבריו שם דנתינת הזלו"ק לכהן באופן שהכהן הוא *המכירי כהונה* של השוחט מהני רק כשהחליפין בעולם. ובהמשך דבריו מצדד המחנ"א דלפי שהטעם דמכירי כהונה הוא משום *תקנה*, אין הקנין אלא במקום שהוא לטובת הכהן, כגון בספק בכורות או משום תקנת כהן עני שצריך ללות, אבל בסתמא אינו קנין כלל[121] עיי"ש שהביא ראיה לזה.

וכותב דלפ"ז אין הכהן יכול למחלם לישראל כלל בשום אופן, אבל מסיק דעיקר הטעם כמו שכתבו שאר פוסקים הוא משום ששאר הכהנים מתייאשים מזלו"ק אלו כיון שהוא רגיל ליתנם לכהן מסויים, וממילא מהני, ומצוות נתינה מקיים במה שנתן את דמי הזלו"ק לכהן בהלוואה, וכן זה כשנותן את *כל דמי הזלו"ק* לכהן, משא"כ בנידון הנהוג בזמנו וז"ל; "ואפילו הכי יראה דלא עבדי שפיר, שהרי אין נותנים לכהן כל שיווי המתנות ובעל כרחך קא מתרצה כהן ביה, ועוד דאיכא משום **שִׁחַתֶּם בְּרִית הַלֵּוִי** מלאכי ב ח וכמ"ש תוס' רי"ד בפ"ק דקידושין דאסור לכהן

121 וראה לעיל בסעיף ה שהבאנו דברי מהרי"ט אלגאזי למסכת בכורות להרמב"ן פרק ד בעניין הפלוגתא בין תנא דמתניתין (בכורות דף כו) שסובר שבזלו"ק אסור טובת הנאה (של ממון) ורבי שמעון בן אלעזר מסכים עם התנא שאסור אבל רק כשהזלו"ק הם בעין, אבל במקרה (באופן של היתר דווקא ו'האופן של היתר' היינו כגון אם לא מצא כהן (וחושש שיסריח הבשר) או אם הלוה לכהן מעות בשעת דחקו על הזלו"ק שעתיד להפריש) שאינם בעין, אזי טובה"נ (של ממון) מותרת. יוצא מבואר שכל הענין סובב על ציר תקנה לטובת הכהנים.

י. אם אין שם כהן, יָשׁוּם המתנות בדמים ואוכלם, ונותן הדמים לכהן:

≈○ משפט הכהנים ○≈

ליטול על מנת להחזיר" עכ"ל.

הרי דלמסקנת דבריו אין שום היתר שבעולם להערים ולקנות את הזלו"ק מהכהן במחיר מועט, דהרי ממ"נ הרי אין מקיים המצוה במה שנותן דמים לכהן אא"כ הוי שווי דמיהן ממש, ועוד דעצם ההערמה לא שפיר דמי כמבואר בתוס' רי"ד בקידושין. ובעצם כן פסק המחבר, דבמקום ש<u>אין שם כהן</u> אזי *יָשׁוּם אותן בדמים*, ומשמע מזה דלא מהני השׁוּמָה בדמים כל עוד שאפשר לקיים המצוה כלשון הכתוב **<u>וְנָתַן לַכֹּהֵן</u> הַזְּרֹעַ** כפשוטו.[122] וכן המהר"י קורקוס הובא ברדב"ז שו"ת סימן ש"מ האריך בתשובתו לשלול מנהג זה, וז"ל השואל;

"שאלה על מה שנהגו בקצת מקומות בארץ ישראל איש אשר ישחט שור או כשב או עז מוכרו לזרים במתנותיו ואח"כ נותן לכהן פרוטה בעד המתנות והכהן לוקח ומתרצה האם קיים בכך מצות מתנות כהונה דמה לי הן ומה לי דמיהן או לא ואת"ל דלא קיים אם נתן הפרוטה קודם שימכור המתנות לזרים ונתרצה הכהן בכך אם יצא בזה ידי חובתו ויורצה למכור המתנות לאחרים או לאוכלם או לא"

ע"כ השאלה, וראה לקמן במילואים שהבאנו תשובתו בשלימותה. וכ"כ הפרי חדש יור"ד סי' ס"א סקט"ז וז"ל;

"אם אין שם כהן וכו' אבל אם יש שם כהן מילתא דפשיטא שצריך ליתן לו המתנות בעצמם ולא דמיהן, והאידנא לעולם שמים

122 ויש לברר אם בימינו מותר להעלות המתן בדמים כלל אפילו כשאין שם כהן, כיון שאפשר לשמור הזלו"ק במקרר או בפריזר שלא יתעפשו, וצ"ע.

אותם בדמים ונותנין הדמים לכהנים והכהן מתרצה בעל כרחו כדי שיהיו רגילים ליתן לו המתנות, וכל זה הוא מנהג משובש וראוי לבטלו"

עכ"ל (יד אפרים), והוסיף שם בשם *המחזיק ברכה* שכתב; "בירושלים ובחברון נתבטל המנהג הזה ואדרבה משתדלין לקנות גדיים כדי לקיים מצוה זו ולא זולת, וכן ראוי לעשות לחזור לקיים המצוה כהלכתה.." ע"כ, אבל ככל הנראה לא נתקבלו דבריו בזה בכל המחוזות,

הרלב"ח התקין נתינת חצי מטבע אקצ'ה של כסף לכהן לכל גדי ושתי מטבעות לפר.

כי מצאנו שהרלב"ח ה'ר"מ - ה'ש"א, תיקן בימיו בירושלים ת"ו סכום תשלום ממון בשווי הזלו"ק, אבל אולי התקין כן לא כלכתחילה אלא בלית ברירה. וגם ממקורי רבותינו חז"ל נראה דלכתחילה אין להחליף הזלו"ק בממון, ואפילו להקדים המעות לכהן ובשוויים ממש זולת לתקנת כהן ממש, וכפי המשנה גיטין ג ז;

"המלוה מעות את הכהן ואת הלוי ואת העני להיות מפריש עליהן מחלקן, מפרי עליהן בחזקת שהן קימין, ואינו חושש שמא מת הכהן או הלוי או העשיר העני. מתו, צריך לטל רשות מן היורשין. אם הלון בפני בית דין, אינו צריך לטל רשות מן היורשין"

ע"כ, וביאר שם *המלאכת שלמה* דלא התקינו חכמים עיקר דבר ההחלפה אלא לתקנת הכהן ובשעת דחקו דוקא, דהיינו שזקוק הכהן להלוואה. וזה שקול

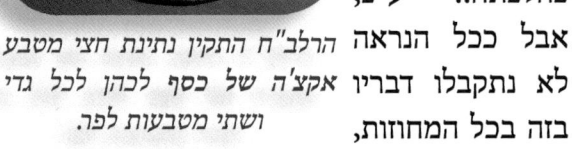

י. אם אין שם כהן, יָשׁוּם המתנות בדמים ואוכלם, ונותן הדמים לכהן:

≈○ משפט הכהנים ○≈

למקרים אחרים של תקנות חכמינו ז"ל למען החזקת יד חסרי-כח. כגון *עני המנקף בראש הזית, מצודות חיות ועופות, מציאת חרש, כל שחליפיו ביד כהן פטור מן המתנות*, ו*השוכר את הפועל ילקט בנו אחריו*, שבכולם קבעו חז"ל לתקן בהן זכות קנייה למי שבדרך כלל אין לו כח של קנייה, ועיי"ש.

התנאים להחלפת הזרוע לחיים וקיבה בממון		
הכהן צ"ל ה"מכיר כהונה" של הנותן	ההחלפה צ"ל בשווי גמור של הזלו"ק	הכהן צ"ל במצב כלכלי דחוק

וברגילות אין לעשות כן והאריך על זה מהר"י קורקוס בתשובתו הידועה (נדפס במילואים לקמן). וגם הרדב"ז שו"ת רדב"ז סי' ש"מ דסבר דאפשר להקל בהחלפתן בממון, כתב במשנ"ת רדב"ז למשנ"ת הלכות ביכורים ומתנות כהונה ט טז בזה"ל "מה שנהגו לתת לכהן פרוטה ומוכר בהם המתנות אין זה מנהג הגון ולא יצא ידי נתינה", עיי"ש.

יָשׁוּם ד **המתנות בדמים ואוכלם, ונותן הדמים כו':** נראה שהמחבר מטיל גם את מלאכת השומת על השוחט, (דאין לנקד יִשׁוֹם - היינו שנשום אנחנו את שוויות הזלו"ק), ובלתי שומת השוחט והפרשתו בפועל ממש את הדמים, אינו רשאי להקדים ולאוכלם.

ויש לתמוה מה משמיענו באמרו 'ונותן הדמים לכהן', כי בפשטות אחר שיָשׁוּם את הזלו"ק בדמים יתנם לכהן בהקדם האפשרי, ואולי בא להשמיענו שהשוחט אינו חייב לתת לכהן אלא כפי שׁוּמַת הבשר בשעת האכילה ממש, ואם יוזל או יתייקר מחיר הבשר אינו רשאי לשנות כפי השער של זמן נתינת הדמים להכהן. וזה גם מוכח מהלשון 'נותן הַדמים לכהן' היינו שיהדר השוחט ליתן אותם הדמים ממש לא פחות ולא יותר, ואולי ר"ל גם שאינו רשאי להלוות מאותם הדמים להוצאותיו האחרות בזמן העובר עד שימצא איש כהן.[123]

ובאופן שאין שם כהן הרי פשוט שפקע מעצם הזלו"ק כל הידור של אכילתם באופן של צלי וחרדל ראה לקמן בסעיף יב, כי זה ממצוות הכהונה הנלמדת מדין **לְמָשְׁחָה** במדבר יח ח **ששייך לאהרן ובניו** ולא כשנאכל למי שאינו כהן.

123 ודין דומה מצאנו בשו"ת שו"ע הרב סימן נה (קה"ת תשס"ה), בעניין הלוואה מממון שהוקצב לארץ ישראל ושם; "..איסור גמור ועון פלילי על פי דין תורתינו הקדושה כמבואר בדברי רז"ל מצוין ערכין ו עמוד א, טור יורה דעה ריש סי' רנט אפילו להלוות בשכר אסור וכל שכן בחנם אפילו לבטוח גדול הן לאחרים הן לגבאים עצמם אפילו למצוה רבה כי המעות הן כבר של חכמי אה"ק וכל היכי דקיימי ברשותא דמרייהו קיימי ואסור להוציאם שלא מדעתם" ע"כ.

יא. אין לו לכהן לחטוף המתנות ואפילו לשאול אותם בפה, אלא אם יתנם לו דרך כבוד, יטלם. ובזמן שהם כהנים רבים במטבחיים, הצנועים מושכין ידיהם והגרגרנים נוטלים. ואם היה צנוע זה במקום שאין מכירין שהוא כהן, יטול כדי שידעו שהוא כהן:

≈○ משפט הכהנים ○≈

ואפילו **לשאול אותם בפה:** בילקוט שמעוני ויקרא, דף ערב, מהדו' מכון המאור הובא מדרש על הכתוב בתורה ג"פ לשון **מֵאֵת בְּנֵי יִשְׂרָאֵל** בעניין מתנות כהונה. ודרשו שאופן נתינת המתנות צ"ל מרצון ישראל, ונשלש להשמיעינו שיש שלש מדריגות שיתנהג הכהן כלפי מתנות כהונה;

א. שלא יטול בחזקה

ב. שלא יסייע בבית הגרנות, ושלא יתבע בפה

ג. כהן צנוע מושך את ידו[124]

וזה בעצם מההבדלים העיקריים שבין מיסי המלך למתנת כהונה, כי מס הארץ יתן הבעלים בין ברצון ובין שלא ברצון, אבל מתנות כהונה מצוותן להינתן מרצונו הטוב של הנותן. ויש לזה סימוכין קצת מלשון **ונתן לכהן**, שזה דומה ללשון ונתן לה, ואמרו שם ונתן דייקא ולא שתקח מעצמה.[125]

וצ"ב מאי שנא נתינת זלו"ק מכל מצוות עשה ש'כופין אותו עד שיאמר רוצה אני'[126] וכן למה נאמר שאין לכהן לתבוע, כי יש מקרים שאם לא יתבע יכולים לטעות שאין לו חשק בזלו"ק ושתיקתו כמחילתו ח"ו?

ואולי אפשר לחלק דאה"נ, שבנתינת הזלו"ק אין לכהן לריב בדין תביעה כלל, כי זה כבר תחומם של חברי בית-דין, שכן נכלל שוחט שמסרב לתת בתוך הכ"ד דברים שב"ד מנדין עליהן בכל מקום.[127] ולא זו בלבד אלא בית דין גם רשאין להכות על כך עד צאה"נ וככל מצוות עשה שיש לבית דין לפקח על עשייתן בפועל ממש תשובת מהר"י קורקוס הודפס ברמב"ם הל' ביכורים ומתנות כהונה פ"ט ממהדו' פרנקל.

ויש לדייק מזה שלא כתב המחבר *שאסור* לשאול אותם בפה ורק כתוב ש'אין לו' בלבד, כיון שיש אופנים שמותר (ואף רצוי) לכהן לבקש חלקי הזלו"ק, כגון אם לבו גס בהנותן והוא המכיר כהונה שלו תפארת יעקב וכן משמע קצת מדברי רב שאמר 'הדין עם הטבח' (שלא פירש מי פורס הדין ויש בדבריו משמעות לכאן ולכאן), אבל בגמ' חולין קלד עמוד, בענין רוצה מזה גובה רצה מזה גובה משמע אפוא שהכהן הוא הגובה בדין;

> "אמר לו מכור לי בני מעיה וכו' אמר רב לא שנו אלא ששקל לעצמו אבל שקל לו טבח הדין עם הטבח ורב אסי אמר אפילו שקל לו טבח הדין עמו לימא בדרב חסדא קא מיפלגי דאמר רב חסדא גזל ולא נתייאשו הבעלים ובא אחר ואכלו רצה מזה גובה רצה מזה גובה דמר אית ליה דרב חסדא ומר לית ליה דרב חסדא לא דכולי עלמא אית להו דרב חסדא והכא במתנות כהונה נגזלות קא מיפלגי דמר סבר נגזלות ומר סבר אין נגזלות איכא דמתני

124 אין הפי' לא לקחת כלל אלא הכוונה שלא ידחוק לקבל וכדלקמן.

125 בענין ספר כריתות, מדרש הגדול, דברים כד ב.

126 רמב"ם הלכות גירושין, פרק ב, הלכה כ.

פי' התורה והמצוה לפרשת ויקרא ויקרא ס"ק כ"ו ובכ"מ.

127 רמב"ם הל' ת"ת פ"ו יז (יד) (ובמהדו' פרנקל ה"י). וכפס"ד המחבר לקמן סעיף כה.

סו וְזֶה יִהְיֶה מִשְׁפַּט הַכֹּהֲנִים מֵאֵת הָעָם מֵאֵת זֹבְחֵי הַזֶּבַח

יא. אין לו לכהן לחטוף המתנות ואפילו לשאול אותם בפה, אלא אם יתנם לו דרך כבוד, יטלם. ובזמן שהם כהנים רבים במטבחיים, הצנועים מושכין ידיהם והגרגרנים נוטלים. ואם היה צנוע זה במקום שאין מכירין שהוא כהן, יטול כדי שידעו שהוא כהן:

≈○ משפט הכהנים ○≈

לה להא שמעתא בפני עצמה רב אמר מתנות כהונה נגזלות ורב אסי אמר מתנות כהונה אין נגזלות"

ע"כ, היינו שאפילו למאן דאמר שמתנות כהונה נגזלות פירושו של המאמר *רצה מזה גובה רצה מזה גובה* משמע שיש לכהן לריב על חלקו, וביאר הרא"ש שם שהכהן גובה.[128] אבל עדיין לא פורש לפני מי יתבע, אם לפני בית דין או מהמוכר או/ו הקונה. ואולי יש הבדל בין לתבוע גרידא מאת המוכר/הקונה (שאין לעשות כן) מלתבוע לפני הבית דין ששפיר יכול לגבות.

ובס' *גן יצחק* להר"י גרויז, דף קכב כ' בדעת רש"י שבת נו עמוד א ד"ה חלקם שאלו בפיהם: מתוך שהיו גדולי הדור ושופטים לא היו מונעים מהם ושאר לוים מצטערים" עכ"ל, וראה גם בר"ח קלג עמוד א שסתם כהן רשאי לשאול חלקו, ואילו הרמב"ם הלכות תרומות יב יט, הלכות ביכורים פ"ט פליג על זה אף לסתם כהן.

ועכ"פ אין גדר תביעת כהן מחוור כ"כ, כי מצד אחד יכולים לומר לכהן לא לך בעינן למהבי אלא לכהן אחר (שהוא ת"ח יותר ממך), ולאידך אם לא יתבע יחשוב הדבר כממון שאין לו תובעים ויאמרו שהכהנים מוחלים כיוון ששותקים,[129] ויש פוסקים שכתבו שאם יראו הב"ד שהשוחט דוחה הכהן סתם בדברי לא לך בעינן למהבי אלא לכהן אחר (וכן עושה לכל כהן וכהן) אזי כופין אותו ליתן מיד.

ובפי' *נחלת עזריאל* פרפראות לחכמה לסו"פ הזרוע, נדפס בס' אספת זקנים למס' חולין הרחיב בעניין קפידת בית דין על דבר הזלו"ק, וז"ל שם;

"בגמרא חולין קלד עמוד א **עָנִי וָרָשׁ הַצְדִּיקוּ** כו' תהילים פב ג, נלע"ד לפרש, במדרש איתא **אַל תִּגְזָל דָּל כִּי דַל הוּא** משלי כב כב קאי אגוזל מתנות כהונה, ששבט לוי דל הוא שלא נטלו חלק בארץ. וכתבתי בליקוטים '*דַל הוּא*' בגימטריא 'לוי', ולעיל חולין דף קלא אמרינן 'המזיק מתנות כהונה פטור' דהוי ליה ממון שאין לו תובעים, ופריך והא כתיב בי' **מִשְׁפַּט הַכֹּהֲנִים** דהוי דין להוציאו בדיינים ותירץ דהיינו להתחלק בדיינים שאין נותנים לכהן עם הארץ, עיי"ש.

והר"ן הקשה אם כן אף כי אית בעין אין לו תובעים שיוכל לומר לא אתן לך רק לאחר, ותירץ היש"ש דמי שתבעו ורוצה לדחותו צריך עכ"פ להוציא מידו וליתנו ליד בית דין בטרם יאכלנו ולא יופל אח"כ להוציא מידו (בעל כרחו ע"י ב"ד).

ואם כן זה שכתוב **שִׁפְטוּ דַל וְיָתוֹם** תהילים פב ג דהוי משפט להוציאו בדיינים אף שאינו צריך השוחט ליתן לזה לכהן שביקש אפע"כ

128 וזה שנותנים לכהן את הברירה של *רצה מזה גובה רצה מזה גובה* הובא גם בגמ' ירושלמי תרומות ז ב ובבא קמא י א בשם רב חסדא כדעת רבי יוחנן בשם רבי ינאי ורבי לעזר בשם רבי חייה רבה פליג וסבירא להו דדינו של כהן עם המוכר לחוד.

129 וראה לשון הרדב"ז שו"ת ח"ב סי' תרנט של' *שאין פוצה פה ומצפצף* (בעניין העובדה שבימיו אין אף שוחט א' אינו נוהג לתת זלו"ק לכהן).

יא. אין לו לכהן לחטוף המתנות ואפילו לשאול אותם בפה, אלא אם יתנם לו דרך כבוד, יטלם. ובזמן שהם כהנים רבים במטבחיים, הצנועים מושכין ידיהם והגרגרנים נוטלים. ואם היה צנוע זה במקום שאין מכירין שהוא כהן, יטול כדי שידעו שהוא כהן:

≈○ משפט הכהנים ○≈

עָנִי וָרָשׁ הַצְדִּיקוּ להוציא מידו של שוחט פַּלְּטוּ ..מִיַּד רְשָׁעִים הַצִּילוּ תהילים פב ד להציל ולפלט מיד רשעים כי בֶטֶן רְשָׁעִים תֶּחְסָר משלי יג כה שלא תוכל להוציא אח"כ, דמזיק מתנות כהונה פטור ולכך תוציאו טרם יאכלנו וק"ל.

ולעיל דלא תירץ הגמרא להוציא בדיינים *אם הוא בעין* צ"ל דמשמע ליה פשט הברייתא דהוי דין ככל הדינים אף אם נאכל יוכל להוציא.

עכ"ל, היינו לפי דבריו משמע שע"פ הלשון **מִשְׁפַּט** לחוד הו"א שהאוכל או המזיק זלו"ק הוי ככל דבר גזול שבעולם והגזלן נתבע בבית דין, וזה אינו כי תירץ הגמרא באופן אחר (דכתיב "זה" וכו') אבל עכ"פ הוי כאן כעין **פְּתַח פִּיךָ לְאִלֵּם** משלי לא ח שאנו צריכין לפקיחת ב"ד שלא נבוא לגדר 'אין אחר מעשה כלום' כלומר שכבר אכלם, וגם אין מן הראוי שיפתח הכהן בריב לתבוע מתנת חלקו כדברי המחבר כאן, והוי בזה חלש כיתום וכאלמנה.

תביעה בשביל אחר

ויש לדון האם זה שאין לכהן לשאול אותם בפה נאמר גם על כהן שמבקש עבור אחיו הכהן או ישראל בעל בת-כהן הנוטל עבור אשתו, ואפשר שזה תלוי בשתי הטעמים, שלפי הטעם "**וְנָתַן** - ולא שיטול מעצמו" אם כן בעינן דוקא שיתן השוחט מעצמו, אבל לפי הטעם "**וַיִּטּוּ אַחֲרֵי הַבָּצַע** רבי מאיר אומר בני שמואל חלקם שאלו בפיהם", אפשר שהאיסור הוא "חלקם" דווקא, אבל אם שואל חלק אדם אחר מותר.

ונראה שזה תלוי בטעם למה אין לכהן עצמו לבקש הזלו"ק בפיו, ולפי הלשון **וַיִּטּוּ אַחֲרֵי הַבָּצַע** משמע שהאיסור הוא משום שקבלת המתנות על ידי הכהן צריך להיות לא כדי להרוויח בשר מתנות כהונה בחינם אלא כדי לקיים מצות התורה **דלְמָשְׁחָה** או כטעם הרימון *פרק לקמן* שמאפשר להישראל לעשות מצוותו. ומכיון שבזה האופן צ"ל הלקיחה, אין לכהן לבקש שיתנו לו דווקא הזלו"ק, דאם טעמו הוא כדי שיתקיים דין של **לְמָשְׁחָה** מה לו אם מביאין לו או לכהן אחר, ולכן הדבר מורה שהוא רודף אחרי הבצע ואינו מתכוין לשם שמים, ולכן לא יבקש הזלו"ק רק אם יתנו לו יקבל, ורק כך נעשית המצוה בשלימות. ועוד אפשר שזה חלק מדין של **לְמָשְׁחָה**, שלא יבקש הזלו"ק אלא יתנו לו דרך גדולה וכבוד ומה שזה מבקש זה סתירה לדין גדולה וכבוד, וכן משמע מלשון הרמב"ם פי"ז מהל' בכורים הכ"ב "לא יחטוף הכהן המתנות ולא ישאל בפיו, אא"כ נותנין לו בכבוד נוטל" עכ"ל.

ונפקא מינה בין שני הטעמים הוא אם הכהן עצמו אינו מבקש אלא אדם אחר מבקש מהשוחט שיתנם לאיזה כהן. דלפי הטעם הראשון פשוט שאין בזה פגם, דהאיסור הוא רק כשהכהן *עצמו* רודף אחרי הבצע. ולא כשאחר מבקש לו. אך לפי הטעם השני צ"ע דאפשר שדרך גדולה וכבוד הוא שבעל הבית דווקא יבקש פניו ליתן לו כדרך נתינה למלכים שכבוד הוא ליתן להם ולא שבני ביתם יבקשו להם. ויש להביא קצת ראיה לטעם זה שכתבנו שאין לכהן לתבוע משום דמחזי ככהן רודף אחר הבצע,

יא. אין לו לכהן לחטוף המתנות ואפילו לשאול אותם בפה, אלא אם יתנם לו דרך כבוד, יטלם. ובזמן שהם כהנים רבים במטבחיים, הצנועים מושכין ידיהם והגרגרנים נוטלים. ואם היה צנוע זה במקום שאין מכירין שהוא כהן, יטול כדי שידעו שהוא כהן:

≈○ משפט הכהנים ○≈

דבגמרא חולין קלד עמוד ב איתא;

"ההוא שקא דדינרי דאתא לבי מדרשא, קדים רבי אמי וזכה בהן, והיכי עביד הכי והא כתיב וְנָתַן ולא שיטול מעצמו, רבי אמי נמי לעניים זכה בהן, ואיבעית אימא אדם חשוב שאני, דתניא וְהַכֹּהֵן הַגָּדוֹל מֵאֶחָיו שיהא גדול מאחיו בנוי בחכמה ובעושר אחרים אומרים מנין שאם אין לו שאחיו הכהנים מגדלין אותו תלמוד לומר וְהַכֹּהֵן הַגָּדוֹל מֵאֶחָיו גדלהו משל אחיו"

עכ"ל הגמרא. הרי חזינן דאיסור וְנָתַן ליכא באופן כשלוקח לעצמו דייקא מדין התורה דגדלהו משל אחיו ולא משום שרודף אחר הבצע. וכן כתב בכף *החיים* שאם נוטל כדי שידעו שהוא כהן היינו במקום שאין יודעים שהוא כהן כפס"ד כאן, מותר לו לכהן אפילו לבקש הזלו"ק בפיו. ונראה מזה דהאיסור הוא רק כשרודף אחר הבצע. אמנם יש להביא ראיה שגם לבעל שהוא ישראל אסור לבקש הזלו"ק עבור אשתו שהיא בת-כהן, דהנה בגמרא חולין קלג עמוד א איתא;

"רבא ורב ספרא איקלעו לבי מר יוחנא בריה דרב חנא בר אדא ואמרי לה לבי מר יוחנא בריה דרב חנא בר ביזנא עביד להו עגלא תילתא א"ל רבא לשמעיה זכי לן מתנתא דבעינא למיכל לישנא בחרדלא"

ע"כ, ופרש"י ד"ה זכי לי מתנתא;

"תן לי רשות ליקח מתנותיך לאוכלם, מפני שהלשון עם הלחיים ניתן לכהנים, ובעינן למיכל לישנא בחרדלא שהוא דבר חשוב... ואף על גב דרבא נמי כהן הוה דקיימא לן ראש השנה דף יח. דמבני עלי אתא, ובבכורות דף כז עמוד א נמי אמרינן רבא הוה מבטל תרומת חוצה לארץ ברוב ואכיל לה בימי טומאתו, מיהו מנפשיה לא מצי שקיל דכתיב וְנָתַן ולא שיטול מעצמו, ומימר נמי לא בעי למימר הבו לי דתניא *חלקם שאלו בפיהם*, להכי שקלם בתורת זר על ידי נתינת כהן ואף על גב דלא מטא לידיה דשמעיה סמך רבא אדרב יוסף דלעיל"

עכ"ל, ובתוס' שם ד"ה א"ל רבא לשמעיה כ';

"רבא גרסי' דרבה כהן הוה כדאמר פרק עד כמה בכורות דף כז עמוד א (רבא) [רבה] הוה מבטל לה ברוב ואמרי' נמי ר"ה דף יח. אביי ורבה מדבית עלי קא אתו"

ע"כ, וכתב החתם סופר כאן, חולין קלד עמוד ב וז"ל;

"פרש"י רבא אתי מדבית עלי ואעפ"י שהיה כהן רצה להחמיר שלא ליטול ותוס' מיאנו בזה דאלו הוה כהן ומשום חומרא בעלמא מ"מ אינו ענין לדרב יוסף דמיירי בישראל כו' על כרחך דלא גרסינן רבה שהיה כהן.

ויש לעיין, הא עכ"פ היה זה בימי בת רב חסדא דהא מבואר במו"ק כ"ה עמוד א דאביי הוה בהספידו של רב ספרא, ובכתובות כ"ה מבואר דבת רב חסדא אשת רבא היתה חיה אחר מיתת אביי, אם כן הכא דהוה רבא ורב ספרא הדדי עדיין חיתה אשת רבא בת רב

יא. אין לו לכהן לחטוף המתנות ואפילו לשאול אותם בפה, אלא אם יתנם לו דרך כבוד, יטלם. ובזמן שהם כהנים רבים במטבחיים, הצנועים מושכין ידיהם והגרגרנים נוטלים. ואם היה צנוע זה במקום שאין מכירין שהוא כהן, יטול כדי שידעו שהוא כהן:

≈○ משפט הכהנים ○≈

חסדא, ורב חסדא כהן היה ושוקל מתנות כפרש"י שבת דף י עמוד ב ואם כן אפילו גרסינן רבא, ורבא לא הוה כהן, מכל מקום מצי למיכל בשביל אשתו.

ועכצ"ל דמחמיר היה כפרש"י, ודוחק לומר שהיה בילדותו טרם נשא אשה, ובפרט לפירוש דנזוף היה ממעשה דמסכת תענית וכבר היה ראש ישיבה ע"ש, אלא שצ"ע כיון שהיה רב יוסף חי איך היה הוא ראש ומנהיג וגזר תעניתא.

ועוד צריך לעיין, מה צורך לרש"י לומר משום חומרא בעלמא לא רצה רבא לקבל הלא איסור גמור הוא, שהרי הך שמעיה על כרחך מכירי כהונה של בעל הבית הוה כדמשמע מפרש"י, וכדמוכח משמעתין כו' וכיון שהיה שמעיה מכירי כהונה אסור בעל הבית לחזור בו וליתן לכהן אחר"

עכ"ל, והנה חזינן מתירוץ החתם סופר שתירץ למה לא ביקש בשביל אשתו 'מחמיר היה כפרש"י' היינו שדין שלא יבקש הוא גם על בעל המבקש לאשתו בת-כהן, הרי בהדיא דאסור לבקש אפילו בשביל אשתו בת-כהן. ובשולי הדברים צע"ג על החת"ס למה לא תירץ בפשטות שהיה זה בזמן אשתו הראשונה שהיתה ישראלית, שהרי את בת רב חסדא נשא רק בזקנותו אחר שמתה אשתו הראשונה (עי' יבמות לד עמוד ב ורש"י שם), והרי כאן מיירי בצעירותו, שגם רב יוסף ורב ספרא היו בחיים.

ואפשר דס"ל להחת"ס כדעת הרמב"ם פ"ט מהל' בכורים ה"ט שזה שהכהנים נזהרין מלבקש מתנות הוא משום שאין זה דרך גדולה וכבוד, וז"ל שם; "לא יחטוף הכהן המתנות ולא ישאל בפיו אלא אם כן נותנין לו בכבוד נוטל. ובזמן שהם רבים בבית המטבחים הצנועים מושכין ידיהם והגרגרנים נוטלין" עכ"ל. וכ"כ הרמב"ם בפירוש המשניות וז"ל "ואמרו וְנָתַן לַכֹּהֵן - וְנָתַן ולא שיטול מעצמו, לפי שאין מותר לו לזלזל בעצמו וליטול מתנותיו" עכ"ל.

ולפי זה אין נ"מ מי הוא המבקש, כל שלא נתנו לכהן דרך גדולה וכבוד היינו שמחזר שיתנו לו ואין כאן צורת הנתינה של דרך גדולה וכבוד. אמנם, אם יחשוב הכהן שעל ידי שיתבע חלקים הללו יבינו הרואים שזה מחמת חביבות המצווה בעיניו, ייתכן שמותר לשאול בפה וכן פירש בעל התפארת יעקב ר"י געזונדהייט, יורה דעה סימן דידן ס"ק ח, וכן לעולם יראה הכהן שעל ידי קבלתו (ואכילתו) את חלקי הבשר הללו מסייע לשוחט לקיים מצוותו של וְנָתַן לַכֹּהֵן ס' רמון פרץ, חולין קלג עמוד א.

ובזמן שהם כהנים רבים במטבחיים: מהלשון משמע קצת שהכהן יורד למטבחיים אחר הזלו"ק ואין חוב על השוחט להדר בתר הכהן. וכעין זה מצאנו בנתינת תרומה, דאיתא בתוספתא מעשר שני ג יא שעל הכהן להדר אחר הגורן ואין לבעלים חוב להביא תרומתם העירה. וא"כ יש כאן תרתי דסתרי; הרי דין קדימה ניתן לכהן חבר בזה אבל אין דרכו של חבר לירד לבית המטבחיים (להיות ככהן המחזר בבית הגרנות וכו'), וכן משמע בדין מפורש בשועה"ר דיני לישה ביום טוב סימן תקו סעיף טו; "מותר להפריש המתנות

יא. אין לו לכהן לחטוף המתנות ואפילו לשאול אותם בפה, אלא אם יתנם לו דרך כבוד, יטלם. ובזמן שהם כהנים רבים במטבחיים, הצנועים מושכין ידיהם והגרגרנים נוטלים. ואם היה צנוע זה במקום שאין מכירין שהוא כהן, יטול כדי שידעו שהוא כהן:

שהם הזרוע והלחיים והקבה ומותר להוליכם לכהן אפילו נשחטה הבהמה בערב יום טוב.." ע"כ. אבל משמע כאן דאין מביאים הזלו"ק אל הכהן, ואולי כן שורת הדין שיש להוביל הזלו"ק לכהן אבל רק כשהוא גם ת"ח, וצ"ע. והנה הגמ' חולין קלד עמוד ב מביאה הברייתא;

"אין מביאין תרומה לא מגורן לעיר ולא ממדבר לישוב, ואם אין שם כהן שוכר פרה ומביאה מפני הפסד תרומה".

ועוד ברייתא;

"מקום שנהגו למלוג בעגלים לא יפשיט את הזרוע להפשיט את הראש לא יפשיט את הלחי, ואם אין שם כהן מעלין אותן בדמים ואוכלן מפני הפסד כהן"

ע"כ, ויוצא לפי"ז דבתרומה יש מקרה של הובלה לכהן ואילו בזלו"ק אין. ומפרש שם החילוק, כיוון שאצל תרומה אין בעל השדה רשאי לאכלה, ולכן אם יש חשש שהתרומה תתקלקל חייב לשכור עגלה ולהביאה. ובזלו"ק רשאי לאכלן וכשימצא כהן יתן לו הדמים והטעם משום ד*נתינה* כתיבא בהו, ופרש"י "ועליו ליתנן לכהן".

ונראה דהגדר שאינו חייב להוביל מגורן לעיר וכו' הוא דוקא במקום שיש טירחה רבה להשיאן ממקום למקום והוי ביטול מלאכה מרובה או הפסד ממון, אבל אם יש רק טירחה קלה - חייב לטרוח שכן דרך בני אדם לטרוח, ובפרט דהרי איכא מצות נתינה, ועליו ליתנו לכהן אלא שאין חיוב להוציא ממון על הובלה דעד כדי כך לא חייבתו התורה, ובוודאי מוטל עליו לטרוח להביא לכהן ת"ח אם הוא בעיר,

ודווקא מגורן לעיר אינו חייב כמדוייק בברייתא. וכן מצאנו בהדיא שכתב בתורת הבית בית שלישי שער שני "עיר שיש בה כהן חבר וכהן עם הארץ, אין נותנין המתנות האלו אלא לכהן חבר, שנאמר **וְזֶה יִהְיֶה מִשְׁפַּט הַכֹּהֲנִים**, לימד שהמתנות דין, ולומר שמן הדין נותנין לזה שראוי יותר" עכ"ל.

והנה ברמב"ם י"ב מהל' תרומות הי"ז כתב שאם הניחה לבהמה ולחיה איכא חילול ה', וברדב"ז ביאר דמלבד מה שעבר על מצות נתינה איכא גם חילול השם. וכנראה שגדר חילול ה' בזה הוא מה שמבזה המצוה, שיודע שתרקב התרומה בשדה ולא אכפת ליה באמרו הרי בלא"ה אין לי רווח ממנה ומה אכפת לי אם יהיה לכהן, ואינו שמח במצוותיו לעשות רצון קונו, ונקט הרמב"ם טעם זה של חילול השם בגלל שזה הטעם החמור יותר, כידוע שהוא מהעוונות החמורים ביותר.

והגרגרנים נוטלים: בגמרא חולין דף קלד איתא; "אמר אביי מריש הוה חטיפנא מתנתא, אמינא חבובי קא מחביבנא מצוה, כיון דשמענא להא **וְנָתַן** ולא שיטול מעצמו, מיחטף לא חטיפנא, מימר אמרי *הבו לי*, וכיון דשמענא להא דתניא **וַיִּטּוּ אַחֲרֵי הַבָּצַע** שמואל א, ח ג רבי מאיר אומר בני שמואל חלקם שאלו בפיהם, מימר נמי לא אמינא ואי יהבו לי שקילנא, כיון דשמענא להא דתניא הצנועים מושכין את ידיהם והגרגרנים חולקים משקל נמי לא שקילנא לבר ממעלי יומא דכיפורי לאחזוקי נפשאי בכהני" ע"כ.

ולפי"ז מבואר ארבע דרגות של קבלה על ידי הכהן:

יא. אין לו לכהן לחטוף המתנות ואפילו לשאול אותם בפה, אלא אם יתנם לו דרך כבוד, יטלם. ובזמן שהם כהנים רבים במטבחיים, הצנועים מושכין ידיהם והגרגרנים נוטלים. ואם היה צנוע זה במקום שאין מכירין שהוא כהן, יטול כדי שידעו שהוא כהן:

≈○ משפט הכהנים ○≈

א. חטיפה; היינו הכהן נוטל מעצמו ללא נתינה, אך אופן זה נשלל על ידי הפסוק **וְנָתַן** ולא שיטול מעצמו.

ב. תביעת הכהן בפה את הזלו"ק מידי השוחט, גם אופן זה נשלל והעושה כן נקרא *נוטה אחר הבצע*.

ג. כהן המקבל את הזלו"ק ברצון ובשמחה אם מביאים לו, ובכך אין כל פסול.

ד. כהן המושך את ידו ואינו מקבל, וזו היא מידת חסידות שבה נהג אביי, והעושה כן נקרא *צנוע*.

ובתורת הבית להרשב"א בית שלישי שער ב כ' לחלק בין כהן עני לכהן עשיר, "וכל כהן דלא דחיקא ליה מילתא צריך לאימשוכי ידיה מניהו". ומאביי חזינן שאין הכהן חייב להדר בתר מתנת הזרוע הלחיים והקיבה, אמנם בשו"ע יורה דעה סי' שו, סעיף ד נפסק בדיני בכור בהמה שאם הכהן מסרב לקבל הבכור הרי זה כמבזה מתנות כהונה ח"ו, ושם; "אם הכהן מסרב מלקבלו מפני שיש בו טורח גדול בזמן הזה להטפל בו עד שיפול בו מום אינו רשאי מפני שנראה כמבזה מתנות כהונה" ע"כ.

ובשו"ת *חמדת שאול* סי' מד דייק לתרץ מהלשון *הצנועים מושכין את ידיהם והגרגרנים חולקים* דזה גופא ההיתר, דמשום שיש מציאות של כהנים גרגרנים לכן אין בזיון לזלו"ק כיון שיש נוטלים, רק במקום שאין שם כהנים כלל שיקחם הוי בזיון. אולם, לשון הברייתא *הצנועים מושכין את ידיהם* משמע כתומך בדרך זו וכן ראוי לכהן לנהוג, היינו למשוך את ידו מלחטוף כגרגרן - אבל בד"א רק כשיש מציאות של כהנים גרגרנים, כי באופן הרגיל - כשהכהנים נוהגים כשורה - יש לכל כהן להראות חביבות יתירה למתנות כהונה כיון שזה בא מתנת חלקו משולחן גבוה. ואדרבא, כהן שמתעצל מלקחת חלק במתנות אולי יראה כבזיון בשולחן המלך ח"ו וכדברי השו"ע הנ"ל יור"ד סי שו סעיף ד, ומציאות כזו לצערנו כבר היה לעולמים כדברי הנביא מלאכי א **לָכֶם הַכֹּהֲנִים בּוֹזֵי שְׁמִי.. בֶּאֱמָרְכֶם שֻׁלְחַן אֲדֹנָי מְגֹאָל הוּא וְנִיבוֹ נִבְזֶה אָכְלוֹ** ע"כ.

וכעין זה איתא בתוספתא סוטה יג ז באריכות אודות הברכות והטוב שהיה רגיל בימי כהונת שמעון הצדיק ונפסקו אחר הסתלקותו, ומשמע שעד ימיו לא נהגו הכהנים לחטוף מתנת חלקם ואילו אחר פטירתו התחיל ענין הגרגרנין, ושם; "משמת שמעון הצדיק לא היתה ברכה נכנסת לא בשתי הלחם ולא בלחם הפנים - הצנועין מושכין ידיהן והגרגרנין חולקין ביניהם ולא עלה ביד כל אחד ואחד אלא כפול" ע"כ.

וכן נראה מהגמ' ירושלמי מסכת דמאי כח עמוד א; 'מהו צנועי, כשירי. אמר רב חסדא כך שנינו שהכשר נקרא צנוע' ע"כ והפני"מ שם כ' דהמקיים דברי חכמים נקרא צנוע, מזה משמע שיש להכהן לנהוג בזה דרך כבוד וצניעות. ובגמ' קידושין ד' עא עמוד א כתוב דדוקא לצנועים שבכהונה היו מוסרים שם המפורש, א"כ הרי מתן שכרו בצדו שיעלה בקודש.

אבל עה"פ **בְּחֻקֹּתַי תִּמְאָסוּ** ויקרא כו טו כתב הש"ך עה"ת חלק ב דף רב במהדו' מקור הספרים י"ם תשס"ד שימאסו בחוקי ה' עד כדי שאפילו במצוות שיש בהן הנאה כגון כהן שיטול תרומה ג"כ בזה ימאסו

יא. אין לו לכהן לחטוף המתנות ואפילו לשאול אותם בפה, אלא אם יתנם לו דרך כבוד, יטלם. ובזמן שהם כהנים רבים במטבחיים, הצנועים מושכין ידיהם והגרגרנים נוטלים. ואם היה צנוע זה במקום שאין מכירין שהוא כהן, יטול כדי שידעו שהוא כהן:

≈○ משפט הכהנים ○≈

ח"ו לפי שאני צויתי עכתו"ה, מזה חזינן שיש לכהן להראות חביבות לקבל הזלו"ק בגלל שזה ציווי ורצון ה'. ובאמת מותר לו באופן כזה אפילו לתבוע הזלו"ק (פוסקים, מובא בכף החיים). ועיין מה שביארנו לעיל סעיף ח דהוא משום דכל הזהירות שלא לבקש בפה הוא משום דחשיב רודף אחר הבצע שאין לו לחזור אחר הזלו"ק כדי להרויח בשר, אבל כל שיש לו טעם אחר לש"ש מותר.

ובאמת יש לדייק זאת בלשון המחבר, שכתב שכהן צנוע מושך ידו היינו כשאחיו הכהנים רבים במטבחיים וחוטפים בגרגרנות, אבל אינו מושך ידו מהמצוה ח"ו כשנוטלים באופן מסודר, ופשוט.

חביבות מתנות כהונה

ויש לדון אם גם הכהן מקיים מצוה בקבלתו את הזלו"ק, והנה בגמרא איתא דאביי אמר מריש הוה אמינא האי כהנא דחטף מתנתא חבובי מצוה הוא ופירש"י יפה הוא עושה וכתב הר"ן ומיהו משמע לי דדוקא כשיתנום לו הבעלים ברצון אח"כ דאי לא [לא] מספקא מידי דנתינה כתיבא בהו ויש בהם טובת הנאה לבעלים. עכ"ל. אלא שאח"ז חזרה בה הגמרא וס"ל דאיכא ילפותא מיוחדת דבעינן וְנָתַן וגם איכא פגם במה שהוא מבקש את הזלו"ק, אבל עכ"פ מוכרח לומר שגם הכהן מקיים מצוה או קצת מצוה בקבלתו את המתנות דאל"כ מה שייך חבוב מצוה במה שהכהן מקבל את הזלו"ק.

אמנם ברא"ש סוף מסכת בכורות, הלכות פדיון בכור ס"א משמע דהוי מחלוקת ראשונים אם הכהן מקיים מצוה בקבלת המתנות, דז"ל הרא"ש;

"והדר מזגי ליה לכהנא כסא דחמרא ומייתי אסא ומברך כהנא בורא פרי הגפן ובורא עצי בשמים בא"י [אמ"ה] אשר קידש עובר ממעי אמו כו' ולא נהגו לברך הכהן ברכה זו בצרפת ובאשכנז דלא מצינו שמברכין שום ברכה שלא הוזכרה במשנה או בתוספתא או בגמרא. כי אחרי סידור רב אשי ורבינא לא נתחדשה ברכה. ועוד למה יברך הכהן אינו עושה שום מצוה אלא מקבל מתנות כהונה"

עכ"ל, ונראה לכאורה דכהנים הנוהגים לברך הברכה ס"ל דאיכא קצת מצוה לכהן בקבלת המתנות, דנתינה בעל כרחה לאו שמה מתנה ומדציוותה התורה ליתן לכהן על כרחך דרצתה התורה שהכהן יקבל.

ובתוספתא חלה ב ח ובשיירי מנחה שם "עשרים וארבע מתנות כהונה ניתנו לאהרן ולבניו בכלל ובפרט ובברית מלח ..הזרוע והלחיים והקיבה ..נתנו לאהרן ולבניו בכלל ופרט וברית מלח, לחייב על הכלל ולחייב על הפרט ליתן שכר על כלל וליתן שכר לפרט העובר עליהן כעובר משום כלל ומשום פרט", ע"כ. *והמנחת יצחק* על התוספתא, ובשיירי מנחה שם מפרש עניין *העובר עליהן כעובר משום כלל ומשום פרט* היינו כהן שאינו מקבל המתנות ואינו אוכלם מחמת שאינו מודה בהם במתנות כל עיקר, וא"כ אשמועינן מתוספתא הנ"ל ששייך עבירה לכהן אם לא יסייע להנותן בקבלתו, כיון שאכילת המתנות קרוי עבודה, ואם יסייע את הישראל ליתן הרי מקיים כלל ופרט וברית מלח ומשתכר על הכלל ומשתכר על הפרט כדברי הברייתא.

יא. אין לו לכהן לחטוף המתנות ואפילו לשאול אותם בפה, אלא אם יתנם לו דרך כבוד, יטלם. ובזמן שהם כהנים רבים במטבחיים, הצנועים מושכין ידיהם והגרגרנים נוטלים. ואם היה צנוע זה במקום שאין מכירין שהוא כהן, יטול כדי שידעו שהוא כהן:

≈○ משפט הכהנים ○≈

טובת הנאה

ולעיל הבאנו הר"ן שכ' "ומיהו משמע לי דדוקא כשיתנום לו הבעלים ברצון אח"כ דאי לא, לא מספקא מידי, דנתינה כתיבא בהו ויש בהם טובת הנאה לבעלים" ע"כ, היינו שחשש שע"י חטיפה גם יפסיד טובה"נ דבעלים (י"ל כוונתו שהבעלים אומרים לשוחט לאיזה כהן לחלק, וראה לקמן שזה לאו דווקא ברשות הבעלים), היינו שסבר בפשטות שיש טובה"נ בזלו"ק וזה לא כפשטות הגמ' בבכורות כז עמוד א-ב.

ובמהרי"ט אלגזי להלכות בכורות להרמב"ן פרק ד כ' שיש פלוגתא[130] בין התנא דמתניתין בבכורות כו עמוד ב - כז עמוד א הסובר שבזלו"ק אסור טובת הנאה (של ממון) ורבי שמעון בן אלעזר מסכים עם התנא דמתניתין שטובה"נ אסורה אבל רק כשהזלו"ק הן בעין, אבל במקרה[131] שאינם בעין, אזי טובה"נ (של ממון) מותרת.[132]

והביא שהיה גי' אחרת בידי הרא"ש, רבינו גרשום, והרמב"ם[133] (וככל הנראה גם לר"ן), ולכן נקטו שלא כרש"י, שרש"י כתב בפשיטות כתנא דמתניתין

130 ע"פ התוספתא דמאי ה יט, ושם; רשאי ישראל שיאמר לכהן 'הילך סלע זה ותן תרומה לבן בתי כהן', רבי שמעון בן אלעזר אומר, 'אני אומר אף במתנות מקדש כן' ובדפוס איתא 'מקדש בכהנים' ובכת"י 'בכהנים' ליתא .." ע"כ. ולכאורה היה אפשר לפרש ע"פ גירסתנו שלא דיבר רבי שמעון בן אלעזר על זלו"ק אלא במתנות כהונה שמביאים למקדש, כגון ביכורים וכו' שאין בהם חשש זלזול, אבל מהריט"א לא גרס כן.

131 באופן של היתר דווקא, כגון אם לא מצא כהן (ויסריח הבשר) או אם לווה הכהן מעות על שוויות הזלו"ק בשעת דחקו עבור הזלו"ק שעתיד לקבל מהמכירי כהונה שלו.

132 ומביא מהריט"א מהמשנה ערכין כח עמוד ב דמחרימין בכור ואומדים כמה אדם רוצה ליתן בבכור זה ליתן לבן בתו כהן, ונראה מזה שטובה"נ מותרת. ובעיטורי ביכורים תוספתא דמאי ה יט ביאר שהמשנה מדברת מעצם דין-הדאורייתא שלפיה יש טובה"נ של שיווי קרבן בבכור אבל מדרבנן גזרו כו'. ואולי במשנה שם עושים רק אומדנא לדמי החרם ולא נפקע דין בכורה מהבהמה והוי עכ"פ הבכור לכהן אחד, ואלו דמי האומדנא יתן לכהן שני בתורת המתנת-חרם שחייב א"ע, ויוצא שכל הטובה"נ שם אינו אלא אומדנא להעריך שוויות החרם.

ומביא גם ע"פ הגמ' קידושין נח עמוד ב שהמקדש בטובה"נ דזלו"ק הוי קידושין, ומתרץ גם שזה באופני ההיתר כנ"ל כגון אם לא מצא כהן (ויסריח הבשר) או אם הלוה לכהן מעות בשעת דחקו על הזלו"ק שעתיד להפריש. ומציע שגם התנא דמתניתין מודה שטובה"נ מותרת אבל רק באופן שסבו של הכהן (היינו הישראל) מסתיר את כל פרשת הכסף מנכדו הכהן ועי"כ לא יבוא הזלו"ק לשום חילול אבל מאידך י"ל שסו"ס עוף השמים יוליך את הקול וחכמים לא דברו באופן כזה שאינו נראה כדרך המלך.

133 וכ' מהריט"א שזה שהרמב"ם תרומה יב כ פסק שטובה"נ מותרת, היינו באופן שבא ממון הזלו"ק לידו באופן של היתר היינו או שלא מצא כהן, או הלוהו או שנתן סבו הישראל של הכהן סלע לשוחט והשביעו שלא יגלה זאת לנכדו הכהן. ובש"ס מהדורת *עוז והדר* מסכת בכורות להרמב"ן הנ"ל מצויין בהערות לשו"ת *שואל ומשיב* מהדו"ב ח"ד סי' קכא שביאר דעת הר"מ ע"פ תוס' מנחות סח עמוד א ד"ה והא דמשום מצוה (בנדו"ד של למשחה) לא גזרינן. אבל בירושלמי נדרים יא ג וקידושין ב ו לא הובא חילוק זה, והארכנו בדעת הרמב"ם לקמן.

יא. אין לו לכהן לחטוף המתנות ואפילו לשאול אותם בפה, אלא אם יתנם לו דרך כבוד, יטלם. ובזמן שהם כהנים רבים במטבחיים, הצנועים מושכין ידיהם והגרגרנים נוטלים. ואם היה צנוע זה במקום שאין מכירין שהוא כהן, יטול כדי שידעו שהוא כהן:

שטובה"נ בזלו"ק אסורה, וכן דעת הרמב"ן הל' בכורות פ"ד, והר"י בעל הטורים טויו"ד סי' שלא, רבינו ירוחם נתיב כ סוף ח"ג, והבית יוסף צוטט בהגהה הרמ"א לקמן סעיף כח - שסוברים כסתם תנא דמתניתין שבזלו"ק, טובת הנאה אסורה.

יטול כדי שידעו שהוא כהן: היינו אף על פי שיש גרגרנים במטבחיים, רשאי ליטול ביניהם רק בגלל שיכירוהו מכאן ולהבא ככהן, ומכאן נראה שיש לכהן צנוע זה לעשות כן רק פעם אחת בלבד, או יש לפרש שיעשה כן פעם אחת בכל שנה להחזיק ידו על הכהונה, וכמאמר אביי חולין דף קלד "כיון דשמענא להא דתניא הצנועים מושכין את ידיהם והגרגרנים חולקים משקל נמי לא שקילנא לבר ממעלי יומא דכיפורי לאחזוקי נפשאי בכהני".

ומלשון המחבר נראה שיש לכהן להודיע שהוא כהן בבואו אל מקום חדש שאינם מכירים אותו. וכבר היה מעשה בגמ' ערכין כג עמוד א ברב הונא שלא ידעו חביריו שהיה כהן וכמעט הכשילו בעצה שאינה הוגנת לו, ושם; "..אמר אביי ליכא דנסבי עצה לרב הונא דליגרש לדביתהו ותיתבע כתובתה מאבוה ולהדרה מיהדרי.. לסוף איגלאי מילתא דכהן הוה" ע"כ.

והנ"ל הוי בענין לאפרושי מאיסורא (וכגון האיסור היטמאות למת) שידעו להיזהר בו ולהודיעו בדברים שנוגעים לכהן - שבלי הודעתו להם מנין ידעו שהוא כהן? וכמו כן בענין מצוות *קידוש זרעו של אהרן* שידעו להקדימו לכל דבר שבקדושה, שזה מצוות עשה.

וכיוון שכוונת הכהן בכך הוא לשם מצווה, הרי אין זה בכלל יוהרא וגם לא בכלל **יְהַלֶּלְךָ זָר וְלֹא פִיךָ**, וכמאמר רבא נדרים סב א "שרי ליה לאיניש לאודועי נפשיה באתרא דלא ידעי ליה דכתיב מלכים א יח, יב **וְעַבְדְּךָ יָרֵא אֶת ה' מִנְּעֻרָי**" ע"כ, אבל מאידך אין להפריז על ההודעה יותר מפעם אחת (או פעם אחת בשנה), כי אחר שכבר הודיע, סביר להניח שהם יודעים על ייחוסו ככהן, ואם עד כה מעלימים עין ממצוות קידוש זרעו של אהרן,[134] מסתמא שאינם מחונכים במצוות קידוש הנ"ל,[135] או שחוששים ש'אין אנו בקיאים בייחוס הכהנים בימינו'.[136]

134 בגמ' גיטין דף נט עמוד ב "תנא דבי רבי ישמעאל: וקדשתו לכל דבר שבקדושה; לפתוח ראשון, ולברך ראשון, וליטול מנה יפה ראשון" ע"כ, וקידוש האחרון משמע אף קידוש במנה גשמי (ולא רק בדברי קודש) וראה רא"ש נדרים סב עמוד א, תוס' מו"ק כח עמוד ב ותוס' גיטין נט עמוד ב עמוד א.

135 ראה ס' *סגולות משלי* הרב אראל הלוי סגל עה"פ יהללך זר ולא פיך (בעניין מצוות כיבוד ת"חים), מציין *שיעורים באגדות חז"ל* למסכת נדרים דף סב עמוד א, בשם תפארת צבי.

136 וטצדקי זה אפוא אינו תואם עם הכלל *ספק דאורייתא לחומרא* שלפיו יש להקדיש זרעו של אהרן אפילו אם היה ספק בייחוסו, וכל שכן כשאין ספק בייחוסו וראה אריכות *השדה חמד* כלל צב דף קפד שסיכם - ע"פ רוב ככל הדעות - להלכה שאין ספק משמעותי לפסול ח"ו כהן בזה"ז ח"ו, ואדרבא וכו' עיי"ש שהאריך, וראה לקמן סו"ס לג אודות הטענה האומללה הזאת.

יב. הכהן יכול לאכלם בכל ענין שערב עליו יותר, ואם כל המטעמים שוים אצלו יאכלם צלי ובחרדל.

≈○ משפט הכהנים ○≈

הכהן **יכול לאכלם וכו':** ויאכלם בשמחה כי מתנה הוא לו מאת ה' ולא יאכלם דרך רעבתנות. ובגמ' סנהדרין דף צ עמוד ב איתא;

"מנין שאין נותנין תרומה לע"ה שנאמר **לְמַעַן יֶחֶזְקוּ** דברי הימים ב לא ד א"ר שמואל בר נחמני אמר רבי יונתן מניין שאין נותנין תרומה לכהן עם הארץ שנאמר **וַיֹּאמֶר לָעָם לְיוֹשְׁבֵי יְרוּשָׁלַם לָתֵת מְנָת הַכֹּהֲנִים וְהַלְוִיִּם לְמַעַן יֶחֶזְקוּ בְּתוֹרַת ה'**, כל המחזיק בתורת ה' יש לו מנת ושאינו מחזיק בתורת ה' אין לו מנת. אמר רב אחא בר אדא אמר רב יהודה כל הנותן תרומה לכהן עם הארץ כאילו נותנה לפני

בשר לחי טרי, מוכן לבישול ברוסטר באופן צלי

ארי מה ארי ספק דורס ואוכל ספק אינו דורס ואוכל אף כהן עם הארץ ספק אוכלה בטהרה ספק אוכלה בטומאה"

עכ"ל הגמ', ובפרש"י שם;

"ואין אנו יודעין כשנוטל בהמה מן העדר אם דעתו לדורסה - ולאוכלה מיד קודם שתסריח או לא אלא לטרוף ולמלא חורו ולאחר זמן ייאכלנה כשתסריח.

וה"נ כהן עם הארץ כשאנו נותנין לו תרומה בידו אין אנו יודעין אם יאכלנה בטהרה או בטומאה. [אי נמי] ספק דורס שארי דרכו לדרוס ולרמוס בהמה ברגליו ואוכלה כשהיא דרוסה מנוולת ופעמים שנותנה בחורו ואינה מנוולת"

ע"כ, ופירש הבני *יששכר* בפירושו השני של רש"י וז"ל;

"כי המשל כמו ארי דרכו לדרוס ולאכול מחיים ואם להניח לאחר זמן הורגה נמצא כשתאב וחרד לאכול אוכל בטעם יפה בעודה מפרכס משא"כ למלא תאותו וחוריו, לאחר זמן הורגה וא"א דלא פרעה מיד נבילה.

כן כהן ת"ח יודע שמה שזיכה הקב"ה במתנות לא פרס וגדולה כי אם להיות פנוי לעבוד ה' וללמוד תורה וילמד לאחרים, ולא מבעיא שיש בה מתנה דמברך באכילה אקב"ו, [אלא] אפילו זרוע ולחיים וקיבה וראשית הגז עיין יור"ד סי' ס"א, אפילו הכי מקבלו בספר פנים יפות ואוכל (זרוע) לחיים וקיבה בשמחה מתנה מאת ה'.

משא"כ כהן עם הארץ דומה לו כאילו זיכה לו בממון להעשירו הואיל וכהן הוא גדולה ושררה. ואמת כהן הוא המשיח להקב"ה זה גדולתו, ושפיר דומה המשל לנמשל הירא וחרד תאב לאכול מתנות כהונה בלי פגם, ובחולין קל עמוד ב גרס *מתנה* לע"ה[137] דלאו דווקא תרומה שיש חשש טומאה, ה"ה זרוע לחיים וקיבה כאמור"

וציין שם למהרש"א בחידושי אגדות על הגמ'

137 ושם; וזה יהיה משפט הכהנים מלמד שהמתנות דין למאי הלכתא לאו להוציאן בדיינין לא לחולקן בדיינין וכדרב שמואל בר נחמני דאמר רב שמואל בר נחמני אמר רבי יונתן מנין שאין נותנין <u>מתנה</u> לכהן ע"ה.." ע"כ.

יב. הכהן יכול לאכלם בכל ענין שערב עליו יותר, ואם כל המטעמים שוים אצלו יאכלם צלי ובחרדל.

≈○ משפט הכהנים ○≈

לסנהדרין דף צ עמוד ב שג"כ משמע כדבריו שאין הכוונה לטומאה ממש אלא לאכילה בדרך דריסה, וז"ל המהרש"א;

"מה ארי ספק דורס עיין פירש"י והנראה הדמיון בזה שהדריסה היא עיקר מסימני טומאה כמפורש פ' אלו טריפות,[138] והאריות רובן דורסין כדאמרינן שם ולזה אמר מה ארי ספק דורס ואוכל כו' אבל יש לילך אחר הרוב שדורסין לאכול בטומאה, אף כהן ע"ה ספק אוכלה בטהרה ורובן וודאי דאין נזהרין ואוכלין בדרך דריסה שהוא סימן טומאה ואזלינן בתר רובן שלא ליתן להם"

עכ"ל, דהיינו כמו שדרך האריות לדרוס כן דרך כהן ע"ה להמרות רוחן של החכמים בהתנהגותו כלפי המתנות כהונה.

בכל ענין שערב עליו יותר: בגמרא חולין קלב עמוד ב איתא; "אמר רב חסדא מתנות כהונה אין נאכלות אלא צלי ואין נאכלות אלא בחרדל, מאי טעמא אמר קרא **לְמָשְׁחָה** במדבר יח ח לגדולה כדרך שהמלכים אוכלים, ואמר רב חסדא עשרים וארבע מתנות כהונה, כל כהן שאינו בקי בהן פרש"י שאינו בקי בהן. היאך דין מתנה היאך נאכלין בגדולה אין נותנין לו מתנה, ולאו מילתא היא כו'" עכ"ל. וחזינן שהגמרא דחתה את דברי רב חסדא במאמרו השנייה עכ"פ, שס"ל שאין נותנין הזלו"ק לכהן שאין יודע היאך סדר עבודה בכל מתנה ומתנה ואע"פ שדחינן דין זה מכל מקום חזינן עד כמה חשוב אכילת הזלו"ק באופן צלי ובחרדל שהו"א לרב חסדא שכהן שאינו אוכלן צלי ובחרדל אין נותנין לו כלל.

לשון טרם הצלייה

לשון בגמר הצלייה

ואחר שכבר באו הזלו"ק לידי הכהן יש קצת סברא שהכהן יחשוש לקיים מאמר הראשון של רב חסדא, וכן משמע מהגמ' במסכת בכורות דף כז עמוד א ושם דלא *תיתחל קדושתייהו* ופירש"י שהחילול הוא כשלא יאכלם צלי ובחרדל. היינו, הגם שהשוחט אינו צריך *לחזור ולמצוא* כהן שיודע בטיב הבקיאות כמשמעות מאמר השני של רב חסדא אבל מצד הכהן והנהגתו בינו לבין עצמו שפיר משמע מהגמ' שכך דינן, וזה נראה גם מדברי רב חסדא שדייק לומר מאמרו בלשון *אין ..אלא*[139] וכן פסק הרמב"ם להלכה

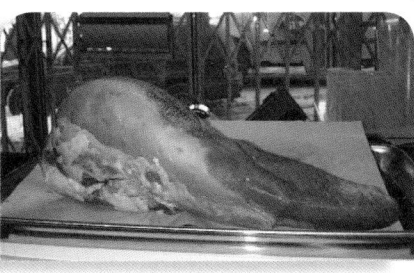

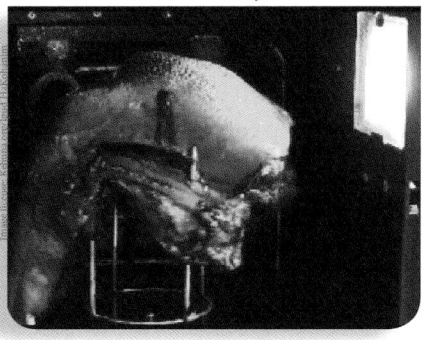

138 פרק אלו טרפות, מסכת חולין דף נט עמוד א ושם; "אמרו חכמים כל עוף הדורס טמא.." ע"כ.

139 ע"פ הביאור של הביטוי "אין ..אלא" שמציין שלילת דבר שהיינו טועים לכלול אותו, ולכן נקטינן השלילי לשלול את אותה ה'הוה אמינא', והנה שתי דוגמאות לדבר:

1. 'אין ראשית אלא חכמה' ולמה בלשון שלילה דווקא? אלא הכוונה לשלול את הכתר שאיננו בכלל פרצופי העולם שעת רצון לזח"א דף ג:
2. אין מעמידין בסנהדרין אלא בעלי קומה, ומפרש שם המנחת חינוך מצוה תצא ס"ק ז ש"זה הלשון משמע לעיכוב

ולאידך, לפעמים אמרינן האי "אין אלא" לאו דווקא הוא תוספות למסכת שבת דף סג עמוד א.

יב. הכהן יכול לאכלם בכל ענין שערב עליו יותר, ואם כל המטעמים שוים אצלו יאכלם צלי ובחרדל.

≈○ משפט הכהנים ○≈

שיש לכהן לאכלם צלי ובחרדל ובלשון **אין..אלא,** וכדלקמן. ובמסכת מנחות דף יח עמוד ב **איתא;**

"תניא רבי שמעון אומר כל כהן שאינו מודה בעבודה אין לו חלק בכהונה שנאמר ויקרא ז, לג **הַמַּקְרִיב אֶת דַּם הַשְּׁלָמִים וְאֶת הַחֵלֶב מִבְּנֵי אַהֲרֹן לוֹ תִהְיֶה שׁוֹק הַיָּמִין לְמָנָה;** מודה בעבודה יש לו חלק בכהונה שאינו מודה בעבודה אין לו חלק בכהונה",

ע"כ,[140] ובמסכת בכורות דף ל עמוד ב **איתא כעין זה;**

"כהן שבא לקבל דברי כהונה חוץ מדבר אחד אין מקבלין אותו שנאמר ויקרא ז, לג **הַמַּקְרִיב אֶת דַּם הַשְּׁלָמִים** וגו' העבודה המסורה לבני אהרן, כל כהן שאינו מודה בה אין לו חלק בכהונה"

ע"כ, ומזה נראה שיהדר הכהן - עכ"פ בינו לבין עצמו - לאכול מנתו בזלו"ק באופן צלי וחרדל, וזה עוד מסתבר כיוון שזה הדבר היחיד בזלו"ק שיקרא בשם *עבודה* לכהן.[141] ומה גם שיש לחברי בית דין לבחור כהנים תלמידי חכמים לקבלת הזלו"ק ולכאורה יש להם למצוא דווקא אלו כהנים ת"חים שבקיאים בטיב העבודה, ובמה יודע אפוא אם הכהן בקי בהן חוץ מהסרת החוט שבלשון דזה שייך רק בלשון ולא בזרוע וקיבה **אם לא שיאכלם צלי ובחרדל כדין לְמָשְׁחָה.**

למה דווקא צלי?

בתוס' בכורות דף כז עמוד א ד"ה ואתי למינהג בהו מנהג דחולין **איתא;** "ובעינן זבחים דף כח עמוד א **לְמָשְׁחָה ולגדולה כדרך שהמלכים אוכלין בצלי ובחרדל, ובכל מתנות**[142] **כתיב לְמָשְׁחָה** במדבר יח ח **אפילו בזרוע ובלחיים ובקיבה כדמשמע הכא וגבי תרומה לא מצינו שיצריך בשום אכילה בגדולה דשמא לא שייך גדולה אלא בבשר" ע"כ.**[143]

ויש לתמוה, מה ראו חכמינו שדוקא צלי בחרדל הוא קיום ענין לְמָשְׁחָה ולמה לא פירשו שיאכלם

140 ושם מוסיפה הגמ' בשאלה; "היציקות, והבלילות, והפתיתות, והמליחות, והתנופות, וההגשות, והקמיצות, והקטרות, והמליקות, והקבלות, והזאות, והשקאת סוטה, ועריפת עגלה, וטהרת מצורע, ונשיאות כפים בין מבפנים בין מבחוץ מנין? ת"ל *מִבְּנֵי אַהֲרֹן* - עבודה המסורה לבני אהרן, כל כהן שאינו מודה בה אין לו חלק בכהונה" ע"כ. והנה אכילת זלו"ק אינו נכלל בט"ו עבודות הנ"ל אבל ע"פ רש"י תענית כו עמוד ב ד"ה כל יומא **משמע קצת שאפילו** נשיאות כפים אינו אלא 'מעין עבודה' ולא עבודה גרידא ואעפ"כ נכלל ברשימה של הט"ו עבודות, ולכאורה אכילת זלו"ק באופן צלי וחרדל אינו נמנה בין הט"ו עבודות הנ"ל (בבחינת אם לא לקבל כהן שאינו מודה בו), אבל ע"פ מעשה דרבי טרפון משמע שגם שאכילת תרומה בזה"ז נחשב כעבודה וגם זו אינה נמנית בט"ו עבודות הנ"ל, וז"ל הגמ' פסחים עג עמוד א-ב; "מעשה ברבי טרפון שלא בא אמש לבית המדרש לשחרית מצאו רבן גמליאל אמר לו מפני מה לא באת אמש לבית המדרש אמר לו עבודה עבדתי אמר לו כל דבריך אינן אלא דברי תימה וכי עבודה בזמן הזה מנין אמר לו הרי הוא אומר במדבר יח ז **עֲבֹדַת מַתָּנָה אֶתֵּן אֶת כְּהֻנַּתְכֶם וְהַזָּר הַקָּרֵב יוּמָת** עשו אכילת תרומה בגבולין כעבודת ביהמ"ק" ופירש"י 'עבודת מתנה - מתנות כהונה שנתתי לכם הרי הן כעבודה' ע"כ.

141 וכפי הלשון שבמסכת בכורות *העבודה המסורה לבני אהרן* וי"ל שאכילת זלו"ק צלי ובחרדל נחשב כא' מן העבודות ונמסר מאב לבן, ואולי גם רב חסדא - שהיה כהן - קיבל בזה מסורה מאבותיו הכהנים.

142 היינו בכל הכ"ד מתנות כהונה כולם.

143 וביד אליעזר יורה דעה סימן סא ס"ק ו כתב שהכרתי ליור"ד ס"ק ד הבין מתוס' זה דצלי וחרדל בזלו"ק הוי דאורייתא.

יב. הכהן יכול לאכלם בכל ענין שערב עליו יותר, ואם כל המטעמים שוים אצלו יאכלם צלי ובחרדל.

הכהן באופנים אחרים כגון הסיבה ודרך חירות שאף זה מדרך מלכים, ויש לפרש (עכ"פ העניין הצלייה) שהוא ע"פ הציווי בקרבן פסח שיאכלם צלי, ובפי' החזקוני עה"ת בראשית יב ח כתב הטעם למה ציווה הקב"ה לבשל הפסח בצורה זאת דווקא, ומבאר; שיהא ריחו הולך ונודף בחוטמן של מצרים, ועל דרך זה נפרש גם כאן טעמא שיהא ריח צליית הזלו"ק נודף והולך למען זכור כל הארץ את מעשה פינחס, והוי זה כתזכורת שכדאי לקדש שם שמים. וכן משמע בספר החינוך מצוה תק"ו, מצות מתנות זרוע לחיים וקיבה לכהן; "..ולמדנו מזה שהמקדש שם שמים בגלוי זוכה לו ולדורותיו בעולם הזה מלבד זכותו שקיימת לנפשו בעולם הבא" ע"כ.

וק"ק לפי זה איך מותר לכהן לזכות הזלו"ק לישראל דאז מפקיע מהבשר שום צד חיוב של אכילה בצלי ובחרדל? ואפשר דבאמת אה"נ לכתחילה צריך הכהן לבדו לאכול הזלו"ק בעצמו, ולכן בגמרא איתא חולין קלג עמוד א "האי כהנא דאית ליה צורבא מרבנן בשבבותיה ודחיקא ליה מילתא ליזכי ליה מתנתא ואף על גב דלא אתי לידיה במכרי כהונה ולויה" עכ"ל הגמ'. ומשמע שדווקא לצורבא מרבנן עני מותר לעשות כן לזכות לו הזלו"ק, אבל בסתמא (ללא תנאים הללו של גם צורבא מרבנן וגם עניות) אין לעשות כן, וכן משמע מהמשך הגמרא שהתרעמו על רבא שאכל הלשון בחרדל שזיכה לו המשרת שהיה כהן ואף קראו עליו מן שמיא הפסוק מַעֲדֶה בֶּגֶד בְּיוֹם קָרָה חֹמֶץ עַל נָתֶר וְשָׁר בַּשִּׁרִים עַל לֵב רָע משלי כה כ.

ואם כל המטעמים שוים אצלו וכו': המשנה למלך הקשה דאיכא סתירה ברמב"ם פ"י מהל' מעשה הקרבנות ה"י שכתב וז"ל; "ומותר לאכול את הקדשים בכל מאכל, אפילו

הכהנים מותרין לאכול חלקם בין מקדשים קלים בין מקדשי קדשים בכל מאכל, ולשנות באכילתן ולאוכלם צלויים שלוקים ומבושלים ולתת לתוכן תבלין של חולין אבל לא תבלין של תרומה שלא יביאו את התרומה לידי פיסול. והעצמות הנשארות מותרות ועושה אדם מהם כל כלים שירצה"

עכ"ל, והקשו בדברמב"ם הלכות בכורים ומתנות כהונה פרק ט הלכה כב פוסק כרב חסדא דהזלו"ק אין נאכלות בכל מאכל רק צלי ובחרדל, ועיי"ש במשנה למלך דכתב דהוא תרתי דסתרי אהדדי, ובאמת הוא קושיית תוס' בגמ' בחולין דף קלב עמוד ב ד"ה אין נאכלין אלא צלי ואלא בחרדל, וז"ל;

"וא"ת דבפ' כל התדיר אמרינן ובכולן הכהנים רשאים לשנות באכילתן לאכול צלויים שלוקים ומבושלים ואמר בגמרא טעמא לְמִשְׁחָה במדבר יח ח וכו'" ע"כ התמיהה, ומתרץ;

"ונראה דודאי כמו שטוב לו ונהנה יותר מצי אכיל להו, אבל אדם שטוב לו צלי כשלוק ומבושל יאכל צלי שהוא דרך גדולה יותר"

עכ"ל התוספות, ובפשטות משמע מדברי התוס' דס"ל שמה שהוא צלי הוא דרך גדולה יותר לא רק משום דחביב באופן פרטי לכהן הזה, אלא משום דכן דרך המלכים באכילת בשר. על כן יש יש מעלה לו לכהן בזה שאוכל מה שהוא חביב גם אצל מלכים וממילא הוא דרך מלכים וגדולה יותר, משא"כ אם

בתמונה: צליית בשר לחי; יש לכהן לצלות את מתנת הזלו"ק,

יב. הכהן יכול לאכלם בכל ענין שערב עליו יותר, ואם כל המטעמים שוים אצלו יאכלם צלי ובחרדל.

≈○ משפט הכהנים ○≈

אוכל דבר שהוא חביב רק אצלו, נהי דאיכא בזה חשיבות ודרך מלכים משום שאוכל מה שחביב עליו, מכל מקום אינו דרך מלכים כמו אם היה אוכל צלי שאז הוא חביב אכו"ע וניכר לעין העולם, ובתנאי שהוא חביב גם עליו דוודאי אם יהיה קץ במזונו אין זה דרך מלכים כלל.

ובנו של *הקדושת לוי* כתב לתרץ בזה סתירת הרמב"ם וביאר שהרמב"ם מחלק בין מתנה שנותנים *לכהן יחיד* לזה שנתחלק *לכהנים רבים שבבית אב*. שביחיד אין הכהן רשאי לשנות מצלי וחרדל כיון "דסתם יחיד ודאי חביב עליו צלי יותר כפי האמת דצלי חשוב יותר" ואילו בכהני בית אב שאני כי "רשאין לאוכלו בכל מאכל; צלויים, שלוקין, ומבושלים, דזהו הוה לְמָשְׁחָה דרך גדולה כאשר חביב עליהם". לפי"ז מיושב דעת הרמב"ם לחייב האכילה צלי בחרדל כל היכי דהכהן כבר אוכלם.

בשר לחי כבר מבושל בצלי-אש, מוכן לאכילה עם חרדל

טבילת חתיכות לחי בחרדל טחון לפני הצלייה

החרדל

בגמרא חולין קלב עמוד ב איתא; "אמר רב חסדא מתנות כהונה אין נאכלות אלא צלי ואין נאכלות אלא בחרדל", משמע דהם - הצלי והחרדל - שני עניינים נפרדים, אבל ברמב"ם הלכות ביכורים ומתנות כהונה פרק ט הלכה כב כ' "..ואין הכהנים אוכלין המתנות **אלא צלי בחרדל** שנאמר **לְמָשְׁחָה** כדרך שאוכלים המלכים" ומלשונו משמע דהוי עניין אחד. ויש לדון מהי אופן שהכהן יוצא חובתו לאכלם צלי בחרדל; אם צריך לצלות הבשר ואח"כ לטבול כל חתיכה בחרדל לפני האכילה (כמשמעות ל' הגמ') או שיש להטביל הבשר בחרדל עוד לפני הצלייה ולצלותם על האש כל עוד שהם כבר מכוסים בחרדל (כמשמעות הרמב"ם).

על דרך דרש

כתב ב*צפנת פענח* על הפסוק **וְאֶל הַבָּקָר רָץ אַבְרָהָם וַיִּקַּח בֶּן בָּקָר רַךְ וָטוֹב וַיִּתֵּן אֶל הַנַּעַר** וגו' בראשית יח ז, **שרצה לקיים גדר הפרשת זלו"ק**, והוא היה כהן, אך אם חייב גבי טבח כהן חולין דף קל"ב ע"ב, ועיין ירושלמי דמאי פ"ב [ה"א] דעל ידי שלשה אנשים נעשה איתחזק אף בבת אחת, כמו הוא ובנו [ופועלו] ע"ש וה"נ כן. וזה לשון בחרדל עיין חולין דף קל"ב ע"ב וקל"ג ע"א. ע"כ. ובס' גז צאנך כ' שצריך להבין דבריו;

א) נראה דבמה ששוחט הכהן לאורחיו לא נקבע לטבח כהן, אלא רק במוכר לאחרים.

ב) ועוד קשה וכי עד אז לא שחט אברהם לאורחיו.

ג) דבגמ' תקנו זקני דרום דב' וג' שבתות מפטרינן, ולא ב' וג' בהמות, וכן מוכח בפוסקים.

ד) דאם כסבור ערביים הם, היאך רצה לקיים בהם גדר נתינת זלו"ק, וצ"ב.

ונראה לתרץ קושייתו הראשונה על פי הידוע במדרש שהיה אומר לכל האורחים ברכו למי שאכלתם משלו, ואם לא רצו לברך נטל מהם טבין ותקילין.[144]

144 כלומר שלקח שכר מושלם, ובלקוטי

יב. הכהן יכול לאכלם בכל ענין שערב עליו יותר, ואם כל המטעמים שוים אצלו יאכלם צלי ובחרדל.

לוי יצחק לזוהר פרשת ויגש דף רפג מצאנו דרש עמוק בעניין הנהגת אברהם אבינו בדרך צדקה ומשפט, שכל הנהגתו במה שגבה מהאורחים המסרבים לברך לה' הייתה בתכלית הדיוק, ושם; "..האמור בילקוט פ' וירא בפסוק זה, בתחלה צדקה ולבסוף משפט הא כיצד? אברהם היה מקבל עוברים ושבים משהיו אוכלין ושותין הוה א"ל ברך כו' אם קבל עליו וברך כו' ואם לאו הוה א"ל הב כו' א"ל מאי אית לך עלי? א"ל חד קשיטה דחמר בעשרה פולרין וחדא ליטרא דקופר בעשרה פולרין וחד עיגול דפיתא בעשרה פולרין מאן יהב לך חמרא במדברא מאן יהב לך קופר במדברא מאן יהב לך פיתא במדברא מאן יהב לד עיגולא במדברא ע"ש. שכ"ז הוא בחי' משפט דהיינו דין. הנה יש כאן שלשה פעמים עשרה פולרין היינו ל' גבורות והם במטבע פולרין הרומזים על גבורה מספר פ"ר מנצפ"ך עם אל אדני ועיין ברשימה על מאמר המד"ר בפסוק הכי אחי אתה ועבדתני הנה זה הוה פעלא בעשרה פולרין כו' בענין פולרין ע"ש. והתחיל בחמרא וקופר בשר ואח"כ פת, כי חמרא ובשר הם גבורות. ונקט מתחלה ג' דברים; חמרא קופר עיגול פיתא ואח"כ במאן יהב במדברא נקט ד' שחלק עיגול פיתא לשנים. ונקט מתחלה פיתא ואח"כ עיגולה י"ל לנגד חג"ת שהם ג' ונהי"מ שהם ד' ספירות. וכמו בשחר מברך שתים לפני' ואחת לאחרי' ובערב מברך שתים לפני' ושתים לאחרי' שהברכה אחת דגאולה דשחרית נחלקת בערב לשתים. בברכת אמת ואמונת וברכת השכיבנו שהם כגאולה אריכתא. וכן ג' אבות וד' אמהות שיעקב הי' לו ב' נשים לאה ורחל. גם י"ל לנגד הג' מוחין חב"ד. ולפעמים דעת נחלק לשנים, זהו שעיגול דפיתא נחלק לשנים; פת ועיגול. גם כמו ל דצלם. וכמו ש' של ג' ראשי"ן וש' של ד' ראשי"ן, ול' דצלם הוא בחג"ת דתבונה כמ"ש בע"ח שער דרושי הצלם דרוש ה' כמדומה, ובחג"ת דתבונה הוא שמות אהי' דאלפי"ן כידוע, זהו משפט ג' ג"פ אהי' דאלפי"ן והי' תובע י' פולרין בעד כל א' מהג' דברים י"ל לנגד העשרה אותיות שיש בכל

נמצא שבאמת, דין הכנסת-אורחים שלו היה דינו כחנות וכנעשה טבח למכור.

ובזה יתורץ גם כן קושייתו השניה של הגז צאנך, דהנה יש לחקור, על פי החילוק שחילקו בגמ' בין כהן שנעשה טבח ולא קבע מסחתא לבין כהן שקבע מסחתא, מה דינו של מי שקבע מסחתא באופן כזה, שמי שרוצה יברך להשם יתברך, ומי שאינו רוצה לברך לה' יתברך ישלם טבין ותקילין, האם מיקרי קבע מסחתא או לא. ובפשטות נראה דבודאי אין זה מיקרי נעשה טבח למכור, מפני שאנן סהדי שרוב בני אדם ירצה לברך את ה' ולא לשלם טבין ותקילין מממונו, וזה בכל אכסניא שבעולם, על אחת כמה וכמה שאברהם אוהבו של הקב"ה מי שבא לביתו ואכל מפיתו וודאי השפיע עליו מאמונת השם יתברך ולא היתה יציאתו כביאתו, ובוודאי מעולם לא שילם אדם על אכילתו בבית אברהם אלא כולם ברכו למי שאכלו משלו.

אמנם המלאכים בוודאי לא ברכו, שהרי עשו עצמם כאילו אוכלים רק מפני שהבא לעיר צריך לנהוג כמנהגיה, ובוודאי אסור היה להם לברך על מאכלים גשמיים שאין להם שייכות לזה ואין אכילתם מיקרי אכילה כי אין נהנים מגשמיות המאכל כלל, ובוודאי לא ברכו וממילא תבע מהם אברהם שכרם משלם, וממילא נתברר שאכילתם היה בתורת מכירה.

אלא שאם כן יש להקשות למה לא היו צריך להמתין שלושה שבועות כדקיי"ל בב' וג' שבועות חשיב טבח למכור, אך קושיא זו אינה כלל שהרי כאן מלכתחילה קבע אסמחתא על דעת כן, ומצד המוכר לא היה חסר שום גילוי דעת שקבע למכור, אלא שמצד טבע העולם הוכח שלא תצא המכירה לפועל כי כולם יברכו על האוכל, אבל עכשיו שנתברר

א' מאהי' דאלפי"ן" עיי"ש.

יב. הכהן יכול לאכלם בכל ענין שערב עליו יותר, ואם כל המטעמים שוים אצלו יאכלם צלי ובחרדל.

≈○ משפט הכהנים ○≈

שיש אנשים שאינם מברכים אלא משלמים בטבין ותקילין, ועל ידי זה הוכח דהוי מכירה, בכהאי גוונא לא בעינן ב' וג' שבועות – דלא בתר דעתו אזלינן – אלא ב' וג' אנשים, שיתברר שיש אנשים כאלו בעולם שמשלמים על אכילתן בכה"ג.

והנה עוד יש להקשות למי היה נותן הזלו"ק כיון דהוא עצמו היה הכהן (היחיד).[145] ונראה דבאמת אברהם עצמו אכל הזלו"ק, והיה מותר לו ליתן גם לאורחיו, וזה כוונת הצפנת פענח לכן אי' שאכל הלשונות בחרדל, שהרי הלשונות הם חלק מהלחיים שצריך הכהן לאכלם בחרדל.

ואפשר להמליץ עוד ולומר שאברהם ידע שהם מלאכים, ולמלאך יש דין כהן[146] (כמו לאברהם), כיון שמשמשים בקביעות להקב"ה, ולכן האכילם לשונות בחרדל, ואפשר לומר דדוקא עכשיו היה מחוייב להפריש זלו"ק כדי לתת למלאכים שיש להם דין כהנים, מה שאין כן עד עכשיו שלא היה לו כהן אחר למי יתן, ואפשר שבאופן שאין עוד כהן בעולם חוץ ממנו אינו מחוייב להפריש (וגם לא להעלותן בדמים), ובזה מתו' הקושיא השניה של הגז צאנך.

145 שבפרשת לך-לך מצאנו שהקדים מלכי-צדק ברכת אברהם לברכת קונו ככתוב במפרשים שם. וכעי"ז פירוש הרוקח עה"ת בראשית ד' קעח על השם הר "המוריה" שזה על שם התמורה ששם נהפך אברהם לתמורתו של שם, שנעשה אברהם כהן חילוף שם שהיה כהן. ומענין לענין, בפירוש תורת חכם להר' חיים הכהן תלמיד הרח"ו זצ"ל ע' קט מצאנו ביאר נפלא בשם ירושלים, וכ' ששם בן נח הוא הקריב כי היה כהן אחר שהקיש ארי לנח ועשאו בעל-מום, ואז נתרצה ה' וקרא שם למקום שלם ע"ש סגולת החיבור בין ה' לבני אדם אבל כתב בתורה מלכי צדק ולא מלך צדק כדלכאורה הוה בעי לכתוב, כי היה נקרא המקום לפנים צדק ע"ש שמצדיק את יושביו ועדיין כן, לכן י נוספת להורות כן שכן היה שם המקום מעיקרו אבל נשתנה שם המקום ע"פ הוראת שם בן נח וקראו שלם, אבל אברהם קרא המקום יראה ע"ש התשובה ושם קראו שלם ע"ש צדיק מעיקרו, ובא ה' וקראו ירושלם כי שקולים הסברות ואולם יראה קודמת והיא העיקר ולכן נקרא ירו לפני שלם, ועיי"ש.

146 ברבינו בחיי דברים יח ח ע"פ ספר הבהיר קז כ' שכ"ד משמרות מלאכים במרום וכנגדם תיקנו כ"ד משמרות כהנים למטה, ושם; "..היו הכהנים כולן כאחד זוכין בכל הנתון להם ואוכלין חלק כחלק, מה ראו על ככה שהסכימו לחלק אותן למשמרות? ועוד, מה טעם קראו בשם משמר? ועוד מה טעם חלקו לארבעה ועשרים ואי אפשר להעביר לשום משמרה בשום צד וענין (ומה שקנסו משמרת בלגה היה רק שסתמו חלונה אבל בלתי להעבירה ח"ו לגמרי)?, (ומתרץ) ..הכהנים משרתי המקדש עבודתם למטה דוגמת העבודה של מעלה. וכשם שיש למעלה משמרות של מלאכי השרת עובדין ומקלסין להקב"ה כן חלקו האבות את הכהנים ..כנגד שלש כתות של מעלה שכל אחת מהן - ארבעה ועשרים - קבועות כי כן של מעלה קבועים כל ימי היות הרצון בהם ..מתחלפין וחוזרין חלילה ..והיו מברכין כל משמרת ומשמרת היוצא "מי ששכן שמו בבית הזה הוא ישכין ביניכם אהבה ואחווה, שלום ורעות" כי כן של מעלה אין ביניהם קנאה ושנאה.." ע"כ, ועיי"ש לשונו.

יג. יכול להאכילם לכלבים ולמכרם וליתנם לעובד כוכבים ומזלות.

≈○ משפט הכהנים ○≈

יכול להאכילם כו': יש לדון אם הזלו"ק הם רק דין ממון בעלמא או שיש עליהם קדושה כיון דבמסכת בכורות דף כז עמוד א איתא בהדיא דמתנות כהונה אינן דין ממון בעלמא, דשם איתא;

"תנו רבנן הכהנים והלוים והעניים המסייעים בבית הרועים ובבית הגרנות ובבית המטבחים אין נותנין להם תרומה ומעשר בשכרן ואם עושין כן חיללו כו' ובקשו חכמים לקונסן ולהיות מפרישין עליהן תרומה משלם (גי' אחרת; משלהן), ומפני מה לא קנסום דלמא אתי לאפרושי מן הפטור על החיוב, ובכולן יש בהן טובת הנאה לבעלים, כיצד ישראל שהפריש תרומה מכריו, ומצאו ישראל אחר ואמר לו הא לך סלע זה ותנהו לבן בתי כהן מותר, אם היה כהן לכהן אסור, ותנא מאי טעמא לא קאמר מתנות כהונה, אמר לך תרומה דקדושת הגוף היא, דכיון דלא מתחלא לא אתי למיטעי בה, הני כיון דקדושת דמים נינהו אתי למיטעי בהון דבר מיתחל קדושתייהו אארבעה זוזי ואתא למינהג בהן מנהג דחולין"

עכ"ל הגמרא, וחזינן בהדיא בגמרא דזרוע לחיים וקיבה יש בהם *קדושת דמים* שלא פקעה בכדי[147] אף לאחר הפרשתן מן הבהמה ונתינתן אל כהן, כיון שיש חשש *שיתחל קדושתייהו* היינו שינהג הכהן בהן מנהג חולין ויש בהם צד חמור אף ממתנת תרומה ואף מקדשים, דבעינן לאוכל זלו"ק צלי וחרדל כדלקמן.

ונחלקו הראשונים מהו מנהג עצם הזרוע לחיים וקיבה, רש"י (ד"ה אמר לך תרומה) כתב וז"ל, "אבל הני מתנות בכור דקדושת דמים נינהו. דאם רצה כהן למכור בשר בכור וזרוע ולחיים וקיבה מוכרן לישראל ותו לא בעי ליה לישראל למיכלינהו בצלי ובחרדל כי היכי דעביד כהן הילכך אתי האי כהן למיטעי בהון וסבר כיון דבני קנין נינהו", ועוד כתב (בד"ה תיתחל קדושתייהו אארבעה זוזי) "דיהיב אבי אמו דהיינו ארבעה זוזי ואתי למינהג בהו מנהג דחולין שלא יאכלם בצלי ובחרדל כדינם המפורש בפרק הזרוע והלחיים והקיבה חולין דף קלב עמוד ב, ומשום הכי לא תנינהו".

וכ"כ בתוס' זבחים דף כח עמוד א וז"ל;

"ובעינן **לְמָשְׁחָה** ולגדולה כדרך *שהמלכים* אוכלין בצלי ובחרדל, ובכל מתנות כתיב **לְמָשְׁחָה** אפילו בזרוע ובלחיים ובקיבה כדמשמע הכא, וגבי תרומה לא מצינו שיצריך בשום אכילה בגדולה, דשמא לא שייך גדולה אלא בבשר"

עכ"ל, הרי דסבירא ליה שבשר הזלו"ק שייך בהם **לְמָשְׁחָה** בזה דחיישינן שלא יאכל הזלו"ק בצלי ובחרדל מה שלא מצאנו אצל תרומה, וחזינן מכאן חומר אכילת בשר הזלו"ק בצלי ובחרדל דרך גדולה וכפי הסוגיא במסכת חולין לאכלם צלי ובחרדל, שמהאי טעמא גזרו חז"ל תקנה שלא יאמר ישראל לשוחט תן לבן בתי כו' שלא יתחלל אכילתן שלא בדרך גדולה. וברבינו *גרשום* כתב באופן אחר וכתב דהחשש דותנא *מאי טעמא לא קאמר מתנות כהונה* הוא שמא יאכילנו הכהן לכלבים כשיראה דבר קניין הם ככל יתר דבר חולין. אמנם הרמב"ם הלכות

---

147 היינו שלא נתבטלה לגמרי, הביטוי פקעה בכדי הובא בגמ' נדרים דף כט עמוד א ושם; "קדושת דמים פקעה בכדי קדושת הגוף לא פקעה בכדי" ע"כ.

יג. יכול להאכילם לכלבים ולמכרם וליתנם לעובד כוכבים ומזלות.

≈○ משפט הכהנים ○≈

ביכורים פרק ט הלכה כ **כתב;**

> "ואם רצה הכהן למכור המתנות או ליתנן במתנה אפילו לעכו"ם או להאכילן לכלבים מאכילם, שאין בהם קדושה כלל"

ע"כ, ובשו"ע העתיק את פסק הרמב"ם וכתב על זה הש"ך שם;

> "שאין בהם שום קדושה, וכתב מהרש"ל שם ס"ס י"א; נראה דוקא היכא שאינם ראוים לאכילה כגון שהסריחו או שבאו מבהמות כחושים ורע בשר יכול להאכילם לכלבים או למכרן לעובד כוכבים כו'".

אמנם הרדב"ז שם כתב על דברי הרמב"ם "ואין הכהנים אוכלין המתנות אלא צלי בחרדל שנאמר **לְמָשְׁחָה** במדבר יח ח כדרך שאוכלים המלכים" וז"ל;

> "ודוקא בזמן שהכהנים עצמן אוכלין המתנות, אבל אם נתנן או מכרן הישראל אוכל אותם כמו שירצה, תדע שאם רצה להאכיל אותם לעכו"ם או לכלבים הרשות בידו"

עכ"ל, ונראה דכוונת הרמב"ם באמרו שאין בהם קדושה כלל היינו כגון קדושת *קדשים* כגון אכילה לפנים מן הקלעים או ליום ולילה עד חצות וכדו' אבל יש כאן קדושת *מצוה* מצד מה שכתב דבעי הכהן לאכלם צלי וחרדל, ומ"מ דעת רוב ראשונים הוא דאסור לנהוג בהם מנהג חול, וכן דעת הש"ך להלכה.

יד. כהן שיש לו מכירין שרגילים ליתן לו מתנותיהם יכול לזכו־תם לישראל שיקבלם מיד מכיריו. ודוקא שהזוכה תלמיד חכם והשעה דחוקה לו ושלא יהא כהן המזכה משרת בבית זה שמזכה לו המתנות, שמא יזכה בעל כרחו. והוא הדין אם הכהן משרת בבית בעל הבית ומזכה לאורח תלמיד חכם שמתארח בבית רבו במתנות שרגיל ליתן לו רבו, אסור.

≈○ משפט הכהנים ○≈

כהן שיש לו מכירין כו': בגמ' נקראת סידור זה (של כהן שרגילין ליתן לו וכו') בשם *מכירי כהונה* והוא זה שאיש ישראל שמכיר איש כהן פלוני ורגיל לתת לו את הזלו"ק מזביחתו בקביעות, וזה ידוע לכל. ועל כן כל שאר אחיו הכהנים מתייאשים מזלו"ק אלו ואינם מצפים שיתן להם אותו הישראל מזביחתו, וממילא הזלו"ק הם של אותו כהן מסויים לגמרי בגלל ייאוש אחיו הכהנים. ונחלקו הראשונים בטעם מכירי כהונה שהוא של אותו הכהן, התוס' בב"ב כתבו שאינו קנין גמור ממש אבל חשיב כשלו לכל דבר, והוא על מה דאיתא בב"ב קכג עמוד ב שהבכור נוטל במתנות כהונה פי שנים אם אביו היה ממכירי כהונה, וז"ל;

> "בכל דוכתא עביד מכירי כהונה מוחזק בפרק כל הגט גיטין דף ל עמוד א המלוה מעות את הכהן והלוי, והיינו טעמא שזהו מתנה מועטת ואסור לחזור בו ואפי' בדברי' בעלמא, ואע"פ שאם רצה יכול לחזור בו מכל מקום כל כמה דלא הדר הוי כמוחזק"

עכ"ל, ורש"י גיטין ל עמוד א כתב וז"ל; "כמו **אִישׁ מֵאֵת מַכָּרוֹ** מלכים ב יב ו, שהם מכיריו ואוהביו דאינו רגיל לתת תרומות ומעשרות אלא לכהן זה, הלכך כיון דמלתא דפשיטא היא דלדידהו יהיב להו אסחי להו שאר כהני דעתייהו והוה כמאן דמטו לידייהו דהני" עכ"ל. ומקור רש"י הוא ממאמר יואש מלך יהודה לכהנים; **וַיֹּאמֶר יְהוֹאָשׁ אֶל הַכֹּהֲנִים ..יִקְחוּ לָהֶם הַכֹּהֲנִים אִישׁ מֵאֵת מַכָּרוֹ וְהֵם יְחַזְּקוּ אֶת בֶּדֶק הַבַּיִת לְכֹל אֲשֶׁר יִמָּצֵא שָׁם בָּדֶק**, ובמשנה גיטין ג ז איתא; "המלוה מעות את הכהן ואת הלוי ואת העני להיות מפריש עליהן מחלקן, מפריש עליהן בחזקת שהן קימין, ואינו חושש שמא מת הכהן או הלוי או העשיר העני"

ע"כ, דהיינו שיש מקרה שאיש ישראלי ילווה לכהן מעות על תנאי שהזלו"ק שהכהן מקבל באופן קבוע מהשוחט יימכר על ידי המלווה כתשלום הלוואתו.[148] וה*מלאכת שלמה* שם ביאר שהלוואה כזו ה"ה תקנת חכמים שעשו את האינו זוכה כזוכה וכאילו המתנה הובאה ליד הכהן ממש אף על פי שבאמת לא באו לידו, וכ"ז לטובתו של הכהן כדי שימצא מעות ללוות עכתו"ד.

ויש קצת משמעות מהלשון **ונתן לכהן** שעצם הזלו"ק צריכים לבא לידי הכהן ממש, שכן מצאנו בגמ' כתובות מב עמוד ב עה"כ **ונתן האיש** וגו' ששם ביאר רש"י שלשון **ונתן** מראה דאינו של האב להוריש לבנו עד שבא לידו ממש ע"כ, וכן היה ראוי להיות כאן בזלו"ק שלא קיים השוחט מצוותו עד

148 ויש לפרש שכוונת המשנה *להיות מפריש עליהן מחלקן* קאי על השוחט שהוא יפריש, כלומר בכך יוצא שהשוחט מקיים מצוותו של נתינת הזלו"ק על אף שלא הגיעו אל יד הכהן כלל. ובהלוואה כזאת רשאי השוחט לתת הזלו"ק ישר ליד המלוה שבד"כ אינו בר-כח לזכות בחלקים אלו, וראה לעיל בסעיף ח מה שהבאנו בשם *הזרע אברהם*.

יד. כהן שיש לו מכירין שרגילים ליתן לו מתנותיהם יכול לזכותם לישראל שיקבלם מיד מכיריו. ודוקא שהזוכה תלמיד חכם והשעה דחוקה לו ושלא יהא כהן המזכה משרת בבית זה שמזכה לו המתנות, שמא יזכה בעל כרחו. והוא הדין אם הכהן משרת בבית בעל הבית ומזכה לאורח תלמיד חכם שמתארח בבית רבו במתנות שרגיל ליתן לו רבו, אסור.

≈○ משפט הכהנים ○≈

שבאו ליד הכהן ממש, אלא כאן עשו תיקון מיוחד שהאינו זוכה יש לו דין כזוכה אבל רק לטובת הכהן שימצא הלוואה בשעת הדחק.

ומה שיש נוהגים עיסקא של מכירי כהונה כדי להפקיע הזלו"ק על ידי שעושין תחבולה שנותנין לכהן סכום מועט עבור הזלו"ק, נראה כפשוט שאין זה לטובת הכהן, ועיין בתשובת מהר"י קורקוס נדפס במילואים בסוף הספר שקרא תגר על כגון דא וחשש כמה חששות לבטלו לגמרי.

ודוקא שהזוכה תלמיד חכם והשעה דחוקה לו ושלא יהא כו': סה"כ יש כאן ארבעה תנאים בדבר הזיכוי ונראה דכל או"א מן התנאים ה"ה לעיכובא;

א. שיהיה כהן זה ה'מכיר כהונה' של הנותן
ב. אותו ישראל המקבל הזלו"ק צריך להיות ת"ח
ג. שהישראל-ת"ח המקבל הזלו"ק יהיה גם עני
ד. שיהיה הכהן מזכה להישראל-ת"ח-עני בלב שלם ובלי שום לחץ

שמא יזכה בעל כרחו: וחזינן מזה שלא מהני בהסכמה בפה בלבד, אלא צריך שיהא מחפצו ורצונו המלא. וכן על דרך זה יש לעורר שלא כדין עושים אותם שלוקחים ברכת המזון לעצמם או לאחרים במקום שיש כהן, שלא מהני בזה מה שאומר *ברשות הכהן* אם לא שאל אותו רשותו והסכים הכהן מעצמו שועה"ר או"ח, הלכות ברכות המזון 'מי הוא המברך', סימן רא ס"ק ג, והלכות בציעת הפת סימן קסז סעיף א,[149] כי הוא דין קדימה גמור שנותנים לכהן לברך (אם אין ישראל חכם ממנו) ורק ביד הכהן למחול אם רוצה, ואין להכריחו על זה כמובן כי אזי אין שום ערך לכל הנתינת רשות. ולפי האמור כאן, אפשר שבמי שיהיה מוכרח למחול, כגון כהן המשרת אז אסור אפילו לשאול ממנו רשות כי אז יהיה הנתינת רשות בעל כרחו וימחול מפאת טבע כל העולם להיכנע לרצונו של המשלם שכרו, וכמשמעות פסק המחבר כאן שבוודאי דהוי מחילה מעושה.[150]

כהן משרת בבית בעל הבית ומזכה לאורח תלמיד חכם שמתארח בבית רבו במתנות שרגיל ליתן לו רבו, אסור: וכנ"ל כעין הנפסק בשועה"ר הנ"ל *אין מועיל מה שאומר*

149 ושם: "ונהגו ליטול רשות מכהן לברכת המזון וכן נכון שהרי מצוה להקדימו וא"כ אסור לברך בלא רשותו אלא א"כ גדול ממנו בחכמה ומכל מקום אין מועיל מה שאומר ברשות אם לא נתן לו הכהן רשות" ע"כ.

150 ועל כגון זה הראו לרב ספרא בחלום **מַעֲדֶה בֶּגֶד בְּיוֹם קָרָה חֹמֶץ עַל נָתֶר וְשָׁר בַּשִּׁרִים עַל לֶב רָע** חולין קלג עמוד א ויש להוסיף על סמך שהמעשה בגמ' אודות זכיית הזלו"ק ע"י מכירי כהונה אירע בחו"ל, והוראה זו שבא מן השמים - שנהג רבא שלא כשורה באופן הזכייה - הוה בעצם כעין גושפנקא שנתינת הזלו"ק בחו"ל לכהן נוהגת במלוא תוקפה.

יד. כהן שיש לו מכירין שרגילים ליתן לו מתנותיהם יכול לזכותם לישראל שיקבלם מיד מכיריו. ודוקא שהזוכה תלמיד חכם והשעה דחוקה לו ושלא יהא כהן המזכה משרת בבית זה שמזכה לו המתנות, שמא יזכה בעל כרחו. והוא הדין אם הכהן משרת בבית בעל הבית ומזכה לאורח תלמיד חכם שמתארח בבית רבו במתנות שרגיל ליתן לו רבו, אסור.

ברשות *אם לא נתן לו הכהן רשות* וכאן עוד יותר מזה דמשמע שאפילו אם יתן הכהן רשות עדיין יש חשש שאין זו מחילה גמורה אלא להראות ולפנים וכו'.[151]

ולפי ההיכי תימצי בגמ', הכהן היה משרת[152] בבית מר יוחנא בריה דרב חנא - או המשרת של רבא,[153] ועכ"פ יש להקשות ע"פ הגמ' שהמשתמש בכהן מעל בקודש ח"ו,[154] ואם כן איך הניחו כהן להיות לו כמשרת? ויש סוברים שכהן רשאי להשכיר א"ע[155] ויש מחמירים שאינו רשאי,[156] והנראה לומר שמכאן אין ראיה כ"כ שהשימוש בכהן מותר כיון שמר יוחנא היה הריש גלותא[157] (או רבא שהיה ת"ח מופלא)

151 ובכל סימן דידן, כאן הוא מקום הראשון שנקט המחבר לשון אסור, והשני לקמן בסעיף ל"א בדין המתנות עצמם אסור לישראל לאכלם עיי"ש שביארנו מהות האיסור.

152 ובגמ' פתח רב יוסף הדיון במקרה שאיש הכהן אינו משרת, ואדרבה; האי כהנא דאית ליה צורבא מרבנן בשבבותיה ודחיקא ליה מילתא ליזכי ליה מתנתא ואף על גב דלא אתי לידיה במכרי כהונה ולויה ע"כ היינו שמשמע שהכהן היה מסודר בפרנסתו (וכדרשת אבא שאול לקמן אודות זרעו של אהרן).

153 ואח"כ מספרת הגמ'; "רבא ורב ספרא איקלעו לבי מר יוחנא ..עביד להו עגלא תילתא אמר ליה רבא ל<u>שמעיה</u> זכי לן מתנתא דבעינא למיכל לישנא בחרדלא.." ע"כ. וברש"י שם פירש שמעיה היינו שמשו של בעה"ב והוא כהן ובעה"ב נותן לו מתנותיו ע"כ, וב*מגן אברהם* או"ח קכח ס"ק עה כ' שהשמעיה אכן היה כהן אבל היה משרתו של רבא. ובשו"ת *שואל ומשיב* להר"ש מאזוז סי' ל מתשובת רבו כ' שרש"י גרס ל<u>שמעא</u> אבל לפי גירסתנו דכתיב לשמע<u>יה</u> שפיר משמע כהמג"א, ויש בזה נפק"מ קצת כדברינו לקמן.

154 תלמוד ירושלמי ברכות ח ה, ילקוט שמעוני כתובים רמז תתרסט ושם; אבא ורב הונא הוו יתבין ואכלין והוה רבי זעירא משמש קומיהון על טעין משחא וחמרא תרויהון בחדא ידא, אמר ליה רב הונא מה ידא חוריתא קטיעא? וכעס עליה ר' אבא אמר ליה לא מיסתייך דאת רביע והוא קאים ומשמש ועוד דהוא כהן ואמר שמואל 'המשתמש בכהן מעל' דאמר ר' אחא בשם רבי שמעון **וָאֹמְרָה אֲלֵהֶם אַתֶּם קֹדֶשׁ .. וְהַכֵּלִים קֹדֶשׁ** עזרא ח כח מה כלים המשתמש בהם מעל אף אתם המשתמש בכם מעל. וכן הדין לענין בזה"ז במשנה ברורה אורח חיים קכח:ה, שולחן ערוך הרב אורח חיים סימן קכח:ס. ובשו"ת כתב סופר סימן ט"ו כ' שלא לבזותו בשימוש וכדומה לכ"ע דדאורייתא הוא. וראה ס' *כבוד הכהן* בני ברק, תשס"ה באריכות.

155 תשובת מהר"ם מרוטנבורג סי' מג.

156 'הכונה בכבוד הכהנים הוא לכבוד האל יתברך וכשימחלו על זה יחללו את שמו' ספורנו ויקרא כא ו, וראה שו"ת שיח יצחק או"ח סי' ו, משנה למלך למשנ"ת הל' עבדים ג ח.

157 'ראשי גליות שבבל והנשיאים המעותדים מבית דוד..מר יוחנא' אגרת רש"ג דף פג מהדו' הר"ד מצגר.

ועוד אפשר לומר שהשמעא בעצמו היה עשיר כדברי *אבא דורש* שרוב כהנים עשירים הם ועכ"פ אינם נעזבים לבקש לחם ספרי זאת הברכה

יד. כהן שיש לו מכירין שרגילים ליתן לו מתנותיהם יכול לזכותם לישראל שיקבלם מיד מכיריו. ודוקא שהזוכה תלמיד חכם והשעה דחוקה לו ושלא יהא כהן המזכה משרת בבית זה שמזכה לו המתנות, שמא יזכה בעל כרחו. והוא הדין אם הכהן משרת בבית בעל הבית ומזכה לאורח תלמיד חכם שמתארח בבית רבו במתנות שרגיל ליתן לו רבו, אסור.

≈○ משפט הכהנים ○≈

הסכם מכירי כהונה

היות ומכל שור ושה השחוטים כשר חייבים בעליהם במתנות, כהונה הזרוע, הלחיים, והקיבה. אך הואיל וטריחא טובא לכהנים להופיע מדי פעם בבית המטבחיים או באיטליזים לקבל חלקם, בעיקר כשהמתנות-כהונה הנם כממון שאין להם תובעים, כיון שטובת הנאה היא של הבעלים ונותנים למי שרוצים, ולפיכך הכהנים הצנועים מושכין את ידיהם ואינם שואילין כלל.

לפיכך הונהג מקדמת דנא פעיה"ק תו"ב שהבעלים מוסרים את זכותם לחלוקת מתנות-כהונה ליד הבד"צ שע"י מחלקת השחיטה, והבד"צ או בא-כחו יחלקו את המתנות-כהונה למי שירצו, וכהנים אלה מוכרים את המתנות-כהונה תמורת סכום קצוב לבד"צ ולבא כחו, כדי שלא יצטרכו הכהנים לטלטל ולטרוח, לקחת, לחשב, ולמכור.

לשם כך הנני החותם מלמטה מאשר בזה כי קבלתי מהמועצת הדת סך____ ש"ח על ידי שיק מספר ____ כהלואה, ומעתה כל חלק ממתנות כהונה שברצונכם יהיה לתת לי במשך שנת ניסן תש__ - ניסן תש__ מכור יהיה לכם מיד לעשות בו כרצונכם - תמורת כספי ההלואה הנ"ז.

ויש מקילין בכגון זה שהשימוש לאדם חשוב גופא הוה כבוד, ומי היה אותו האדם חשוב תלוי בחילוקי הגירסאות כמו שהבאנו בהערה למטה, עיי"ש.

הסכם מכירי כהונה

למען קיום מצות זלו"ק בימינו, הרצ"פ פרנק ז"ל תרל"ג - תשכ"א, תיקן בירושלים ת"ו מנהג לבחור - לכתחילה - כהן אחד והוא חותם על הסכם עבור אחיו הכהנים (ראה הנוסח בטבלא למעלה), ונימק כי נתינת הזלו"ק בפועל ממש יגרום הפסדים גדולים לבעלי האיטליזים, ויגרום הפרזת המחירים בבשר הכשר ויבואו העם לידי מכשולות.[158] וברור שהסכם זה עדיף מהתעלמות ח"ו לגמרי מהמצוה, אבל עדיין לא הגענו לקיום המצוה במובן המלא של וְנָתַן לַכֹּהֵן הַזְּרֹעַ וְהַלְּחָיַיִם וְהַקֵּבָה כפשוטו, וראה לקמן במילואים בדברי מהר"י קורקוס ומהר"י צייח שכתבו כמה החששות בהסכם כגון זה, ובתוכם (מבחינת הכהן בעצמו) לאו כל כמיניה לעשות כן.

פי' שנב, ובילקוט שמעוני דברים דף תקג במהדו' מכון המאור, וברמב"ן דברים לג י.

158 ס' הכהן והלוי בימינו דף עט-פ, שם העתיק נוסח שטר ההסכם ע"פ המאזן השנתי של המועצה דתית.

טו. לא נתן המתנות לכהן אלא אכלן או הפסידן, פטור מדיני אדם, אלא כדי לצאת ידי שמים צריך לפרוע דמיהם:

לא נתן המתנות כו': היינו כפס"ד רב חסדא חולין קל עמוד ב *המזיק מתנות כהונה פטור מלשלם*. ודברי המחבר כאן יובן על פי הדין לקמן סעיף ל"א ושם; "עבר ואכלן או הזיקן או מכרן אינו חייב לשלם", כלומר אחר שכבר עבר השוחט על המצוה לתת הזלו"ק לכהן. ולקמן סעיף ל"א ביארנו שכל עוד שהזלו"ק הם בעין יש עדיין להיזהר מן הדין שאסור לישראל לאכלם - וצריך כל מחזיק בזלו"ק לתתנם לכהן - ולא זו בלבד אלא שמצוות בית-דין לכפות על זה בזריזות כי כל עוד שהם בעין יש דין בידי אדם ואילו אחר האכילה אין פריעה רק בידי שמים.

אכלן או הפסידן: פסק המחבר לקמן סעיף ל"א שאסור לישראל לאכול הזלו"ק בלתי רשות כהן. ומובן דהוא הדין לכתחילה בכל מקום, ואם עבר השוחט ולא נתנם והוא (או איש אחר) אכלן ונהנה וכו' ונראה שהוא הדין ממש אם הפסידן ולא נהנה כלום ממעשה ההפסד, שבכל אופן *המזיק מתנות כהונה פטור מלשלם*, וכיון שמכל מקום לא באו הזלו"ק ליד הכהן או לא נעשו בשיווי הזלו"ק למען טובת הכהן, כגון לווה על חלקו כהובא לעיל סעיף י הרי"ז חשיב כמו שהזיק מתנות כהונה ופטור מלשלם דמיהם בבית דין של מטה.

ושלא לטעות לומר שזה גושפנקא להתיר האיסור ח"ו נראה כדבר פשוט דכל עוד דאיתנהו הזלו"ק בעין חייב השוחט - וכל מי שמחזיקם - ליתנם לכהן, כפי הכתוב וְנָתַן לַכֹּהֵן ולא שיזיקם ח"ו וכדלקמן. ועוד מצאנו שכבר חששו כמה אחרונים שלא יוזקו הזלו"ק טרם נתינתן, וביאר מהר"י קורקוס תשובתו נדפסה לקמן במילואים שזה כבר תחומם של בית דין שיפקחו על קיום מצוה זו כל עוד שהזלו"ק הם עדיין בעין וז"ל;

> "אע"פ שהוא ממון שאין לו תובעין מכל מקום בית דין כופין אותו לקיים מצות עשה זו אם רואים אותו שרוצה לבטלה כדרך שכופין כל כל שאר מצות עשה ואומרים לו תן המתנות לכל כהן שתרצה"

וכעין זה גם בפרי חדש ס"ק כו ובשו"ת זכרון יוסף סימן ח עיי"ש.

צריך לפרוע

בסימן זה השתמש המחבר בכמה מקומות בלשון צריך[159] ויש לעיין מה כוונת המחבר דווקא בלשון זה, כלומר, אם זה משמע שלכתחילה ולעיכובא או רק לכתחילה סתם ואין זה מעכב אם לא בא לפרוע ממון ליד הכהן. ובכללים נפרדים קמייתא לבעל הכנסהג"ד ס"ק לב הביא דעת המחבר בזה מכמה מקומות אבל אין שם הכרע לכאן או לכאן וגם שמהב"י לטור אה"ע סי' קמא וסי' ריט כתב דלשון צריך הוא לעיכובא, ובכללים נפרדים בתרייתא ס"ק לא מסיק שדעת המחבר הוא שלשון צריך הוא רק לכתחילה. א"כ דעת המחבר בזאת הוי כאילו כתב צריך *לפרוע דמיהם כדי לצאת ידי שמים* אבל זה רק מדין לכתחילה לכה"פ.

159 והנה כל המקומות;

- **סעיף ג:** הלחיים ..צריך ליתנו עם העור ועם הצמר.
- **סעיף ט:** לא יחלקם להרבה כהנים שצריך לתת לכל אחד דבר חשוב.
- **סעיף כה:** השוחט לכהן ולגוי..צריך שירשום.

טו. לא נתן המתנות לכהן אלא אכלן או הפסידן, פטור מדיני אדם, אלא כדי לצאת ידי שמים צריך לפרוע דמיהם:

≈○ משפט הכהנים ○≈

ובעניין הפריעת ממון, מצאנו תשובה נפלאה בשו"ת מן השמים, וז"ל שם;

> הזורעים ירקות בכרמיהם וסומכים אהא דאמרי נהגו עלמא כרב יאשי' בכלאים שאינו חייב עד שיזרע חטה ושעורה וחרצן במפולת יד ואומרים מדקאמר *נהגו* מכלל דמותר וכ"ש ירק בכרם. ועוד דבארץ גופא אין איסור ירקות בכרם אלא מדרבנן מכלל דבחוצה לארץ שרי. ויש אוסרים ואומרים דכי אמרו נהוג עלמא כתלת סבא לא רצו לומר כיון דנהג עלמא מותר, אלא החכם[160] שאמר 'נהוג עלמא כהני תלת סבא' דואג היה וחרד על המנהג שנהגו העולם להתיר דברי האסור.
>
> ושאלתי הלכה כדברי מי? והשיבו 'חטא ישראל, ואת ישראל אשר חטא מן הקודש ישלם שבעתיים':

עכ"ל, ובגמ' שם הובא שלשה דברים שנהגו בהם כתלת סבי; **א)** כרבי אלעאי בראשית הגז **ב)** כרבי יאשי' בכלאים **ג)** כרבי יהודה בן בתירא בדברי תורה.

משמע מתשובה הנ"ל שתשלום שבעתיים קאי על שלשתם כיון שבכולם כתב הלשון נהגו עלמא ואמר זה האמורא בלשון דואג על הדבר (לפי התשובה שבא מן השמים שצידד כדעת המחמירים), ובתשובת רש"י נדפס במילואים בסוה"ס כ' דבימיו כבר נהגו בחו"ל (עכ"פ בקהילתו) כרבי אלעאי אף בזלו"ק. וא"כ אף זה נכלל בתשובה שבא מן השמים,[161] ולפי"ז צ"ע מה החשבון של תשלום שבעתיים[162] כיון שפסק המחבר שאם אכלן או הפסידן פורע רק דמיהם וכבר יצא בזה ידי חובתו לשמים.

160 היינו רב נחמן בר יצחק ברכות כב עמוד א.

161 כך משמע מלשון התשובה שם שהיינו הך ושניהם שווים. וראה במילואים בדין החוב בחו"ל ובתשובת המהר"ם מרוטנ־בורג שמסיק שבימי רב נחמן בר יצחק עדיין נהגו לתת זלו"ק בחו"ל וכן נהגו בכמה קהילות באשכנז גם בימי הראשונים, עיי"ש.

162 ועה"פ **וְהָיָה אוֹר הַלְּבָנָה כְּאוֹר הַחַמָּה וְאוֹר הַחַמָּה יִהְיֶה שִׁבְעָתַיִם כְּאוֹר שִׁבְעַת הַיָּמִים** ישעיה ל כו תירגם יונתן 'ונהור שמשא יה עתיד לאנהרא על חד תלת מאה ארבעין ותלתא..' וכ"ה ברש"י שם, ובמהר"י קרא פי' שכופלים שבעתיים (49) על שבעה (7) ימי בראשית ויוצא 343, אם כן, סתם שבעתיים הוי 49 פעמים.

טז. ישראל ששלח לחבירו בשר והמתנות בו, מותר לאכלן:

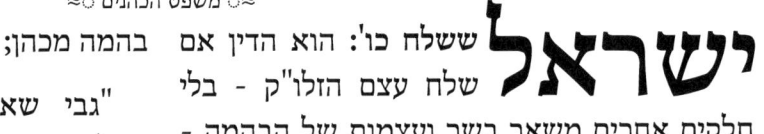

≈○ משפט הכהנים ○≈

ישראל ששלח כו': הוא הדין אם שלח עצם הזלו"ק - בלי חלקים אחרים משאר בשר ועצמות של הבהמה - שחבירו המקבלם מותר לאכלן. והטעם הוא כי לא מחזקינן השולח כגזלן, ותלינן מסתם שקנאם מרשות כהן או קבלם בשאר אופני היתר כמבואר לעיל סימן יד, ויש לעיין אם הוא הדין לקונה זלו"ק מאיטליז, כיון שי"ל - שבמה דברים אמורים שחבירו מותר לקבלם - דווקא במקבל מאדם השוחט לשולחנו הפרטי, דאזי אין רגליים לחשוש שהשולח/המוכר גזל חלקים הללו מכהן, ועיין לקמן.[163]

חזקת כשרות

וע"פ ביאור העניין דמהות וגדר חזקת כשרות, איתא בתלמוד ירושלמי מסכת קידושין דף ד, דף מה עמוד א; אמר רב אידי שכיחא היא מילתא בפומהון דרבנין **וְאִם לֹא נִטְמְאָה הָאִשָּׁה וּטְהֹרָה הִוא** במדבר ה כח, וביאר הקרבן *העדה* השם שהמילתא דרבנן נלמד מהמילים הנוספים **וּטְהֹרָה הִוא** - שכל שלא ידעינן שהיא טמאה הרי היא טהורה ולא חיישינן להיפך, וכעין זה בתוספות מסכת בכורות דף כ עמוד א ד"ה ואיבעית בעניין דמאי דאין להחזיק שום אדם ברשע בשביל המיעוט שאין מעשרין.

וצ"ב דלפי' רש"י מס' בכורות לו עמוד ב בד"ה הכי השתא משמע שבמתנות כהונה מסוג כאלו *שאינם קדושת הגוף* אלא קדושת דמים בלבד כן חשודי אינשי לגזול מהכהן, וז"ל בעניין חשש גזל בכור

[163] וברמב"ם הלכות ביכורים ומתנות כהונה ט י כתב בהדיא חילוק בין השוחט למען השיווק לשוחט בשביל שולחנו הפרטי, ושם; "במה דברים אמורים בשוחט לעצמו, אבל כהן טבח (וראה לקמן ע"פ הרבי"ה ועוד שה"ה ישראל) ששוחט ..אם קבע בית מטבחיים למכור אין ממתינין לו, אלא מוציאין ממנו מיד ואם נמנע מליתן מנדין אותו עד שיתן" ע"כ.

בהמה מכהן;

"גבי שאר מומין שאין מובהקין איכא למיחשדיה לישראל שמא יגזול את הכהן ואע"ג דאדם כשר הוא בהא מילתא דלא בעי לשוחטו אלא על פי מומחה - דנהי דקדשים בחוץ לא אכיל דבכָּרת הוא השוחט קדשים בחוץ, מיהו אגזילה דכהן דלאו בעלמא, חשיד"

ע"כ, מזה נראה בעליל דהשולח בשר לחבירו והזלו"ק בתוכם יש מקום לחשוש שמא גזלם, דסה"כ (עכ"פ בדעת הגזלן) מדובר רק על 'לאו בעלמא' של גזילה מהכהן ותו לא.

בכל אופן, מובן שאם יודע המקבל שהשולח/המוכר/השוחט גזלם אין לו לקבל או לקנות ממנו ב"ח, פרי חדש יורה דעה סי' סא ס"ק כז, וכבר היה לעולמים בבי"ד המבי"ט והרדב"ז שבימיהם ראו שנשכחה מצוות זלו"ק והשוחטים ובעלי האיטליזים משתכרים מהם, ועל כן גזרו;

"..נראה לנו להודיע לנזהרים שלא יקנו הזרוע (לחיים וקיבה) אלא יניחוהו לבעליהן ויאכלו הם איסור הגזלה אשר הם גוזלים לכהנים בכל יום ..אינן רשאין לקנות ממנו ..מי שקונה אותן הוא מסייע ידי עוברי עבירה.., הכלל כי הטבח אסור לאכול המתנות ואין שום אדם יכול לקנותן לא המתנות עצמן ולא עם בשר אחר"

ע"כ, וראה תשובת המבי"ט בזה לקמן בסוה"ס. וי"ל צד נוסף למה גזרו כל כך לחומרא בבי"ד המבי"ט - היינו לא לסמוך על חזקת כשרות וכו', לומר דמסתם קנאם מכהן, הוא כי כלל הידוע דלא מחזקינן אינשי לרשעי אינו כלל לכל עת וזמן, ובפרט כשיש *ריעותא* לפנינו, דאזי לא שייך הכלל *דאחזוקי אינשי ברשיעי*

טז. ישראל ששלח לחבירו בשר והמתנות בו, מותר לאכלן:

≈○ משפט הכהנים ○≈

לא מחזקינן וכ"ה בשו"ת *חות יאיר* סי' נח דלא מחזקינן אינשי לרשעי היינו דוקא אם לא ירוויח על ידי האיסור אבל אם יש כאן צד של רווח אזי פקע החזקת כשרות מכל כל.

ועוד סייג לכלל זה (דאיחזוקי אינשי ברשעי לא מחזקינן) הוא דווקא כשמדובר באיש פרטי ויחיד אבל כשדנים על כלל הדבר ויותר מאיש אחד, לא מהני החזקת כשרות של הכלל כיוון שכמה רשעים יש בעולם תוס' מסכת שבועות דף מו עמוד ב ד"ה וספרא דאגדתא. ואולי ע"פ כל ההסתייגויות להכלל כנ"ל, יחד עם הטעמים המפורשים שכ' בפס"ד המבי"ט - כגון שכחת המצוה בגלל שנת חירום, עליית המחירים וכו' - גרמו לגזור דינם שלא לקנות בשר הזלו"ק מבעלי האיטליזים ולא סמכו על כשרותא דאינשי.

לימוד זכות לבעלי איטליז

ויש אופן אחר להפוך בזכותן של בעלי איטליז, כפי שפירש בס' *קהלת יעקב* מדות חכמים אות ב, ושו"ת מהרשד"ם חו"מ סי' שי בעניין החזקת אנשים לא להכשיל אחרים בדבר עבירה, וז"ל מהרשד"ם; "..לגברא רבא כגון בני רב עיליש, ראה בבא מציעא סח עמוד ב - איסורא לאינשי לא הוי ספין, אבל אדם אחר שמא אינו יודע הדין" ע"כ.

כלומר, נהי דלא מחזקינן אינשי לרשעי, אבל כן מחזקינן לומר שלא למדו לבעל האיטליז מימיו דין נתינת הזלו"ק לכהן, ונמצא שאינו יודע מצוה זו כלל. ואמת שהיה לו ללמוד הלכות שנוגעות לעסקו (למען השראת ברכת ה' בעסקו) אבל לעניין דידן א"א לקרוא לו *רשיעי שגזל בכוונה*, כי בעיניו הרי בשר זלו"ק שווה כיתר חלקי הבשר שמוכר בכל יום.[164]

מותר לאכלן: מותר לאכלן כי לא מחזקינן אינש ברשיעי שגזלם, אבל אם יודע המקבל או הקונה שחלקי זלו"ק הללו גזל הם ביד המוכרם, אין לו לקנותם או לקבלם כי אין להחזיק ידי עוברי עבירת גזל.

וכך לשון המבי"ט בפס"ד הנ"ל "יניחוהו לבעליהן ויאכלו הם איסור הגזלה אשר הם גוזלים לכהנים". וכן מפורש בפיה"מ להרמב"ם ז"ל חולין פרק י;

> "עבר השוחט ולא נתן מתנות כהונה ..אין מותר לקנות ממנו המתנות כדי שלא תחזיק ידיו על הגזל ..אכילת המתנות האמתיות בעצמן מכל מקום הוא גזל ואיני רואה שום צד להתיר זה לכתחילה" ע"כ.

ואיסור החזקת ידי המוכר על הגזל כתב הרמב"ם בפירוש הלכות תשובה פ"ד ה"ג שעל ידי ההחזקה מונע מבעל העבירה לעשות תשובה וז"ל;

> "..חמשה דברים העושה אותן אי אפשר לו שישוב בתשובה גמורה לפי שהם עונות שבין אדם לחבירו ואינו יודע חבירו שחטא לו כדי שיחזיר לו או ישאל ממנו למחול לו ואלו הן: ..החולק עם גנב, שלפי שאינו יודע גניבה זו של מי היא אלא הגנב גונב לרבים ומביא לו והוא לוקח. ועוד שהוא מחזיק יד הגנב ומחטיאו"

וכעין זה ברמב"ם הלכות גניבה ה א;

> "אסור לקנות מן הגנב החפץ שגנב ועון גדול

---

164 ולפי דברינו לעיל סי' א אין זה שייך לשוחט הבהמה, כי מחזקינן השוחט כת"ח כיוון דגמר וסבר הלכות שחיטה ובדיקה עיי"ש. וכעין זה בחזקוני שמות יב כא עה"פ **וַיִּקְרָא מֹשֶׁה לְכָל זִקְנֵי יִשְׂרָאֵל וַיֹּאמֶר אֲלֵהֶם מִשְׁכוּ וּקְחוּ לָכֶם צֹאן לְמִשְׁפְּחֹתֵיכֶם וְשַׁחֲטוּ הַפָּסַח**, שלגבי מצוות שחיטה קרא רק לזקנים ולא להדיוטות פן יקלקלו בשחיטתן עיי"ש.

טז. ישראל ששלח לחבירו בשר והמתנות בו, מותר לאכלן:

הוא שהרי מחזיק ידי עוברי עבירה וגורם לו
לגנוב גניבות אחרות, שאם לא ימצא לוקח
אינו גונב, וע"ז נאמר משלי כט כד **חוֹלֵק עִם**
גַּנָּב שׂוֹנֵא נַפְשׁוֹ.

סיכום הדברים

הוה אומר שבמה דברים אמורים שמותר לקבלם
דווקא כשאין ריעותא לפנינו לחשוש שהשולח
גזלם מהכהן, אבל אם יש ריעותא אזי יש לחשוש
שהשולח גזלם ויש מקום להחמיר.

יז. מתנות אינם נוהגות אלא בשור ושה ולא בחיה ועוף, ונוהגות בכלאים הבא מן עז ורחל, וכן בכוי:

≈○ *משפט הכהנים* ○≈

נוהגות בכלאים הבא מן עז ורחל, וכן בכוי: משמע שכוי הוא דומה קצת לכלאים (שבא משני מיני בהמות) כלומר שהכוי דומה יותר לבהמה ממה שהוא דומה לחיה (ואולי גם דומה לכלאים בזה שממבט ראשוני אינו מבורר אם הוא בהמה או חיה, וגם כוי הוא סוג שאינו מבורר כל כך מה הוא).

ובגמ' חולין פ עמוד א **איתא;**

"אמר רב יהודה כוי בריה בפני עצמה היא ולא הכריעו בה חכמים אם מין בהמה היא אם מין חיה היא רב נחמן אמר כוי זה איל הבר כתנאי כוי זה איל הבר וי"א זה הבא מן התייש ומן הצבייה.

רבי יוסי אומר כוי בריה בפני עצמה היא ולא הכריעו בה חכמים אם מין חיה אם מין בהמה.

רבן שמעון בן גמליאל אומר מין בהמה היא ושל בית דושאי היו מגדלין מהן עדרים עדרים"

ולדעת רב חסדא חולין עט עמוד ב כוי הוא בעל חיים שנוצר מתיש וצביה או ההיפך (צבי וכבשה), ובתוס' ביאר סימן נוסף (ע"י שמגלה לנו דבר מה שחסר בכוי) - שבכוי אין אפשריות לזהות על פי בדיקת הקרנים אם הוא חיה או בהמה.[165]

ואע"פ שיש ספק מהו כוי פוסק כאן המחבר שהשוחטו חייב בנתינת הזלו"ק, ונראה שהסיבה אינה רק מטעם *ספק דאורייתא לחומרא* שכן הספרא דורשת חיוב הנתינה מזה כי הכוי דומה לשור ושה - שהכתוב מפרש אותם בהדיא **אִם שׁוֹר אִם שֶׂה** - וז"ל הספרי; "**אִם שׁוֹר אִם שֶׂה**; לרבות כלאים" ע"כ, ובפי' *התורה והמצוה* שם ביאר שמלשון '**אִם ..אִם**' מחייבינן *כל שהוא שור* וכל *שהוא שה* - ריבוי שמרבה לחייב כלאים (מחד **אִם** מרבה כל שהוא שור וכל שהוא שה ו**אִם** השני מרבה חיוב הנתינה גם בחו"ל) דמחייבינן השוחט בכל שלשת הזלו"ק. אבל בסעיף הבא כתב המחבר שחיוב כלאים מוגבל לכלאים של שני מיני בהמה בלבד, אבל בכלאי בהמה ו<u>חיה</u> לא יהיה דין לחייב אלא לפטור, כדלקמן.

וי"ל שסוג כוי הוא סוג כללי מה שנקרא אצל חכמי הזואלוגיה בשם *אנטילופה* שכולל כתשעים סוגים בגדר מין *פריים* שאינם נחשבים כבהמות ביתיות. ובגלל אי-חשיבותם - מזווית שיווק-בשר והחלבה - אנחנו לא מגדירים כל מין וקבוצה שלהם כסוג בפני עצמם, אלא כסתם *גדר-אשפה*, כי אין דרך למנות דבר שאינו חשוב.[166]

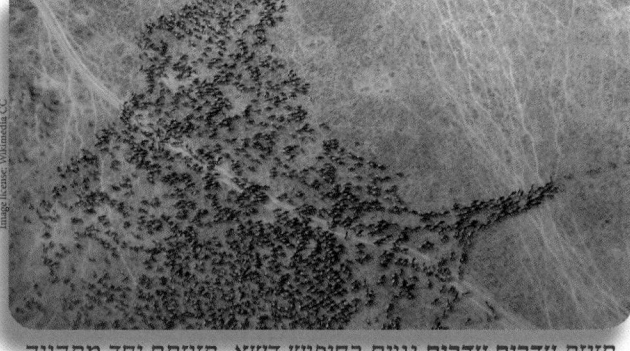

תזוזת עדרים עדרים גנוים בחיפוש דשא, תזוזתם יחד מתהווה בלי עזר מרועה צאן

165 תוס' ד"ה ולא הכריעו בו חכמים אם מין בהמה או מין חיה חולין פ עמוד א; "וא"ת ולבדוק בסימנין דקרנים, וי"ל דאפשר דלא היו יכולין לברר בקרניו שפיר אם חדודות וכרוכות יפה" ע"כ.

166 היינו מוגדרים כפח וזבל וכן הסגנון באנגלית wastebasket taxon.

יז. מתנות אינם נוהגות אלא בשור ושה ולא בחיה ועוף, ונוהגות בכלאים הבא מן עז ורחל, וכן בכוי:

≈○ משפט הכהנים ○≈

גנו, מין (כוי) גדול ממדים החי בסרנגטי שבאפריקה.

הכוי ..י"א זה הבא מן התייש ומן הצבייה (גמ'). בתמונה: אנטילופת סוס שחורה, אחד מכתשעים מיני אנטילופים, דומה לתייש בקרניו (שאינם מפוצלים כקרני צבי) ודומה גם לצבי.

גאור, הנקרא גם בשם ביזון הודי, מוגדר כבהמה לא-בייתי, והשוחטו חייב בנתינת הזרוע לחיים וקיבה לכהן.

'דישון מקראי' במשמרת חי-בר יטבתה

יעל נובי מעל מכתש רמון (בנגב)

יח. צבי הבא על עז וילדה, הולד חייב בחצי המתנות. אבל תייש הבא על הצביה, הולד פטור מן המתנות:

≈○ משפט הכהנים ○≈

צבי הבא על עז וכו': היה האב צבי והאם עז ושחט הולד, הרי השוחט חייב לתת חצי זלו"ק לכהן, ולא פירש לן איזה חצי. וצ"ב אם כוונתו לחלק כל שלשת החלקים לשתי מנות (ויקבל הכהן לכה"פ אחד מהם בשלימות) או לחלק כל אחד מהם לשתי חלקים (ויקבל הכהן חצי לשון, חצי זרוע, וחצי קיבה).[167] אבל כשהאב תייש (פי' עז מבוגר) והאם צביה, אזי השוחט פטור מכלום.

אבל בתלמוד ירושלמי בכורים דף י עמוד ב מובא השאלה **איזהו כוי?** ומתרץ; אמר רבי לעזר עז שעלה על גבי צבי וצבי שעלה על גבי עיזה. ורבנין אמרין מין הוא עיקרו ולא יכלו חכמים לעמוד עליו" ע"כ. וכנראה שלא סבר המחבר כדעת רבי אלעזר שזה פירושו של כוי, כי בסעיף יז כתב שכוי חייב בזלו"ק, וכאן כותב שתייש הבא על הצביה פטור. וי"ל שזה שחייב ולד מצבי הבא על עז בחצי זלו"ק הוא בגלל שעז בכלל בהמה, אבל לחייבה בכל הזלו"ק א"א כי לא כתוב *עז* בפסוק **וְזֶה יִהְיֶה מִשְׁפַּט הַכֹּהֲנִים**.

ובתלמוד ירושלמי כלאים לח עמוד ב איתא דרכים לזהות מה אביו ומה אמו של פרד[168] וכעין זה אולי אפשר גם למצוא סימן בוולד זיווג צבי ועז בכדי לזהות אם חייב בחצי זלו"ק.

כל שיות שבו

ובמילואים פרק ז הבאנו דברי **החסדי דוד** לתוספתא חולין ט ב ד"ה ופי' לרשום שכ' שלא הסתבר

בתמונה: ולד מזיווג צבי-עז

להרמב"ם מה שתירצו תוספות חולין קלב עמוד א ד"ה וצריך דלית ליה לכהן אלא חצי, חצי ליפטור וחצי לחייב מידי דהוה אצבי שבא על התישה - דהא הכא נמי כל שיות שבו שייך ביה חיובא, ועיי"ש אריכות הדברים.

167 ובדין המשתתף עם כהן או גוי ביד פטור מן הזרוע חולין קלג עמוד ב, ביאר בפסקי רי"ד הטעם משום דזרוע אמר רחמנא ולא חצי זרוע. לפי"ז ג"כ משמע שיחלק לפי אופן הראשון.

168 ושם; דברי חכמים כל מין פרידות אחד. ואלו הן הסימנין אמר רבי יונה כל שאזניו קטנות אמו סוסה ואביו חמור. גדולות אמו חמורה ואביו סוס. רבי מנא מפקד לאילין דרבי יודן נשיאה אין בעיתון מיזבון מולוון אתון זבנין לו אזניהון דקיקין שאמו סוסה ואביו חמור.

יט. אין נוהגות בקדשים, ולא בבכור:

≈○ משפט הכהנים ○≈

אין נוהגות בקדשים וכו': כפי הכתוב במשנה תחילת פרק הזרוע וזה"ל;

"**וָאֶתֵּן אֹתָם לְאַהֲרֹן הַכֹּהֵן וּלְבָנָיו לְחָק עוֹלָם**, אין לו אלא מה שאמור בענין, כל הקדשים שקדם מום קבוע להקדשן ונפדו חייבין בבכורה ובמתנות"

ע"כ, ופירש"י ד"ה כל הקדשים שקדם מום קבוע להקדשן שם;

"הרי הן כמקדיש עצים ואבנים לדמיהם ואין בהן קדושת הגוף ואם נפדו הרי הן כחולין גמורים וחייבים בבכורה אם ילדו בכור הרי הוא קדוש וכל זמן שלא נפדו לא כדאמר בבכורות פ"ב דף יד עמוד א
קסבר האי תנא קדושת דמים מדחה מן הבכורה דאין קדושה חלה על קדושה"

ע"כ. ואם כן, מלימוד משנתינו את הפסוק **וָאֶתֵּן אֹתָם** יש לתת מן הקדשים (קלים) לאכילת הכהן (בנותיו, ועבדיו) רק החזה והשוק ותו חלקים לא, ובמקרה שקדם מום קבוע להקדש הבהמה ושוחטו טרם הפדייה, אין שום חוב לשוחט לתת הזלו"ק לכהן - והאי טעמא הובא ברש"י כי סברא דתנאי הוא דקדושת דמים דידה מדחה חיוב נתינת הזלו"ק דאין קדושה חלה על קדושה, ולפי אופי פירש"י להסוגיא **בבכורות** מסכת בכורת דף כז עמוד א **מובנים דבריו** גם כאן, כי שיטת רש"י הוא שיש בזלו"ק קדושת דמים ועוד יותר מסתם קדושת דמים כי יש לכהן לאכלם צלי וחרדל, ועיי"ש לשונו.

ועל פי דברי הרוקח[169] המילה **זֶבַח** משמע בכל מקום עניין של קדושה, ויש להוסיף עוד שלפי פירושו בזה מובן ההו"א למה המשנה שוללת הסברא שתהיה בהמת קדשים ג"כ בכלל חייב בזלו"ק, כי לולא לימוד משנתינו (שאין לאהרן ובניו זולת האמור בפרשת קדשים), היינו מחייבים נתינת זלו"ק רק בקדשים (ולא בחולין) בגלל שזה משמעות המילה **זֶבַח** בכל מקום - ורק בגלל הלימוד דמשנתינו על דרך *'שאין לי אלא מה שאמור בענין'* יש אפוא לדרוש את הפסוק **וְזֶה יִהְיֶה מִשְׁפַּט הַכֹּהֲנִים מֵאֵת הָעָם מֵאֵת זֹבְחֵי הַזֶּבַח ..הַזְּרֹעַ וְהַלְּחָיַיִם וְהַקֵּבָה** *באם אינו ענין*,[170] דהיינו שאם המילה זבח אינו ענין לקדשים תנהו לעניין לחייב כל שחיטת חולין.

כִּי אֶת חֲזֵה הַתְּנוּפָה וְאֵת שׁוֹק הַתְּרוּמָה לָקַחְתִּי מֵאֵת בְּנֵי יִשְׂרָאֵל מִזִּבְחֵי שַׁלְמֵיהֶם וָאֶתֵּן אֹתָם לְאַהֲרֹן הַכֹּהֵן וּלְבָנָיו לְחָק עוֹלָם מֵאֵת בְּנֵי יִשְׂרָאֵל. - ויקרא ז לד

---

169 רוקח עה"ת, הקד' לבראשית דף יח מהדו' י. קלוגמאן

170 היא המידה הכ' מבין **ל"ב מידות של רבי אליעזר בנו של רבי יוסי הגלילי** ונקראה בשם **דבר שנאמר בזה ואינו עניין לו אבל הוא עניין לחברו** (ונקרא בקיצור אם אינו עניין). ולפיה י"ל כשהמקרא מביא איזה *פרט* (היינו מילה שמשמעותה קודש) בסמוך לאיזה ענין (בנדו"ד שחיטת חולין) שלכאורה איננו שייך לו וכו'.

כ. בכור, קודם שבא ליד כהן, שנתערב בבהמות אחרות חייב ליתן מהם המתנות; שיאמר הכהן על כל אחת: תן לי מתנותיה, ואם אתה אומר שהוא בכור תן לי כולה. אבל בכור שניתן לכהן במומו ומכרו לישראל ונתערב בבהמות אחרות, אם רבים שוחטים אותם כולם פטורים, שכל אחד יאמר: שלי הוא הבכור. ואם אחד שוחט את כולם, אין פוטרים לו אלא אחד מהם:

≈○ משפט הכהנים ○≈

שיאמר הכהן על כל אחת תן לי מתנותיה כו'; הלשון "שיאמר הכהן.. תן לי מתנותיה, ..תן לי כולה" משמע שהכהן תובע, וכתבנו לעיל שזה לאו דוקא, דכן מובן מהגמ' חולין קל עמוד ב: "וְזֶה יִהְיֶה מִשְׁפַּט הַכֹּהֲנִים מלמד שהמתנות דין למאי הלכתא לאו להוציאן בדיינין לא לחולקן בדיינין" ע"כ, כלומר שהדיינים הם מוציאים ואינו עניין לכהן עצמו, וכן כתב המחבר בסעיף יא שאין לכהן לתבוע.

בכור שניתן לכהן במומו: בתשובת מהר"ם מרוטנבורג שבה מאריך אודות חיוב הנתינה של זלו"ק גם בחוצה לארץ, נדפס לקמן במילואים מביא ילפותא לחייב נתינת הזלו"ק בחו"ל דווקא מזה שבכור בהמה ג"כ נוהג בחו"ל, ועיי"ש. ויש סוברים שבכור במומו נותנים לכהן בחו"ל לאכול כפשוטו, וברמב"ם[171] הלכות בכורות

א ה כתב ש"מצות בכור בהמה טהורה נוהגת בארץ ובחוצה לארץ ..הרי הוא כחולין ויאכל במומו" ע"כ, וכעי"ז הובא במדרש הגדול כמה פעמים;

- בְּכוֹר בָּנֶיךָ תִּתֶּן לִי, כֵּן תַּעֲשֶׂה לְשֹׁרְךָ לְצֹאנֶךָ; מה בכור אדם בגבולין - כך בכור בהמה בגבולין, אלא שאין עולין לירושלים אבל נאכלין במומן בכל מקום -מדרש הגדול שמות כב כט
- וּבְשָׂרָם יִהְיֶה לָּךְ ..לימד על הבכור בעל מום שמתנה לכהן, שלא מצינו בכל התורה כולה (שבעל מום ניתן לכהן) ..ואידך נפקא ליה מוּבְשָׂרָם יִהְיֶה לָּךְ אחד תם ואחד בעל מום -מדרש הגדול במדבר יח יח
- לְךָ יִהְיֶה במדבר יח יח, להביא את בכור בעל מום שיהא מתנה לכהן שלא שמענו מן התורה -מדרש הגדול דברים טו כ

ועכ"פ חזינן מסעיף זה שנתינת בכור בהמה בעל-מום לכהן - לאכילה - נוהג גם בזמן הזה.

171 לרבינו בחיי דברים יד כג היה ג' אחרת ברמב"ם וסבר שהרמב"ם סובר שאינו נוהג בחו"ל, והשיגו על כך שטעה, וכו'; והראיה ..רבי חייא לרב ..יתיר בכורות אל יתיר סנהדרין ה עמוד א והנה בבל חו"ל הוא,
ועוד ..ההוא שרוע דאתא לקמיה דרב אשי.. בבבל בכורות, דף לא עמוד ב,
ועוד. ההוא גברא דאייתי בוכרא קמיה דרבא ביצה, דף כז עמוד ב ..שבבבל היו מדקדקין הרבה בענין הבכור בקדושתו ובמום עובר ולא היו עושין כן אלא מתוך שיש בו קדושה ואפילו בחו"ל.

כא. מתנות נוהגות בכל מקום, בין בארץ בין בחוצה לארץ, בין בפני הבית בין שלא בפני הבית. ויש מי שאומר שאינן נוהגות בחוצה לארץ, וכן נהגו.

≈○ משפט הכהנים ○≈

מתנות וכו': יש ליתן טעם למה שינה המחבר מלשון המשנה חולין פרק י, שהתנא קראם שם בשמם המלא **הזרוע והלחיים והקבה** וכאן קיצר לקוראם *מתנות* ולכאורה הו"ל לכתוב כלשון המשנה, ואולי כאן (וכמעט בכל מקום) שאני דנוקט לשון קצרה וזה עדיף, וכן נקרא (לפעמים) *מתנות* סתם ע"י חז"ל (ספרי).

אבל עדיין צ"ב כי יש משמעות בכתוב **וְשׂוֹנֵא מַתָּנֹת יִחְיֶה** משלי טו כז ששתם רדיפה אחרי מתנות בעלמא אינו דבר הרצוי, אבל אליבא דתרגום שם *ודסני מוהביתא דמגן יחי* אין זה קושיא כלל כי אין כאן *מוהביתא דמגן* (מתנות חינם) ח"ו אלא תורה ומצוה שלימה של הנותן וחיוב החזקה בתורת השם מצד הכהן שמקבלם (כפס"ד המחבר לעיל סעיף ז שיתנם לכהן חבר) היינו שהכהן צריך לעמול בתורה כדי לזכות במתנת חלקו.

וכן הרמב"ם במשנה תורה הלכות ביכורים ומתנות כהונה ט א נקט לשון זה וכתב "הזרוע והלחיים והקיבה ..אלו הם הנקראים מתנות בכל מקום" אבל לא מצאנו בנו"כ שום טעם לדבריו למה דווקא הזלו"ק מבין כל הכ"ד מתנות כהונה נבחרו להיקרא בשם <u>מתנות</u> סתם.

וי"ל שזה בגלל חשיבותם, על דרך כמו שיש שבעה *כוכבי* לכת ואחד מהם נקרא סתם *כוכב*, וכן יש כמה מסכתות ב<u>סדר</u> *טהרות* וזכה אחד מהם להיקרא בשם <u>*מסכת*</u> *טהרות*,[172] כן הדבר בזלו"ק, *שיש כ"ד מתנות כהונה* אבל רק הזלו"ק זכו להיקרא בשם *מתנות* סתם כיוון שיש בהם כמה פנים של חשיבות, גם לקדושה וגם לחולין;

- **הם מידי דאכילה** היינו שהכהן יכול להנות מהם מיד.
- **הם בשר** (דגם בקדשים בכל מקום הם מידי דבשר).
- **יש בהם ענין של לְמָשְׁחָה** לאכלם צלי וחרדל
- **יש בהם קדושת דמים.**
- **יש בהם צד של חולין** (רשאי הכהן לעשות בהן כחפצו).
- **יש בהם בחינת *ראשית*** (כדברי הרמב"ם במו"נ).
- **ויש בהם פרנסה לכהן בתדירות** (ששוחטים בנ"י בשר תאוה בתדירות).

ועפכ"ז יש לומר דאופן התדירות של מתנה זו היא הסיבה שהפכם להיקרא בשם *מתנות* סתם, כי לפנים בישראל לא היה מעשה שחיטת-חולין בלתי נתינת הזלו"ק לכהן וכל העם היו רגילים בזה.

ובגלל שלצערנו אין המצוה מפורסם כ"כ בימינו, יש טעם - עכ"פ עד שיחזור הנתינה לתדירות כמו שהייתה - לשוב לקראם בשמם המלא *הזרוע הלחיים וקיבה* על מנת שיבין השומע (או הקורא) שלא מדובר על *מתנות כהונה* סתם אלא

172 כללות המין נק' כוכבים, וסוג פרטי בין הכוכבים נק' בשם כוכב. סדר שלם שנק' טהרות וכן מסכת פרטית נק' בשם טהרות -שיחות קודש ה'תשל"ד ער"ח מנ"א.

כא. מתנות נוהגות בכל מקום, בין בארץ בין בחוצה לארץ, בין בפני הבית בין שלא בפני הבית. ויש מי שאומר שאינן נוהגות בחוצה לארץ, וכן נהגו.

דוקא הזרוע הלחיים והקיבה.

נוהגות בכל מקום: הארכנו בענין החוב בין בארץ ובין בחו"ל ב'מאמרים מורחבים' בסוף חיבורנו, ונביא כאן תמצית הדברים; במשנה ריש פ"י דחולין איתא "הזרוע והלחיים והקבה נוהגין בארץ ובחוצה לארץ בפני הבית ושלא בפני הבית" ע"כ, ובגמרא חולין קלו עמוד ב מובאת דעת רבי אלעאי החולק[173] על כך;

"תניא רבי אלעאי אומר מתנות אין נוהגין אלא בארץ וכן היה רבי אלעאי אומר ראשית הגז אין נוהג אלא בארץ,

מאי טעמא דרבי אלעאי אמר רבא יליף נתינה נתינה מתרומה, מה תרומה בארץ אין בחוצה לארץ לא אף ראשית הגז בארץ אין בחוצה לארץ לא".

ובמסקנת הגמרא איתא;

"אמר רב נחמן בר יצחק האידנא נהוג עלמא כהני תלת סבי, כרבי אלעאי בראשית הגז דתניא רבי אלעאי אומר ראשית הגז אינו נוהג אלא בארץ וכו'".

ולהלכה, באור זרוע הלכות מתנות כהונה סימן תע"ט כותב ששאלו לדבר זה לרבינו שלמה זצ"ל רש"י למה אין נותנין מתנות כהונה, והשיב רש"י כי ניתן לסמוך בכך על רב נחמן בר יצחק שמדבריו נראה שניתן לסמוך על דבריו של רבי אלעאי. ודברי רש"י מסתיימים באמרו "והנותן יטול שכר שלם, דכל היכא דאמר נהוג, לא מבעיא דלא דרשינן בפרקי אלא אפילו אורויי לא מורינן ואי עביד לא מהדרינן להו".

ע"כ, כלומר – ההלכה הרווחת היא שהשוחט בחו"ל חייב לתת הזלו"ק לכהן, אלא ששוחט יחיד (לשולחנו הפרטי) לעצמו יכול לסמוך על הדיעה המקילה, אם משום טענת *קים לי* אם משום טענה אחרת כמו שנראה להלן והבאנו תשובת רש"י במילואים בסוה"ס.

ככל הנראה ניתן היה לומר, שמדבריו של *האור זרוע* (היינו דעת רש"י), כי היכן שנמצא כתוב בגמ' לשון *נהוג*, אין לרב-מורה לפסוק כך את ההלכה בפומבי אלא שוחט יחיד לעצמו יכול לסמוך על דיעה זו.

ולפי זה ניתן להבין את דעתו של הרמב"ם, שבהלכות זלו"ק היינו הלכות ביכורים ומתנות כהונה פרק ט לא הזכיר בשום מקום לפטור את השוחט בחו"ל, אך לא ניתן לומר שלא היה מודע לדעת רבי אלעאי, שהרי הרמב"ם עצמו מזכיר את ההיתר של דברי רבי אלעאי בהלכות ראשית הגז, ומה עוד מטעמו המפורש של רבי אלעאי.

ויתכן שהרמב"ם סובר *שבנהוג יש* כעין פסק הלכה של רב נחמן בר יצחק כי ניתן לסמוך על הנהוג, ושלא כדעתו של *האור זרוע*, ומכיון שרב נחמן בר יצחק הזכיר את *הנהוג* רק על ראשית הגז ("נהוג עלמא כהני תלת סבי, כר' אלעאי בראשית הגז..") ולא הזכיר כלל את הנהוג של זלו"ק בחו"ל, נראה שהרמב"ם החליט מטעמיו כי ניתן לסמוך על רבי אלעאי *רק* בראשית הגז בחו"ל ולא בזלו"ק ופסק בהדיא שהשוחט בחו"ל לחייב.

173 ולקמן הבאנו דאינו מוכרח שרבי אלעאי סבר לפטור בחו"ל, וראה בתשובת המהר"ם מרוטנבורג נדפס במילואה בסוף הספר את כוונת הגמ' אליבא דהילכתא.

כא. מתנות נוהגות בכל מקום, בין בארץ בין בחוצה לארץ, בין בפני הבית בין שלא בפני הבית. ויש מי שאומר שאינן נוהגות בחוצה לארץ, וכן נהגו.

≈○ משפט הכהנים ○≈

וכן דעת רוב בנין ומנין של רבותינו הראשונים, שהוא חיוב גמור לשוחט בחו"ל לתת הזלו"ק לכהן. והנהוג שלא לתת זלו"ק בחו"ל, מוטעה ביסודו. *המרדכי* בריש פרק הזרוע חולין פ"י, מצטט את תשובת רש"י הנ"ל, אך לאחר מכן הוא מביא את דעתו של רב האי גאון ורבינו מאיר מרוטנבורג ושכמותה הוא מכריע:

"ורבינו מאיר כתב דדבר פשוט הוא דמתנות נוהגות אף בחוץ לארץ, ..ובתשובת רב האי גאון כתוב שמי שאינו נותן חייב נדוי דאמר רב חסדא האי טבחא דלא יהיב מתנתא כו'".

וכן הרמב"ן נטה לחייב הנתינה בחו"ל וכותב;

"כיון דחזינן לכלהו רבנן דגמ' דמפרשי ומשמתי עלה וקנסי אפילו בכהן, ראוי להחמיר ולהפריש כדפרישית אלא שאין כח לשמת ולקנוס"

עכ"ל, כלומר שמדין התלמוד ברור שהשוחט בחו"ל חייב לתת זלו"ק, ומלשונו *שאין כח לשמת ולקנוס* משמע שסובר (כעין מה שכתב מהר"י קורקוס שהבאנו תשובתו בשלימותה בסוה"ס) שאילו יש כח ביד הבד"צ חייבין להקפיד בזה ככל יתר מצוות עשה שכופין וכו'.

ואמנם איכא דעת יחידאי והוא *בתורת הבית* להרשב"א שער שלישי סוף שער שני, ושם מתחבט בענין לאחר שהוא מעיד כי "נהגו בכל מקומותינו שלא ליתן",[174] ומסיק כי ככל הנראה מה שנהגו בכל הדורות בבבל לתת הזלו"ק לכהנים היא תקנת

174 ובמילואים הבאנו מקורות לזה שבמגנצא ובממשלת לותייר קיימו הנתינה, עיי"ש.

חכמים במקומות מסויימים שבהם נהגו בתרומות ומעשרות אף בחו"ל אך במקום שלא נהגו כך אין חיוב כלל להביא הזלו"ק לכהן, וכן מסקנתו להלכה. אך כאמור מדובר בדעת יחיד ורוב הראשונים לא ס"ל כן, ואף לא הביאו סברתו שיש ארצות של חיוב וארצות של פטור,[175] ולכן בשו"ע כאן הביא דעה זו בדעת יחיד "ויש מי שאומר" אבל דא עקא כי המחבר מסיים הסעיף במילים "וכן נהגו" ונראה כסוגר העניין ואין שום תקוה לקיום המצוה בחוצה לארץ ח"ו.

פס"ד השולחן ערוך

אבל נראה דאין כוונת המחבר להסיק שכן מסקנתו לעשות למעשה, אלא כוונתו היא שאין בידינו כיום (לכה"פ בימיו) לכוף, וכמו שכתבו הרמב"ן וספר החינוך. ויש כמה הוכחות ברורות לכך, ומהן כי בסדר דבריו נוקט <u>בראשונה</u> הדעה הרווחת לחייב השוחט בחו"ל ורק באחרונה הביא הפטור (וגם בלשון יחיד).[176]

175 וי"ל הטעם דלא הביאו סברא זו כי מילתא דפשיטה שכל מצווה שהיא חובת הגוף נוהגת גם בארץ וגם בחוצה לארץ, ורק במצוות שהן מסוג חובת הקרקע תקנו חכמים לחייב בארצות הסמוכות לארץ ישראל, ועיין במילואים דף קסח ששם הרחבנו הביאור.

176 ודבר זה של הסקת פס"ד דווקא מסידור המילים בדברי המחבר כבר מבואר *בכללי הטור והבית יוסף* יד מלאכי, ס"ק ו, מצויין שם ג"כ לכללי הקרבן נתנאל כלל ה, וחוט המשולש שבספר התשב"ץ ענין ל"א ושם בזה"ל;

◄ "..אם הוא מתחיל הפסק בסתמא ואח"כ יאמר *ויש אומרים* או *ויש פוסקים* או *הרב פלוני כתב*, דעתו הוא כפי מה שכתב בתחלה בסתמא, וכן הוא דרך כל הפוסקים

כא. מתנות נוהגות בכל מקום, בין בארץ בין בחוצה לארץ, בין בפני הבית בין שלא בפני הבית. ויש מי שאומר שאינן נוהגות בחוצה לארץ, וכן נהגו.

פס"ד הרמ"א

הרמ"א מוסיף כאן "ועיין בספר החינוך מצוה תק"ו", וכתבו המפרשים שכוונתו להכריע כדעת ספר החינוך האומר שיש חוב נתינת זלו"ק גם בחו"ל, (אלא שאין ביד הדיינים לכוף), וכן בדרכי משה (הארוך) כ' "ורוב הפוסקים סבירא להם כהרמב"ם, ואף לדברי רש"י דווקא בחוצה לארץ[177] אבל בארץ ישראל נוהג אף בזה"ז" ע"כ.

ונסיים לומר דאם בכפייה אי אפשר אולי בתחנונים ודברי חן כן אפשר וכ"ש דבעינן מרצונם הטוב[178] של בנ"י ולא בדרך כפייה.

בספריהם ודוק בהרי"ף ורמב"ם"

- ועוד, לפי הכלל שכ' המחבר בהקד' לב"י על הטור שבוחר תמיד כדעת 'רוב שלשת עמודי העולם' (הרי"ף והרמב"ם והרא"ש) שכשניים מהם מסכימים, נפסוק הלכה כמותם (וכבר הבאנו סברת הרמב"ם לחייב, וכן גם דעת הרי"ף לחייב בית יוסף, יורה דעה סא כא).
- ועוד, כי נוקט לשון *נהגו* ולא לשון *מנהג*. וראה בתשובת רש"י במילואים 'דכל היכא דאמרינן נהגו וכו'', *עיי"ש*.

177 היינו מה שכ' רש"י לר"נ ברבי מכיר שאין למורי הוראה למחות ביד המקילים בחו"ל (ואם בא לשאול מפי הרב יש להורות שחייב), מזה מובן אפוא שסובר הרמ"א בפשטות שיש למורי-הוראה בארץ ישראל למחות ביד המקילים וגם לפרסם על כך בפומבי.

178 ראה לעיל בדברינו לסעיף יא שלמדו כך מלשוה"כ "מאת בני ישראל".

כב. כהנים פטורים ממתנות.

כג. לוים, ספק אם חייבים במתנות, הילכך פטורים. ואם נטלן הכהן מידו, אין צריך להחזירם לו.

≈○ משפט הכהנים ○≈

כהנים **פטורים:** יבאר המחבר לקמן סעיף כד שהפטור הוא דוקא כשהשוחט זובח לשולחנו הפרטי של הכהן או כשכהן שוחט בהמת עצמו לשולחנו הפרטי, אבל אם קבע מסחתא (פירוש מאזניים לשקול בשר למכירה) ישתנה הדין כדלקמן ע"פ מאמר רב חסדא (האי כהנא טבחא וכו'), וע"פ תקנת זקני דרום.

לוים **ספק אם חייבים במתנות:** (ויש חולקין דאפי' נטלן הכהן, מוציאין מידו ב"י בשם הר"ן). הב"ח סעיף י"ז כתב שאם חטף הלוי מכהן אחר אין מוציאין אותו מידו וכן העט"ז נסתפק בזה, אך הש"ך סקי"ב מביא את דעתם וחולק עליהם בתוקף בטענה ש"קרא כתיב, וזה **משפט הכהנים**, ולוים לא כהנים איקרו". והפמ"ג סקי"ב מביא את דעת הרא"ה שמדבריו משמע כדעת הב"ח.

עוד כתב בשולחן ערוך (שם), ואם נטלן הכהן מידו אין צריך להחזירן לו, ויש חולקין דאפילו נטלן הכהן מוציאין מידו.

ובש"ך סקי"ג ובט"ז סקכ"ד ביארו כי מחלוקת זו, קשורה לסוגיית תקפו *כהן מוציאין מידו*, שלפי דעת הרמב"ם שניתן לתפוס ממון המוטל בספק גם לאחר שנולד הספק, והתפיסה מועלת כדי להחיל את דין *המוציא מחבירו עליו הראיה* לגבי התופס ולא לגבי מי שהממון היה ברשותו בשעת הולדת הספק, גם כאן ההלכה כן. ולפי החולקין עליו הלא הם רוב הראשונים הסוברים שתקפו כהן מוציאין אותו מידו, גם כן תהא ההלכה כך.

ובש"ך העיר כי הטור סותר את עצמו לכאורה, שבהלכות בכורה פסק "תקפו כהן מוציאין אותו מידו" ואילו כאן פסק שאם הכהן תפס אין מוציאין אותו מידו, ותירץ וז"ל;

> "ונראה לי לחלק דדווקא בספק בכור שהספק הוא בגוף הענין שנחלקו עליו, והלכך מספק אין לכהן שייכות בו, דאמרינן ליה אייתי ראיה דבכור הוא ושקיל, וכל כמה דלא אייתי ראיה מוקמינן ליה אחזקת מרא קמא ואחזקת דרוב בהמות אינן בכורים, משא"כ כאן שהספק הוא אם לוים חייבים או לאו ובגוף המעשה אין כאן ספק אלא שהספק הוא מצד אחר מצי הכהן לומר להלוי כל כמה דלא מייתית ראיה דלא איקרי **עָם** - המתנות שלי".

עכ"ל, וכוונתו היא לכאורה לדין *אין ספק מוציא מידי וודאי* האמור במסכת יבמות מח עמוד ב, לפיה כאשר יש אדם שיש לו וודאי זכות בממון מסויים ואילו לאדם אחר יש לו ספק זכות, הממון בחזקתו של הוודאי, והספק נחשב *כמוציא*.

אלא שבכל זאת יש חילוק מסוגיית מתנות כהונה לסוגיית ירושה הידועה שביבמות, כי שם מדובר בממון גמור, ולכן היורש וודאי יש לו דין בעלות גמור בכל הנכסים, וכמו שפירשו האחרונים בדברי התוספות בבא מציעא ב עמוד א, שדין יורש שונה מכל שותפות אחרת, כי לכל אחד מהיורשים יש דין בעלות וודאי על כל הנכסים ולכן מי שהוא ספק יורש חשיב מוציא מידי וודאי, אלא שבסופו של דבר לאחר שהתבצעה חלוקה נפקע דין בעלות זה אם על ידי דין *לקוח* אם על ידי דין *חלוקה*, אך כאן אפשר שחשיב לענין זה זכות ממון בלבד כי הוא ממון שאין לו תובעים, ואינו של הכהן ממש אלא ממון השבט,

כב. כהנים פטורים ממתנות.

כג. לוים, ספק אם חייבים במתנות, הילכך פטורים. ואם נטלן הכהן מידו, אין צריך להחזירם לו.

≈○ משפט הכהנים ○≈

ולכן למרות שלכהן יש דין ודאי וללוי יש דין *מוציא* לגבי הוודאי, כיון דבוודאי זה אין דין מוחזקות, א"כ אדרבה יש גם ללוי התופס בזלו"ק מעלה אחרת – היותו *תפיס* ו*מוחזק* המועיל בדיני ספיקות.

והנה בס' תורת הלוים הר"י קאפשטיין כתב דאפילו אם ירצה הלוי ליתן לא שקלינן מיניה משום שאסור לו לעשות מעשה שיוציאו מחזקת לוי ובזה פירש דברי רב "לא דיין דלא שקלינן מיניהו".[179]

מצוות ב"ד שיהיו בו כהנים ולוים

ומענין לענין, יש מחלוקת ב*מצוות בית דין שיהיו בו כהנים ולוים* אם המצווה כוללת גם כהנים וגם לוים או רק הכהנים (שהם משבט לוי), ומקור המצווה הוא ע"פ לשוה"כ דברים יז ט **כִּי יִפָּלֵא מִמְּךָ דָבָר לַמִּשְׁפָּט בֵּין דָּם לְדָם בֵּין דִּין לְדִין וּבֵין נֶגַע לָנֶגַע דִּבְרֵי רִיבֹת בִּשְׁעָרֶיךָ וְקַמְתָּ וְעָלִיתָ אֶל הַמָּקוֹם אֲשֶׁר יִבְחַר ה' אֱלֹהֶיךָ בּוֹ. וּבָאתָ אֶל הַכֹּהֲנִים הַלְוִיִּם וְאֶל הַשֹּׁפֵט אֲשֶׁר יִהְיֶה בַּיָּמִים הָהֵם וְדָרַשְׁתָּ וְהִגִּידוּ לְךָ אֵת דְּבַר הַמִּשְׁפָּט.** ע"כ. וע"ז כ' הספרי "מצות בית דין שיהיו בו כהנים ולוים" וב*מדרש תנאים* שם כ' "כל סנהדרין שהיא משולשת הרי זו משובחת" היינו שיש מצוה להעמיד מכהנים, ולויים וישראלים[180] כחברי הסנהדרין, וכן פסק הרמב"ם להלכה.[181]

אבל יש לתמוה ע"פ דיוק לשוה"כ **וּבָאתָ אֶל הַכֹּהֲנִים** "הַ"**לְוִיִּם** ולא כ' אל הכהנים "ו"הלוים, היינו שלכאורה יש חיוב לבא רק אל הכהנים שיצאו מבני לוי[182] ולאו דווקא לשאר בני לוי, וכן משמע ע"פ התרגום יונתן ופירש"י שם שהמצווה היא בכהנים דווקא יוצא שיש כאן מחלוקת בין הספרי להתרגום יונתן וכן בין הרמב"ם ורש"י אם המצווה מחייבת דווקא כהנים ולא שאר בני-לוי או גם שאר בני-לוי.[183]

179 גמ' חולין קלא עמוד א ושם; " ההוא ליואה דהוה חטף מתנתא אתו אמרו ליה לרב אמר להו לא מסתייה דלא שקלינן מיניה אלא מיחטף נמי חטיף ורב אי איקרו עם משקל נמי לשקול מינייהו אי לא איקרו עם רחמנא פטרינהו מספקא ליה אי איקרו עם אי לא איקרו עם" ע"כ.

180 ישראלים מיוחסים דווקא ראה רלב"ג לסוף דברי הימים ב תועלת ט.

181 הל' סנהדרין והעונשין המסורין להם, פרק ב', הלכה ב ושם;" ומצוה להיות בסנהדרין גדולה כהנים ולויים שנאמר ובאת אל הכהנים הלוים ואם לא מצאו אפילו היו כולם ישראלים הרי זה מותר", היינו מותר אבל עכ"פ מצוה לכתחילה למצוא כהנים ולוים.

182 כפירש"י דברים יז ט "הכהנים הלוים" - הכהנים שיצאו משבט לוי.

183 ראה ס' אור התורה להר"מ בלומנפלד, נוארק תשכ"ב ושם; "לפי דעת יונתן ורש"י עה"פ ובאת אל הכהנים הלוים המצוה שיהיו כהנים דייקא ולא לויים וטעמא כי הסנה' ישבו במקום קודש והעבודה שם נעשה ע"י הכהנים לכן גם זה ע"י הכהנים ובזה כבוד למקדש" ע"כ. והמהרש"א ח"א פסחים מט עמוד א ד"ה תרי בני סמיכי כ' "[דכן מצינו בזרעו דאהרן] שנאמר יורו משפטיך ליעקב וכו' גם שנאמר כן בכל שבט לוי עיקר קרא בכהנים, דכתיב **וּבָאתָ אֶל הַכֹּהֲנִים הַלְוִיִּם**" ע"כ וכעין זה ברלב"ג דברי הימים ב לא יד כ' "זאת היא עבודה (ללוים) להעמיד הכהנים על עבודתם בדרך שלא יצטרכו (הכהנים) לטרוח בדבר אחר זולתי העיון בתורה כי הכהנים הם יותר מיוחדים בלמידת התורה מהלוים" ע"כ. ובין הכהנים גופא יש ייעוד מיוחד בנבואת יחזקאל פרק מד דווקא לאלו הכהנים המיוחסים

כד. במה דברים אמורים שכהן פטור, כששוחט לעצמו; אבל אם שוחט למכור, אם הוא קבוע למכור בבית המטבחיים חייב ליתן מיד, ואם אינו קבוע למכור בבית המטבחיים, שתים ושלש שבתות פטור; מכאן ואילך חייב ומנדין אותו אם לא יתן.

≈○ משפט הכהנים ○≈

במה דברים אמורים שכהן פטור כו': בגמ' חולין קלב עמוד ב איתא; "דרש רבא **מֵאֵת הָעָם** דברים יח ג ולא מאת הכהנים, כשהוא אומר **מֵאֵת זֹבְחֵי הַזֶּבַח** שם הוי אומר אפילו טבח כהן" ע"כ, ופרש"י 'ולא מאת הכהנים': קס"ד דכהנים לא איקרו עָם עכ"ל, ולהלן בגמ' הובא עניין חיוב טבח כהן (היינו שוחט שהוא בעצמו כהן) בשם תקנת *זקני דרום*, ושם;

> "אזל ר' טבלא קמיה דרב נחמן אמר ליה מאי טעמא עביד מר הכי אמר ליה דכי אתא ר' אחא בר חנינא מדרומא אמר רבי יהושע בן לוי זקני דרום אמרו כהן טבח שתים ושלש שבתות פטור מן המתנות מכאן ואילך חייב במתנות"

ע"כ, ומשמע דלמסקנא כשכהן נעשה טבח למכור הוא קרוי עָם לענין חיובא. והוא חידוש גדול, דכיון דקיימא לן בכ"מ שכהנים אינם בכלל עָם - כמבואר בילקו"ש,[184] איך ישתנה שמו בפעולתו שקבע חנות למכור בשר.

והנראה לבאר על פי מה שביארנו שטעם מתנות כהונה הוא כי רצה הקב"ה שהכהנים יעסקו בתורה (כדברי רבי שמעון במכילתא שמות יג יז "לא ניתנה התורה לדרוש אלא לאוכלי המן, ושוין להם אוכלי תרומה" ע"כ) וכן כתבו הרבה מהאחרונים, וכדמשמע מפשטות לישנא דגמרא דעל כן לכהן עם הארץ אינו נותנין לו מתנה במקום שיש כהן ת"ח כי מתנות הכהונה ניתנים לכהנים **לְמַעַן יֶחֶזְקוּ בְּתוֹרַת ה'** דברי הימים ב לא כי הרי זה יעודם של הכהנים ולכן נותנים להם מתנות כהונה, וכלשון הרמב"ם לענין אחר פי"ג מהל' שמיטה ויובל הלי"ב;

> "ולמה לא זכה לוי בנחלת ארץ ישראל ובביזתה עם אחיו, מפני שהובדל לעבוד את ה' לשרתו ולהורות דרכיו הישרים ומשפטיו הצדיקים לרבים, שנאמר דברים לג **יוֹרוּ מִשְׁפָּטֶיךָ לְיַעֲקֹב וְתוֹרָתְךָ לְיִשְׂרָאֵל**, לפיכך הובדלו מדרכי העולם לא עורכין מלחמה כשאר ישראל ולא נוחלין ולא זוכין לעצמן בכח גופן. אלא הם חיל השם שנאמר שם **בָּרֵךְ ה' חֵילוֹ**. והוא ברוך הוא זוכה להם שנאמר **אֲנִי חֶלְקְךָ וְנַחֲלָתְךָ** במדבר יח כ"

עכ"ל, וידוע שעיקר שבט לוי הכוונה לכהנים, כמו למשל בברכת **יוֹרוּ מִשְׁפָּטֶיךָ לְיַעֲקֹב** שהוא בעיקר על הכהנים שהם מורי הוראה לנגעים וכו' כמפורש ברש"י שם.

ולפי זה מובן דבאמת כאשר כהן נעשה טבח למכור בשר ושוב אינו עוסק בתורת ה' אלא עוסק לפרנסתו,

---

אחר צדוק הכהן (הכהן גדול הראשון בבית שלמה), ולהם מיועדות גם סמכויות מיוחדות בעניין הוראת הלכות התורה עד כדי כך שיש חשש פן יכתבו איזה פסיקת דין בש"ק ראה ס' "אברהם אנכי" לר' אברהם פלאג'י ליחזקאל, פרק מ"ד ועוד, ואכמ"ל.

184 כמה דוגמאות לכך הובא ממכילתא יתרו ד;

- ◄ **וְעַל הַכֹּהֲנִים וְעַל כָּל עַם הַקָּהָל יְכַפֵּר** ויקרא טז אין הכהנים בכלל העם.
- ◄ **וְזֶה יִהְיֶה מִשְׁפַּט הַכֹּהֲנִים מֵאֵת הָעָם** דברים יח, אין הכהנים בכלל העם.
- ◄ **לֵךְ אֶל הָעָם וְקִדַּשְׁתָּם ..וְגַם הַכֹּהֲנִים הַנִּגָּשִׁים** שמות יט, אין הכהנים בכלל העם.

כד. במה דברים אמורים שכהן פטור, כששוחט לעצמו; אבל אם שוחט למכור, אם הוא קבוע למכור בבית המטבחיים חייב ליתן מיד, ואם אינו קבוע למכור בבית המטבחיים, שתים ושלש שבתות פטור; מכאן ואילך חייב ומנדין אותו אם לא יתן.

≈○ משפט הכהנים ○≈

ואינו סומך על מתנות הכהונה הניתנים לו משולחן גבוה למען לעסוק בתורת ה', הא לענין זה עצמו חשיב כ'עָם', כיון שקונה הבהמות כדי להתפרנס כשאר שבטי ישראל ממילא בבהמות אלו יש לו דין ישראל, אלא דכל זה רק אחר שנים שלוש שבועות שכבר קבע עצמו לענין זה, ולא כשעושה מלאכה בדרך עראי.[185]

קבוע למכור בבית המטבחיים חייב ליתן מיד; כפי תקנת זקני דרום חולין קלב עמוד ב ושם; "אזל רבי טבלא קמיה דרב נחמן א"ל מ"ט עביד מר הכי, אמר ליה דכי אתא ר' אחא בר חנינא מדרומא אמר רבי יהושע בן לוי זקני דרום אמרו כהן טבח שתים ושלש שבתות פטור מן המתנות מכאן ואילך חייב במתנות אמר ליה ולעביד ליה מר מיהת כר' אחא בר חנינא א"ל הני מילי דלא קבע מסחתא אבל הכא הא קבע מסחתא" ע"כ.

ועפי"ז יוצא לדינא שגם ישראל הקבוע למכור חייב מיד (ק"ו מכהן),[186] ובכלל החיוב גם השוחט למען בעלים המשווקים בשר לציבור הרחב, שאין שום פטור, ואפילו לא לחכות שתים או שלש שבתות, ובתוס' יו"ט חולין י ג כ';

"מדרבנן גזרו כש(הכהן)הוא טבח ליתן מתנות כהונה אפילו הבהמה שלו שלא ירגילו טבחי ישראל לשתף כהנים עמהם ליפטר מן המתנות, ועד שלש שבתות - דאיכא למימר לדידיה שחיט - לא גזרו רבנן ואוקמוהו על דין תורה, ומכאן ואילך גזר.
וכי קבע אמסחתא מאזניים לשקול הבשר, מיד מוכח דלאו דידיה שחיט, ולכך גזרו לאלתר תוספות. ומ"ש הרע"ב (מהגמרא ב' וגם ג' יראה דרצונו לומר הכל לפי תואר הענין, לפעמים שתים ולפעמים שלש לפי ראות הדיין דאיכא פרסומא דלאו דידיה שחיט"

והתוי"ט הוסיף עוד טעם ע"פ הר"י שבת דף ס עמוד ב תוס' ד"ה השתא למה אמרו זקני דרום "שתים ושלש שבתות" (ולא נתנו קצבה מדוייקת יותר), ושם; "הא דאמרינן בפרק הזרוע חולין דף קלב עמוד ב כהן טבח שתים ושלש שבתות פטור מן המתנות מכאן ואילך חייב במתנות, אומר ר"י דנקט שתים לרבי דאית ליה בהבא על יבמתו יבמות דף סד דבתרי זימני הויא חזקה וג' לרשב"ג" ע"כ. ובתלמוד ירושלמי פאה דף ט עמוד ב איתא להאי קנסא באופן יותר לחומרא, ושם כ' שטעם תקנת זקני דרום הוא קנס שקנסו חכמים לכהן שוחט, ולא מפטרינן ליה לכהן טבח בשום אופן יותר משבת אחת;

טבח כהן, חברייא בשם רבי יהושע בן לוי פטור לו שבת אחת. אמר רבי יוסי אזלית לדרומא ושמעית רבי חנן אבוי דר"ש בשם רבי יהושע בן לוי פטר ליה שבת אחת, רבי

185 וכן פירש המהר"ם שיק בסוגיין דלענין זה נקראו כהנים עָם, ולפי זה אין צריך להגהת הרש"ש שמחק תיבות אלו.

186 ובעיקר מנדים ישראל שוחט כי הוא בכלל "העם" ועובר על מצוות התורה, ואילו בכהן שוחט שאינו בכלל "העם" מנדים אותו מתקנת חכמים שלא ירגילו וכו', והראבי"ה חולין פ"י ועוד כתבו שהוא הדין ישראל, כדלקמן.

קו וְזֶה יִהְיֶה מִשְׁפַּט הַכֹּהֲנִים מֵאֵת הָעָם מֵאֵת זֹבְחֵי הַזֶּבַח

כד. במה דברים אמורים שכהן פטור, כששוחט לעצמו; אבל אם שוחט למכור, אם הוא קבוע למכור בבית המטבחיים חייב ליתן מיד, ואם אינו קבוע למכור בבית המטבחיים, שתים ושלש שבתות פטור; מכאן ואילך חייב ומנדין אותו אם לא יתן.

≈○ משפט הכהנים ○≈

יוחנן ג' אחרת רבי יודן מדמי ליה להדא קנס קנסו להן,[187] אמר ליה רב יוסף ואי משום קנס אפילו שבת אחת לא יפטור ליה, חנווני כהן רבי יודן אמר פוטרים לו שבת אחת רבי יוסי אמר אין פוטרים לו שבת אחת, על דעתא דרבי יוסי מן בין חנווני לטבח? חנווני יכול להערים טבח אינו יכול להערים.

ע"כ, והפני משה ביאר שחנווני כהן יכול להערים בזה שיקח גם מבהמת ישראל לתוך חנותו למוכרן ועי"ז יפקיע את אחיו הכהנים מן הזלו"ק, והר"ש סיריליאו פירש שחנווני כהן (אינו חנווני שמוכר בשר אלא) היינו חנווני-תבואה, ויכול להערים בזה שיאמר שנתן התרומה ומעשר הגם שלא נתן, והגר"א פירש שאין דרך חנווני לישב בעיר אחת ובזה אפשר לו להערים, בכל אופן הוה אומר שבטבח כהן הקילו יותר מחנווני כהן וחכמים וויתרו עליו שבת אחת ולא יותר, ומהר"ש סיריליאו פירש טעם קנסם הוא או מטעם שלא ירגילו טבחי ישראל להשתתף כהנים עמהם על מנת למצוא פטור, או מטעם שפוסק האי כהן את חיותם של אחיו הכהנים, ועיי"ש לשונו.

ומנדין **אותו אם לא יתן:** בגמ' חולין קלב עמוד ב "אמר רב חסדא האי כהנא דלא מפריש מתנתא ליהוי בשמתא דאלהי ישראל" ע"כ. ולכאורה תלה קללתו באחיו הכהנים שרב חסדא בעצמו היה כהן, והוא הדין לגבי שוחט ישראל דלא נותן הזלו"ק ראבי"ה מסכת חולין, פי' רבנו חננאל חולין קלב עמוד ב - ולכאורה פשוט הוא, כי מה מצינו לגבי כהן שוחט - שיש הו"א שהוא פטור כיון שאינו נקרא עָם - ואעפ"כ חייב נידוי, ק"ו לישראל שאין הו"א לפוטרו.

ובגמ' שם מצאנו עונשים אחרים, ולאו-דווקא נידוי ושמתא כפס"ד המחבר, כגון רבא (שכיהן במחוזא) דקניס אטמא, ורב נחמן בר יצחק (שכיהן בפומבדיתא) דקניס גלימא, וצ"ב במה חלקו על רב חסדא (שכיהן בסורא) שתמך לקנוס שוחט שמונע זלו"ק מכהן בשמתא - דדוקא כמותו נקטינן להלכה, והנראה דעונש הנידוי אינו אלא על חטאים שהעובר עליהם מקלקל בעצם היותו חלק מהציבור, אם בהיותו מחטיא את הרבים או בהיות העבירה חילול ה' או חילול כבוד התורה או חילול כבוד ישראל. וזה נראה ברור במה שכותב הרמב"ם הלכות תלמוד תורה פ"ו הלכה י"ד, לעניין הדברים שמנדין עליהן, ואלו הן:

- א) המבזה את החכם ואפילו לאחר מותו (חילול כבוד התורה).
- ב) המבזה שליח בית דין, (כנ"ל).
- ג) הקורא לחבירו עבד (חילול כבוד ישראל).
- ד) מי ששלחו לו בית דין וקבעו לו זמן ולא בא (כבוד התורה).

187 כדברי המשנה פאה ט עמוד א 'כהן ולוי שלקחו את הגורן המעשרות שלהן עד שימרחו' ע"כ. ובפני משה שם ביאר: 'המעשרות שלהן עד שימרח ואינם צריכים לתת התרומה והמעשר לכהן וללוי אחרים אבל אם קנו אחר מירוח צריכין להפריש התרומה והמעשר וליתן אותם לכהן וללוי אחרים ומפרש בגמרא דקנס קנסו להם חכמים כדי שלא יהו קופצים לגיתות ולגרנות לקנות תבואה או יין ונמצאו אחיהם מפסידים, ע"כ.

כד. במה דברים אמורים שכהן פטור, כששוחט לעצמו; אבל אם שוחט למכור, אם הוא קבוע למכור בבית המטבחיים חייב ליתן מיד, ואם אינו קבוע למכור בבית המטבחיים, שתים ושלש שבתות פטור; מכאן ואילך חייב ומנדין אותו אם לא יתן.

≈○ משפט הכהנים ○≈

- ה) המזלזל בדבר אחד מדברי סופרים ואין צריך לומר בדברי תורה (כבוד התורה בהיותו מזלזל בחוקותיה ואינו כעובר לתאבון.
- ו) מי שלא קיבל עליו את הדין מנדין אותו עד שיתן, (כבוד התורה ובי"ד).
- ז) מי שיש ברשותו דבר המזיק כגון כלב רע או סולם רעוע מנדין אותו עד שיסיר היזקו (מכשול לרבים).
- ח) המוכר קרקע שלו לעובד כוכבים מנדין אותו עד שיקבל עליו כל אונס שיבוא מן העובד כוכבים לישראל חבירו בעל המצר (מכשול לרבים).
- ט) המעיד על ישראל בערכאות של עובדי כוכבים והוציא ממנו בעדותו ממון שלא כדין ישראל מנדין אותו עד שישלם (ביזוי כבוד התורה ובי"ד)
- י) טבח כהן שאינו מפריש המתנות ונותנן לכהן אחר מנדין אותו עד שיתן (יבואר).
- יא) המחלל יום טוב שני של גליות אע"פ שהוא מנהג (חילול כבוד הימים טובים וחילול כבוד חז"ל שקבעו שהוא יו"ט ופורץ גדר).
- יב) העושה מלאכה בערב הפסח אחר חצות (פורץ גדר).
- יג) המזכיר שם שמים לבטלה או לשבועה בדברי הבאי (כבוד שמים).
- יד) המביא את הרבים לידי חלול השם (כבוד שמים, ומכשיל את הרבים).
- טו) המביא את הרבים לידי אכילת קדשים בחוץ (מכשיל את הרבים).
- טז) המחשב שנים וקובע חדשים בחוצה לארץ (כנ"ל).
- יז) המכשיל את העיוור (צ"ע).
- יח) המעכב הרבים מלעשות מצוה (מכשיל את הרבים).
- יט) טבח שיצאה טרפה מתחת ידו (כנ"ל).
- כ) טבח שלא בדק סכינו לפני חכם (כנ"ל).
- כא) המקשה עצמו לדעת (מביא מבול לעולם – נוגע לרבים).
- כב) מי שגירש את אשתו ועשה בינו ובינה שותפות או משא ומתן המביאין להן להזקק זה לזה כשיבואו לבית דין מנדין אותם (עבירה שבפרהסיא).
- כג) חכם ששמועתו רעה (כבוד התורה).
- כד) המנדה מי שאינו חייב נידוי (כבוד התורה – מיקל בכבוד הנידוי).

ובזה מובן שחטאו של "טבח כהן שאינו מפריש המתנות ונותנן לכהן אחר מנדין אותו עד שיתן" (והוא הדין ישראל טבח כנ"ל)[188] שדינו כמו כל הדברים האחרים שגם זה הוא משום כבוד שמים, כי אין זה כבוד שמים שהכהן מחזר אחר הזלו"ק, והרי כל ענין הזלו"ק הוא להראות כבוד לכהנים **לְמָשְׁחָה**, וזה מבזה את הכהנים שמראה שאינו בוטח בה' ואינו מאפשר אכילת הזלו"ק לשם **לְמָשְׁחָה** אלא הוא אוהב בצע ואכילה. ועל ידי זה מבזה את הכהנים שזהו גופא חילול ה' ופגם בכהניו משרתי שמו. וכל זה לעניין כהן, והוא הדבר גם לישראל שוחט (ע"פ מה שכתב המחבר

188 ובגמ' גי' כתי"ו Ebr. 120-121 מצאנו; "אמר רב כהנא, טבחא דלא מפריש מתנתא ליהוי בלו בשמתא די"ה אלהי ישראל" ע"כ.

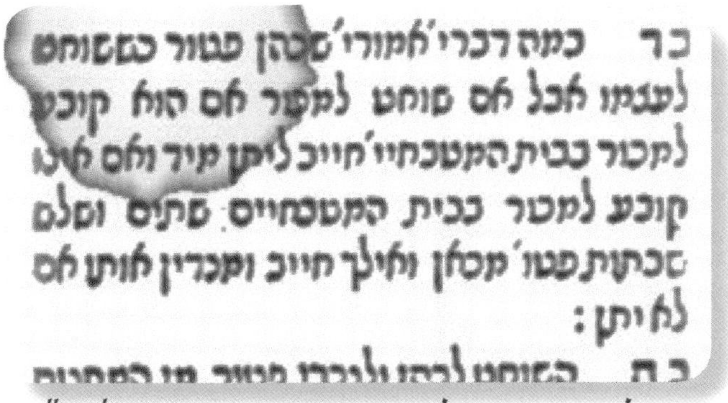

כד. במה דברים אמורים שכהן פטור, כששוחט לעצמו; אבל אם שוחט למכור, אם הוא קבוע למכור בבית המטבחיים חייב ליתן מיד, ואם אינו קבוע למכור בבית המטבחיים, שתים ושלש שבתות פטור; מכאן ואילך חייב ומנדין אותו אם לא יתן.

≈○ משפט הכהנים ○≈

לעיל סעיף טו אודות שוחט ש"לא נתן המתנות לכהן אלא אכלן או הפסידן, פטור מדיני אדם, אלא כדי לצאת <u>ידי שמים</u> צריך לפרוע דמיהם" והרי דין נידוי הוא גם לשוחט שהוא כהן וגם לשוחט שהוא ישראל, אלא שלכהן נותנים[189] ב או ג שבתות כנ"ל וישראל השוחט חייב מיד), שכיון שמונע ידו מלעשות כפי ציווי התורה - בדבר שאין כ"כ תביעה בידי אדם ואינו חושש שיקראו תגר עליו (כפי דברי המחבר סעיף יא שאין לו לכהן לשאול אותם בפה), הרי זה השוחט מראה א"ע כאילו שאינו חושש לכבוד שמים. ולכן רב חסדא דווקא - שהיה בעצמו כהן - הרגיש יותר הפגם שעושה כהן כזה באחיו הכהנים, והוא עצמו הוכיח שהיה ידוע שלימותו בזה ותוכן הפנימי של מתנת הזלו"ק, שמובא בגמרא שבת י עמוד ב שאחז מתנות כהונה ואמר שיביאן למי שיאמר לו שמועה חדשה מרב שלא שמעה, והוכיח בזה כי אינו מחזר אחר הבצע אלא מגמת חפצו היה רק לקיים מצוות התורה שאמרה **לְמָשְׁחָה**, ואדרבה כשיכול להשיג בעבור הזלו"ק עוד תורה הרי טוב לו התורה מאכול בשר. ודין זה של שמתא זו מצאנו גם בתשובת רב נטורנאי בן הילאי גאון גאון סורא בשנים ד'תרי"א - ד'תרט"ז, ויתר על כן מצאנו בדברי האחרונים כגון זה שהביא המהר"י קורקוס שבית דין כופין את השוחט על הנתינה עד צאה"נ כל עוד שהזלו"ק בעין, אבל המחבר לא הביא יותר מנידוי בעלמא וגם לכאורה לא חילק בין אם השוחט מונע נתינת הזלו"ק מחמת עצלותו לבין אם מונעם בכוונה לגזלם – דאין שום נפק"מ לדין דמנדין ליה (וגם לדין שבית דין כופין אותו כנ"ל כל עוד שהם בעין), ומשמע דמנדין בבכל מקום דהרי עליו רמא רחמנא מצוה דּוְנָתַן לַכֹּהֵן וכל עוד שמבטל המצוות עשה ענשינן ליה.

כד במה דברים אמורים שכהן פטור כששוחט לעצמו אבל אם שוחט למכור אם הוא קובע למכור בבית המטבחיים חייב ליתן מיד ואם אינו קובע למכור בבית המטבחיים שתים ושלש שבתות פטור מכאן ואילך חייב ומנדין אותו אם לא יתן:

תצלום מדפוס שולחן ערוך יורה דעה ונציא ה'שכ"ה

שינוי גירסא מכריע

במקום *ומנדין אותו אם לא יתן* יש כמה דפוסי שו"ע בימינו שבהם מופיע גירסא "<u>והיו</u> מנדין אותו אם לא יתן", וזה טעות ברורה כי זה אינו כפי הגירסא הראשונה של יורה דעה ונציא שכ"ה (וכן דפוסים קדומים אחרים כגון ונציא של"ד, שנ"ח, קראקא שפ"ב, אמשטרדם תכ"ב) וגם אינו כפי המקורות בתלמוד, בגאונים ופוסקים שברור שהגירסא בלשון הווה - ומנדין אותו - היא המדוייקת, כי אין מעשה הנידוי כדיוטגמא שהיו עושים בלשון עבר בימים ההם אלא כך מידת הדין מחייבת כפס"ד המחבר.

189 רב האי גאון צוטט באגודה פרק הזרוע סי' קנב ראבי"ה חולין פ"י רבינו חננאל לחולין קלב עמוד ב רמב"ם פיה"מ חולין י ד ועוד

כה. השוחט לכהן ולעובד כוכבים, פטור מן המתנות; והמשתתף עמהם צריך שירשום. ובעובד כוכבים, אם יושב עמו במטבחיים אין צריך לרשום:

≈○ משפט הכהנים ○≈

השוחט לכהן וכו': יבואר שהפטור להשוחט לכהן או לנכרי הוא דווקא כששוחט הבהמה בעבורם,[190] (היינו לשולחנם הפרטי, והשוחט מכוון) להשאיר כל הבהמה אצל הכהן/הנכרי - דאז פקע חיוב השוחט לתת הזלו"ק, בממ"נ; אם שוחט לכהן הרי כאן כהן פרטי והבהמה מראש הייתה שייכת לו והכהן פטור מנתינת זלו"ק (כדלעיל שאין הכהנים בכלל עָם), אבל אם זה למטרת מכירה, השוחט חייב בנתינה מיד (ראה לעיל בסעיף כד). וסיבת הפטור בפשטות היא כי השוחט אינו לוקח לעצמו כלום מבשר הבהמה אלא שוחט עבורם במעשה השחיטה לבד (ומקבל שכר השחיטה) ונשאר הבהמה כולה אצלם, אבל לכאורה יש נפק"מ לעניין ברכת השחיטה בין השוחט לכהן או לנכרי - כי השוחט לנכרי אינו מברך כלום[191] משא"כ השוחט לכהן ודאי מברך.

רהמשתתף עמהם צריך שירשום: צ"ב למי הכוונה '<u>ה</u>משתתף עמהם' כלומר אם מדובר על שותפות השוחט עם הכהן/גוי או שותף ישראל שקונה זכות חלקים מסויימים מבהמת כהן/גוי טרם השחיטה ואז קורא לאיזה שוחט לזבוח - ויש בזה נפק"מ גדולה מי הוא החייב לרשום, אם השוחט בעצמו או השותף, ואולי הוא הדין בשני האופנים הללו - שבשניהם חייב דווקא השוחט לבצע את הרשימה, דהיינו שאין נפק"מ אם השוחט השתתף עם כהן/גוי בעצמו או שקראו כהן/גוי לשוחט לזבוח בהמה <u>שיש בה שותפות</u> בין איש החייב (ישראל אחר) ואיש הפטור (כהן או גוי), כי בשניהם חייב השוחט לרשום (לפני שישחוט) למען שלא יחשדוהו ברשע שמפקיע הכהן ממתנת חלקו.

רבעצם עניין השותפות יש לעיין ע"פ מש"כ המחבר באורח חיים סו"ס קנו אודות השתתפות עם גוי, ושם; "ויזהר מלהשתתף עם הכותים שמא יתחייב לו שבועה ועובר משום לא ישמע על פיך". וזה ע"פ הגמ' בגזירת אבוה דשמואל בכורות ב עמוד ב ושם;

> "אמר אבוה דשמואל אסור לאדם שיעשה שותפות עם העובד כוכבים שמא יתחייב לו שבועה ונשבע לו בשם עבודת כוכבים שלו והתורה אמרה שמות כג יג **לֹא יִשָּׁמַע עַל פִּיךָ**"

ע"כ,[192] ועפי"ז גם שייך כאן דברי אבוה דשמואל <u>ולא ראינו עד עכשיו מי שהעיר ע"ז בנדו"ד</u>,[193] וי"ל

190 השוחט לכהן ולגוי; היינו ל כטעם *תכלית*, כלומר ששוחט לתועלת שימוש הבלעדי של הכהן/גוי בבשר הבהמה.

191 לא מצאנו בהדיא בהלכות ברכת השחיטה יור"ד סי' יט דין שיברך.

192 לפי דברי הרמ"א שם "יש מקילין בזה"ז משום שאין נשבעים בעבודת אלילים ואע"ג דמזכירין העבודה זרה מכל מקום כוונתם לעושה שמים וארץ אלא שמשתפין שם שמים ודבר אחר".
והרמ"א שם נוחת לעניין אם הישראל יכול להשביע הגוי כיוון *שהגוי* יזכיר שם ע"ז, אבל מלשון המחבר שם החשש הוא פן יחייב *הישראל* שבועה ויכריחנו הגוי על כך בשם ע"ז, והוא עצם החשש של גזירת אבוה דשמואל וכפי לשוה"כ שלא ישמע על פה של איש *מישראל*.
ובשולי הדברים יש להביא דגם בזמן הגמ' היו גויי בבל מאמינים באליליות של שתי רשויות ואחד מהם ש'עשה שמים וארץ' ואכמ"ל.

193 וראה עוד בירושלמי עירובין דף לח עמוד א ובפני"מ שם דכמה קירקראות קירקרו רבנן שלא ידור עם גוי בחצר ואם שיכול לשכור הימנו חלקו ואמרו כי העכו"ם יחשוש לכשפים ולא ישכור, ובכך לא ידור הישראל עמו בחצה. ומצאנו כמה חששות כעין זה שלא ילמד

כה. השוחט לכהן ולעובד כוכבים, פטור מן המתנות; והמשתתף עמהם צריך שירשום. ובעובד כוכבים, אם יושב עמו במטבחיים אין צריך לרשום:

≈○ משפט הכהנים ○≈

דאינו שייך כ"כ לבני א"י כי הישמעאלים שוללים ג"כ השיתוף וכדברי הרמב"ם הידועים.[194]

ונראה דזה הטעם שבגמרא לא נזכר עצה זו להערים ולהשתתף/ולקנות מגוי, ומשמע בתקנת זקני דרום שלא היה דרכם של בנ"י לעשות כן עם גויים אלא רק הערימו להשתתף דוקא עם כהן, משום שבזמנם עדיין היו כל חששות אלו (ראה עוד בהערות) ולא רצו לעשות כן.

<u>ומה שמצינו בגמ' דגזרו על הבשר משום המתנות</u>

ממעשה הגוי וגם כי חשוד על שפיכות-דמים, והגם שההלכה כרבי אליעזר בן יעקב דמקיל בעירובין הרי עכ"פ כמה חששות אודות חיבור עם עכו"ם.

ובמשנה חולין ב ז מצאנו דעת רבי אליעזר הגדול; "השוחט לנכרי ..רבי אליעזר פוסל, ..אפלו שחטה שיאכל הנכרי מחצר כבד שלה פסולה שסתם מחשבת נכרי לעבודה זרה" ע"כ. ובספר *הקנה* הסתמך ע"ז לכתוב דברים חריפים מאד כנגד הנהנה, ואפילו ע"י שחיטה כשירה; "ובהיות בהמת ישראל ושחטו לנכרי לפניו אפילו שחטו כראוי ישראל הקדושים צריכים טהרה ופרישות ממנו משום דהוי זבחי מתים דאלהיהם אין לו כח וחיות מצד עצמו והרי הוא מת. ור' אלעזר הוא דאמר סתם מחשבת נכרי לע"ז וא"כ אסור גם בהנאה, אשריו שלא גרם להכנס ישראל טומאה בהיכל להעלות מלכות הרשעה" ע"כ עיי"ש.

ועוד, דהרי אין מדליקין נר מגוי במוצאי יו"כ שולחן ערוך הרב סי' תרכג ה-יב דמראה בזה שהוא ספון וכדברי מדרש תנחומא וישב ג "אם אתה מבדיל על נרו של גוי אתה עושהו כאלו הוא ספון והכתוב אומר ישעי' מ ז **כָּל הַגּוֹיִם כְּאַיִן נֶגְדּוֹ**" ע"כ.

194 וראה שו"ת רגב"ס ח"ק צב אלף קסג (קכג) שכ' שאעפ"כ ישראל יהרג ואל יעבור לדתם כי הממיר לדתם כופר בתורת משה.

ופירש המהרש"א דהיו משתתפין עם עכו"ם להערים, אפשר דאדרבה עבירה גוררת עבירה, וכשם שרצו להשתמט מן נתינת הזלו"ק כך נכשלו בעוד איסורים ובאמת על כן בא להם העונש החמור הזה של גזירת החַבָּרים[195] שלא יאכלו בשר ולא יקיימו בו מצוות כבוד שבת ויו"ט ח"ו, כי לא חפץ ה' בבשר מצוה <u>הבא על ידי עבירה</u>, בשר שגזלו הזלו"ק מהכהן (אם

195 בגמ' יבמות סג עמוד ב; "אמרו ליה לרבי יוחנן אתו חברי לבבל שגא נפל אמרו ליה מקבלי שוחדא תריץ יתיב גזרו על ג' מפני ג', גזרו על הבשר מפני המתנות גזרו על המרחצאות מפני הטבילה קא מחטטי שכבי מפני ששמחים ביום אידם" ע"כ.

ומי הם החברים כ' בתוס' גיטין דף יז עמוד א ד"ה הא מקמי דאתו חברי לבבל "פי' בקונט' חברי היינו פרסיים ומקמי דאתו חברי לבבל היינו בימי כשדים נבוכדנצר ואויל מרודך ובלשצר ובתר דאתו היינו כשכבש כורש את המלכות ומלך בבבל וקשה לר"ת דעל כרחך חברים לאו היינו פרסיים דאמר בפרק עשרה יוחסין קדושין דף עב עמוד א. הראני פרסיים דומין לחיילות של בית דוד הראני חברים דומין למלאכי חבלה ועוד דבפרק הבא על יבמתו יבמות דף סג: משמע דבימי רבי יוחנן אתו חברי לבבל דאמרו ליה לר' יוחנן אתו חברי לבבל שגא נפל ואומר ר"י דחברים הם אומה אחת שבאה בימי רבי יוחנן וכשבאה לבבל הרשיעה את הפרסיים שהיו בבבל ואתקלקלו טפי מארומאי וא"ת למאי דפי' בקונט' דמימי כורש באו פרסיים לבבל ובהגוזל בתרא ב"ק קיז עמוד א אמרינן דאמר ליה רב לרב כהנא עד האידנא הוה מלכותא דיוונאי דלא קפדי אשפיכות דמים השתא פרסיים נינהו וקפדי אשפיכות דמים משמע דבימי רב אתו פרסיים לבבל ואומר ר"י דהתם הכי פירושא עד האידנא הוה מלכותא דיוונאי שמושלים של בבל היו מיוונים ועכשיו המושלים הם פרסיים אבל לעולם פרסיים היו שם מימות כורש" ע"כ.

כה. השוחט לכהן ולעובד כוכבים, פטור מן המתנות; והמשתתף עמהם צריך שירשום. ובעובד כוכבים, אם יושב עמו במטבחיים אין צריך לרשום:

≈○ משפט הכהנים ○≈

כי בדרך היתר) ונשחט בשותפות גוי ונקרא "זבחי מתים" ח"ו, ועי' בדברי *ספר הקנה* המובא בהערות.

רשימה מהי

החוב לרשום הובא במשנה חולין י ג ונראה דהכוונה היא שירשום השוחט דווקא <u>רשימה שמתקיימת</u>, שכן עולה משימוש המשנה בלשון רשימה בכ"מ.[196] ולפי המשמעות שחוב הרשימה הוא בגלל מראית עיני הרואים - *"מראית עין"* - שלא יחשדו השוחט שמבטל מצווה הבאה לידו, ברור שגדר הרישום הוא כזה שיפקיע כל חשד מעל השוחט. וברש"י בחולין קל"ב עמוד א כתב שיעשה בו סימן שיבינו הרואים שהבהמה אינה כולה של ישראל, ולשון הר"ן הוא "ומיהו צריך שירשום ויעשה לו סימן כמו שהיו רגילים לרשום בשר שפטור מהמתנות" וכן פסק *החיי אדם* בספרו שערי צדק שער משפט הארץ פרק ז' ח"א, "ויעשה סימן במתנות כדי שיבינו הרואים שאינו כולו של ישראל".[197]

חובת הרשימה	
רבינו חננאל חולין קלג עמוד א	ירשום שכל הרואה מכיר שהיא לכהן
רע"ב חולין י ג	יעשה בה סימן שיבינו הכל שיש לכהן או לנכרי שותפות בה
רמב"ם פיה"מ חולין י ג	שירשום חלקו ומתנתו ויניח המתנות במקומותן בחלק הכהן
ר"ן	יעשה לו סימן כמו שהיו רגילים לרשום בשר שפטור מהמתנות
מאירי למשנה חולין י ד	סימן במתנות להודיע שנשתתף

ובפירוש המשנה להרמב"ם כ' שרושם בשר לישראל ומתנות לכהן, ועל ידי רשימה מתפרסם העובדה <u>שהזלו"ק שייך בהחלט לכהן</u> וליכא חשדא שיחשדו

196 כמה דוגמאות לכך;

- בעניין כתובת קעקע; "כתבת קעקע ..אינו חייב עד שכתוב ויקעקע בדיו ובחול ובכל דבר שהוא רושם" משנה מכות ג ו.
- בענין כתיבת מגילת סוטה "אינו כותב לא בקומוס ולא בקנקנתום ולא בכל דבר שרושם אלא בדיו שנאמר **וּמָחָה** במדבר ה כג, כתב שיכול להמחק" משנה מסכת סוטה ב ד.
- בענין הזמנת מוקצה לאכילה בשבת יו"ט; "אמר רבי אליעזר עומד אדם על המקצה פירות שהניחן לייבוש, (שבד"כ דוחה אותם ממחשבתו מלאכלן, וההזמנה - אם יזמין - מתירה ערב שבת בשביעית שאין מעשר נוהגת, כי אם ינהג הרי *סתם מוקצה* אינה עדיין מעושר ואומר מכאן אני אוכל למחר ואמרינן שפיר ברירה) וחכמים אומרים עד שירשום בסימן, דאין ברירה ויאמר מכאן ועד כאן" לפי"ז לחכמים אמרינן שפיר ברירה ורק בתנאי שירשום ולא סגי באמירה בלבד מסכת ביצה ד ז.

197 ובד"כ חששו חז"ל למראית העין פן יחשדו איש מסויים במקום שיש חשד של איסור מדאורייתא דווקא וכדברי הרמ"א יור"ד פז ג שבשעת בישול בשר בקר בחלב שקדים, יש להניח אצל החלב שקדים, ובמה דברים אמורים, באיסור בשר בחלב שהוא מדין תורה, אבל אין צורך בכך באיסור מדרבנן של בישול בשר עוף בחלב. ולכאורה כאן אין טעם לחייב השוחט לרשום כיון שיש רק מצות עשה בלבד, אלא מוכרח לומר כפי פס"ד המחבר לקמן שאסור לישראל לאכול עצם הזלו"ק ובביאור הגר"א שמהות האיסור הוא גזל, וא"כ הוי איסור מד"ת ופשוט.

כה. השוחט לכהן ולעובד כוכבים, פטור מן המתנות; והמשתתף עמהם צריך שירשום. ובעובד כוכבים, אם יושב עמו במטבחיים אין צריך לרשום:

שהשוחט מפקיען מידי הכהן. והואיל שזה טעם עניין הרשימה מובן פסק הרמב"ם הלכות ביכורים פרק ט הלכה י שהמשתתף עם הנכרי אין הדין שווה להמשתתף עם הכהן וז"ל;

"והמשתתף עם הכהן צריך שירשום חלקו כדי שיניח המתנות בחלק הכהן, שאם לא ציין חלקו חייב במתנות מפני שאין הכל יודעין שהכהן שותף לו. לפיכך אם היה הכהן עומד עמו במטבחיים ונושא ונותן עמו אינו צריך לרשום.
והמשתתף עם העכו"ם אינו צריך לרשום שסתם עכו"ם מרבה דברים ומודיע לכל שהוא שותף ואע"פ שאינו עמו בשעת מכירה"

יוצא לפי דעת הרמב"ם דהשתתפות עם כהן אינו נפק"מ כ"כ לעניין שיקבל הכהן את חלקי הזלו"ק, כי בין כך ובין כך יתנם השוחט בידו, והנפק"מ הוא רק למי זכות הנתינה, כי לכתחילה יש לו לישראל השותף לרשום חלק הכהן באופן שישאר הזלו"ק בידי שותפו הכהן ואם הכהן עומד עמו במטבחיים ומוכח לכל שהוא שותפו אזי פקע חוב השוחט לרשום כי מוכח שהכהן השותף יקח הזלו"ק. אבל לגבי ההוא דמשתתף עם גוי, אין צורך לרשום (כי כל חוב הרשימה הוא מפני מראית עין שלא יחשדו השוחט שגוזל הזלו"ק מהכהן) כי סתם גוי מרבה דברים ומודיע לכל שהוא שותף בבהמה וממילא פקע שום חוב לרשום כי אין מקום לחשד (ואליבא דהרמב"ם מניח השוחט את הזלו"ק בחלק הגוי כמו שמניחם כששותפו הוא כהן). ויש להדגיש כנ"ל סעיף כד שחוב הרשימה שייך רק לשוחט להמשתתף עם כהן/נכרי לשחיטה עבור שולחנם הפרטי בלבד, כי לעניין השתתפות עם כהן (והא הדין נכרי) למטרת רווח ושיווק לציבור כבר גדרו חז"ל כנגד זה בתקנת זקני דרום.

מתי ירשום?

והפרי"מ משבצות זהב ס"ק כז כתב "דאם משתתף עם הכהן או עם הגוי <u>לאחר</u> שחיטה דאין פטור ממתנות", ויש לדייק שיש לשוחט לרשום הבהמה דווקא כשהיא חיה עוד טרם למעשה השחיטה, מכיוון שלאחר השחיטה כבר יראו הרואים שאינו מזדרז להפריש חלקי הזלו"ק ויחשדוהו, משא"כ אם מוכח לפני מעשה השחיטה שחלקי הזלו"ק הם בבעלות כהן או גוי.

ובגוי אם יושב עמו במטבחיים אין צריך לרשום: בהגהת הרמ"א כאן נוחת לעניין הפטור מי שקונה חלקים מסויימים בבהמה מגוי, ובגלל שזה בעצם שייך יותר לסעיף הבא (ששם עוסק בסוגי שותפות שהשוחט פטור בהן, ואילו כאן אינו מדבר אלא בשותפות שחייב השוחט לרשום - ואדרבה, חייב לרשום כיון שיש הו"א שאינו פטור) לכן הבאנו דבריו שם, ועיי"ש.

המשתתף עם הלוי

יש לדון מה דינו של המשתתף בקניית בהמה עם הלוי (למען השחיטה לשולחנם הפרטי). והנה בפשטות דינו ככהן שהמשתתף עמו פטור מן הזלו"ק (כפי התנאים שכ' לעיל שירשום וכו'), וכ"כ בערוגות הבושם סימן ס"א אות י"ב והביאו הדרכי תשובה אות קנ"ג, וכ"כ בערוך השולחן ס"א י"ט, וכן

כה. השוחט לכהן ולעובד כוכבים, פטור מן המתנות; והמשתתף עמהם צריך שירשום. ובעובד כוכבים, אם יושב עמו במטבחיים אין צריך לרשום:

הוא בליקוטי הלכות, וכן מסיק בדרך אמונה על הרמב"ם פ"ט מהל' בכורים ומתנות כהונה הי"ב ס"ק פ"ו.

ויש לתמוה למה לא אמר כן כאן בשו"ע. ואפשר לומר, דהטעם הוא משום שחיישינן שמא יעשה הישראל שותפות עם הלוי לצורך זה, והרי כל מה שהלוים פטורים הוא רק מכח *ספק*, ולכתחילה אין לסמוך על זה דשמא מפקיע עצמו ממצוה, ולכן רק בכהן וגוי שהיתר ברור כתב זאת. עוד אפשר באופן אחה, משום דאין ספק לוי מוציא מידי ודאי ישראל שהוא מחמת עצמו בר חיובא, ולכן עכ"פ השוחט חייב אם עצם הזלו"ק הם בחלק של הישראל, היות שדין עצם הזלו"ק הוא כדין המשתתף עם כהן, דלפי הרמב"ם יש לשוחט לרשום הבהמה טרם הזביחה ויברר שחלקי הזלו"ק שייכים ללוי ולא להישראל - ואזי אין חשש מראית עין אחר שברור שחלקי הזלו"ק אינם בחלקו של הישראל שהוא חייב בוודאי.

דין בת-לוי

ויש להביא כאן מש"כ הר' יהודה אלמאנדרי כת"י, מובא בס' גז צאנך ע' ק"צ **בזה שרב כהנא אכיל בשביל אשתו שהיתה לויה** ועיי"ש שביאר שר' יהודה אלמאנדרי אזיל לשיטתו שם קל"א עמוד א ואכמ"ל בזה **ובאמת היא תמיהה גדולה מהגמ'** פסחים דף מט

עמוד ב **דאיתא שם שרב כהנא נשא בת כהן;**

"אמר רבי יוחנן כגון בת כהן לישראל ובת תלמיד חכם לעם הארץ דאמר רבי יוחנן בת כהן לישראל אין זווגן עולה יפה, מאי היא, אמר רב חסדא או אלמנה או גרושה או זרע

67% ממשקל גוויה

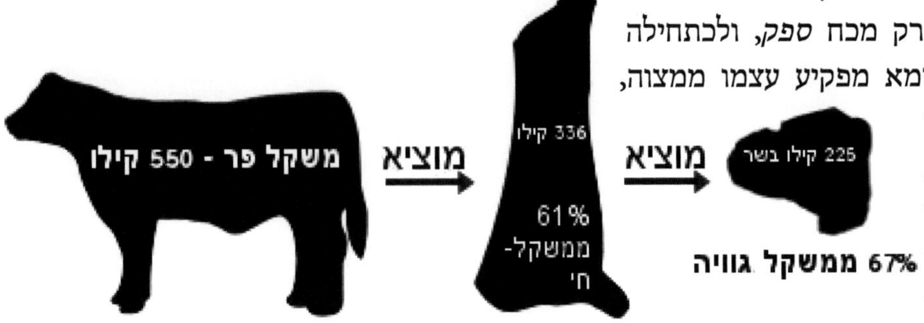

בשר הבהמה עובר כמה שלבים אחר השחיטה, ויש לשוחט המשתתף בקניית בהמה יחד עם כהן או גוי לרשום הבהמה באופן שלא יחשדוהו הרואים שמבטל מצות עשה ועובר על איסור גזל ח"ו

אין לה, במתניתא תנא קוברה או קוברתו או מביאתו לידי עניות, ועל זה מביאה הגמרא אמר רב כהנא אי לא נסיבנא כהנתא לא גלאי, אמרו ליה והא למקום תורה גלית לא גלאי כדגלי אינשי"

ופרש"י "שאר תלמידים יוצאין מדעתן ואני יצאתי על כרחי מחמת מרדין ואימת מלכות" עכ"ל, ומשמע מכל זה שנשא כהנת והתאונן על מה שנענש על זה בענוותנותו שסבר שאינו תלמיד חכם.

ומשמע מזה שנשא כהנת ואולי ס"ל לרי"א דגם עם לויה אסור לינשא רק לתלמיד חכם והיינו משום שמאותו טעם שאסור לכהנת לינשא לישראל משום שבזיון הוא לאהרן הכהן שידבק זרעו בעם הארץ, הכי נמי גנות היא לשבט לוי שידבק בהם עם הארץ.

כה. השוחט לכהן ולעובד כוכבים, פטור מן המתנות; והמשתתף עמהם צריך שירשום. ובעובד כוכבים, אם יושב עמו במטבחיים אין צריך לרשום:

≈○ משפט הכהנים ○≈

ומה שאמרה התורה לשון "בת כהן" הוא משום שבהם בכהנים הוא עיקר האיסור, כיון שהם עיקר הקדושה שנתקדשו שבט לוי, וכמו שמצינו להיפך ששבח שנשתבחו בהם הכהנים אמרו בכללות על שבט לוי, כמו שאמרו **יוֹרוּ מִשְׁפָּטֶיךָ לְיַעֲקֹב וְתוֹרָתְךָ לְיִשְׂרָאֵל**, אע"פ שעיקר השבח קאי על הכהנים שכל הוראות וריבים אינם אלא מפיהם, ריבי סוטה ונגעים כו' כדאי' בתורת כהנים (אלא שנאמר גם על שבט לוי בכללות כדאי' בגמרא יומא דף כו עמוד א **לא משכחת צורבא מרבנן דמורי אלא דאתי משבט לוי כו'**).[198]

ולא גרע בת לויים שנאמר עליהם **יוֹרוּ מִשְׁפָּטֶיךָ לְיַעֲקֹב**, ויעודם להיות מורי הוראות ותלמידי חכמים, מבת כהן לעם הארץ שאין זיווגן עולה יפה וכדאי' בגמרא שם.

עכ"פ חזינן מכאן דלא רק כהנת פטורה מנתינת זלו"ק אלא גם לויה, ואולי גם שבעל לויה פטור מן הנתינה – שהוא כבעל כהנת שבפשטות הרי הוא כנותן זלו"ק לאשתו כמובא לעיל – וקמ"ל דגם לבעל לויה מותר לאכול בשביל אשתו אע"ג דלא יהבינן להו בשום אופן, כי בוודאות שאינם בכלל **ונתן לכהן** - שדווקא הכהנים נקראו לוים (בכ"ד מקומות בתורה[199]) והלוים לא נקראו כהנים בשו"מ, וצ"ע אם מהני כאן דין שתקרא הבת לוי מוחזקת ותפיסה בזלו"ק והמע"ה. אבל עכ"ז לכתחילה ברור שאין נותנים הזלו"ק ללויה והעושה כן לא בא לכלל קיום המצווה, הואיל שגם בעצם הנתינה לאשה כהנת כבר קראו בזה תגר כדברינו לעיל בסעיף ח.

198 והמהרש"א ח"א פסחים דף מט ד"ה תרי בני סמיכי כ' שאע"פ שנאמר יורו משפטיך ליעקב לכל שבט לוי, עיקר ההוראה הוא ע"פ הכהנים דכתיב על פיהם יהיה כל ריב וכו'.

199 חולין כד עמוד ב, יבמות פו עמוד ב, תמיד כז עמוד א. ולמניין הכ"ד מקומות ראה בן יהוידע לתחילת מס' בכורות, אהל דוד ח"א דף קט, קונטרס הכהנים הלוים, וקונטרס עץ יהודה דף עח, מאמר הכהנים הלוים.

ובפס"ד הרמב"ם נדרים ט כג כ'; "הנודר מן הכהנים מותר בלוים, מהלוים מותר בכהנים, הנודר מבניו מותר בבני בניו, ובכל הדברים האלו וכיוצא בהן דין הנודר והנשבע אחד הוא" ע"כ, ולפי"ז לכאורה גם כהנים לא איתקרי לויים, ותירץ הרדב"ז שזה דווקא בדין נדרים שהולכים אחר לשון בני אדם משא"כ בלשון המקרא, עיי"ש.

כה. השוחט לכהן ולעובד כוכבים, פטור מן המתנות; והמשתתף עמהם צריך שירשום. ובעובד כוכבים, אם יושב עמו במטבחיים אין צריך לרשום:

≈○ משפט הכהנים ○≈

דוגמת שותפות בבהמה

פירוט כל נתחי בשר בקר ממוצע

(כמות הזרוע, הלחיים והקיבה היא כ4% של משקל יבול הבשר)

שור בן 27 חודש בעת השחיטה	משקל בפאונד	משקל בקילו
משקל בעת השחיטה	800.00	362.87
משקל בתלייה	467.00	211.83
חוד החזה	8.55	3.88
צלעות קצרות	12.50	5.67
סטייק צלע	2.33	1.06
סינטה/מותן	12.01	5.45
כל סיבוב ראשוני	62.7	28.44
כל מותנה ראשוני	60.8	27.58
כל צ'אק הראשוני	47.4	21.5
ראוסט זרוע שלם עם העצם	22.45	10.18
כל צלי צלעות ראשוני עם הכובע והעצמות	23.8	10.8
עצמות למרק/חמין	24.34	11.04
עצמות לחיות מחמד	19.4	8.79
בשר לטחינה בורגרים	54.01	24.49
שומן וחלב	29.1	13.2
כבד	8.45	3.83
לשון	1.67	.78
לב	2.25	1.02
קיבה	2.1	.89
כליות	1.45	.66
זנב	1.85	.84
סך הכל למכירה	397.15	180.14

וְזֶה יִהְיֶה מִשְׁפַּט הַכֹּהֲנִים מֵאֵת הָעָם מֵאֵת זֹבְחֵי הַזֶּבַח

כו. במה דברים אמורים ששותפות הכהן והעובד כוכבים פוטר, בשותף בכולה אפילו בכל שהוא; אבל אם אין הכהן והעובד כוכבים שותף עמו אלא בראש, אינו פוטר אלא מהלחיים; ואם הוא שותף עמו ביד, אינו פוטר אלא מהזרוע; ואם הוא שותף עמו בבני מעיים, אינו פוטר אלא מהקיבה:

≈◌ משפט הכהנים ◌≈

במה דברים אמורים ששותפות הכהן והעכו"ם פוטר וכו'; יש לבאר הלשון *במה דברים אמורים ..פוטר*, כי בסעיף הקודם כ' המחבר שהמשתתף עם הכהן או גוי 'צריך שירשום', ולא כתב כלל ששום שותפות פוטר[200] אלא שיש חוב לרשום (מפני מראית העין). וי"ל שהמילים *במה דברים אמורים* קאי על המשך דבריו ששותפות כהן ועכו"ם פוטר,[201] וכותב המחבר דוקא במקרה שאיש הפטור (הגוי או הכהן) שותף בכל הבהמה כולה.[202] וראה דבר פלא שאינו כתוב במשנה ששותפות כהן או גוי פוטר, רק שהמשתתף עמהם צריך שירשום, ואמנם בגמרא כתוב דין זה אבל רק לשליש דהיינו ששותפות ביד פוטר נתינת הזרוע (ושותפות בראש פוטר הלחיים וכו'), וכן ברמב"ם, ובטור, לא הזכירו ההיכי תימצי של המשתתף עם איש הפטור *בכל הבהמה* וראה לקמן את חששת הסמ"ע.

וי"ל שלפי העולה *מתקנת זקני דרום*, גם במקרה של שותף כהן או גוי בכל הבהמה, דין הפטור הוא מוגבל להשוחט לשולחנו הפרטי ולא כששוחט למטרת רווח ועיסקא. (ואליבא דהרמב"ם אין הפטור כולל לקיחת עצם הזלו"ק, אלא הנחתם עם הכהן דוקא).[203]

200 ואדרבא, יש מציעים שבשותפות מחייב הישראל לתת חצי זלו"ק, וזה ענין החוב לרשום ערך השלחן יור"ד סא ב, ואליבא דהרמב"ם יניח כל הזלו"ק ברשות איש הפטור, ואליבא דהבעי *חיי* מדובר דווקא במשתתף ושוחט לשולחנו כדלקמן.

201 ובדרך כלל, כל לשון *במה דברים אמורים* מפרש זה שדיבר עליו מקודם בסמוך, אבל כאן י"ל ששינה המחבר מהכלל כיון שזה דין מפורסם בתלמוד ששותפות עם איש שפטור פוטר הישראל ששוחט הבהמה מנתינת זלו"ק. ודבר פשוט הוא שישראל המשתתף עם ישראל חייב, ובלשון הרמב"ם הלכות ביכורים ומתנות כהונה פ"ט ה"ז; 'בהמת שותפין חייבת שנאמר **זֹבְחֵי הַזֶּבַח**'.

202 וצ"ע למה פטרינן את המשתתףשותפות ישראל וגוי כיון דחזינן בדיני שותפות ישראל וגוי כמה אופנים שהישראל חייב;

- בשותפות ישראל וגוי בקמה, חלקו של ישראל חייב ירושלמי פאה ד ה, חולין קלה עמוד ב, רמב"ם הל' תרומות א כ
- ובבכור בהמה החכמים פוטרים בשותפות גוי, ובגמ' מפרש הטעם כי יש שם *לימוד מיוחד* של *'כל בכור'* היינו בתנאי שכל הבכור שייך לישראל (ורבי יהודה מחייב בהמה שיש בו שותפות גוי) בכורות ב עמוד א.
- ושותפות בחלה ג"כ חייב כי מצי לסלק ליה **בזוזי** משנה אחרונה חלה ג ה.
- עה"פ **לֹא מֵת מִמִּקְנֵה יִשְׂרָאֵל עַד אֶחָד** שמות ט כתב במדרש שכל טוב שאפילו בהמה בבעלות שותפות ישראל וגוי לא מת (היינו שאע"פ שהיה בשותפות קראו הכתוב מִקְנֵה יִשְׂרָאֵל).

203 וגם בפרטי דיני שותפות בכל הבהמה יש עוד תנאים שהובאו באחרונים כגון מתי עשו תנאי השותפות, וכן זהירות שהבהמה לא תהיה של ישראל לענין אונסים, וכן שחלק הבהמה ששייך להישראל יהיה משועבד לגוי יבין דעת ליור"ד סא א, וכן שמיקום השחיטה יהיה ברשות הגוי, ועוד כמה דינים ופרטים (וראה במילואים

כו. במה דברים אמורים ששותפות הכהן והעובד כוכבים פוטר, בשותף בכולה אפילו בכל שהוא; אבל אם אין הכהן והעובד כוכבים שותף עמו אלא בראש, אינו פוטר אלא מהלחיים; ואם הוא שותף עמו ביד, אינו פוטר אלא מהזרוע; ואם הוא שותף עמו בבני מעיים, אינו פוטר אלא מהקיבה:

שותפות **הכהן והעכו"ם פוטר, בשותף בכולה כו';**

צ"ע כי בגמ' חולין קלג עמוד ב איתא רק דוגמאות של שותף *באחת* מהן, כגון שותף בראש בלבד, שותף ביד בלבד, ושותף במעיים בלבד, ואילו שותף בכל הבהמה כולה לא מצאנו בגמ' כלל. ובפרישה טור יורה דעה סא, לה כתב דהמשתתף בכל שלשת חלקים הללו בבהמה עם איש הפטור מיחזי כערמה, וז"ל;

"מיהו יש לומר דנראה כערמה כדי ליפטר מהמתנות דאיך יזדמן להיות לו שותפות דוקא בהני שלש מקומות דיש בהן חיוב מתנות אם לא בערמה. משא"כ במוכר אחד מהן לחוד דמזדמן להיות כך ומשום הכי כתב אחר זה דפטור בכהן מוכר ראשה לישראל.

ודוקא בבכור בהמה התירו להשתתף עם הגוי אפילו לכתחילה כדי לפוטרו מהבכורה כמ"ש רבינו לקמן בסימן ש"ך משום כדי שלא יבוא לידי מכשול בזמן הזה דאין הבכור נקרב על גבי המזבח, ובלאו הכי נמי שאני בהפקעת בכור בהמה דאינו מותר אלא בנשתתף עם הגוי קודם שנולד הבכור ואז מותר אפילו לעשות בו מום אבל אסור לעשות ערמה להפקיע לכהן מתנותיו" עכ"ל.

תשובת הראבי"ה

ובהגהת הרמ"א לסעיף הקודם הביא ע"פ הראבי"ה[204] וציטט קיצור מדבריו;

"במקום שנוהגין לשחוט אצל עובדי כוכבים אם נמצא טריפה נשאר להם ואם נמצא כשרה לוקחו הישראל, פטור מן המתנות"

ע"כ, ויש להביא דברי הראבי"ה במילואם, וז"ל;

"נראה לי דהקונים מלפנים כלפי הראש מן הגוים והראש של הישראל וגם הזרוע,[205] שפטור. כיון שניהוג הוא שאם תמצא טריפה שמניחה לגוי, אימת מיחייב בשעת זביחה וההיא שעתא לאו ברירה דתיהוי דידיה. אע"ג דרוב בהמות כשירות הן כשירות, דקיימא לן כשמואל דאמר בריש פ' המוכר פירות[206] כי אזלינן בתר רובא הני מילי לעניין

(לקמן בפרק 'שותפות עם איש פטור').

204 הרמ"א לטיור"ד סימן כו ס"ק ג גם מביא אותם דברי הראבי"ה שמביא כאן אבל שם מסיים 'ע"ש שהאריך בדינים אלו'. דברי הראבי"ה אלו נמצאים במילואם בס' ראבי"ה למסכת חולין א'קכה ומובאים גם במרדכי למס' חולין סי' תשל"ז.

205 נראה שכוונתו 'הקונים מלפנים..' היינו שמסכים עם הגוי לקנות החל מן ראש הבהמה כלפי פנים הבהמה, ובכך כולל בקנייה זו הראש וגם הזרוע וכל מה שבינתיים ועוד. וצ"ע להבין פתיחת דבריו שנראה כמגביל הפטור לאופן מסויים של קנייה מלפנים וכו' בלבד, ואילו אח"כ מסיים לקולא על סמך שאין ברירה וגם שאין הולכין בממון וכו' - שאם יצא בפטור על סמך טעמים הללו אזי אין שום נפק"מ איזה חלקים קונה ואיזה חלקים מניח, כי אפשר לו לקנות גם כל הבהמה כולה ולצאת בפטור.

206 בבא בתרא צב עמוד ב, ושם; "איתמר

כו. במה דברים אמורים ששותפות הכהן והעובד כוכבים פוטר, בשותף בכולה אפילו בכל שהוא; אבל אם אין הכהן והעובד כוכבים שותף עמו אלא בראש, אינו פוטר אלא מהלחיים; ואם הוא שותף עמו ביד, אינו פוטר אלא מהזרוע; ואם הוא שותף עמו בבני מעיים, אינו פוטר אלא מהקיבה:

≈○ משפט הכהנים ○≈

איסורא אבל לעניין ממונא המוציא מחבירו עליו הראיה והא לאו איסור טבלים הוא דלית הילכתא כרבי יוחנן. ותו, דטרפות דריאה שכיחא וטריפה פטורה מן המתנות כדאמרינן בגמ' דפרק ראשית הגז חולין קלו עמוד א, ואע"ג דאמר רב הונא שותף עם הגוי או עם הכהן בראש, פטור מן הלחי וחייב בזרוע ובקיבה והשותף עמהם ביד פטור מן הזרוע וחייב בלחי וקיבה והשותף בבני מעיים חייב בלחי וזרוע ופטור מן הקיבה הכא כיון דלאו ברירה בשעת זביחה דליהוי ליה בבהמה כלל שותפות, פטור"

ע"כ,[207] ובתוספתא חולין ט א הובא דין דומה בענין השוחט בהמה טהורה אצל אנשים שפטורים מנתינת זלו"ק, ושם;

"נשחטה ברשותן (היינו ברשות כהן או גוי)
ואח"כ מכרוה לו, פטור מן המתנות"

ע"כ, ולכאורה נראה מזה מקור מוסמך להתיר כל שוחט לבא ולשחוט בהמות של איש (כהן או גוי) שפטור מנתינת זלו"ק ויקח הבהמות לעצמו ויצא פטור מכל דין זלו"ק, ונמצא כל המצווה בטלה ח"ו, ולכן י"ל שהגם שהשוחט פטור מנתינת זלו"ק לכהן (מטעם שאין כהן וגוי בכלל הָעָם) אבל בענין שהשוחט יקח/יקנה <u>עצם הזלו"ק</u> לעצמו יש כמה וכמה חששות (כגון חשש ערמה שהביא הסמ"ע, ענין שכל המחזיק עצם הזלו"ק חייב להחזירם לכהן, ופס"ד המחבר לקמן סעיף לא שאסור לישראל לאכול עצם הזלו"ק).

ונראה דגם הראבי"ה (והרמ"א שציטט דבריו) לא דיבר אודות השוחט בהמות אצל עכו"ם למען *רווח ועיסקא*[208] דלכו"ע מחייבינן ליה לשוחט לאלתר

המוכר שור לחבירו ונמצא נגחן רב אמר הרי זה מקח טעות ושמואל אמר יכול לומר לו לשחיטה מכרתיו לך וליחזי אי גברא דזבין לנכסתא לנכסתא אי לרדיא לרדיא בגברא דזבין להכי ולהכי וליחזי דמי היכי נינהו לא צריכא דאייקר בישרא וקם בדמי רדיא אי הכי למאי נפקא מינה נפקא מינה לטרחא היכי דמי אי דליכא לאישתלומי מיניה ליעכב תורא בזוזיה דאמרי אינשי מן מרי רשותיך פארי אפרע לא צריכא דאיכא לאישתלומי מיניה רב אמר הרי זה מקח טעות בתר רובא אזלינן ורובא לרדיא זבני, ושמואל אמר לך כי אזלינן בתר רובא באיסורא בממונא לא" ע"כ.

207 ראבי"ה כ. ולעניין בהמה שבבעלות ישראל, נראה מדבריו שחל החיוב של נתינת הזלו"ק לכהן במלוא תוקפו גם בחו"ל -ס' *השתלשלות החיוב החל בחוץ לארץ בהפרשת ראשית הגז וזרוע לחיים וקיבה*, הרב רועי הכהן זק, רמת-גן תשס"ה, דף צ"ה.

208 כפי פתיחת הראבי"ה "הקונים מלפנים (בלפנים) כלפי הראש מן הגוים והראש של הישראל וגם הזרוע" ומשמע איפוא שאלו הקונים הם המיעוט שקונים בעבור שולחנם הפרטי וגם ואינו שכיח כ"כ.

וברבינו ירוחם נתיב כ חלק ג נראה בבירור שלמען רווח ועיסקא אין על מי לסמוך להיתה, וז"ל; "נשתתף בטבחות עם כהן דינו כמו שכתבתי בטבח כהן, כך פשוט" (כלומר שמשמתין וכו', וראה במילואים אודות דין משתתף בטבחות עם גוי).

כו. במה דברים אמורים ששותפות הכהן והעובד כוכבים פוטר, בשותף בכולה אפילו בכל שהוא; אבל אם אין הכהן והעובד כוכבים שותף עמו אלא בראש, אינו פוטר אלא מהלחיים; ואם הוא שותף עמו ביד, אינו פוטר אלא מהזרוע; ואם הוא שותף עמו בבני מעיים, אינו פוטר אלא מהקיבה:

כדלעיל סעיף כד, **ועם כל זאת כמה פוסקים לא עברו על היתר הראבי"ה בשתיקה - ואפילו במקרה של שוחט לשולחנו הפרטי, והצגנו הדברים לעיל בטבלא.**

ועדיין צ"ע מדברי הגמ' חולין קלג עמוד ב **אודות** *חומר מצוות זלו"ק ממצוות ראה"ג* **שלכאורה משמע שהחומרא בזלו"ק הוא שאם באו לרשות ישראל הרי הוא חייב ליתנם לכהן, ושם איתא;**

> "איבעיא להו הראש שלך וכולה שלי.., ת"ש עובד כוכבים וכהן שמסרו צאנם לישראל לגזוז פטור. הלוקח גז צאנו של עובד כוכבים פטור מראשית הגז, וזה חומר בזרוע ובלחיים ובקבה יותר מראשית הגז שמע מינה בתר חיובא אזלינן שמע מינה"

ורש"י מפרש שם המציאות, היינו שכהן[209] מוכר את ראש הבהמה בעודה בחיים *קודם* **השחיטה לשוחט-ישראל, ולפי"ז מחייבינן כל מציאות שחלקי הזלו"ק שייכת לישראל בעת הזביחה, ולאפוקי מקום שהשוחט זובח בהמת הגוי (בשטח-קרקע של הגוי דווקא[210]).**

זה חומר בזלו"ק מראשית הגז (בתר חיובא אזלינן)

ובתוספתא חולין יא א **כתב "כהן ועובד כוכבים שנתנו בהמתן לישראל פטור מראשית הגז - זה חומר בלחיים ובקיבה מראשית הגז" ע"כ, והובא דברי התוספתא בגמ'** חולין קלג עמוד ב **ושם;**

> "איבעיא להו הראש שלך וכולה שלי מהו בתר חיובא אזלינן וחיובא גבי ישראל הוא או דלמא בתר עיקר בהמה אזלינן ועיקר בהמה דכהן הוא, ת"ש עובד כוכבים וכהן שמסרו צאנם לישראל לגזוז פטור, הלוקח גז צאנו של עובד כוכבים פטור מראשית הגז וזה חומר בזרוע ובלחיים ובקבה יותר מראשית הגז ש"מ בתר חיובא אזלינן שמע מינה"

ופירש"י שם ד"ה שמע מינה: "מדקתני זה חומר אלמא בתר חיובא אזלינן, דהאי לא קנה אלא מתנות וקאמר חייב" ע"כ, ובר"ן חולין רפ"י ד"ה ואינו נוהג אלא במרובה כ'**; "הלוקח מתנות מן העכו"ם חייב ליתנן לכהן כיון דחיובא גביה הוא", ע"כ.[211]**

ובבעי חיי להכנסהג"ד יור"ד סי' צו **כ' על דברי רבינו ירוחם; "..תחלה כתב דין** *המשתתף עם כהן ששוחט* *<u>לשלחנו</u>* *לפטור מן המתנות לעולם* **ואח"כ כתב** *ואם נשתתף <u>בטבחות</u> עם כהן* **כלומר למכור לאחרים דינו כמ"ש למעלה בכהן טבח.**

209 ובפשטות יש לפרש דה"ה גוי, כיון שדינם שווה בענין זה שאינם בכלל העם כנ"ל.

210 שגם אז יש לו להניח שם את חלקי הזלו"ק אצל הגוי - רמב"ם.

211 היינו כל היכא שעצם הזלו"ק באים ליד הישראל, ומשמע קצת מדברי הר"ן שהלוקח עצם הזלו"ק מיד גוי חייב בכל אופן ליתנם לכהן והוי זה כדין לקח הימנו במשקל כדלקמן סעיף לב - ואפילו אם היתה הבהמה של גוי בשעת הזביחה, אבל בפשטות לא כיון לזה שאין טעם שירצה גוי לשלם הוצאות שוחט ישראל לשחוט ככל דיני תורתינו הק' ואדרבא, נשחט הבהמה ככל דיני שחיטה כי יש לישראל שותפות בחלקים מסויימים של הבהמה, ואם אלו החלקים כוללים הזלו"ק אזי ברגע שבאים הזלו"ק ליד השוחט חייב ליתנם לכהן, וזה פשוט.

כו. במה דברים אמורים ששותפות הכהן והעובד כוכבים פוטר, בשותף בכולה אפילו בכל שהוא; אבל אם אין הכהן והעובד כוכבים שותף עמו אלא בראש, אינו פוטר אלא מהלחיים; ואם הוא שותף עמו ביד, אינו פוטר אלא מהזרוע; ואם הוא שותף עמו בבני מעיים, אינו פוטר אלא מהקיבה:

≈○ משפט הכהנים ○≈

והרמב"ם הלכות ביכורים ומתנות כהונה ט יב כתב "אמר לו הכהן הרי הבהמה כולה שלי והראש שלך חייב בלחי. שהדבר החייב הרי הוא של ישראל", וגם שם משמע שהתנו על המכירה בהיות הבהמה בחיים.

וביאר הר"ן שטעם הברייתא אודות חילוק זה בין זלו"ק לבין ראשית הגז הוא כי בראה"ג כתיב צאנך – צאן שלך דייקא - ולא כשלוקח מנכרי דאין זה צאנך אלא צאנו, משא"כ בזרוע לחיים וקיבה דבתר עצם הזלו"ק אזלינן בכל מקום ואף על פי שגדלו בפטור (כי לא כתוב בהן כגון "זרוע בהמתך" וכדו') וכיוון שנשתייכו להישראל ע"י תנאו של הישראל לקנותם[212] אזי חייב השוחט לברר הדבר וליתנם לכהן (ראה דברינו לקמן בסעיף ל).[213]

ועוד בתוספתא חולין ט א שם; "כהן וגוי שמכרו בהמתן לישראל לשחוט, חייב במתנות" ועל פי פשטות טעם החיוב הוא כי הבהמה עברה כנכס של 'עם' שחייבין בנתינה. ולכאורה אין שום נפק"מ אם נשחטה ברשות הגוי או במקום אחר, והחזון יחזקאל ביאורים לתוספתא שם פירש;

> "אע"פ שמכרו בהמתם על מנת שישחטנה, בכל זאת אין זה כמו ששוחט הישראל מכחו של הגוי או הכהן - והוא השוחט חייב במתנות.
>
> אי נמי, שמכרו הכהן או הגוי בהמתם לישראל לשחוט, היינו שהשחיטה יהיה על חשבון המוכה, והכהן או הגוי המוכר קבל עליו שהשור הנמכר לישראל יהיה נשחט, בכל זאת כיון שהבהמה היא עתה של ישראל, חייב במתנות"

עכ"ל,[214] ולכאורה ניתן אפוא לומר שאליבא דכל הדיעות יש רק היכי-תימצי אחד שהשוחט פטור, והוא כששוחט לגוי או לכהן - היינו בעבורם ושימוש

---

212 ואולי גם אם לא התנה בפירוש שיקנה הזלו"ק אלא שלמעשה באו לידו אחר הזביחה, אזי אזלינן לחומרא לומר שגילה דעתו למפרע שזה היה רצונו בעת השחיטה, וראה לקמן בכל פרטי דיון ברירה שבדאורייתא אזלינן תמיד לחומרא.

213 וי"ל שברייתא זו גם תואם להאיבעית אימא הראשון בתחילת פירקין קל עמוד ב ושם; "אמר רב חסדא המזיק מתנות כהונה או שאכלן פטור מלשלם מאי טעמא איבעית אימא דכתיב זה" ע"כ, כלומר כיון דבתר *חיובא אזלינן* כל עוד שהם בעין חייב לתתנם לכהן ורק אם אינם בעין אזי פטור. ולפי העולה מזה אין עת מצומצם כחוט השערה לומר שהבהמה היתה שייכת לזה או לזה בשעת הזביחה, רק מסתבר יותר שהולכים אחר כוונת השוחט והבעלים כלפי מי זובחים, אם בשביל ישראל או בשביל איש הפטור, והעלנו במילואים ע"פ התוספתא שאם שחט בשביל גוי ונמלך הגוי למכור הזלו"ק לישראל אזי פטור היינו דלא קנסינן לקונה וכו', עיי"ש.

214 והמשך התוספתא שם; "נשחטה ברשותן ואח"כ מכרוה לו, פטור מן המתנות" משמע קצת שהישראל נשכר לשחוט בהמתו לשימוש הגוי או הכהן ואח"כ נמלך הגוי/הכהן והחליט למכור, אבל אם שחט הישראל על תנאי שימכור, יחוייב בנתינה מטעם תקנת זקני דרום, כדלקמן.

כו. במה דברים אמורים ששותפות הכהן והעובד כוכבים פוטר, בשותף בכולה אפילו בכל שהוא; אבל אם אין הכהן והעובד כוכבים שותף עמו אלא בראש, אינו פוטר אלא מהלחיים; ואם הוא שותף עמו ביד, אינו פוטר אלא מהזרוע; ואם הוא שותף עמו בבני מעיים, אינו פוטר אלא מהקיבה:

≈○ משפט הכהנים ○≈

עצמם בבשר הנזבח, כי זולת זה יש מקום לבעל דין לחלוק ולומר שאין הזביחה אלא עבור הישראל, ולא יפטור מדין זלו"ק אם חלק אחד משלשת חלקים הללו עוברים לרשות הישראל.

אבל דא עקא כי זולת תוס' רי"ד חולין, דף קלב עמוד ב, והבאנו דבריו לקמן, לא מצאנו מי שיאמר דבר זה בבירור לגדור סייג של המשתתף עם כהן או נכרי בכוונה להיפטר מהמצווה, אבל מכל מקום יש כמה פירושים שמדבריהם משמע שכן יצא הדין ע"פ התוספתא כיוון שלעולם יש חומר בזלו"ק מה שאין בראשית הגז, ובנוסף להנ"ל יש עוד כמה הבדלים/חומרות בזלו"ק מה שאין בראה"ג, שמהם נראה - ככלל גדול - שזלו"ק חמור יותר מראשית הגז;

בזלו"ק	בראה"ג
חלק הכהן מובדל ועומד	חלק הכהן מעורב עם חלק הישראל
נוהג במרובה ובמועט	אינו נוהג אלא במ־רובה
נוהג בבקר ובצאן	נוהג רק בצאן
בהמת-שותפין (יש־ראל עם ישראל) חייבת	בהמת-שותפין עם ישראל (אליבא דרבי אלעאי) פטורה

ועוד גדר גדול על חומר זלו"ק מצאנו במשנה; "כל שחייב בראשית הגז חייב במתנות, ויש שחייב במתנות ואינו חייב בראשית הגז" ע"כ.[215]

215 משנה נדה ו ז. ובגמ' חולין קלה עמוד א חכמים סברו שלגבי ראה"ג צאנך ממעט

ובפי' *ראשית ההשלמה* על ס' ההשלמה כ' שהגמ' הוכיחה מדתנן זה חומר בזרוע וכו' שאין שותפות גוי בבהמה פוטרת מחיובא אלא כל חיובא דנמצא גביה דישראל מחוייב בו בנתינה, עכתו"ד. ובפי' *וזאת ליצחק* לתוס' ד"ה שהמתנות, מסכת חולין קלו עמוד ב כתב שדוקא גוי שותף בזלו"ק הוא דפוטר אבל אם לקח הישראל הזלו"ק (או אחד משלשת חלקי הזלו"ק) לחלקו, אע"ג שכל שאר הבהמה נשארת להגוי, הישראל חייב לתנם לכהן. וכן בפי' *תהלה לדוד*, הר"ד אורטנבורג ד' יד כ' דהחומר בזלו"ק הוא כי לא בעינן שתהיה הבהמה כולה של הישראל ע"מ לחייב שוחט הבהמה במצות הנתינה.

ואליבא דכל זה, דין הגמ' מוכרח שבמה דברים אמורים ששותפות איש-הפטור פוטר השוחט, הוא דוקא כשאיש-הפטור שותף בעצם הזרוע (או עצם הלחיים או עצם הקיבה), אבל לא הרחיבה הגמרא לפטור השותף <u>בכל</u> הבהמה או בשותף בכל שלשת חלקי הזלו"ק, וי"ל שמצמצום ההיכי תימצי בגמ' שם גופא דייק הסמ"ע להחמיר ולחשוש כנגד הערמה.[216]

שותפות גוי, ובזלו"ק דאמרינן ששותפות גוי פוטר יש לעיין כיון דחומר בזלו"ק וכו' א"כ מנין ששותפות גוי פוטר בזלו"ק אליבא דרבנן, כי אולי ה"נ יש חומר שמחייבין שותפות גוי, כי מאת העם מרבינן לחייב שותפות ישראל, ולכה"פ נחייב חלק הישראל שבבהמה, וצ"ע.

216 וברש"י חולין דף קלג עמוד א ד"ה שותף בראש כ' 'ולא ביותר', ולפי חששת הסמ"ע אתי שפיר, דהגמ' צמצמה ההיכי-תימצי לדייק שרק מהני לאחד משלשת הזלו"ק בלבד

וְזֶה יִהְיֶה מִשְׁפַּט הַכֹּהֲנִים מֵאֵת הָעָם מֵאֵת זֹבְחֵי הַזֶּבַח

כו. במה דברים אמורים ששותפות הכהן והעובד כוכבים פוטר, בשותף בכולה אפילו בכל שהוא; אבל אם אין הכהן והעובד כוכבים שותף עמו אלא בראש, אינו פוטר אלא מהלחיים; ואם הוא שותף עמו ביד, אינו פוטר אלא מהזרוע; ואם הוא שותף עמו בבני מעיים, אינו פוטר אלא מהקיבה:

≈○ משפט הכהנים ○≈

תקנת זקני דרום כנגד הערמה

בגמרא חולין קלב עמוד ב איתא;

"אושפיזיכניה דרבי טבלא כהן הוה והוה דחיק ליה מלתא, אתא לקמיה דרבי טבלא, אמר ליה זיל אישתתף בהדי טבחי ישראל דמגו דמפטרי ממתנתא משתתפי בהדך, חייביה רב נחמן. אמר ליה והא רבי טבלא פטרן אמר ליה זיל אפיק ואי לא מפקינא לך רבי טבלא מאונך, אזל רבי טבלא קמיה דרב נחמן אמר ליה מ"ט עביד מר הכי, א"ל דכי אתא רבי אחא בר חנינא מדרומא אמר רבי יהושע בן לוי זקני דרום אמרו כהן טבח שתים ושלש שבתות פטור מן המתנות מכאן ואילך חייב במתנות, אמר ליה ולעביד ליה מר מיהת כר' אחא בר חנינא א"ל הני מילי דלא קבע מסחתא אבל הכא הא קבע מסחתא"

ע"כ, ובתוספות ביארו אודות תקנת זקני דרום, ושם;

"מדרבנן גזרו כש(הכהן)הוא טבח ליתן מתנות כהונה אפילו הבהמה שלו, שלא ירגילו טבחי ישראל לשתף כהנים עמהם ליפטר מן המתנות, ועד ג' שבתות דאיכא למימר דדידיה שחיט לא גזרו רבנן ואוקמוה על דין תורה, ומכאן ואילך גזרו. וכי קבע (הכהן) מסחתא מיד מוכח דלאו לדידיה שחיט ולכך גזרו לאלתר כדמוכח בסמוך".

ומדברי התוספות חזינן דשאני הערמה דזלו"ק משאר הערמות, דכאן רצון התורה היה דווקא שיתנו הזלו"ק לכהנים, וטעמא ביה **לְמַעַן יֶחֶזְקוּ בְּתוֹרַת ה'** דברי הימים ב לא כדי שהכהנים יוכלו ללמוד תורה במנוחה כמו שביארנו לעיל בטעם מה שהצריכו חכמינו ליתנן לכהן חבר, וגם משום **לְמָשְׁחָה** במדבר יח ח לכבד את הכהנים משום כהונתם שבזה מתגדל כבוד השם, ולכן אין לבעלים/שוחט לעשות תחבולות ליפטר מדין זלו"ק.

ויש לומר דמה שיעץ רבי טבלא לכהן לעשות תחבולה זו ולא חשש לטעם הנ"ל לא קשיא כלל דהתם היה זה לטובת הכהן שירוויח,[217] והרי נתקיים רצון התורה דלמען יחזקו בתורת ה' ואעפ"כ לא הסכים עמו רב נחמן להלכה. ומצאנו עוד ביאור נכון לתקנת זקני דרום בפרי חדש יור"ד סא כז, ושם;

"..ואם תאמר דבעובדא דאושפיזיכניה דרבי טבלא מוכח בהדיא דהמשתתף עם הכהן לאחר שלש שבתות חייב ואי קבע מסחתא חייב מיד, והכא משמע דאף בקבע מסחתא סגי ברשימה בעלמא עד כאן ההוה אמינא;

ויש לתרץ דלדינא דמתני' טבח כהן או המשתתף עמו לעולם פטור, אלא שזקני דרום תקנו אח"כ דאי יתיב אמסחתא חייב

ותו לא.

217 ופי' הפרי *חדש* יורה דעה סי' סא העצה איך ירוויח הכהן כי ירצו כל הישראלים להשתתף עמו, כי ישאירו חלקי הזלו"ק בתוך חלקו (החצי) של הכהן ובכך קיים ישראל את מצוותו בלי הפסד מחלק עצמו כלום, עיי"ש.

כו. במה דברים אמורים ששותפות הכהן והעובד כוכבים פוטר, בשותף בכולה אפילו בכל שהוא; אבל אם אין הכהן והעובד כוכבים שותף עמו אלא בראש, אינו פוטר אלא מהלחיים; ואם הוא שותף עמו ביד, אינו פוטר אלא מהזרוע; ואם הוא שותף עמו בבני מעיים, אינו פוטר אלא מהקיבה:

≈○ משפט הכהנים ○≈

מיד ..מוכח מאושפיזכניה דרבי טבלא דלא אשכחן **דלבתר** הכי היינו אחר תקנת זקני דרום אשכח תקנתא לאיפטורי ממתנות למשתתף עם הכהן. וכן מוכח מדברי התוספות שכתבו דמדרבנן גזרו כשהוא טבח ליתן מתנות כהונה אפילו הבהמה שלו שלא ירגילו טבחי ישראל לשתף כהנים עמהם ליפטר מן המתנות ע"כ, וזה ברור"

עכ"ל, ובענין שתקנת זקני דרום הוי בעצם קנס שקנסו בהם חכמים, הבאנו לעיל ע"פ הגמ' ירושלמי פאה ט עמוד ב שאין מאריכין לכהן ששוחט לשולחנו הפרטי (ונמלך למכור הבשר) יותר על שבת אחת,[218] ולעניין כהן חנווני מחמירין לחייבו מיד כיון שהיכולת בידו להערים.[219]

עד היכן גזרו זקני דרום

יש לעמוד כאן על דבר עיקרי, אם גדר שותפות עם גוי בא באותו צוותא של חומרא עם גדר של המשתתף עם *כהן*, כי לכאורה אבן הבוחן תהיה במקרה שאם יבוא גוי בעל ממון רב ובלי שום שותף למען עשות רווח ועסק ממכירת בשר כשר למהדרין לבנ"י, וישכור כמה שוחטים מבנ"י לשחוט אלפים מבהמותיו ע"מ לשווק לציבור שומרי תו"מ, האם יש לקבוע שהגוי פטור מנתינת זלו"ק או שנצווה לשוחטים למנוע מלשחוט בהמותיו עד שיסכים שהשוחטים יתנו הזלו"ק מכל שחיטה ושחיטה?

ולכאורה קושיא זו יתורץ ע"פ דיוק בלשון התוספתא דשם כתיב 'השוחט לנכרי פטור', ונהי דהשוחטים הם רק זובחים בהמותיו של גוי אבל ברור שאין הם שוחטים בעבור אכילתן של גוים אלא בעבור אכילת

218 ובגמ' שם הובא גם מעשה שחרבו חניות דבני חנן ג' שנים לפני שחרב בית המקדש כי היו מוציאין פירותיהן מן המעשרות ומבאר שם שהיו מקילין באופן של היתר ע"פ דרש הכתוב **עַשֵּׂר תְּעַשֵּׂר** דברים יד כב 'פרט ללוקח' **וְאָכַלְתָּ** דברים יד כג 'פרט למוכר', ובגמ' יבמות סג עמוד ב ג"כ הובא מעשה בכגון זה שגזרו חברי בבבל על הבשר מפני הזלו"ק שהיו מקילין בהם וכו' (ובאופן של היתר ע"פ המהרש"א שם).

219 ובמראה הפנים שם השווה בין הבבלי והירושלמי וכו'; "בפרק הזרוע חולין קלב עמוד ב גריס זקני דרום אמרו כהן טבח שתים ושלש שבתות פטור מן המתנות מכאן ואילך חייב, והא דדריש רבא התם לעיל כשהוא אומר **מאת זבחי הזבח** אפילו טבח כהן במשמע, כבר פירשו התוספות שם דמיירי בששחיט בהמת ישראל אבל אם היתה שלו אפילו למכור רחמנא פטריה אלא מדרבנן גזרו כשהוא טבח ליתן מתנות כהונה אפילו הבהמה שלו כדי שלא ירגילו טבחי ישראל לשתף כהנים עמהם וכו'.

וכעין זה קאמר הכא אלא דמוסיף וקאמר משום קנס, ומדמי לה להא דרבי יוחנן וכדפרישית. ועל זה מקשי רבי יוסף ואי משום קנס אפילו שבת אחת לא יפטור דהא במתניתין קנסו להם אפילו בפעם ראשונה שלקחו הגורן אחר המירוח - אלא דטעמא משום גזירה כדכתבו התוספות, ובשתים ושלש שבתות דאיכא למימר לדידיה הוא שחיט לא גזרו רבנן. וההיא דחנווני הוא כדקאמר התם דאי קבע מסחתא לא פטרינן ליה כלל כדחייביה רב נחמן שם, אלא דהתם נראה דטעמא משום דגלי אדעתיה דקביע כדפירש רש"י ז"ל והכא מוסיף בטעמא משום דכשהוא חנווני יכול להערים, ע"כ.

כו. במה דברים אמורים ששותפות הכהן והעובד כוכבים פוטר, בשותף בכולה אפילו בכל שהוא; אבל אם אין הכהן והעובד כוכבים שותף עמו אלא בראש, אינו פוטר אלא מהלחיים; ואם הוא שותף עמו ביד, אינו פוטר אלא מהזרוע; ואם הוא שותף עמו בבני מעיים, אינו פוטר אלא מהקיבה:

אחיהם בנ"י וא"כ יש כאן המצווה על השוחטים כי שפיר מקרי כאן הכתוב "מאת העם", דהרי בהמותיו נזבחות עבור בנ"י.

א"כ, ההלכה למעשה בכגון דא תלוי בתקנת זקני דרום שלפיו פשוט שמחייבים השוחטים, ובנוסף לתקנת זקני דרום יש גם צד לחייב ע"פ חוב הרשימה כפי ביאור הרמב"ם שחייבים השוחטים לרשום גוף כל בהמה ובהמה טרם השחיטה ולציין חלקי הזלו"ק ברשות הגוי, ואחר שהניחו השוחטים הזלו"ק ברשות הגוי יש תמיהה גדולה אם רשאים בנ"י לקנותם הימנו עכשיו, שהרי ברגע שירצה הגוי למכור כל הזלו"ק שברשותו לאיזה ישראל אולי עי"כ מגלה דעתו שכן חשב מראש בעת הזביחה (וכן חשבו השוחטים) ופקע מכאן הפטור של 'השוחט לנכרי' - ונמצא שמעיקרא הייתה כוונת השוחטים לשחוט עבור אחיהם בנ"י, ופוסק המחבר לקמן סעיף לא דזלו"ק אסור לישראל לאכלם, ועוד כיוון שזה מצווה מדאורייתא יש לילך לחומרא.

ביאור התוס' רי"ד

וזה שהשוחטים נכנסים בעובי הקורה להתחייב, זה דין מפורש בגמ' ע"פ הגדר *'הדין עם הטבח'*, ודייק התוספות רי"ד חולין, דף קלב עמוד ב וכ' שגדר השוחט לנכרי הוא דווקא לאכילתו של הנכרי בעצמו, וז"ל;

"מדתני השוחט לכהן ולנכרי פטור מן המתנות דמשמע דוקא אם שחט ישראל הבהמה לצורך הכהן והנכרי הוא פטור ישראל מן המתנות מפני שהבהמה אינה שלו. הא אם קנה ישראל בהמה מן הכהן ונכרי ושחט אותה חייב במתנות, ולא אמרינן כיון שגדלה בפטור אצל כהן ונכרי אע"פ שעכשיו קנאה ישראל תהיה פטורה מן המתנות דומיא דקונה שדה מן הגוי לאחר שהביאה בידו שליש שהיא פטורה מן המעשרות כיון שגדלה בפטור.

והכא נמי גבי בהמה הוה קס"ד למיפטר, משום הכי איצטריך למיתני דוקא אם שחט ישראל בהמת הכהן לצורך הכהן - אבל אם שחטה לצורכו כגון שקנאה ממנו - חייב הוא מפני שהדין עם הטבח ואע"פ שקנאה מכהן שגדלה בפטור.."

ע"כ, ודבריו מיוסדים על כך שדווקא במעשרות דטבלי אזלינן בתר מי שגדלה אצלו, אבל לגבי זרוע לחיים וקיבה - דפסקינן בכ"מ דלא טבלי - לעולם אזלינן בתר הטבח וכלפי מה היא כוונתנו בעת השחיטה - אם זובח הבהמה עבור נכרי או עבור בנ"י.

ועד כמה חמור ענין הערמה נמצא בדברי המהרש"א על הגמ' יבמות סג עמוד ב שמצאו גוים ידיהם לגזור ולאסור שום שחיטה כשירה מפני העדר נתינת הזלו"ק לכהן וז"ל; אין סברא שלא נתנו מתנות בבבל, דהא תנן "נוהגין בין בארץ בין בחוצה לארץ", אלא שמצאו עילה ליפטר ממתנות כגון על ידי שותף עובד כוכבים, ע"כ.

ודבריו הקצרים דוקרים עד התהום, כי באמת אין שום צד לפטור מדין נתינת זלו"ק לכהן בכל רחבי

כו. במה דברים אמורים ששותפות הכהן והעובד כוכבים פוטר, בשותף בכולה אפילו בכל שהוא; אבל אם אין הכהן והעובד כוכבים שותף עמו אלא בראש, אינו פוטר אלא מהלחיים; ואם הוא שותף עמו ביד, אינו פוטר אלא מהזרוע; ואם הוא שותף עמו בבני מעיים, אינו פוטר אלא מהקיבה:

העולם - ובכל זמן מן הזמנים, וכן ברור למעיין בגדר מצווה זו, וגם עד כמה הזהירו חכמינו - וכשמם כן הם, "חכמים" שהכירו את כל הערמות[220] - מן הערמה למנוע הזלו"ק מכהן נלמד מדברי התורת חיים חולין קלו עמוד ב וז"ל,

"מיהו מה שכתבו התוספות דמדרבנן גזרו כשהוא טבח ליתן מתנות כהונה אפילו הבהמה שלו שלא ירגילו טבחי ישראל לשתף כהנים עמהם קשה, דאם כן אמאי גזרו בטבח כהן כששוחט לבדו לא הוה להו למיגזר אלא כשמשתתף עם טבחי ישראל, אבל בשוחט לבדו ומוכר כיון דפטור מדאורייתא אמאי גזרו עליו ושמא חששו שלא נשתתפו עמו בצנעא והוא ימכור"

עכ"ל, וחזינן עד כמה חששו חז"ל לתחבולה זו עד שהעדיפו לחייב כהן מספק ובלבד שלא יחפשו ישראל תחבולות להפטר מזה. ולפי זה נמצא שמי שרוצה לאכול בהמה אין מן הראוי שישחוט הבהמה בעוד שהוא של עכו"ם כדי שלא יצטרך ליתן הזלו"ק, או שימכור לגוי הלב של הבהמה כמו שיש עושים כיום או שלוקחים איזה פרוטה בזויה מגוי ומוכר לו חלק מאלף מכל חלקי הבהמה, אלא אדרבא, יקנה הבהמה מיד העכו"ם וישחטנו דווקא ברשות ישראל כדי שיתחייב בזלו"ק אליבא דכל הדיעות, וכן שמענו שנוהגים כיום גדולי ישראל המתגוררים בחו"ל.

שלא תשתכח תורת זלו"ק

והר"ן העתיק את דברי התוספות והוסיף טעם אחר בזה "כדי שלא תשתכח תורת מתנות" וז"ל "כדי שלא ירגילו טבחי ישראל לשתף כהנים עמהם לפטור את המתנות ונמצאת תורת מתנות משתכחת" ע"כ, וכן סבר הרמב"ן חידושי הרמב"ן, חולין קלו עמוד ב שחששו רבנן פן תשתכח תורת הזרוע לחיים וקיבה;

"מתנות עשאום כחלה שנוהגת בכל מקום, והטעם משום דלכל יש חלה ואין לכל שדה וחשו עליה שמא תשתכח תורת חלה, וכן במתנות הזרוע לחיים וקיבה הכל שוחטים ולוקחים זרוע ולחיים ותבא להשתכח תורת מתנות כהונה.

משום הכי אי דאוריתא אי דרבנן נוהגות הן המתנות זרוע לחיים וקיבה בחוצה לארץ ובכל זמן נהגו בהן, ..כיון דחזינן לכלהו רבנן דגמרא דמפרשי ומשמתי עליה וקנסי אפילו בכהן, ראוי להחמיר ולהפריש".

עכ"ל הרמב"ן, אמנם לדינא לכאורה אין מקום לאסור לקנות בהמות מעכו"ם, כדאיתא בירושלמי פסחים פרק ד הלכה ג;

"מקום שנהגו שלא למכור (בהמה דקה

220 ובלשון המשנה כלים יז טז; "קנה מאזנים, והמחוק שיש בהן בית קבול מתכות, והאסל שיש בו בית קבול מעות, וקנה של עני שיש בו בית קבול מים, ומקל שיש בו בית קבול מזוזה ומרגליות, הרי אלו טמאין. ועל כלן אמר רבי יוחנן בן זכאי, אוי לי אם אומר, אוי לי אם לא אומר" ע"כ, ועיי"ש.

כו. במה דברים אמורים ששותפות הכהן והעובד כוכבים פוטר, בשותף בכולה אפילו בכל שהוא; אבל אם אין הכהן והעובד כוכבים שותף עמו אלא בראש, אינו פוטר אלא מהלחיים; ואם הוא שותף עמו ביד, אינו פוטר אלא מהזרוע; ואם הוא שותף עמו בבני מעיים, אינו פוטר אלא מהקיבה:

≈○ משפט הכהנים ○≈

"לעכו"ם) אין מוכרין, למה (ומשני) שהוא מוציאה מידי גיזה, (ופריך) הגע עצמך שהיתה עז (ואין בה גיזה, ומשני) שהוא מוציאה מידי בכורה. (ופריך) הגע עצמך שהוא זכר (ומשני) שהוא מוציאו מידי מתנות (כהונה, והם זרוע לחיים וקיבה)"

ע"כ, הרי דאין איסור בזה, וא"כ כשם שאין אסור למכור לגוי עאכו"כ שמותר לקנות בהמות מגוי אחר השחיטה, ואע"פ שיש מקום לחלק ולומר שהירושלמי מיירי באופן שלא הישראל הוא שוחט הבהמה וכדמשמע בפשיטות שמיירי בגוי שקונה לאכול בעצמו, אמנם באופן שהישראל רוצה לאכול הבהמה וממילא מחויב לשחוט הבהמה, אפשר דאסור לו להערים ולקנות מהגוי רק אחר השחיטה.

אמנם הא ודאי אין להביא משם ראיה כלל, שישראל שיש לו בהמה וגם רוצה לשוחטה ולאוכלה או למכרה לישראל, אסור לו למכור לגוי רק לזמן השחיטה, דזה הוי זמן הערמה גמורה להפקיע עצמו ממצוה, ואפשר דאסור לעשות כן. ועכ"פ היוצא מדברינו שאין מדת חסידים לחפש תחבולות ליפטר ממצוה אלא להיפך חביבין עליהם המצוות ומחפשין דרכים לחייב עצמן בהן וכנ"ל.

כו. במה דברים אמורים ששותפות הכהן והעובד כוכבים פוטר, בשותף בכולה אפילו בכל שהוא; אבל אם אין הכהן והעובד כוכבים שותף עמו אלא בראש, אינו פוטר אלא מהלחיים; ואם הוא שותף עמו ביד, אינו פוטר אלא מהזרוע; ואם הוא שותף עמו בבני מעיים, אינו פוטר אלא מהקיבה:

ראבי"ה מסכת חולין, סימן א'קכה	ביאורים/נימוקים אחרים
נראה לי דהקונים מלפנים כלפי הראש מן הגוים והראש של הישראל וגם הזרוע, שפטור.	קניין דוקא באחד מהם; כגון בראש (שכולל הלחיים) אבל אם קונה גם זרוע וקיבה, מיחזי כערמה להפקיע מתנות -סמ"ע, טור"ד סי' סא
כיון שניהוג הוא שאם תמצא טריפה שמניחה לגוי,	גוי ששוחט אצל ישראל ואם נמצאת טריפה לוקחה הגוי חייבת במתנות -ערך לחם ליורה דעה סי' סא בקונה בסתם בלא תנאי מפורש (דלכאורה לא הו"ל בדיני ממונות לסתום אלא לפרש)..כל זמן דאינו חוזר בו הוי שלו (להישראל) ואולי יתרצה לקבלה אף שהוא טרפה, לכך שפיר חשבינן אותה כשלו לחייב במתנות, ועי"ל כיון דהבהמה היא שלו לענין אונסים וגניבה ואבידה אע"ג דאם נטרפה בטל המקח מ"מ בשעת זביחה נקראת שלו לכך הוא חייב במתנות -ערוגת הבשם יור"ד סא:י
אימת מיחייב בשעת זביחה וההיא שעתא לאו ברירה דתיהוי דידיה	**טעמים דאומרים דוקא *יש ברירה* דתיהוי דידה בשעת זביחה** ◄ אם נחשוש לספק טריפות, חיוב נתינת זלו"ק היכי מצינן לחייב כלל -חדרי דעה ליור"ד סי' סא ס"ק כה ◄ *אין ברירה* אינו שייך בדבר העבר וכבר בא חכם (כלומר שמציאות טריפה או כשירה כבר בא לעולם רק מתגלה לנו אחר מעשה השחיטה) -יבין דעת ליור"ד סא ס"ק ז ◄ הגם שקודם שנבדוק הריאה הבהמה אסורה מדרבנן, קיי"ל דמדרבנן *יש ברירה* (וכיון שיש ברירה מחייבינן השוחט, כיון שבעת הזביחה כבר חל הקניין והבהמה היא של ישראל) -ספר יהושע (באב"ד) פסקים וכתבים סי' תפ"א. **ואולי מפני זה לא מסתפק הראבי"ה בטעם אין ברירה אלא מוסיף הדין דהמע"ה**
אע"ג דרוב בהמות כשירות הן, דקיימא לן כשמואל דאמר בריש פ' המוכר פירות כי אזלינן בתר רובה הני מילי לעניין איסורא אבל לעניין ממונא המוציא מחבירו עליו הראיה	◄ אין לכהן דין *מוציא* (אין לו לתבוע כלל), אלא ציוותה התורה לשוחט "ונתן" עי' ס' סוכת דוד ויק' ד' קנ ◄ אין לכהן דין *מוציא* כיון שהזלו"ק אינו נכס של בעל הבהמה או השוחט ◄ (במרדכי חולין סימן תשלז מביא קושייתו של רבינו משולם דנראה דחולק על הראבי"ה ועיי"ש אי בתר רובא אזלינן בכגון דא.) ◄ הגמ' מגדירה קדושת דמים בזלו"ק ולא כממונא גרידא (קדושת דמים נינהו, דאתי לידייהו בטבלייהו וכו') באופן של למשחה ◄ אין לומר בזלו"ק כיון דאיכא דררא דממונא (לחוד ואין בהם דין טבל, לכן) המע"ה, שהרי מוכח דבהם אזלינן לחומרא -שולחנו של אברהם יור"ד ס"א סק ג
והא לאו איסור טבלים הוא דלית הילכתא כרבי יוחנן,	◄ בד"א שאין איסור טבלים היינו בשאר בשר הבהמה, אבל בעצם הזלו"ק לא איפשט לן
ותו דטרפות דריאה שכיחא וטריפה פטורה מן המתנות כדאמרינן בגמ' חולין קלו.	◄ טרפות דריאה אינה שכיחא בגדיים ותיישים ורובן ככולן כשר -שפתי דעת ליור"ד סא ס"ק טו (על סעיף כה) ◄ גדיים ותיישים דלא שכיח בהו סרכות ..חייב בזלו"ק -באר היטב ליור"ד סיס"א ◄ יש חולקים על משמעות הגמרא שם וסברי להו דדעת רבי שמעון לחוד הוא ראה דברינו לעיל בסימן ו *מתורת יקותיאל* אודות השוחט ומצאה טריפה
ואע"ג דאמר רב הונא חולין קלג ע"ב שותף עם הגוי או עם הכהן בראש, פטור מן הלחי וחייב בזרוע ובקיבה והשותף עמהם ביד פטור מן הזרוע וחייב בלחי וקיבה והשותף בבני מעיים חייב בלחי וזרוע ופטור מן הקיבה, הכא כיון דלאו ברירה בשעת זביחה דליהוי ליה בבהמה כלל שותפות, פטור.	בנוסף להטעמים דלעיל יש להוכיח כי דוקא יש ברירה שהבהמה היא של ישראל ◄ כיון דקיי"ל בדאורייתא הלך אחר המחמיר, מדאורייתא *יש ברירה* להחמיר במצוות עשה של תורה ◄ כיון דטריפות הן המיעוט, מברכין על השחיטה (לאפוקי מלברך על הבדיקה, וברכת השוחט עוד מראה בהדיא שבדעתו לשחוט בשביל ישראל)

כז. אם יש בהמה לכהן ומוכר ראשה לישראל ושייר כל הגוף לעצמו, חייב בלחיים:

מוכר ראשה לישראל כו': כפי מסקנת הגמ' חולין קלג עמוד ב ע"פ הברייתא תוספתא חולין פרק י ושם; "זה חומר בזרוע ובלחיים ובקבה יותר מראשית הגז, ש"מ בתר חיובא אזלינן שמע מינה" ועיין דברינו לעיל סעיף כה.

וזה שונה מסעיף כו, דשם המציאות היא שאיש הפטור (היינו הכהן או גוי) שותף *בכל חלק* של הראש, אבל כאן מוכר איש הפטור את *כל* הראש לישראל. ובבאר הגולה וכן בב"י לטויור"ד סי' סא סעיף כז מביא מגמ' שם דאיירי במוכר הכהן ראשה לישראל בעודה הבהמה בחיים קודם שחיטה, וזה פשוט לכאורה כי לאחר השחיטה רשאי הכהן למכור כל הראש לישראל וגם הלחיים עמו אם ירצה (ורק בתנאי שאינו עושה כן למען עיסקא ואינו קובע מסחתא וכו' כפי תקנת זקני דרום).

ולפי"ז (שעשו תנאי המכר מחיים וטרם הזביחה), יוצא אפוא מדין ההוא דרק לאחר הזביחה חל בו קניין להישראל למפרע, כי בבהמה בחיותה טרם זביחתה אין לכהן חלק בזלו"ק כלל, ורק אחר הזביחה חל הקניין ומחייבינן ליה לתת לכהן חלקו כיון דבתר חיובא אזלינן, ויש מזה קצת סעד לדיונינו בעניין שהוברר הדבר למפרע, שבמצות עשה דאורייתא אמרינן יש ברירה לחייב השוחט, ועיין לעיל סוף סימן כ"ו בטבלא של תשובת הראבי"ה. וכן ראה לעיל בסימן כ"ו אודות תקנות זקני דרום שלפיה קנסו חכמים לכהן ששוחט בדעת למכור.

וי"ל דהוא הדין כאן, אם דעתו של הכהן למכור שאר חלקי בהמתו בשוק אזי חייב מדרבנן, שפטרו אך ורק לכהן ששוחט לשולחנו הפרטי (כדמוכח מתקנת זקני דרום), ואפשר גם לדייק את זה בדברי המחבר, שלא אמר בלשון רבים 'אם יש בהמות לכהן ומוכר ראשן לישראל..', אלא נקט לשון יחיד, והוא כפי תקנות זקני דרום כנ"ל שאין פטור להשוחט למכור.

חייב בלחיים; חייב בלחיים שמענו אבל מי חייב בלחיים לא שמענו, האם זה הכהן או הישראל או ששניהם פטורים ורק השוחט חייב (שנקרא ע"י הכהן לשחוט בהמתו), וכפי דברינו לעיל סעיף א הסקנו שכל החוב הוא על השוחט לחתוך מיד את שלשת החלקים הללו, ולפי זה יש לשוחט לברר כל תנאי המכר טרם השחיטה, ואזי יבין שחייב להפריש הלחיים מיד (כיון שהתנה הישראל שיקנם) ויכול להשאיר הזרוע והקיבה לבעלם הכהן.

כח. השוחט בהמת ישראל חבירו, חובה על השוחט ליתן מתנותיה לכהן; ואם שחט בהמת כהן או עובד כוכבים, פטור:

≈○ משפט הכהנים ○≈

חובה על השוחט כו': כדאיתא בגמרא חולין קלב עמוד ב "הדין עם הטבח".[221] ויש ליתן בזה טעם לשבח, על פי מש"כ השפת אמת בחי' על פסחים דף ד עמוד א ד"ה אבל בהסבר דברי הגמרא שם שמדמה חיוב בדיקת חמץ לחיוב מזוזה, שכמו שבמזוזה החיוב הוא על הדר "חובת הדר" כן הוא בבדיקת חמץ, ומסביר וז"ל;

"ונראה לתרץ קצת על פי מה שכתב הרא"ש ז"ל לקמן בהא דמקשינן וכי משכחת לה לבטלה, דכל זמן שלא נמצא החמץ אינו עובר עליו מהתורה משום דאינו מצוי" ע"כ, וא"כ יש לומר גם לרש"י דבודקין כדי שלא יעבור בבל יראה, וחיוב בדיקה מן התורה אינו אלא משום שמא ימצא גלוסקא יפה, אם כן גם כאן חובת הדר הוא, כיון דלולי שידור בבית לא היה שייך שמא ימצא, וכל זמן שאינו נמצא אינו עובר, והוא גורם חיוב הבדיקה. אם כן שפיר עליו מוטל לבדוק כמו במזוזה, ואף דאינו דומה לגמרי למזוזה דשם חיוב מזוזה מצד הדירה וכאן החיוב מצד בעל הבית דכשיהיה נמצא יעבור בעל הבית, מכל מקום כיון דהוא גורם הבדיקה שפיר חובת הדר הוא ועליו לבדוק" עכ"ל.

ויסוד דבריו שם הוא דכללא הוא בתורה שמי שמחדש את החיוב על ידי מעשיו עליו חל החיוב. ונראה דעל פי זה קבעה גם כאן התורה, שהגם שהזלו"ק ניתנת לכהן מסויים על פי בעל הבית לדעת כמה פוסקים,[222] וראה דברינו לקמן שהבהמה היתה שלו וגם עכשיו שאר החלקים חוץ מהזלו"ק הם שלו, מכל מקום כיון דהחיוב נעשה על ידי השוחט על כן הוא החייב ליתן. אמנם משמע קצת שמי שמקיים את המצוה הוא בעל הבהמה, וראייה לדבר דהרי אינו חייב ליתן אם בעל הבהמה הוא גוי ונשארה הבהמה ברשותו, ונמצא דודאי מעשה המצוה ליתן ולהעניק את הזלו"ק הוא על הבעל הבהמה וכן כתיב **וְזֶה יִהְיֶה מִשְׁפַּט הַכֹּהֲנִים מֵאֵת הָעָם**, וכותב הפרי"מ משבצות זהב ליורה דעה סא כט "השוחט מחויב לטפל בעצמו לילך לבעלים לישאל אם רוצה ליתן לכהן זה או לאחר" ע"כ, דהיינו שיש חשיבות לרצון הבעלים בעניין בחירת הכהן.

אבל אין זה מחוור כ"כ דהרי בקרא כתיב **מֵאֵת זֹבְחֵי הַזֶּבַח** ..**וְנָתַן לַכֹּהֵן** וכו', דמשמע דחוזר הציווי על הזובח גרידא ואין לבעלים חלק בו, וזה מוכח גם מלשון יחיד של **וְנָתַן** ולא כתיב ונתנו, דיוצא לפי"ז דחוזר הציווי לאיש אחד ויחיד,[223] ומובן החיוב על

221 ע"פ המשנה; "השוחט לכהן ולעובד כוכבים פטור מן המתנות", ובגמ' שם; וליתני כהן ועובד כוכבים פטורין מן המתנות ופירש"י דהא לא איקרו עם ומאי איריא דקתני השוחט? **אמר רבא זאת אומרת הדין עם הטבח** פירש"י; מתניתין דקתני השוחט אתא לאשמועינן דבעלמא היכא דקשחיט בהמת ישראל הדין עם הטבח - דינו של כהן לתבוע מתנותיו מן הטבח והכא כיון שהבהמה של כהן ועובד כוכבים הוא פטור הטבח מן המתנות, והא לא מצינן למילף מכהן ועובד כוכבים לחוד ע"כ, **וכבר הערנו שמש"כ דינו של כהן לתבוע זה לאו-דווקא דהא אין לכהן לתבוע המתנות** כדברי המחבר "אין לו לכהן לחטוף המתנות ואפילו לשאול אותם בפה" -לעיל בסעיף יא **אלא התביעה היא לחברי הב"ד לחוד, עיי"ש.**

222 ולעיל הוכחנו שהזלו"ק ניתן ע"י ידי השוחט בלי להתחשב בדעת בעה"ב בכלל, אלא שהבי"ד אומר לשוחט לאיזה כהן - או שנותי־נים לו רשימה של כהנים ת"ח לבחור - לתת, ועיי"ש.

223 ומש"כ זבחי לשון רבים אינו קושיא עלן, וכפירש"י שכן דרך המקרא לדבר בלשון רבים רש"י חולין, מגילה טז עמוד ב.

כח. השוחט בהמת ישראל חבירו, חובה על השוחט ליתן מתנותיה לכהן; ואם שחט בהמת כהן או עובד כוכבים, פטור:

≈○ משפט הכהנים ○≈

מעשה הנתינה הוא על השוחט בלבד. וכן מלשון המחבר באמרו 'חובה על השוחט' נראה ברור שהחובה מונחת על השוחט (בלבד), וגדול המצווה ועושה וכו' ועוד, שלא מצאנו בשו"מ שהבעלים נענשים בזה אלא השוחט הוא האיש היחיד שנענש באי-הנתינה בשמתא.

וצד נוסף לדיון זה על מי חל המצווה יבואר על פי דברי הרשב"א תשובות הרשב"א סי' ח"י הובא לעיל בהערותינו לסימן י דאין הבעלים נותן כלום משלו אלא הזלו"ק הם חלקו של הכהן משולחן גבוה. אם כן אין שום ציווי וגם לא שכר לבעלים בנתינה, דלבעלים לאו כל הימנו בלי מעשה השוחט והציווי אינו מתחדש על ידו כלל, ולפי דרך זה אולי יש מקום לומר דגם טובת הנתינה לכהן חוזר לחלקו של השוחט בלבד, דאינו חייב להתחשב עם דעת הבעלים כי חלקים הללו אינם של הבעלים. אבל בעיון יותר, אולי גם לשוחט אין טובת הנאה של נתינה לגמרי - דהרי גם הוא כפוף לחברי הבי"ד שמפקחים שתהיה הנתינה דווקא לכהן חבר כדברינו לעיל לסימן ז שאומרים לזה תן ולזה אל תתן (ואולי אפשר לשוחט לבחור כהן ת"ח מרשימה של כהנים חברים). ולפי"ז אין מצוות נתינת הזלו"ק על ידי השוחט דומה *להתורם את שאינו שלו* בתרומה (ושם אמרינן שאין תרומתו תרומה), דיש לחלק לומר דבזלו"ק אסרו החכמים טובת ההנאה לגמרי עי' לעיל סימן ה בפיסקא 'קדושת הגוף או קדושת ממון' ע"פ הגמ' במסכת בכורות ואילו בתרומה הותרה טובת הנאה לכל הדעות.

ואם אין כאן טובת הנאה והשוחט רק מעביר דבר שציווהו הקב"ה, אין לו להתחשב בדעת בעלים כלל כיוון שהציווי מתחדש רק על מעשה ידיו והמתחיל במצוה אומרים לו גמור וכו', אבל זה אינו כי - כדלעיל ע"פ הגמ' - אין טובת הנאה גם להשוחט ורק חברי הבי"ד הם המחליטים איזה כהנים זוכים להחלוקה בדין קדימה. מיהו, לדעת הרמ"א נראה דיש כאן איזה טובת הנאה לבעלים וכאן[224] בהגהת הרמ"א כ' וז"ל;

> "מיהו טובת הנאה לבעלים, והוא יכול ליתנם לכל כהן שירצה (ב"י בשם הר"ן). ואסור לבעלים ליקח דינר מכהן ליתן לו המתנות, וכן מישראל ליתן המתנות לבן בתו הכהן (ב"י בשם ר"י ובפרק עד כמה)"

ע"כ הגהת הרמ"א, אבל עדיין צ"ב למה זלו"ק (ובכור בהמה) משונה מכל שאר מתנות כהונה שבשאר המתנות התירו טובת הנאה. ובזה ראוי לציין שהמחבר לא הזכיר בכל סימן זה בהדיא זכר ענין של טובת הנאה, וניתן לחשוב שלדעתו הוי אסור (כפי משמעות דבריו במה שכתב ליישב דעת הרמב"ם בטוש"ע הלכות חלה יור"ד סי' שלא) וע"פ הגהת הרמ"א ברור שאוסר המחבר איזה לקיחת ממון מכל כל, אבל מאידך מתיר טובת נתינה.

טובת ההנאה

ונקדים ע"ז דברי המשנה במסכת בכורות "אם אמר לו הכהן בתוך הזמן תנהו לי הרי זה לא יתן לו" ומבאר שם הגמרא (מסכת בכורות דף כו עמוד ב – כז עמוד א);

> "..מאי טעמא, אמר רב ששת מפני שנראה ככהן המסייע בבית הגרנות תנו רבנן הכהנים והלוים והעניים המסייעים בבית הרועים

224 וההגהה נמצאת בסוף הסעיף ונראה דצ"ל בחצי הסעיף אחר המילים "השוחט בהמת ישראל חבירו, חובה על השוחט ליתן מתנותיה לכהן" כיוון שענין טובת הנאה אינו עניין לסוף הסעיף כי אין חוב נתינה בשוחט בהמת כהן או גוי, ופשוט.

כח. השוחט בהמת ישראל חבירו, חובה על השוחט ליתן מתנותיה לכהן; ואם שחט בהמת כהן או עובד כוכבים, פטור:

≈○ משפט הכהנים ○≈

ובבית הגרנות ובבית המטבחים אין נותנין להם תרומה ומעשר בשכרן ואם עושין כן חיללו ועליהן הכתוב אומר מלאכי ב, ח **שִׁחַתֶּם בְּרִית הַלֵּוִי** ואומר במדבר יח, לב **וְאֶת קָדְשֵׁי בְנֵי יִשְׂרָאֵל לֹא תְחַלְּלוּ וְלֹא תָמוּתוּ. מאי** ואומר וכי תימא מיתה לא ת"ש **וְאֶת קָדְשֵׁי בְּנֵי יִשְׂרָאֵל לֹא תְחַלְּלוּ וְלֹא תָמוּתוּ** ובקשו חכמים לקונסן ולהיות מפרישין עליהן תרומה משלם (היינו שיצטרכו בעלים לתת תרומה שוב פעם) ומפני מה לא קנסום דלמא אתי לאפרושי מן הפטור על החיוב.[225]

ובכולן יש בהן טובת הנאה לבעלים, כיצד ישראל שהפריש תרומה מכריו ומצאו ישראל אחר ואמר לו הא לך סלע זה ותנהו לבן בתי כהן מותר אם היה כהן לכהן אסור. ותנא מאי טעמא לא קאמר מתנות כהונה אמר לך תרומה דקדושת הגוף היא דכיון דלא מתחלא לא אתי למיטעי בה הני כיון דקדושת דמים נינהו אתי למיטעי בהון דבר מיתחל קדושתייהו ארבעה זוזי ואתא למינהג בהן מנהג דחולין"

ע"כ לשון הגמרא, ונמצא מכאן דקולא דידהון הוי בעצם חומרא, והואיל שאין בזלו"ק קדושת הגוף שיהיה שייך בהן חילול טומאה (וכפי הכתוב **לֹא תְחַלְּלוּ וְלֹא תָמוּתוּ** שקאי על כל כ"ד המתנות לכאורה דכולהון איתקשו להדדי) ואעפ"כ נקראו **קָדְשֵׁי בְּנֵי יִשְׂרָאֵל** שמכל מקום יש בהם קדושת ממון (וגם צריכין להיאכל על ידי כהן צלי וחרדל[226] ובמה יהיה הכהן זהיר לנהוג בהן כובד ראש וקדושה אם אין בהם חילול טומאה (ואולי גם אינו ערב על הכהן אופן האכילה של צלי וחרדל כמובא בסימן יב)? על זה תקנו חז"ל דטובת הנאה אסורה בהם להורות קדושתן עכ"פ בפרט זה, ואסרו בהן טובת הנאה להראות שאף זלו"ק לא נפלו משאר כ"ד מתנות כהונה ולא ינהוג הכהן בהם מנהג סתם בשר חולין שקונה מהשוק ולא ישליכם לכלבים כמוש"כ רבינו גרשום שם.

ולבאר דברי הרמ"א יש לחלקם לרישא וסיפא, ברישא אמר ע"פ ב"י בשם הר"ן "מיהו טובת הנאה לבעלים, והוא יכול ליתנם לכל כהן שירצה" מכאן נראה לומר דמ"מ יש בהם איזה בחינת טובת הנאה, והטובא מתבטא ע"י שבוודאי יחזיק הכהן איזה הכרת טוב בלבו לההוא שנתן לו. ואילו מסוף דבריו יוצא אפוא כעין תרתי דסתרי; יש כאן טובת הנאה וגם טובת ההנאה אסורה ומזהיר ומסיים הרמ"א (ע"פ ב"י בשם ר"י ובפרק עד כמה) "ואסור לבעלים ליקח דינר מכהן ליתן לו המתנות", ע"כ. ובמקור בבית יוסף שם טויור"ד סי' סא ס"ק לא הלשון יותר מפורש, דשם כתב "אסור ליקח פשוט[227] מישראל.." וז"ל שם;

---

225 ופירש"י; "דשמא יהו להם שני סאין אחד של טבל גמור ואחד הופרש ממנה לכהן המסייע ואי אמרת ליה דהדרא ולפרוש מינה משום קנסא סבר בעל הבית טבל גמור הוא ומפריש ממנה עלה דאידך ואיהי פטורה מדאורייתא, אלא קנסא הוא" ע"כ.

226 בתוספות בכורות כז עמוד ב ד"ה ואתי בזה"ל; "ובעינן זבחים דף כח עמוד א **לְמָשְׁחָה** במדבר יח ולגדולה כדרך שהמלכים אוכלין בצלי ובחרדל ובכל מתנות כתיב **לְמָשְׁחָה** אפילו בזרוע ובלחיים ובקיבה כדמשמע הכא וגבי תרומה לא מצינו שיצריך בשום אכילה בגדולה דשמא לא שייך גדולה אלא בבשר עכ"ל. ובתוס' מסכת יומא דף כ"ה א ד"ה אין ישיבה כ' שגם האכילה בישיבה דווקא הוי בכלל **לְמָשְׁחָה** שגם זה דרך גדולה וכבוד", ועיי"ש.

227 "פשוט" הוא שם של מטבע.

כח. השוחט בהמת ישראל חבירו, חובה על השוחט ליתן מתנותיה לכהן; ואם שחט בהמת כהן או עובד כוכבים, פטור:

≈○ משפט הכהנים ○≈

"כתב רבינו ירוחם נתיב כ סוף ח"ג אסור לישראל ליקח פשוט מישראל כדי שיתן זרוע לחיים וקיבה לבן בתו כהן וכל שכן מהכהן עצמו, זה פשוט בבכורות פרק עד כמה בכורות דף כז עמוד ב"

ע"כ, ומזה חזינן שיקול האיסור טובת הנאה בזלו"ק כמקביל לתרומה שבתרומה התירו חכמים ליקח סלע מישראל ליתן התרומה לבן בתו כהן, ואילו כאן אסרה התנא דמתניתין עם טעמא דמילתא בצידיה.

ופסק המחבר לעיל סעיף ז שיש דין קדימה לחלקם לכהן חבר, ויש לבאר דבריו זה ע"פ הגמ' חולין דף קל עמוד ב דדוקא הדיינים (על פי ציווי לשוחטים) הם המחלקים והם בוחרים מי הם הכהנים החברים שראוי לקבל המתנה; "וְזֶה יִהְיֶה מִשְׁפַּט הַכֹּהֲנִים, מלמד שהמתנות דין, למאי הלכתא, לאו להוציאן בדיינין? לא, - לחולקן בדיינין" ע"כ בגמ', ודין זה יוצא ע"פ לשוה"כ בזלו"ק לשון מִשְׁפַּט, דהיינו יש כאן התערבות הבי"ד יותר מבכל שאר מתנות כהונה וראה דברי המהרש"א לעיל בסימן ב בפיסקא 'מדה כנגד מדה'. ולפי"ז החלוקה נעשית אך ורק על פי הדיינים, ומובן שאין בזה שום התערבות הדיעות לא של השוחט ולא של הבעלים, א"כ ולפי"ז אין כאן שום טובה"נ.

חומרת הרמב"ם

וכתב הרמב"ם הלכות תרומות יב כ "לא יתן ..מתנות היינו זרוע לחיים וקיבה לרועה בהמתו, ואם נתן חילל ..ורשאי ישראל לומר לישראל אחר הא לך סלע זו ותן תרומה או בכור או שאר מתנות לפלוני הכהן ..במה דברים אמורים, כשהיו הבעלים רוצים ליתן אותם לאחד משני כהנים אלו ..בחנם" ע"כ.

ויש לבאר מה כוונת הרמב"ם באומרו שאם נתן זלו"ק לרועהו הכהן אזי חילל - שהרי כותב הלכות ביכורים ומ"כ ט כ שאין בזלו"ק קדושה, א"כ מה חילל? ונראה שכוונתו הוא על מש"כ בהל' תרומות יב יח ש'כל המסייע חילל קדש השם ועליהם נאמר מלאכי ב ח שִׁחַתֶּם בְּרִית הַלֵּוִי' ע"כ, כלומר שזה הכהן משחית כל טעם המצווה שרצה הקב"ה שיחזיק הכהן בתורה ויקבל מנת חלקו משולחן המלך בלי טירחא ויגיעה. ויש שציינו[228] שהרמב"ם נקט כהלכה כדברי רבי יוחנן[229] שהגביל ההיתר רק באופן מסויים, וז"ל

228 מראה פנים לתלמוד ירושלמי מסכת דמאי פרק ו הלכה ב.

229 שהחמיר לעומת רבי יוסי ברבי חנינא והמחלוקת בתלמוד ירושלמי פרק ב דקידושין הלכה ט, ושם במשנה; "המקדש בתרומות ובמעשרות ובמתנות כהונה ובדמי חטאת ואפר חטאת הרי זו מקודשת אף על פי ישראל" ע"כ, ובגמ' שם "רבי יוסי בן חנינה אמר אדם נותן מעשרותיו בטובת הנייה מה טעמא דרבי יוסי בן חנינה במדבר ה וְאִישׁ אֶת קֳדָשָׁיו לוֹ יִהְיוּ מה עבד לה רבי יוחנן? - יתנם לכל מי שירצה. מתניתא הא פליגא על רבי יוסי בן חנינה פי"א נדרים הלכה ג 'קונם כהנים ולויים נהנין לי יטלו על כרחו' פתר לה באומר אי אפשי ליתן מתנה כל עיקר, תדע לך שהוא כן דתנינן כהנים אילו לוים אילו נהנין לי יטלו אחרים. מתניתא פליגא על רבי יוחנן האומר הילך סלע זו ותן בכור זה לבן בתי כהן - פתר לה ברוצה ליתנו לשני כהנים ובן בתו אחד מהן, והוא אומר לו הילך סלע זה ותן כולו לבן בתי כהן. בעון קומי רבי זעירה בהדא כהן לישראל אסור מה דרבי יוסי אמר? לא אגיבון. רבי חזקיה בשם רבי אחא אכין אמר לון על דעתיה דרבי יוסי בן חנינה כהן לישראל למה הוא אסור לא מפני מראית העין. אף רבי יוחנן אית ליה ישראל לישראל אסור מפני מראית העין. ועוד מן הדא דתני הכהנים והלוים המסייעים בגרנות אין נותנין להן לא תרומה ולא מעשר ואם נתן הרי זה חילל. ויקרא כב טו וְלֹא יְחַלְּלוּ אֶת קָדְשֵׁי בְּנֵי

כח. השוחט בהמת ישראל חבירו, חובה על השוחט ליתן מתנותיה לכהן; ואם שחט בהמת כהן או עובד כוכבים, פטור:

≈○ משפט הכהנים ○≈

תרומות יב כא "בד"א כשהיו הבעלים רוצים ליתן אותם לאחד משני כהנים ..בחנם ואמר לו חבירו הא לך ותן לזה, אבל הבעלים שאמרו לכהן או ללוי הא לך חלק זה בטובת הנאה - הרי זה אסור" ע"כ. דהיינו שבעינן לב נקי וטהור שמוכן לתת המתנה בחינם לגמרי, ואם חסר רצון זה אז פקע שום היתר, והעובר על זה עובר משום חילול ח"ו. ואולי ע"י הסתייגותו מלהתיר בשום אופן איזה החלפת ממון בין כהן לישראל סובר ששוב אין חשש שהכהן ימנע מלאכול הזלו"ק באופן צלי ובחרדל ובהל' ביכורים ומתנות כהונה ט כב, חייב האכילה בצלי ובחרדל לכתחילה ונמצאנו אומרים שלא די לו להרמב"ם בעניין של למשחה לחוד שבגלל מצווה גרידא לא גזרינן[230] אבל משום הלאו של **וְלֹא יְחַלְּלוּ אֶת קָדְשֵׁי בְּנֵי יִשְׂרָאֵל** יש מקום לגזור[231], ובפרט כשיש חשש בזיון זלו"ק שהם מידי דאכילה שקרובין לעיפוש וגם לבזיון כי אין בהם קדושה.[232]

יסרב השוחט מלשחוט

הבאנו לעיל סעיף א שכל מצוות נתינת זלו"ק מוטלת על השוחט, ואף ששוחט בהמה שאינה שייכת לו כלל. ויש לתמוה כי כבר כתב המחבר בסימן כה ש"השוחט לכהן ולעובד כוכבים, פטור מן המתנות", א"כ מה חידש כאן? וי"ל ששם כתב הדברים שהשוחט פטור כי דיבר מזווית הכהן והגוי והשוחט אינו שוחט בעבור בר-חיובא (היינו ישראל), וכאן נוקב ומפרש הדין ע"פ הגמ' ש"הדין עם הטבח" וכל חוב הנתינה חל על השוחט ששוחט עבור ישראל. והנה בתשובת מהר"י צייח נדפס במילואים לקמן כתב וז"ל; "ראוי לטבח שלא ישחוט לשום ישראל החייב במתנות או לכהן ולוי השוחטים ומוכרים עד שידע בודאי שנתפשרו עם הכהן בכל אשר יחפץ[233] או שיקח המתנות תחת ידו לתתם לכהנים ובזה יצא ידי חובתו", ע"כ.

יִשְׂרָאֵל והן מחללין אותן.
יותר מיכן אמרו תרומותן אינן תרומה מעשרותן אינן מעשרות והקדישן אינן הקדש ועליהן אמר הכתוב מיכה ג יא **רָאשֶׁיהָ בְּשֹׁחַד יִשְׁפֹּטוּ וְכֹהֲנֶיהָ בִּמְחִיר יוֹרוּ וּנְבִיאֶיהָ בְּכֶסֶף יִקְסֹמוּ וְעַל ה' יִשָּׁעֵנוּ** והמקום מביא עליהם שלש פורעניות. הדא היא דכתיב מיכה ג יב **לָכֵן בִּגְלַלְכֶם צִיּוֹן שָׂדֶה תֵחָרֵשׁ וִירוּשָׁלַם עִיִּין תִּהְיֶה וְהַר הַבַּיִת לְבָמוֹת יָעַר.**
מתניתא פליגא על רבי יוחנן המקדש בתרומות ובמעשרות ובמתנות ובמי חטאת הרי זו מקודשת אף על פי ישראל פתר לה בתרומות שנפלה לו משל אבי אמו כהן:" ע"כ.
ויש לציין כי לפי כללי הפסיקה מצאנו שהלכה כרבי יוחנן וכן שמואל ורבי יוחנן הלכה כרבי יוחנן, רב ורבי יוחנן הלכה כרבי יוחנן. וראה *בכללי התלמוד* בתרייתא להכנסהג"ד ס"ק לט שמביא ראיות שגם רבי יוחנן ורבי יהושע בן לוי - הלכה כרבי יוחנן ומה גם שרבי יוסי בן חנינא היה תלמידו.

230 עי' שו"ת שואל ומשיב מהדורא תניינא סי' קכא.

231 עי' שו"ת חכם צבי סי' סב.

232 ובדוחק י"ל בלשונו "רשאי ישראל לומר לישראל אחר הא לך סלע זו ותן תרומה או בכור או *שאר מתנות* לפלוני הכהן בן בתי או בן אחותי וכל כיוצא בזה" הרי לא כתב בהדיא 'מתנות' סתם אלא 'שאר מתנות', ואולי דיבר בענין מתנות-כהונה בכלל, וכפי שביאר רש"י את כוונת תנא דמתניתין דברי התנא דמתני־תין בבורות כז עמוד א ד"ה תיתחל, ושם כ' רש"י; 'והאי דנקט ובכולן הכי אמר ובכולן התרומות והמעשרות יש בהן טובת הנאה' ע"כ. אבל זה מה שכותב הרמב"ם את הדברים בהל' תרומות ואילו בהלכות מ"כ שותק מכל עניין טובה"נ, יש ליישב כי הל' תרומות כ' לפני הלכות זלו"ק ונקט הזדמנות הראשונה להציע את דיני טובה"נ, וצ"ע.

233 וראה באריכות בתשובת מהר"י קורקוס שלאו כל כמיניה לכהן לבקש מעות תמורת עצם הזלו"ק, ועיי"ש.

כט. כהן שמכר פרה לישראל ואמר לו: אני מוכר לך פרה זו חוץ ממתנותיה, הוי תנאי וצריך ליתנם למוכר. אבל אם אמר לו: על מנת שהמתנות שלי, אינו תנאי והמקח קיים ויכול ליתנם לכל כהן שירצה:

≈○ משפט הכהנים ○≈

על מנת שהמתנות שלי, אינו תנאי: אם מתנה הכהן (שהוא בעל הבהמה) עם ישראל הקונה "על מנת שהמתנות שלי", דבריו אינם תנאי אבל המקח קיים ויכול הישראל ליתן הזלו"ק לכל כהן שירצה. וביאר בבאר *הגולה* ע"פ הברייתא דכל לשון *על מנת* לאו שיורא הוא אלא תנאי והמתנה על מה שכתוב בתורה תנאו בטל עכתו"ד.

וצ"ב מה הבדל בין תנאי זה שעושה הכהן עם הישראל לבין תנאי בעל עם אשתו המובא במשנה גיטין ז ה "הרי זה גיטך על מנת שתתני לי מאתים זוז, הרי זו מגורשת ותתן". ומפרש שם הרע"ב "מגורשת מעכשיו.. דכל האומר *על מנת* כאומר מעכשיו" ע"כ.

והואיל שיש כללים ידועים בדיני תנאים, ומהם דאם אמר לשון *על מנת* אין צורך *לתנאי כפול* ולא *להן קודם ללאו* ולא *לתנאי קודם למעשה* רע"ב קידושין ג ד. ולכאורה לפי זה, תנאי הכהן בלשון *על מנת* היה צריך להיות תקין ותנאי כשר.

ואפילו לפי המימרא *שכל המתנה על מה שכתוב בתורה תנאו בטל* (כדוגמא האומר בני בכור לא יטול פי שנים לא אמר כלום משנה ב"ב ח ה), הרי כאן כן אפשר לו לישראל לקיים גם התנאי וגם מה שכתוב בתורה בממ"נ; אם חלקי הזלו"ק עוברים לרשותו של הישראל בשעת השחיטה הרי יקיים **וְנָתַן לַכֹּהֵן** לכהן המוכר. ואם הזלו"ק של הכהן, גם כן יתן הישראל לכהן המוכר את הזלו"ק ולא יהיה חזי כמשני בדיבורו (דמסתם אמר או רמז לכהן שמסכים על התנאי).

ועוד, בכמה מקומות אמרינן דבדבר שבממון אין תנאו בטל וכל תנאי שבממון קיים רע"ב ב"מ ז יא, וחזינן גם שהגמ' בכורות כז עמוד א מגדירה הזלו"ק *כקדושת דמים*, וכיון דכל תנאי שבממון קיים,[234] לכאורה שפיר הוי תנאי שיתן הקונה את הזלו"ק לאותו כהן המוכר.

ובש"ך ס"ק יח הביא דעת הרמב"ם הלכות מעשר ו יט וז"ל הרמב"ם שם; "כהן שמכר שדה לישראל ואמר לו על מנת שהמעשר שלה שלי לעולם הרי הן שלו של הכהן כיון שאמר על מנת נעשה כמי ששייר מקום המעשר" ומתרץ שם הש"ך דבקרקעות שאני דיש לקרקע חזקת בעלים משא"כ בזלו"ק דהוי רק מטלטלין.

ועדיין צריך יישוב כי כמו שהבאנו לעיל שלשון *על מנת* מצאנוה שגיא-כח, ואף בגמרא דידן לא איפשיט לן, וכדמסיים הגמ' חולין קלד עמוד א בזה"ל; "בהא פליגי, מר סבר על מנת שיורא הוא ומר סבר על מנת לאו שיורא הוא" ע"כ.

אלא מחוורתא כדברי התוס' רי"ד חולין קלד עמוד א, דביאר דנהי דמעיקר דדינא אין שום טעם למה שנפסל תנאי הזה של הכהן, וכל סיבת הביטול הוא מטעם קנס, וז"ל;

> "אף על פי שמן הדין שיהיו שלו מידי דהוה אכל תנאים בעלמא, קנסינן להו משום דהוי

234 חוץ מבדיני ירושה, דשם יש לימוד מיוחד מלשוה"כ **לְחֻקַּת מִשְׁפָּט** במדבר כז יא, ע"פ מדרה"ג. (ואולי האי טעמא ג"כ במשנה ב"ב ח ה לעיל אודות האומר בני בכור לא יטול פי שנים לא אמר כלום).

כט. כהן שמכר פרה לישראל ואמר לו: אני מוכר לך פרה זו חוץ
ממתנותיה, הוי תנאי וצריך ליתנם למוכר. אבל אם אמר לו: על
מנת שהמתנות שלי, אינו תנאי והמקח קיים ויכול ליתנם לכל כהן
שירצה:

≈○ משפט הכהנים ○≈

חלקם שאלו, דכיון דכולה בהמה זבין ליה
חייב ישראל ליתן המתנות וזה הכהן שהתנה
עליהם הוה ליה חלקם שאל בפיהם וקנסינן
ליה שלא יקיים לו תנאו" ע"כ

ולפי זה חזינן עד כמה נגעה הזהירות ד*חלקם שאלו
בפיהם*, דבזה שרוצה הכהן ל*הכריח* הנתינה אליו,
עשו החכמים את הזוכה כאינו זוכה.

ל. ישראל שמכר פרה לחבירו ושייר המתנות, חייב הלוקח ליתנם; אף על פי שנשארו למוכר, מכל מקום החובה על הטבח שהוא הלוקח:

≈○ משפט הכהנים ○≈

חייב **הלוקח ליתנם:** נראה שההיכי תימצי כאן הוא שמכר את הפרה מחיים וכל תנאו של המוכר היתה שבעלות המתנות איננו מוכר בכלל שאר הפרה, ואף על פי כן הלוקח (הטבח - שוחט) חייב לתת הזלו"ק לכהן, וזאת אע"פ 'שנשארו למוכר'. כלומר, שאין הקונה נותן נכס שלו כי התנה בפירוש שאינו קונה הזלו"ק, ומן הסתם גם הפחית לו המוכר מדמי הפרה בגלל זה. אם כן, חידש לנו המחבר לשלול ההו"א שהקונה יטעון שאין הזלו"ק הנכס שלו לתתנם לכהן (וכפי הגמ' לעיל ש'בתר חיובא אזלינן').

ובדרך אגב יוצא לנו דבזה האופן טובת הנתינה יהיה ללוקח (השוחט), וכלשון המחבר "חובה על הטבח" כי הרי הוא שחט הבהמה ומחייבין אותו זאת אע"פ שהתנה המוכר (היינו ששייר המתנות לעצמו בלשון *חוץ* והוי שייר) ומשמע דכל סיבת תנאו של המוכר שעיכב הזלו"ק לעצמו היתה כי דווקא הוא רצה את טובת הנתינה, ואעפ"כ מגלגלים חוב הנתינה לידי השוחט ובמילא גם כל טובת הנתינה.
ובעיון יותר, יש כאן שתי סיבות למה מחייבינן דווקא הלוקח (השוחט, ולא המוכר) ליתנם לכהן;

- ◄ כפס"ד המחבר לעיל סעיף כח "השוחט בהמת ישראל חבירו, חובה על השוחט ליתן מתנותיה" (ובביאור הגר"א מציין לרש"י חולין קלד עמוד א ד"ה חוץ שיור וכותב "..מחייב הלוקח דכיון שהוא שחטה עליה רמיא למיתבינהו")
- ◄ חלקי הזלו"ק נמצאים תחת ידו, וכיון שבתר חיובא אזלינן כמו שהארכנו לעיל בסעיף כה יש לו לתתנם לכהן.

סיכום הדברים

לפי זה ביאר לן המחבר דלא אמרינן דכיון שבשעת הזביחה לא היו הזלו"ק נכס של השוחט ולמה נחייבו ליתן, דהרי בא המצוה לידו במעשה השחיטה וזריזין מקדימין והוא קודם לזכות במצוה הבאה לידו.

לא. המתנות עצמם אסור לישראל לאכלם אלא ברשות כהן. עבר ואכלן או הזיקן או מכרן, אינו חייב לשלם מפני שאין לו תובעים ידועים.

והקונה אותם, אף על פי שאינו רשאי, הרי זה מותר לאכלן מפני שמתנות כהונה נגזלות:

≈○ משפט הכהנים ○≈

אסור **לישראל לאכלם:** מ פ ו ר ש שעצם הזלו"ק אסורים באכילה לישראל (אם לא ברשות כהן). ולעולם, לשון אסור חשוב כדבר חמור ובכל מקום מרחקינן ממנו ככל האפשר, ובפרט במידי דאכילה. ובענין איסור (בדבר האכילה) כתוב בתוספתא דמאי ב יד עד כדי כך ש"אין מברכין עליהן, ואין מזמנין עליהן, ואין עונין אחריהן אמן" ע"כ,[235] וכ"ש הבא לקיים עונג שבת ויו"ט בחלקי בשר הללו שבוודאי יצא שכרו בהפסדו.

מהות האיסור מטעם גזל

יש לבאר מהו טעם האיסור כאן, כיוון שיש כמה וכמה סוגים של איסור. והגר"א כ' ביאור הגר"א יור"ד סא לא שעצם הזלו"ק אסורין מטעם גזל עכתו"ד - דהיינו כיון שיש להם דין ממון כנכס של הכהן והאוכלם הוי כאוכל דבר של חבירו (בלי רשותו) דהוי גזל כפשוטו.

וגם זה הלאו של **לא תגזול** חמור בכל מקום,[236] ואם עבר השוחט על מצותו ח"ו ולא נתנם לכהן פסק המחבר לקמן שהבא לקנות בשר אינו רשאי לקנות חלקים אלו[237] (כמו שאינו רשאי לקנות כל דבר שנגזל), ונראה שהטעם שאינו רשאי לקנותם אליבא דשיטת הגר"א, וכן ב"ד המבי"ט[238] הוא כי עי"ז מחזיקים ידו של שוחט על הגזל שעבר העבירה (בזה שלא נתנם מיד כדינו), ואף גורם לו שיגזול עוד. ובגמ' ב"ק קיט עמוד א הובא מימריה דרבי יוחנן אודות חומר איסור גזל בזה"ל;

> "אמר רבי יוחנן כל הגוזל את חבירו שוה פרוטה כאילו נוטל נשמתו ממנו.. וכי תימא הני מילי היכא דקעביד בידים אבל גרמא לא, ת"ש **אֶל שָׁאוּל וְאֶל בֵּית הַדָּמִים עַל אֲשֶׁר**

235 ושם; עם הארץ שאמר לחבר תן לי ככר זה ואוכלנו יין זה ואשתנו לא יתן לו שאין מאכילין טהרות לעם הארץ היה נדור מן הככר ואמר לו תן לי ואוכלנו אבטיח שניקר ואמר [לו] תן לי ואוכלנו יין ונתגלה ואמר לו תן לי ואשתנו לא יתן שאין מאכילין את האדם דבר האסור לו כיוצא בו לא יושיט ישראל אבר מן החי לבני נח ולא כוס יין לנזיר שאין מאכילין את האדם דבר האסור לו ועל כולן אין מברכין עליהן ואין מזמנין עליהן ואין עונין אחריהן אמן.

ובס' *קהלת יעקב* (מבעל מלא הרועים על הש"ס) כתב שלשון אסור מראה שורש משלש קליפות הטמאות והוא ראשי תיבות "רוח סערה וענן אש".

236 עד כדי כך שלגבי גזל יש דעה שחייב אדם למסור נפשו ולא לחמוס ירושלמי שבת פי"ד. ו*בקהלת יעקב* ערך גזילה כתב על המימרה *גזילה אחת דוחה מאה ברכות*; ..כפשוטו, אף אם נתברך מפי הקב"ה או מפי צדיק מאה פעמים, הגזל דוחה כשאינו עושה תשובה" ע"כ.

237 וראה בחסדי דוד לתוספתא חולין פרק הזרוע שכ' ג"כ 'אסור לקנות'.

238 בתשובתו נדפס בסוה"ס כ' וז"ל; "הכלל כי הטבח אסור לאכול המתנות ואין שום אדם יכול לקנותן לא המתנות עצמן ולא עם בשר אחר ואם קנם במשקל נותנן הלוקח לכהן ומנכה מן הדמים כמו שכתב גבי בני מעים שלקחן במשקל ומה שכתב למעלה דהקונה מותר לאוכלן היינו אם לא רצה לתתם ונתן דמיהם." ע"כ, ועיי"ש.

לא. המתנות עצמם אסור לישראל לאכלם אלא ברשות כהן. עבר ואכלן או הזיקן או מכרן, אינו חייב לשלם מפני שאין לו תובעים ידועים.

והקונה אותם, אף על פי שאינו רשאי, הרי זה מותר לאכלן מפני שמתנות כהונה נגזלות:

≈○ משפט הכהנים ○≈

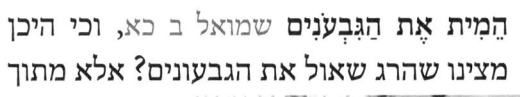

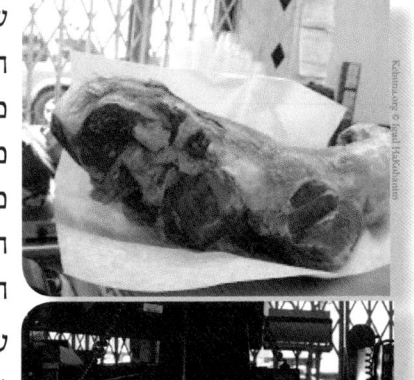

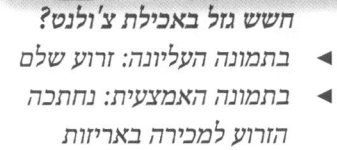

הֵמִית אֶת הַגִּבְעֹנִים שמואל ב כא, וכי היכן מצינו שהרג שאול את הגבעונים? אלא מתוך שהרג נוב עיר הכהנים שהיו מספיקין להן מים ומזון מעלה עליו הכתוב כאילו הרגן" ע"כ, ומשמע שאף הגורם לגזל נתפס ח"ו בעונש חמור. ויש לומר דבנוסף לסתם חומרת איסור גזל, יש כאן גם הרבה עניינים חשובים מעל ומעבר לקיום המצות-עשה גרידא (כגון קדושת דמים, קיום כלל ופרט וברית מלח, גורם לקיום מצות לְמָשְׁחָה, החזקת יד כהן ת"ח וכו'). ויש לעורר שימת לב לחרדים לדבר השם הקונים בשר באיטליז, כיוון שכ"ז שייך מאד - הלכה למעשה - בימינו לענין קיום מצוות עונג שבת ויום טוב באכילת בשר בקר. שיש (לכה"פ על צד היותר טוב ולכל היותר חיוב גמור) לקבל רשות מפורש מפי כהן לאכול עצם חלקים הללו (הזלו"ק). ואם אין שם כהן, לכה"פ להקפיד שהעצמות שמכניסים לחמין יהיו דווקא מהרגל השמאלית של הבהמה (ולא הימנית) כי על ידי כן לא יהיה חשש אכילת מתנות האמיתיות בעצמן (כפי שהביא הרמב"ם בפירוש המשניות חולין פ"ט להחמיר), כי איך יקיים מצוות עונג שבת ויו"ט בחפץ גזול ח"ו ואפילו בדבר שאינו יודע בוודאי שנגזל אלא שיש לו איזה נדנוד חשש עבירה ח"ו.[239]

חשש גזל באכילת צ'ולנט?

◄ *בתמונה העליונה: זרוע שלם*
◄ *בתמונה האמצעית: נחתכה הזרוע למכירה באריזות*
◄ *בתמונה התחתונה: נכנס לצ'ולנט*

ומחלקי שו"ע הרב, חסר יור"ד סימן ס"א העוסק בהלכות מתנת הזרוע הלחיים והקיבה, אבל ממש"כ בסי' תק"ו סט"ו יש להביא קצת ראייה שסבר כי בחו"ל צידד לחייב הנתינה,[240] וכ"כ שם; "ביום טוב

239 ע"ד פסק אדה"ז בשו"ע חו"מ סי' י"א מהלכות גזילה בענין מצוה שלא תהא באה בעבירה: "מחמירין אפילו בסתם היינו במקום שיש חשש עבירה אבל לא יודעים בבירור", ודומה לזה כ' בחאו"ח הלכות שבת סי' שלה, ס"ז בענין מידת חסידים; "ומדת חסידים שלא ליטול שכר על טורח הצלה בשבת אע"פ שאינו שכר שבת כי החסיד יש לו לוותר משלו בכל דבר שיש בו נדנוד עבירה".

240 ע"פ הכלל שלא העלה בשו"ע שלו אלא דברים הנוהגים, ראה הקדמת הר' חיים אברהם בן אדמוה"ז לשו"ע שכ' שזהו שו"ע "להמוני עם ..ערוך לפניהם השולחן הלכה למעשה בשפה ברורה" ע"כ. וכן בהקד' בנו אדמוהאמ"צ כ' "ז תורת אמת לאמיתתה של

לא. המתנות עצמם אסור לישראל לאכלם אלא ברשות כהן. עבר ואכלן או הזיקן או מכרן, אינו חייב לשלם מפני שאין לו תובעים ידועים. והקונה אותם, אף על פי שאינו רשאי, הרי זה מותר לאכלן מפני שמתנות כהונה נגזלות:

מותר להפריש המתנות שהם הזרוע והלחיים וקיבה ומותר להוליכן לכהן".

איסור עשה

וי"ל דבנוסף לאיסור גזל יש ג"כ באכילת עצם הזלו"ק מה שנקרא 'לאו הבא מכלל עשה' - כיוון שכתוב בתורה **וְנָתַן לַכֹּהֵן** וכל עוד שהשוחט לא נתן, עדיין חסר פעולת ציווי התורה, ובלשון הגמ' כתובות כד עמוד ב נקרא עבירה מסוג זה של 'לאו הבא מכלל עשה' בשם 'איסור עשה' - וכן הוא בהדיא בדברי רש"י ביצה יב עמוד ב ד"ה מתנות בזה"ל;

> "הזרוע והלחיים והקיבה אף הן הרמתן הותרה לו לבעלים ביום טוב שהרי נצטוה להרימן והיאך יאכל שאר הבשר ואע"פ שאין טובלין כשאר טבל לאסור הבשר באכילה מיהו אם לא פירש שאר הבשר מהן הרי הוא אוכלן ועובר בעשה הלכך הרמתן התירו.." ע"כ.

אבל לכאורה א"א לומר שיש כאן שני איסורים - גם איסור עשה וגם לאו דגזילה - כיוון שאין איסור חל על איסור, אבל מאידך אולי שאני כאן דהוי שני האיסורים חלים שלא בבת אחת, שקודם עובר השוחט על מצוות הנתינה (איסור עשה) ורק כשאכלם בפועל אזי נקרא גזלן (ועובר על לא תגזול). ובאופן אחר י"ל ששני האיסורים מתהווים על ידי שני בני אדם; השוחט עובר על האיסור עשה ואילו הלאו דלא תגזול מתהווה על ידי איש אחר שאוכלם בפועל, וצ"ע.[241]

רבי יוחנן: מהות האיסור מטעם טבל

ויש לתת טעם להאיסור אליבא דרבי יוחנן כיוון דברור שלפיו אין האיסור מטעם גזל (בלבד), שבגמ' מובא מאמרו שאסור לאכול מבהמה שלא הורמו מתנותיה (ומשמע דאיסורו אינו כולל עצם הזלו"ק -כיוון דאמר מבהמה שלא הורמו, אלא שאר חלקי בשר הבהמה שמוכרין ואוכלין כסתם חולין) וסיום מאמרו הוא שהאוכל מבהמה כזו הוי כאילו אוכל טבל. וכן נראה בתוספות, דהוי אכילת שאר בשר הבהמה כאוכל טבלים ממש כיון דיש גז"ש בין תרומה לבין זלו"ק.[242] ואליבא דרבי יוחנן אודות אכילת *עצם* הזלו"ק על ידי ישראל לא מצאנו אלא שתיקה, כלומר, יש לשאול מהו <u>מהות האיסור</u>

הלכה פסוקה", ע"כ. וצ"ע למצוא הרחבת הדיבור אודות מצוה שלימה זו בשאר ספרי אדמורי חב"ד לדורותיהם.

241 ובעיון איזה מהשני איסורים (מצוות לא תעשה או איסור עשה) חמור יותר מצאנו ברמב"ן שיר השירים ד יא "אינו דומה המקיים והעושה בגופו מצות אדוניו כמו שנשמר מעשות רע מיראת אדוניו, במצות לא תעשה לוקין אותו ארבעים אבל במצות עשה כגון שאומרים לו עשה סוכה ואינו עושה מכין אותו עד שתצא נפשו ..מדת זכור למעלה ממדת שמור" עכתו"ד, ויש חולקין שעבירת לא תעשה קשה מאיסור עשה.

242 חולין דף קלב עמוד ב ד"ה כאילו אוכל טבלים ושם; "טבלים ממש, דמתנות ילפינן נתינה נתינה מתרומה בפ' ראשית הגז" ע"כ.

לא. המתנות עצמם אסור לישראל לאכלם אלא ברשות כהן. עבר ואכלן או הזיקן או מכרן, אינו חייב לשלם מפני שאין לו תובעים ידועים.

והקונה אותם, אף על פי שאינו רשאי, הרי זה מותר לאכלן מפני שמתנות כהונה נגזלות:

על עצם הזלו"ק אליבא דרבי יוחנן,[243] ואולי לשיטתו הוי חשיב האוכל עצם הזלו"ק כאוכל טבל ממש ח"ו.

גם זלו"ק בכלל *ראשית*

אליבא דהמחבר ניתן להסתפק בטעם הגר"א הנ"ל שכתב שיש רק איסור גזר בעצם הזלו"ק, אבל בדעת רבי יוחנן (לפי התוס' דהוקשו לתרומה) הוי אכילת עצם הזלו"ק כאכילת תרומה. וי"ל כיון שאכל הרי אכל חלק הראשית השייך לכהן, ומצאנו סימוכים לומר דהוי כאן עצם הזלו"ק כתרומה ע"פ הספרי דכל מתנות כהונה איתקשו בהדי הדדי להיקרא בשם ראשית ובלשוה"כ במדבר יח יב **כֹּל חֵלֶב יִצְהָר וְכָל חֵלֶב תִּירוֹשׁ וְדָגָן רֵאשִׁיתָם אֲשֶׁר יִתְּנוּ לַה' לְךָ נְתַתִּים** ובספרי שם '**אֲשֶׁר יִתְּנוּ**; זה הזרוע והלחיים והקיבה' ע"כ. ובפי' התורה והמצוה לספרי במדבר (יח יב) **ביאר בזה"ל;**

"..הנה לא חשב בין מתנות כהונה ראשית הגז, וחלה, ומתנות זרוע לחיים וקיבה. ובהכרח שיהיו נרמזים בפרשה זו וחז"ל דייקו שמה שכתוב **כֹּל חֵלֶב יִצְהָר וְכָל חֵלֶב תִּירוֹשׁ וְדָגָן רֵאשִׁיתָם** הוא כפל לשון, שחֵלֶב היינו הראשית והמיטב, ומציין תרומה ותרומת מעשר כמו שכתוב לקמן **בַּהֲרִימְכֶם אֶת חֶלְבּוֹ מִמֶּנּוּ**, ולמה אמר שנית **רֵאשִׁיתָם?**

וע"כ פי' שמה שכתוב **רֵאשִׁיתָם** כולל כל מה שנקרא בשם *ראשית* ..ועם זה נכלל הזרוע והלחיים והקיבה כמו שכתוב **וְזֶה יִהְיֶה מִשְׁפַּט הַכֹּהֲנִים מֵאֵת הָעָם.. וְנָתַן לַכֹּהֵן הַזְּרֹעַ וְהַלְּחָיַיִם וְהַקֵּבָה, רֵאשִׁית דְּגָנְךָ ..וְרֵאשִׁית גֵּז צֹאנְךָ תִּתֶּן לוֹ.**

זה כוונת הספרי בכלל שבמה שכתוב **רֵאשִׁיתָם אֲשֶׁר יִתְּנוּ לַה'** כולל כל הנאמר בפרשה **וְזֶה יִהְיֶה מִשְׁפַּט הַכֹּהֲנִים**; היינו גם זרוע לחיים וקיבה וגם ראשית הגז, שכולם משום *ראשית*.

ונכלל גם החלה שנקראת **רֵאשִׁית** רק שסמכו ראשית הגז על מלת **רֵאשִׁיתָם** ובמה שכתוב **אֲשֶׁר יִתְּנוּ** ר"ל כל מה שיתנו וכולל המתנות זרוע לחיים וקיבה"

ע"כ. ובגמ' חולין קלג ע"ב **מצאנו שיש צד השווה** לכל כ"ד מתנות כהונה; "תניא עשרים וארבע מתנות כהונה הן וכולן ניתנו לאהרן ולבניו בכלל ופרט וברית מלח, כל המקיימן כאילו קיים בכלל ופרט וברית מלח וכל העובר עליהן כאילו עובר על בכלל ופרט וברית מלח ואלו הן..".

ובריתא זו הובא גם בתוספתא חלה ב ח אבל בשינוי לשון קצת; "עשרים וארבעה מתנות כהונה ניתנו לאהרן ולבניו בכלל ופרט ובברית מלח.." *והמנחת יצחק* לתוספתא שם ביאר; **לְכָל קָדְשֵׁי בְנֵי יִשְׂרָאֵל לְךָ נְתַתִּים לְמָשְׁחָה** במדבר יח ח *כלל*. **וְזֶה יִהְיֶה לְּךָ מִקֹּדֶשׁ הַקֳּדָשִׁים מִן הָאֵשׁ** במדבר יח יט *פרט* כל מתנה

243 ובתפארת *יעקב* יור"ד סא, ד הבין לפי התוספות (אליבא דרבי יוחנן) דהאיסור כאן הוא רק *כעין* טבל, אבל י"ל דוקא שאר חלקי הבהמה הוי *כעין*, אבל בעצם הזלו"ק סבר התוס' דהוי טבל ממש.

לא. המתנות עצמם אסור לישראל לאכלם אלא ברשות כהן. עבר ואכלן או הזיקן או מכרן, אינו חייב לשלם מפני שאין לו תובעים ידועים.

והקונה אותם, אף על פי שאינו רשאי, הרי זה מותר לאכלן מפני שמתנות כהונה נגזלות:

≈○ משפט הכהנים ○≈

בפני עצמה. **וכֹל תְּרוּמֹת הַקֳּדָשִׁים** במדבר יח יט **חזר** וכלל"..ואשמועינן הכא שהכלל בא לרבות האמורין בפרשת שופטים היינו הזרוע לחיים וקיבה", עכתו"ד.

והריב"ג *מוילנא* תוספתא חלה ב ח **ביאר** וז"ל; "**אף** אותן שהן חולין גמורין, הכלל מרבה אותן ב'אם אינו ענין'" ע"כ.[244] ועד"ז **ביאר** *החסדי דוד* תוספתא חלה ב ח וז"ל; "המקיימן כאילו קיים *כלל ופרט וברית מלח*, ..כ"ד מתנות כלל כולהון בחדא קדושה כדכתיב **לְכָל קָדְשֵׁי** במדבר יח ח דחשובין כעיקר מצותיה של תורה, והמקיימן כאילו מקיים דין תורה, עיי"ש.

וכל זה מראה דהוי בעצם הזלו"ק צד-שוה לכל שאר מתנות כהונה ולא נופלים הם מכלל לשון לכל קדשי בנ"י, וזה סיוע לסברת רבי יוחנן.

חולין של בנ"י (על דרך דרש)

244 מידת *אם אינו ענין* היא המידה העשרים מבין הל"ב *מידות של רבי אליעזר בנו של רבי יוסי הגלילי* ונקראת גם בשם דבר *שנאמר בזה ואינו עניין לו.*

לפיה, כשהמקרא מביא *פרט* מסוים בסמוך לאיזה ענין שלכאורה אינו שייך לו, אם אפשר לקשר את אותו הענין לענין אחר שהעניין כן שייך אליו, דורשים חז"ל להדביק ולקשר את אותו הענין אל אותו מקום המחוסר.

אם כן, לפי ביאור הריב"ג *מוילנא* יוצא לנו שהפסוק **זֶה יִהְיֶה לְךָ מִקֹּדֶשׁ הַקֳּדָשִׁים מִן הָאֵשׁ** במדבר יח יט הוא *פרט* שאינו שייך כאן וראוי לדורשו כקאי על הכתוב בפרשת שופטים בענין הזרוע לחיים וקיבה.

עוד נבאר בענין זה על דרך *ע"ג מידות שהתורה נדרשת בהן* במידה שנקראת בשם 'שער החילוק',[245] שלפיה ניתן לדרוש על זה שנוקט הכתוב במילה מסויימת הגם שיש כמה מילים דומים לה (שמות נרדפים) שהיה יכול להשתמש בהם.

ושם ביאר הרוקח החילוק בין מילים *זבח*, *טבח*, *ושחיטה* בזה"ל; "**זבח** על קרבן, **טבח** על מעט, **שחיטה** בין רב בין מעט" ע"כ. לפי"ז יש משמעות שבכל שחיטת חולין של שוחט ישראל יש גם כעין קדושה וקרבן, וכן מבואר כעין זה בפי' *המשך חכמה* לספר בראשית;

"**וַיִּזְבַּח יַעֲקֹב זֶבַח בָּהָר** בראשית לא נד; עד כאן לא מצאנו בתורה **זֶבַח** ורק **מִזְבֵּחַ** כתוב בכולם, משום שבני-נח היו מקריבין לגבוה שחוטים וטהורים כמו שעשה נח.

אבל חולין היו אוכלים בנחירה כמו ישראל במדבר, ושחיטה מן הצואר יליף ממקום שזב חתהו חולין דף כז, וזה מלת **זֶבַח** רק יעקב שחט וחדש מצות השחיטה"[246]

ע"כ, וכן מבואר שכל עצם דיני שחיטת-חולין אנו לומדים מדיני שחיטת-קרבנות.[247]

245 כפי שהובא בהקדמת פי' הרוקח לחומש, הקד' לס' בראשית, דף יח.

246 ואילו אליבא דרבי עקיבא ויק"ר כב ז, גם דור המדבר - שהיו כמה דורות אחרי יעקב אבינו - היו נוחרים ואוכלים כל חוליהן בלתי זביחה מן הצוואר.

247 ופרטי דיני שחיטה לא נצטוו בהדיא בתורה שבכתב אלא הם הלכה למשה מסיני

לא. המתנות עצמם אסור לישראל לאכלם אלא ברשות כהן. עבר ואכלן או הזיקן או מכרן, אינו חייב לשלם מפני שאין לו תובעים ידועים.

והקונה אותם, אף על פי שאינו רשאי, הרי זה מותר לאכלן מפני שמתנות כהונה נגזלות:

≈○ משפט הכהנים ○≈

סמ"ע טויור"ד א א, ונראה מאד לומר דנצטווה משה בכל דקדוקיה דווקא כלפי זביחת קרבנות; ובגמ' חולין דף כח עמוד א; "תניא רבי אומר **וְזָבַחְתָּ מִבְּקָרְךָ וּמִצֹּאנְךָ אֲשֶׁר נָתַן ה' לְךָ כַּאֲשֶׁר צִוִּיתִךָ** דברים יב, כא, מלמד שנצטוה משה על הושט ועל הקנה ועל רוב אחד בעוף ועל רוב שנים בבהמה" ע"כ בגמ', ורש"י ד"ה כאשר צויתיך כתב: למד שנתפרשה לו מצות שחיטה על פה דהיכן ציוהו בכתב ע"כ. ובפרישה ליור"ד א א כותב אליבא דרש"י "שכל הלכות שחיטה בעל פה נצטווה.." ומבאר דלומדים מיתורא דמילת **צִוִּיתִךָ** עיי"ש.

ואם נדייק לשאול כלפי איזה מקום/זמן אמור **כַּאֲשֶׁר צִוִּיתִךָ**, נמצא ציווי השחיטה מפורש למשה רבינו (בנוגע להקרבת עולה), וכן מובא בגמ' חולין דף ל עמוד ב; "אמר רב כהנא, מנין לשחיטה שהיא מן הצואר שנאמר **וְשָׁחַט אֶת בֶּן הַבָּקָר** ויקרא א ה, ממקום ששח חטהו" ע"כ וכן מפקינן שאין **וְשָׁחַט** אלא ומשך לאפוקי נדרסה ועיי"ש בסמ"ע וכולי האי, כאמור נמצא לגבי הקרבת קדשים.

ודרך אגב, לפי המדרש, הבאנו כבר לעיל בהערה לסימן ו המקרא הזה עצמו של **וְזָבַחְתָּ** מִבְּקָרְךָ וּמִצֹּאנְךָ אֲשֶׁר נָתַן ה' לְךָ **כַּאֲשֶׁר צִוִּיתִךָ** נדרש לאפוקי שום הוי אמינא דהותר גם חלקי הזרוע לחיים וקיבה לישראל על ידי זביחה כד"ת, וי"ל כי אי-הנתינה מצד עצמו נוגד לדין תורה של **וְנָתַן לַכֹּהֵן**. ויוצא מזה דאין הזלו"ק בכלל המשך הכתוב של **וְאָכַלְתָּ בִּשְׁעָרֶיךָ בְּכָל אַוַּת נַפְשֶׁךָ**, כי לא הותרו לאכילה וכדלקמן סעיף לא, וזה מדרש מופלא מצד עצמו.

ובלשון מדרש הגדול דברים יח ג; **וְזֶה יִהְיֶה מִשְׁפַּט הַכֹּהֲנִים** למה נאמר לפי שהוא אומר **מִבְּקָרְךָ וּמִצֹּאנְךָ** אֲשֶׁר נָתַן ה' לְךָ כַּאֲשֶׁר צִוִּיתִךָ **וְאָכַלְתָּ**

ולפי דיני שחיטה אסור לבנ"י להיות נוחרים ואוכלים ח"ו, אלא בודקים הסכין בטרחא רבה ומברכין בשם ובמלכות ונלווה למעשה השחיטה חומרות וסייגים וכו'.

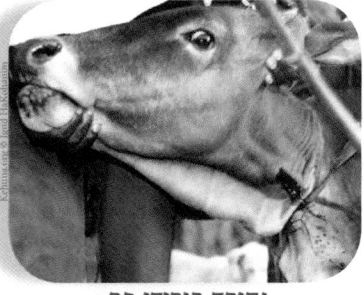

ויוצא לפי לשון הכתובים מפורש לשון **זבח** לגבי בשר חולין של שוחט ישראל; הן בפסוק **וְזָבַחְתָּ מִבְּקָרְךָ וּמִצֹּאנְךָ אֲשֶׁר נָתַן ה' לְךָ כַּאֲשֶׁר צִוִּיתִךָ וְאָכַלְתָּ** דברים יב:כא, והן בפסוק **זֹבְחֵי הַזֶּבַח** דברים יח ג, וא"א לתאם דבריו של בעל הרוקח הנ"ל שלשון

נחירה בורידי פר

זבח קאי על קרבן בלי להדגיש שסתם שחיטת חולין של בנ"י נחשב כדבר נעלה על צד קדושה וקרבן, כי בשני מקראות הללו אין ענין לא לקדשי קדשים ולא לקדשים קלים. ומביאור זה ניתן גם לבאר עמדת דעתו של רבי יוחנן, שסובר שיש באכילת *עצם* הזרוע לחיים וקיבה חומר נוסף מסתם גזל והמזיד ואוכלם מתקרב לאיסור זר שאכל ראשית וקודש ח"ו, כי למעשה כל הנהנה מעצם הזלו"ק עובר על לאו הניתק לעשה (בזה שאינו מקיים מאמר הכתוב כפשוטו **וְנָתַן לַכֹּהֵן הַזְּרֹעַ** ואף מי שבאו הזלו"ק לידו ואינו מעבירם לכהן) ואע"פ שבדרך כלל אמרינן

דברים יב כא שומע אני אף הזרוע והלחיים וקבה במשמע תלמוד לומר וְזֶה יִהְיֶה מִשְׁפַּט הַכֹּהֲנִים", ע"כ.

לא. המתנות עצמם אסור לישראל לאכלם אלא ברשות כהן. עבר ואכלן או הזיקן או מכרן, אינו חייב לשלם מפני שאין לו תובעים ידועים.
והקונה אותם, אף על פי שאינו רשאי, הרי זה מותר לאכלן מפני שמתנות כהונה נגזלות:

≈○ משפט הכהנים ○≈

דכופין רק כל עוד שהם בעין אולי גם מסתבר שאליביה ענשינן אף אחרי שאכלן או הזיקן.

אלא ברשות כהן: בגמ' חולין קלג עמוד הובא מעשה;

"רבא ורב ספרא איקלעו לבי מר יוחנא בריה דרב חנא בר אדא ואמרי לה לבי מר יוחנא בריה דרב חנא בר ביזנא עביד להו עגלא תילתא, א"ל רבא לשמעיה זכי לן מתנתא דבעינא למיכל לישנא בחרדלא" ע"כ ופרש"י שם "תן לי רשות ליקח מתנותיך לאוכלם, מפני שהלשון עם הלחיים ניתן לכהנים.."

ע"כ, וחזינן סוף מעשה דלא היה רבא מוכן להנות באכילת עצם הזלו"ק בלי רשותו של הכהן (הגם שלרוב הדיעות היה בעצמו כהן), ולפי קפידת רבא בדבר הזכייה יש לבאר מהי גדר הרשות שעליו אפשר לישראל להיסתמך לאכול הזלו"ק, והואיל שלא מצאנו מילת *רשות* בתנ"ך, יש לבאר עניינו ע"פ דברי חז"ל בלשון המשנה לגבי שמן שריפה: "מדליקין שמן שרפה בבתי כנסיות, ובבתי מדרשות, ובמבואות האפלין, ועל גבי החולין <u>ברשות</u> כהן" ע"כ - ועוד מצאנו שבדבריהם ז"ל יש לכה"פ שלש משמעויות של המילה;

- קבלת אישור ורשות מאדם חשוב.
- כמקביל ל<u>חובה</u> (לדוגמא *תפילת ערבית רשות*).
- עניין מלכות; כדברי המשנה 'הוי זהירין ברשות'.

ויש עוד קצת ביאור בעניין מהות רשות מלכות בגמ';

"תניא כוותיה דרב עיר שישראל ונכרים דרים בה והיתה בה מרחץ המרחצת בשבת, אם רוב נכרים לערב רוחץ בה מיד.
אם רוב ישראל ימתין עד כדי שיחמו חמין, מחצה על מחצה (אסור וימתין) עד כדי שיחמו חמין.
ר' יהודה אומר באמבטי קטנה אם יש בה רשות רוחץ בה מיד מאי רשות אמר רב יהודה אמר רב יצחק בריה דרב יהודה אם יש בה אדם חשוב שיש לו עשרה עבדים שמחממין לו י' קומקומין בבת אחת באמבטי קטנה מותר לרחוץ בה מיד"

ע"כ, ולפי"ז בנדו"ה, פי' *קבלת אישור מאדם חשוב* ופי' *מלכות* עולים בקנה אחד; דאיש הכהן הוא בא-כחו של הקב"ה בקבלת הזלו"ק מיד השוחט, וגם ביאור השני כמקביל לחובה שייך כאן; דאם ירצה, הכהן רשאי לוותר על אכילת הזלו"ק ולתתנם לישראל. ויש גם לבאר ע"פ הפס"ד בשועה"ר הלכות בציעת הפת, אורח חיים סי' קסז, ושם;

"ונהגו ליטול רשות מכהן לברכת המזון וכן נכון שהרי מצוה להקדימו, ואם כן אסור לברך בלא רשותו אלא אם כן גדול ממנו בחכמה. ומכל מקום אין מועיל מה שאומר ברשות אם לא נתן לו הכהן רשות"

מזה חזינן דבלי קבלת הרשות באופן ברור ובלב שלם לא מהני לישראל לזכות לאכול הזרוע לחיים וקיבה. וזה בעצם חומרת רב ספרא שמנע עצמו מלאכול

לא. המתנות עצמם אסור לישראל לאכלם אלא ברשות כהן. עבר ואכלן או הזיקן או מכרן, אינו חייב לשלם מפני שאין לו תובעים ידועים.

והקונה אותם, אף על פי שאינו רשאי, הרי זה מותר לאכלן מפני שמתנות כהונה נגזלות:

≈○ משפט הכהנים ○≈

זלו"ק כי חשש שהרשות היתה מעושה.[248] וע"פ הסברא, לא כל כהן מוכן לוותר על קבלת הזלו"ק כי ישקול לעצמו רווחו בנתינת הרשות לישראל לאכלם כמקביל לפקיעת המצוה של **לְמָשְׁחָה** דרך גדולה וכבוד לאכלן צלי וחרדל ומה גם כפי פס"ד המחבר לעיל סעיף יב שחוששין שרשות הכהן היא מעושה ושלא לרצונו.

עבר ואכלן או הזיקן או מכרן, אינו חייב לשלם: בגמ' חולין קל עמוד ב איתא;

> "אמר רב חסדא המזיק מתנות כהונה או שאכלן פטור מלשלם. גופא, אמר רב חסדא המזיק מתנות כהונה או שאכלן פטור מלשלם מאי טעמא איבעית אימא דכתיב **זֶה** דברים יח ג ואיבעית אימא משום דהו"ל ממון שאין לו תובעים"

ע"כ, יוצא לנו על פי מימריה דרב חסדא דהמזיק או האוכל הזלו"ק, פטור מלשלם כי כתוב בתורה **זֶה** שמשמע כל עוד שהם *בעין* ובמציאות ולא כשאינם בעולם. וצ"ב איה מקור המחבר להוסיף ענין *מוכרן* שזה לא כתוב בגמ' וגם מסתברא לומר דאדרבא, דכיוון דעדיין הזלו"ק הם בעין הרי יש כלל *שבתר חיובא אזלינן*.[249]

אלא נראה ליישב כפי שמסיים המחבר לפי סברא השנייה בגמ' חולין קל עמוד ב ש"משום דהו"ל ממון שאין לו תובעים" וכיוון דלא נקט סברא הראשונה של הגמ' ("איבעית אימא דכתיב **זֶה**") יוצא שאפילו אם הם עדיין בעין, המחזיק הזלו"ק ברשותו אינו חייב להחזירן לכהן כי הוי ממון שאין לו תובעים ידועים.

ועדיין צ"ע דיש לחלק ולומר דסברא השנייה של הגמ' 'משום דהו"ל ממון שאין לו תובעים' שייכת רק כלפי הדין של הזיקן או אכלן. וכן נראה מדיוק מימריה דרב חסדא, דלא נקט מכרן בהדי אכלן או הזיקן, ויוצא לן אפוא דכל עוד שמכרן השוחט והם עדיין בעין - ובכל מקום שהן, יש להאוחזן לדרוש שיבואו ליד הכהן, כיון שרב חסדא לא הזכיר כלל המציאות שהשוחט גזל הזלו"ק וגם מכרן, ונבאר עוד לקמן.

מצוה אחת או שלש?

בשו"ת מעדני מלכים סימן י"ב הלכות מתנות כהונה הביא בשם הגר"ח, דאע"פ שאיתא במנחת חינוך ע"פ דברי הריטב"א ב"מ צ"ד, שמי שנתן אחד משלוש המתנות לא יצא ידי חובתו עד

248 כמסופר בגמ' חולין קלג עמוד א; רבא אכל ורב ספרא לא אכל אקריוה לרב ספרא בחלמא משלי כה, כ מַעֲדֶה בֶּגֶד בְּיוֹם קָרָה חֹמֶץ עַל נָתֶר וְשָׁר בַּשִּׁרִים עַל לֶב רָע.

249 כן בברייתא ד"זה חומר בזרוע לחיים וקיבה מבראשית הגז כו'" דבזלו"ק כל עוד שהם בעין חייב לתתנם לכהן, וזה כפי הגמ' שם שייך כשהבמה נשחטה בחיוב ולא בפטור, ולאידך גיסא הפטור הוא רק כששוחט לכהן או לנכרי לשולחנם הפרטי ותו לא, כי כן עולה כפי תקנת זקני דרום כדלקמן.

לא. המתנות עצמם אסור לישראל לאכלם אלא ברשות כהן. עבר ואכלן או הזיקן או מכרן, אינו חייב לשלם מפני שאין לו תובעים ידועים.
והקונה אותם, אף על פי שאינו רשאי, הרי זה מותר לאכלן מפני שמתנות כהונה נגזלות:

≈○ משפט הכהנים ○≈

שיתן את כולם, מכל מקום הוי שלוש מצוות נפרדות, דזה הוא מחלוקת רב הונא וחייא בר רב בחולין קלג עמוד ב, וקיי"ל כרב הונא דהוי שלוש מצוות לענין אם הוי שותף עם גוי באחד מהחלקים שחייב ליתן לכהן את החלקים האחרים, וכ"כ הצפנת פענח פ"ו מהל' מתנות עניים הי"ב בשיטת הרמב"ם, נמצאנו אומרים לפי זה דהאוכלן או הזיקן או מכרן ביטל שלש מצוות בפעם אחת. ובסה"מ לרס"ג יש חידוש בזה שמונה זלו"ק כארבע מצוות ע"י שהלחיים נמנה כשתי מצוות, ועיי"ש.

ויש לדייק שלשון *עבר* קאי על כל א' מאופנים הללו; והוי לנו כאילו כתב 'עבר ואכלן או עבר והזיקן או עבר ומכרן' - ובכולם (באכילתן, השחתתן או במכירתן) יש עבירה על דבר תורה של **וְנָתַן לַכֹּהֵן**, ומלשון *עבר* משמע דעבירה יש כאן אבל דא עקא כי לא כתוב דיש דינא בידי אדם לחייב השוחט על עבירתו. ואפשר לטעות שהפס"ד 'אינו חייב לשלם' משמע שהותרה הרצועה ח"ו, וכל דתקפו תאות האכילה או חמדת ממון ייתי וייכול או ימכור זלו"ק ויפטור, עד בא עתו לפני בית דין של מעלה.[250]

250 ובפירוש צמח דוד להרמב"ם הל' ביכורים ט יד פירש לשון *עבר* כדברי רב חסדא חולין קל עמוד ב דנקט לשון אכלן דהוא לשון עבה, כיון שלכתחילה אין לעשות כן כדאמר 'אסור לישראל לאכלן'.
וראה שלשון רב חסדא לגבי ההיזק הוא בלשון הווה (דאמר *המזיק* מתנות כהונה), ושינוי זה דבר גדול הוא לכאורה וצ"ב מאי שנא המזיק

אלא נראה לומר דלא מדובר אלא בשוחט יחיד שעבר (ואולי אף באקראי בעלמא), דפשוט לן דעל פי *תקנת זקני דרום* הנ"ל, מחייבים השוחט מעת שיקבע מסחתא (מאזניים לשקול הבשר למכור) ואין מניחים אותו להיקרא גזלן ואפילו אם השוחט הוא בעצמו כהן מחייבינן ליה מיד. וכן מובן מאליו מלשון תוס' חולין קלב עמוד ב ד"ה כשהוא אומר;

"דמיירי בטבח ולא קאי אעם דנמעט טבח כהן מדלא כתיב 'מאת העם זובחי הזבח' וכתיב **מֵאֵת זֹבְחֵי** יתירה הפסיק הענין דאכל שהוא טבח קאמר ואפילו כהן הואיל ושחיט בהמת ישראל.
אבל אם היתה שלו אפילו למכור רחמנא פטריה אלא דמדרבנן גזרו כשהוא טבח ליתן מתנות כהונה אפילו הבהמה שלו שלא ירגילו טבחי ישראל לשתף כהנים עמהם ליפטר מן המתנות ועד ג' שבתות דאיכא למימר דדידיה שחיט לא גזרו רבנן ואוקמוה על דין תורה ומכאן ואילך גזרו וכי קבע מסחתא מיד מוכח דלאו לדידיה שחיט ולכך גזרו לאלתר.."

כלומר שלפי שיטת התוס' מרגע דמוכח דהשוחט שחיט למען רווחא דעיסקא מחייבינן ליה מיד (ע"פ תקנת זקני דרום) וכפס"ד רב נחמן,[251] ואין מציאות שנניחנו להמשיך בדרכו הרעה. ואף על פי דבמעשה

ממכרן או אכלן שבהם אמר לשון עבה.
251 דהלכה כמותו בדיני ממונות בכל מקום -ראה *כללי התלמוד* לכנסהג"ה, מהדורא בתרייתא ס"ק מא.

לא. המתנות עצמם אסור לישראל לאכלם אלא ברשות כהן. עבר ואכלן או הזיקן או מכרן, אינו חייב לשלם מפני שאין לו תובעים ידועים.
והקונה אותם, אף על פי שאינו רשאי, הרי זה מותר לאכלן מפני שמתנות כהונה נגזלות:

≈○ משפט הכהנים ○≈

דאושפיזיכיה דר' טבלא וכן בתוספות הנ"ל לא הוזכר בפירוש שכן הדין ללקוח לעצמו שותף נכרי, ככל הנראה היינו משתתף עם כהן היינו משתתף עם נכרי, כי באמת אין כאן דבר חדש מה שתקנו זקני דרום בענין זלו"ק לחייב השוחט עבור בעלי עיסקא, דכבר מצאנו בגמ' חשש ותקנה כעין זה בשם *גזירה משום בעלי כיסין* כמובא בגמ' מנחות סז עמוד א, ושם;

"איתיביה רבינא לרבא, חלת עובד כוכבים בארץ ותרומתו בחוצה לארץ - מודיעין אותו שהוא פטור; חלתו נאכלת לזרים ותרומתו אינה מדמעת - הא תרומתו בארץ אסורה ומדמעת והא האי תנא דאמר מירוח העובד כוכבים אינו פוטר גלגול העובד כוכבים פוטר? מדרבנן גזירה משום בעלי כיסים"

ע"כ, ופירש"י ד"ה גזירה משום בעלי כיסין;

"עשירים שלוקחין תבואה מחמרים, ואי שרית ללוקח מן העובד כוכבים שלא יעשר דמירוח עובד כוכבים פוטר אתי למימר נמי לוקח מחמר ישראל פוטר.
לישנא אחרינא משום בעלי כיסין שיש להן קרקעות הרבה וחסים על רוב מעשרות ויקנוהו לעובדי כוכבים וימריחום עובדי כוכבים ומפקע ליה ממעשר"

וכפי ביאור הלישנא אחרינא ברש"י "משום בעלי כיסין ש..חסים על רוב מעשרות ויקנוהו לעובדי כוכבים וימריחום עובדי כוכבים" כן מסתבר לדמות מילתא למילתא כלפינו אצל שוחט לשם בעלי איטליז. וברמב"ם הלכות תרומות פרק ד הלכה טו הובא דין זה דגזירת בעלי כיסין בזה"ל;

"העכו"ם שהפריש תרומה משלו דין תורה שאינה תרומה לפי שאינן חייבין, ומדבריהן גזרו שתהיה תרומתו תרומה משום בעלי כיסין. שלא יהיה זה הממון של ישראל ויתלה אותו בעכו"ם כדי לפוטרו" ע"כ

נמצאנו למדין אורך חששות חז"ל בכדי שלא יפקיעו בעלי עיסקא חוקו של כהן ויאמרו של נכרי הוא. וגם כנגד השוחט בהמת עצמו נגעו בזה האחרונים וקבעו שאיסורא רבה איכא לבעלים למצוא תחבולה לפטור עצמו מנתינת הזלו"ק, וזה הוא שנשאל בשו"ת רב פעלים להבן איש חי חיו"ד סימן ה בזה"ל;

"ראובן יש לו שתי בהמות בשותפות עם הנכרי והם שוים בגודלן וכמותן ושומנן דאפשר לחלקן מחיים, ואפילו אם יש הבדל קצת בין זו לזו, הנה הנכרי הוא מרוצה מאליו שיברור הישראל אחת מהם הטובה בעיניו שיקחנה לחלקו כולה והוא יקח השניה, ולא קפיד בכך כלל. ונסתפקנו, אם צריך לומר לישראל תקח לך אחת מהם כולה לחלקך בעודם בחיים, כדי שתתחייב לקיים מצות מתנות כהונה, או"ד (אלא ודאי) מצי לומר אני לא אחלוק אלא אשאר שותף בשניהם אע"ג דבזה בטלה לה מצות מתנות כהונה דשותפות הגוי פוטר. יורינו המורה לצדקה.."

ע"כ לשון השאלה, וכתב שם הרב פעלים ראיות לדבר וסיים; "משמע דבנידון דידן נמי איכא איסורא

לא. המתנות עצמם אסור לישראל לאכלם אלא ברשות כהן. עבר ואכלן או הזיקן או מכרן, אינו חייב לשלם מפני שאין לו תובעים ידועים.
והקונה אותם, אף על פי שאינו רשאי, הרי זה מותר לאכלן מפני שמתנות כהונה נגזלות:

≈○ משפט הכהנים ○≈

רבא אם הישראל עושה אופן להפקיע מצות מתנות ולכך חייב לחלוק בחיים ליקח אחת לעצמו כיון דהגוי מרוצה בכך שיקח הישראל הטובה בעיניו וכו'" עיי"ש.

ממון שאין לו תובעים

ביאר המחבר שאחר שכבר אין הזלו"ק בעינם בעולם, נהפכו להיות "ממון שאין לו תובעים" ופטור השוחט מדין תשלומין בבית דין של מטה. וכבר כתב לעיל סימן יא "אין לו לכהן לחטוף המתנות ואפילו לשאול אותם בפה" וגם כאן נראה שלא ראוי לכהן להיות תובע בפני ב"ד אכילת או הזקת או מכירת הזלו"ק ביד השוחט, ומה גם כפי הכתוב אַל תֵּצֵא לָרִב מַהֵר משלי כה ח ואולי מדובר כאן על חברי הבית דין, שיש לאל ידם רק כל עוד שהמתנות בעין, ואחרי שאינם בעין אין להם תביעה על השוחט אלא מכאן ולהבא שלא ימשיך בדרך זו. ואע"פ שמשמע מסעיף זה שאין לשוחט חוב של כלום, לעיל בסימן טו כתב המחבר שהשוחט ולא נתן הזלו"ק לכהן אלא אכלן וכו' שהוא פטור מדיני אדם אבל כדי לצאת ידי שמים צריך שיפרע דמיהם וכן הסכימו הרבה נו"כ[252] שיש לו לשוחט לצאת בזה חובו מידי שמים. ויש מוסיפים בהבנת המחבר שיש כאן חוב למי שאכלן או הזיקן או מכרן לצאת ידי שמים וכן הוא בתוס' חולין קל עמוד ב ד"ה ואב"א ושם;

> "ואיכא בין הני תרי לישני דלהאי לישנא דאין לו תובעין נהי דאין יכול לתובעו בדיינין בדיני שמים מיהא מיחייב וללישנא קמא דדריש ליה מוּזֶּה אפילו בדיני שמים נמי לא מיחייב" ע"כ

וכיוון שנקט המחבר הטעם של הלישנא בתרא (דהמזיק או האוכלן פטור מפני שאין לו תובעים ידועים) הוי משמע דאע"פ שפטור בבית דין של מטה הרי כלפי שמים עדיין המזיקן או האוכלן מחייב ויש לשוחט להשלים עם בית דין של מעלה. ובים של שלמה חולין פרק תשיעי סימן ב כתב וז"ל;

> "ועתה אשיב על דבריו מה שתמה הלא אפילו איתנהו בעינייהו אין לו תובעים, נראה דלא קשה מידי דבוודאי יש לו תובעים וכל כהן התובעו ראשון צריך להשיב לו ואם משיב לו 'לא לך אתננה אלא לאחר' צריך להוציא מידו וליתן לאחר או ליד בית דין שיתנו לאחר, ולא עוד אלא נראה בעיני דאם נראה בעיני בית דין שהיה רוצה להפקיע כגון שאומר לכהן אחר אתננה ולא אמר להם לאיזה כהן מפקיעין ממנו ונותנים לכהן ראשון התובעו, דאל"כ שום כהן לא יתבענו, וגדולה מזו נראה שאפילו לא היה תובעו שום כהן ורואין הבית דין שאין נותן מתנות כופין אותו לכך ומכין אותו עד שתצא נפשו עד שיקיים המצוה המוטלת עליו אם איתא בעין"

---

252 כרתי ליור"ד סי' סא, כנסת הגדולה הגהות לב"י יור"ד סי' סא אות יח, בני חיי ליור"ד סי' סא הגהות הטור אות ד ועוד. וראה דברינו לעיל אודות הלשון צריך, שלפעמים משמע לעיכובא.

לא. המתנות עצמם אסור לישראל לאכלם אלא ברשות כהן. עבר ואכלן או הזיקן או מכרן, אינו חייב לשלם מפני שאין לו תובעים ידועים.

והקונה אותם, אף על פי שאינו רשאי, הרי זה מותר לאכלן מפני שמתנות כהונה נגזלות:

עכ"ל, ובחידושי רבי מאיר שמחה על חולין ציין שכן מפורש בירושלמי פ"ב דקידושין שאם הישראל אינו רוצה ליתן המתנות לשום כהן וממילא אז בית דין מוציאין מידו.

התנהגות הכהן כלפי השב

ויש לדון לכשיבוא המזיק או האוכלן להשיב ממון לכהן אם נכריח הכהן שלא למחול על התשלום בשום אופן, שכבר מצאנו הכרח זה בענין זר שאכל תרומה ובא עם תשלומיו לכהן משנה תרומות ו א ושם;

> "אחד האוכל ואחד השותה ואחד הסך, אחד תרומה טהורה ואחד תרומה טמאה משלם חמשה וחמש חמשה, אינו משלם תרומה אלא חולין מתקנים והם נעשין תרומה והתשלומין תרומה, אם רצה הכהן למחול אינו מוחל"

והמלאכת שלמה שם מביא בשם הרא"ש דאין זה כמו הגוזל חולין מאת חבירו ונשבע לו, דבחולין רשאי חבירו למחול על החומש, ואילו כאן באוכל תרומה גזירת הכתוב היא, לפי"ז אם נקשינן זלו"ק לתרומה יש מקום להחמיר בהן כבתרומה וכ"ש לשיטת רב אסי דאלימא קניין הזלו"ק כיוון דמשולחן גבוה קא אתו לכהן (ולכן אינם נגזלות להחל בהם קניין), וצ"ע אם רשאי הכהן לוותר על התשלום.

אף **על פי שאינו רשאי:** אינו רשאי כי השוחט מכרן וכבר עבר על לאו של **וְלֹא תִגְזֹל** ויקרא יט יג וגם עבר השוחט על *איסור עשה*,[253] והמבי"ט שו"ת סי' קט"ו כתב שאין להחזיק ידי עוברי עבירה בקניית חלקי הזלו"ק ממנו כי יהיה הקונה גרם שהשוחט יגזול עוד ומשמע מדבריו שמרחיב איסור הקנייה לא רק מהשוחט עצמו אלא גם מבעלי האיטליז (ועיין במילואים שהבאנו תשובתו בשלימותה).

ועניין עבירה על איסור עשה נמצא בפירש"י ביצה יב עמוד ב ד"ה מתנות בזה"ל; "אע"פ שאין טובלין כשאר טבל לאסור הבשר באכילה מיהו אם לא פירש שאר הבשר מהן הרי הוא אוכלן ועובר בעשה" ע"כ. ובשו"ת נו"ב מהדו"ק אה"ע סי' עז צויין בא"ת ע' אסור עשה כתב לבאר *שאין שליח לדבר עבירה* כשעבר על איסור עשה ח"ו, היינו שאין עושה האיסור יכול להישתמט ולומר שבעל הבית שלחני וכו'. ובנדו"ד, מובן שאף לשוחט לא מהני טענה לומר דהבעלים ציוו אותו לשחוט ועי"כ ירפה ידו מקיום מצוות נתינה.

וניתן לפרש כן גם בדברי המחבר, היינו שאין הקונה רשאי לקנות הזלו"ק הגזולים כיוון שאין שליח לדבר עבירה והרי השוחט פשע במצוותו, ואם הקונה יקנה נמצא מחזיק יד השוחט להמשיך בדרכו ח"ו. עכ"פ, יש להציג את דברי המחבר בסדר והדרגה;

1. אסור לישראל לאכול עצם הזלו"ק ללא רשות

253 דמתקריא בשם 'לאו הבא מכלל עשה', דהרי ציווה הכתוב **וְנָתַן לַכֹּהֵן**, **וראה לעיל דף קמ.**

לא. המתנות עצמם אסור לישראל לאכלם אלא ברשות כהן. עבר ואכלן או הזיקן או מכרן, אינו חייב לשלם מפני שאין לו תובעים ידועים. והקונה אותם, אף על פי שאינו רשאי, הרי זה מותר לאכלן מפני שמתנות כהונה נגזלות:

כהן.

2. אכילה, הזקה, או מכירה בידי השוחט נחשבים כעבירה.
3. אין רשות לאף אחד לקנות עצם הזלו"ק.

מפני שמתנות כהונה נגזלות: כלומר שלכתחילה לא היה השוחט רשאי למכור הזלו"ק, ואחר שמכרם אין שום קונה רשאי לקנות בשר זה באיטליז. אבל אם כבר קנה, מותר לו לאכול הזלו"ק מכיון שמתנות כהונה נגזלות. וגם הרמב"ם הלכות בכורים ומתנות כהונה ט יד הביא דין זה בזה"ל "עבר ואכלן או הזיקן או מכרן אינו חייב לשלם מפני שהוא ממון שאין לו תובע ידוע. והקונה אותם אע"פ שאינו רשאי ה"ז מותר לאכלן מפני שמתנות כהונה נגזלות" ע"כ. ובשו"ת מבי"ט נדפס במילואים לקמן כ' שרשאי לאוכלם היינו דווקא אם דעתו לשלם לכהן, וז"ל; "..הכלל כי הטבח אסור לאכול המתנות ואין שום אדם יכול לקנותן לא המתנות עצמן ולא עם בשר אחר ואם קנם במשקל נותנן הלוקח לכהן ומנכה מן הדמים ..ומה שכתב למעלה דהקונה מותר לאוכלן היינו אם לא רצה לתתם ונתן דמיהם" ע"כ.

ומ"מ יש לברר מקור הדין של מותר לאכלן, מאחר שיש משמעות דבנקל (של החלפת הזלו"ק מרשות לרשות) משתמטים ממצוות עשה, ובפרט כאן שיש דררא דממונא עצומה - הן לבעלי איטליז שמשחיטים בהמות רבות בכל יום והן לכהנים שרואים חלקם נמכרים באיטליז ואין לאל ידם לתבוע צדק ויושר - אבל לכאורה יש לנקוט ככלל שלא יתכן שפתחו חכמינו ז"ל איזה חורא לגזלן לגזול. והנה במקורו, במשנה חולין י ג איתא;

סיפא של המשנה "לקח הימנו במשקל, נותנן לכהן"		
	שקל הלוקח בעצמו	**שקל לו הטבח**
רב	הלוקח נותן הקיבה לכהן	הטבח (בנוסף ללוקח) חוזר אחרי הקיבה ונותנו לכהן
רב אסי	הלוקח נותן הקיבה לכהן	הלוקח (בלבד) נותן הקיבה לכהן

"אמר ישראל לחבירו טבח –רע"ב מכור לי בני מעיה של פרה והיו בהן מתנות, נותנן לכהן ואינו מנכה לו מן הדמים שהרי היה יודע הלוקח שמתנות שם, וזה לא מכר לו את הקיבה –רע"ב. לקח הימנו במשקל, נותנן לכהן ומנכה לו מן הדמים".

נראה מזה דגם ברישא וגם בסיפא נוקט המשנה אותו הדין הסופי *שנותנן לכהן*, ורק המשנה מלמדת לנו נפק"מ בדיני *ממונות* בין המוכר לקונה אם מנכה הקונה ממון מהמחיר שמעביר לסוחר - וזה תלוי באופן הקנייה; שברישא אמרינן דהקונה

לא. המתנות עצמם אסור לישראל לאכלם אלא ברשות כהן. עבר ואכלן או הזיקן או מכרן, אינו חייב לשלם מפני שאין לו תובעים ידועים.

והקונה אותם, אף על פי שאינו רשאי, הרי זה מותר לאכלן מפני שמתנות כהונה נגזלות:

≈○ משפט הכהנים ○≈

ידע שהמוכר שם לו הקיבה - ככל בני המעיים - בחבילה שקנה, ואילו בסיפא אין הקונה יודע כלום, כי קנה כאן המעיים במשקל –והרי משקל המעיים משונה בין בהמה לחברתה ואיך ידע הקונה שהמוכר ישים גם חלקו של כהן בתוך חבילתו. ועכשיו שיצטרך הקונה לטרוח (ומזווית אחרת יש לראות בעניין הנתינה לכהן כזכות ולא כטירחא, כי סו"ס ירווח לעצמו את טובת הנתינה לכהן) למצוא

גירסאות הגמרא של המשנה במסכת חולין י,ג

	גירסת הגמ'	פירוש רש"י
חולין קלא עמוד א	תא שמע אמר לו מכור לי בני מעיה של פרה והיה בהן מתנות כהונה נותנן לכהן ואינו מנכה לו מן הדמים לקח הימנו במשקל נותנן לכהן ומנכה לו מן הדמים אמאי ליהוי כמזיק מתנות כהונה או שאכלן שאני התם דאיתנהו בעיניהו	**א"ל** - לטבח: **מכור לי בני מעיה** - בני מעיה של פרה זו: **והיו בהן מתנות** - הקבה: נותנן: לוקח זה לכהן: **ואין** - המוכר מנכה לו ללוקח מן הדמים שהרי היה יודע הלוקח שהמתנות שם וזה לא מכר לו הקבה: **לקח הימנו במשקל** - הליטרא. כך וכך ושקל לן הקבה: **נותנן לו** - לוקח לכהן שהרי הגזל אצלו וצריך להשיב: **והטבח ינכה לו מן הדמים** - על כרחו שמכר דבר שאינו שלו: **ואמאי** - נותנן לכהן ליהוי כמזיק כו:
חולין קלב ע"ב	אמר רבא האי תנא הוא דתנן אמר לו מכור לי בני מעיה של פרה זו והיה בהן מתנות נותנן לכהן ואין מנכה לו מן הדמים לקח ממנו במשקל נותנן לכהן ומנכה לו מן הדמים	**ונתנו** - לוקח לכהן ואין הטבח מנכה לו כלום לפי שלא מכר לו את המתנות מסתמא: **לקח הימנו במשקל** - דהשתא ודאי זבין ליה: **מנכה לו מן הדמים** - משנשחטה זכו הכהנים במתנותיהן והדין על הטבח:
ב"ק קטו.	תנן אמר לו מכור לי מעיה של פרה והיו בהן מתנות נותנן לכהן ואינו מנכה לו מן הדמים לקח הימנו במשקל נותנו לכהן ומנכה לו מן הדמים	**מתנות** - קיבה: **נותן הלוקח** - קיבה לכהן דמסתמא מתנות לא זבין ליה:
חולין קלד עמוד א	אמר לו מכור לי בני מעיה וכו': אמר רב לא שנו אלא ששקל לעצמו אבל שקל לו טבח הדין עם הטבח ורב אסי אמר אפי' שקל לו טבח הדין עמו לימא בדרב חסדא קא מיפלגי דאמר רב חסדא גזל ולא נתייאשו הבעלים ובא אחר ואכלו רצה מזה גובה רצה מזה גובה דמר אית ליה דרב חסדא ומר לית ליה דרב חסדא לא דכולי עלמא אית להו דרב חסדא והכא במתנות כהונה נגזלות קא מיפלגי דמר סבר נגזלות ומר סבר אין נגזלות איכא דמתני לה להא שמעתא בפני עצמה רב אמר מתנות כהונה נגזלות ורב אסי אמר מתנות כהונה אין נגזלות:	**לא שנו** - היכא דלקח הימנו במשקל דקתני נותנן לוקח לכהן והוא חוזר ותובע דמים מן הטבח: **אלא** - כששקלן לוקח לעצמו דכיון דטבח לא נגע בהן אינו בעל דברים של כהן לפיכך זה הלוקח נותנן והוא שואל לו הדמים שעל הטבח היה מוטל ליתן: **אבל שקלן לו טבח הדין** - של כהן ומחלוקתו ותביעתו אף על הטבח הוא והטבח חוזר עליהן אם יש בעין נותנן לכהן והכי מפרש לה בריש הגוזל בב"ק (דף קטו.) דאף עם הטבח קאמר ר' יהודה: **הדין עמו** - דינו של כהן ותביעתו עם הלוקח הוא הואיל וישנה לגזלה בעין במקום שהוא שם ילך:

לא. המתנות עצמם אסור לישראל לאכלם אלא ברשות כהן. עבר ואכלן או הזיקן או מכרן, אינו חייב לשלם מפני שאין לו תובעים ידועים.
והקונה אותם, אף על פי שאינו רשאי, הרי זה מותר לאכלן מפני שמתנות כהונה נגזלות:

≈○ משפט הכהנים ○≈

כהן כשהמוכר "גלם" עליו קיבה תוך חבילתו - יש להקשות, למה בסיפא של המשנה אנו מטילין צורך על הקונה ליתן הקיבה לכהן, כי לכאורה הרי בנקיון

הדין	רישא	סיפא	
	אמר ישראל לחבירו השוחט "מכור לי בני מעיה של פרה" ומצא קיבה בחבילה	לקח הימנו במשקל ומצא קיבה בחבילה	הנימוק
נותנן הלוקח לכהן	כן	כן	בתר חיובא אזלינן
ניכוי דמים	אינו מנכה לו מן הדמים (הקונה אינו מפחית מדמי התשלום שנותן למוכר)	מנכה לו מן הדמים	ניכוי הדמים תלוי בזה אם הטבח לקח דמים עבור הקיבה; ברישא, לא לקח המוכר דמים ובסיפא כן לקח דמים.

משנה חולין י, ג

כפיים קנה חבילת המעיים ולא ידע כלום אודות הקיבה שבתוך חבילתו, ולמה עכשיו מחייבינן ליה לטרוח?

וביאר שם הרע"ב "שהרי הגזילה אצלו וצריך להשיב" ע"כ וכעין זה פירש"י חולין קלא א ד"ה נותנן לו "שהרי הגזל אצלו וצריך להשיב", היינו שאין הפשט שמחייבינן אותו בתור גזלן -זה וודאי אינו, אלא שיש בידו חוב של והשיב את הגזילה - ככל דבר שנגזל בעולם - ולהחזירם לבעלים.[254]

ובתוספתא חולין ט ב הובא מקרה דומה ובביאור יותר מפורש בבחינת מי המנכה הכספים ומי המנוכה בזה"ל; "מכר לו יד כמות שהיא וראש כמות שהוא ובני מעים כמות שהן נותנן לכהן ואין מנכה לו מן הטבח את הדמים, לקח הימנו במשקל נותנן לכהן ומנכה מן הטבח את הדמים" ע"כ. וכן הובא משנה זו בגמ' חולין קלא עמוד א בזה"ל;

"תא שמע אמר לו מכור לי בני מעיה של

254 ולפי"ז משמע שהמשנה כאן דנה כפי המובא בהברייתא תוספתא חולין י "הלוקח גז צאנו של חברו ולא הפריש הימנו ראשית הגז הלוקח פטור, חומר בזרוע ובלחיים ובקיבה מבראשית הגז" ע"כ. א"כ, כל עוד שהקיבה בעין יש למחזיקו להעבירו ליד כהן וכפי' *המנחת ביכורים* שם 'הלוקח מחויב ליתן, שהרי המתנות אצלו הם' (וכ"ש אם הזלו"ק האולו הם שייכים לאיזה כהן מסויים 'מכירי כהונה' שהחל בהם קניין עוד טרם שיבואו לידו, וגם אם זה ליתא, יש להחזירם לכל כהן כדין גזילה השייכת לשותפים וראה לקמן שאין בזלו"ק דין תביעה אלא נתינה).

לא. המתנות עצמם אסור לישראל לאכלם אלא ברשות כהן. עבר ואכלן או הזיקן או מכרן, אינו חייב לשלם מפני שאין לו תובעים ידועים.
והקונה אותם, אף על פי שאינו רשאי, הרי זה מותר לאכלן מפני שמתנות כהונה נגזלות:

≈○ משפט הכהנים ○≈

פרה והיה בהן מתנות כהונה נותנן לכהן ואינו מנכה לו מן הדמים לקח הימנו במשקל נותנן לכהן ומנכה לו מן הדמים אמאי ליהוי כמזיק מתנות כהונה או שאכלן שאני התם (היינו במשנה דידן מכור לי בני מעיה וכו') דאיתנהו בעיניהו"

כלומר, דכל עוד דהזלו"ק עדיין בעין - בכל מקום שהן, הרי המחזיק בהם חייב לתתנם ליד כהן ולא דמי להזיקן או אכלן כי "שאני ..דאיתנהו בעיניהו". ושוב בגמ' חולין קלד עמוד א הובא על לשון המשנה בזה"ל;

> "אמר לו מכור לי בני מעיה וכו', אמר רב לא שנו אלא ששקל לעצמו אבל שקל לו טבח הדין עם הטבח ורב אסי אמר אפילו שקל לו טבח הדין עמו.
> לימא בדרב חסדא קא מיפלגי דאמר רב חסדא גזל ולא נתייאשו הבעלים ובא אחר ואכלו רצה מזה גובה רצה מזה גובה דמר אית ליה דרב חסדא ומר לית ליה דרב חסדא לא דכולי עלמא אית להו דרב חסדא והכא במתנות כהונה נגזלות קא מיפלגי דמר סבר נגזלות ומר סבר אין נגזלות.
> איכא דמתני לה להא שמעתא בפני עצמה רב אמר מתנות כהונה נגזלות ורב אסי אמר מתנות כהונה אין נגזלות " ע"כ.

מכאן מבואר מימריה דרב שדיבר כלפי למה בסיפא של המשנה דוקא הקונה יהיה ה"נותנן לכהן"; כי בדרך כלל אומרים שהשוחט הוא המחייב ליתנן לכהן - וכביאור רש"י "..דכיון דטבח לא נגע בהן אינו בעל דברים של כהן לפיכך זה הלוקח נותנן" ע"כ, כלומר כיון שהלוקח שקל בידיעה ולקח לו הקיבה לרשותו עליו רמיא החוב להביאו ליד כהן - וכסיום המשנה "נותנן לכהן", אבל אם שקל הטבח ושם הקיבה בתוך משקל חבילתו של הלוקח - (בלי ידיעת הלוקח), הרי ביאר רש"י אליבא שיטת רב בזה"ל "הטבח חוזר עליהן אם יש בעין נותנן לכהן".

כלומר, יוצא מדברי רב חידוש גדול בסיפא של המשנה דשם גופא ג"כ תלוי באופן המכירה ולפי האופן השקילה ישתנה הדין מיהו ה'נותנן לכהן', ועכ"פ - וזה עיקר דברינו כאן, דבכל אופן השקילה אין שום נפק"מ לגבי הכהן כי באיזה אופן שיהיה השיקול או מי שיהיה הנותנן למעשה, הרי יובא הקיבה לידו כדין תורה של וְנָתַן לַכֹּהֵן (ורוב אריכות השקלא וטריא סובב על ציר דיני ממונות בין המוכר ללוקח בלבד).

ועכשיו מדייקת הגמ' מאיזה טעם חולקים רב ורב אסי במקרה של 'שקל לו טבח', ובדיוק יותר; למה רב מרחיב כאן לחייב גם הטבח להתערבו במצוה ולומר "ונותנן לכהן", דהרי הלוקח לקח מהטבח במשקל וכבר רמינן על הלוקח לתתנם לכהן?
אלא כפי ביאור רש"י; "רב אית ליה דרב חסדא" ע"כ. דהיינו יש להבין דכשם שרב חסדא מרחיב את אפשריות של הנגזל[255] לגבות מזה ומזה, אף

255 פירשנו בכ"מ בחיבורינו שהבי"ד תובעים כיון שאין לכהן בעצמו לתבוע הזלו"ק

לא. המתנות עצמם אסור לישראל לאכלם אלא ברשות כהן. עבר ואכלן או הזיקן או מכרן, אינו חייב לשלם מפני שאין לו תובעים ידועים.
והקונה אותם, אף על פי שאינו רשאי, הרי זה מותר לאכלן מפני שמתנות כהונה נגזלות:

כאן רב מרחיב "נותנן לכהן" לכלול – בנוסף ללקוח שמחזיק עכשיו את הקיבה תחת ידו – אף הטבח, ורב מחייבו לוודא ולדאוג שיבא הקיבה ליד הכהן כי הרי שקל הטבח לו את חבילתו ושם לו הקיבה ג"כ בתוך החבילה, ובכך מובן שרב מרחיב החיוב למען דרישת יישום המצוה ומערב כאן עוד אישיות שידאג שהקיבה יבא לידו - וטובים השנים מן האחד. אלא שהגמרא לא מסתפקת בכך וסוברת כי גם רב אסי מסכים עם דינו של רב חסדא שמרחיב האפשריות של הנגזל לגבות או מזה או מזה. ומסיק הגמרא שיש כאן מחלוקת אחרת; אם הזרוע לחיים וקיבה שהם (לא ככל דבר שנגזל בעולם שנקנה לגזלן בקלות יחסית, אלא) חשובים מאד כיוון שהם באים מ'כח גבוה' ולכן הם שייכים לכהן בכל מקום שהם (כל עוד שהם עדיין בעין), ואי אפשר לשום איש להחל בהם קניין, וכלשון רש"י בבא קמא קטו עמוד ב (אליבא דהשיטה שאינן נגזלות) "דאלימא קנייה דידהו דמכח גבוה קאתו ליה".

ובכך באנו להציע אודות מאמר חז"ל זה – דברי חכמים וחידותם – בביטוי *מתנות כהונה נגזלות*, שהרי בשמיעה ראשונה יחשוב כל שומע – ואנו הקטנים בכלל, דבא כאן גושפנקא דרבנן שכל שוחט ושוחט רשאי לגזול זלו"ק ח"ו שהרי שפתם ברור מללו "מתנות כהונה נגזלות",[256] אבל מאן דדייק *במילי דחוכמתא* יבין במילים הללו שלעולם לא כוונו כן וגם לא יתכן שחכמינו ז"ל התירו איסור גזל ח"ו, וזה דבר פשוט.

חומרת הרמב"ם

ובשו"ת *זכרון יוסף* סי' ח הוכיח שמה שפסק הרמב"ם הל' ביכורים ומתנות כהונה ט יד בדין שוחט שמכר הזלו"ק שאינו חייב לשלם, זה דוקא בשכבר אכלם הלוקח או שאין השוחט/מוכר יוכל להשיג בחזרה את הזלו"ק בשום אופן - כגון שכבר הרחיק הקונה מהעיר לגמרי - שאז ורק אז פטור המוכה, אבל עכ"ז יש להכריח את המוכר לרוץ אחר הקונה ולקחת את הזלו"ק מידו וכל עוד שהזלו"ק עדיין בעין והמוכר יכול להשיגו, וכ' שזה בעצם פירושם של דברי רב "שקל לו הטבח הדין עם הטבח", שהדין מתבטא בכך שכל עוד שהזלו"ק נמצא בעין ביד הקונה, כופין לטבח/מוכר לחזור ולקחתם מיד הקונה ולהעבירם ליד הכהן.

ולפי רב, העניין *שמתנות כהונה נגזלות* אינו פוטר את השוחט/טבח/מוכר שגזלם מלקנותן בחזרה מן לוקח ולתתם לכהן (והתחייבותו לעשות כן אינו בגלל *שמוציאין ממנו בדיינים* מכיוון שהזלו"ק הם *ממון שאין לו תובעים*, אלא) משום שכופין אותו לקיים המצוה כיון שהזלו"ק בעין, אבל הלוקח אף על פי שהן בעין פטור לגמרי ואפילו מפני המצוה לא כופין אותו לתתם לכהן מכיוון שכבר נגזלו ע"י השוחט והרי"ז חשוב מבחינת הלוקח כאלו שאינם עוד בעין ועל כן כתב הרמב"ם דמותר לקונה לאוכלן,

---

כמובא לעיל בסעיף יא.

256 וכעין המימריה של *גונב מן הגנב פטור* דבשמיעה ראשונה משמע דרשאין לגנוב מגנב.

לא. המתנות עצמם אסור לישראל לאכלם אלא ברשות כהן. עבר ואכלן או הזיקן או מכרן, אינו חייב לשלם מפני שאין לו תובעים ידועים.

והקונה אותם, אף על פי שאינו רשאי, הרי זה מותר לאכלן מפני שמתנות כהונה נגזלות:

≈○ משפט הכהנים ○≈

ע"כ תו"ד *הזכרון יוסף*.[257]

257 ושם מביא קושיא על פירוש הר"ן בכוונת הרמב"ם שהוא לכאורה נגד הגמרא ב"ק קטו עמוד א דמסיק הש"ס אימא אף הדין עם הטבח ע"כ השאלה, ומתרץ שם;

"..נראה לי הא דכתב הרמב"ם הלכה י"ד 'או מכרן אינו חייב לשלם' פירושו דוקא בשכבר אכלם הלוקח או שאין המוכר יוכל להשיגו כגון שכבר הרחיק נדוד דאז פטור המוכר לגמרי דבדיינין אין נוכל לחייבו כיון דהוי ממון שאין לו תובעין כרב חסדא חולין דף קל עמוד ב ומצד המצוה אין כופין אותו לקיים כיון דשוב אין המתנות נמצאו בעין שהרי לא יוכל לתת לכהן המתנות בעצמם מה שאין כן אם המתנות עדיין בעין ביד הלוקח מודה הרמב"ם שכופין את המוכר לשוב ולקחתם מיד הקונה ולקיים המצוה לתתם לכהן ומהאי טעמא קאמר רב חסדא המזיק מתנות כהונה או שאכלן ולא קאמר נמי או שמכרן משום דבמכרן איכא לאפלוגי בין אם עדיין נמצאו בעין ויוכל להשיגן ובין אם אינם בעין כנ"ל מה שאין כן במזיק או אכלן הוי מילתא דפסיקא דפטור לגמרי והיינו דאמר רב 'אבל שקל לו הטבח הדין עם הטבח' פירוש שאם הם עדיין בעין לפנינו ביד הקונה כופין אותו ללוקחם ממנו ולתתם לכהן כדי לקיים המצוה ואם שוב אינם בעין פטור לגמרי (וכן מצאתי בבית יוסף ובט"ז ס"ק יז וכדפירש"י לעיל חולין דף קל"א עמוד א ד"ה שאני התם דמישתרש ליה כו' ע"ש ובפרי חדש במ"ש בשם הר"ן במה שהקשה לפירש"י ותירוצו עיין שם) אמנם דברי הפרי חדש במ"ש *הדין עם הטבח* שהוא והלוקח פטורים אינו נראה לפיענ"ד במשמעות הלשון. ומעתה אבאר דברי הרמב"ם באופן שתוסר מעליו קושיית חכם הנ"ל דהוקש להרמב"ם זצ"ל תמיהת התוספות דמסכת חולין דף קלד עמוד א בד"ה דמר אית ליה דרב חסדא כו' ע"ש וניחא ליה דבאמת היינו קושית הש"ס דהכא לימא בדרב חסדא קא מיפלגי פירוש דלרב לית ליה דרב חסדא כולהו כמ"ש התוספות ואם כן על כל כרחך מיירי בשאינם בעין וקשיא לפי זה אדרב חסדא דלעיל דף קל דכבר איפסקא הילכתא כוותיה כדדרשינן מימר לעיל דף קלא סוף עמוד ב ורבינא דדף קלב ריש עמוד א דהא בין רב ובין ר"א על כרחך לא ס"ל כוותיה לעיל זה מתרץ הש"ס לא דכולי עלמא אית להו דרב חסדא פירוש תרתי מילי דרב חסדא והכא במתנות כהונה נגזלות קא מיפלגי ופלוגתיה כשהם עדיין בעין וכדמשמע לשון נותנם לכהן דקתני במשנתנו רב סבר כתנות כהונה נגזלות ולהכי הטבח שגזלם צריך לקנותן מן לוקח ולתתם לכהן ולא משום דמוציאין ממנו בדיינים שהרי ממון שאין לו תובעים הן אלא משום דכופין אותו לקיים המצוה כיון שהן בעין וכנ"ל, אבל הלוקח אף על פי שהן בעין פטור לגמרי דבדיינין הרי אינן יוצאין דהוה לן ממון שאין להם תובעין ומפני המצוה נמי אין כופין אותו לתתם לכהן דכיון דמתנות כהונה נגזלות הרי כבר הוציאן הטבח מרשות הכהנים לרשותו והוי להו לגבי הלוקח כאלו אינם שוב בעין ועל כן כתב הרמב"ם דמותר לאוכלו והיינו כפירוש הר"ן בכוונתו אבל אין לפרש כפירוש רש"י ותוספות בשמעתין ולמימר דרב אף הדין עם הראשון כמו במסכת בבא קמא דאם כן דאמרינן לרב הדין עם הראשון וכל שכן עם השני הוי דלא כרב חסדא דלעיל דאמר המזיק כו' פטור דאי כרב חסדא השני אף על פי שהם בעין אמאי חייב לתתם לכהן הרי מצוה ליכא גביה כיון דנגזלות וכבר הופקעו ממצותם ומרשות כהנים ובדין ליכא לחייבו דהוה ליה ממון שאין לו תובעין ועל כרחך דלא כרב חסדא דלעיל להכי הדין עם השני כשאר גזל ולא מתיאשו הבעלים וזה

לא. המתנות עצמם אסור לישראל לאכלם אלא ברשות כהן. עבר ואכלן או הזיקן או מכרן, אינו חייב לשלם מפני שאין לו תובעים ידועים.
והקונה אותם, אף על פי שאינו רשאי, הרי זה מותר לאכלן מפני שמתנות כהונה נגזלות:

ועל פי דברינו לעיל גם כשקנה הזלו"ק יש להקונה להחזירם לכהן - ואפילו אם המוכר אינו רץ אחריו - וכן בעצם פסקו המבי"ט והרדב"ז התשובה נדפסה במילואים לקמן;

"..אם קנם במשקל נותנן הלוקח לכהן ומנכה מן הדמים כמו שכתב גבי בני מעים שלקחן במשקל ומה שכתב למעלה דהקונה מותר לאוכלן היינו אם לא רצה לתתם ונתן דמיהם ..ומפני שיחזור הדבר לישנו שיחזרו הטבחים לתת המתנות לכהנים כמו שהיה קודם וכמו שהוא דין תורה, נראה לי לגזור על הטבחים שלא ימכרו הזרוע ולהודיע בבתיהם שהוא אסור לאוכלו וגם אם יעברו וימכרו להודיע לעם שאם יקנו שחייבים לתתו לכהן ואחר כך יתבעו הם מן הטבח ועל ידי אזהרות אלו אולי יבואו לתת כיון שאין בנו כח להכריחם"

ע"כ, הוה אומר שכל היתר האכילה לקונה הוא רק כשאפשר לתלות שהמוכר קנאם מהכהן כי אין לחשוש אנשים כגזלנים ח"ו לגזול מהכהנים, אבל אם הקונה יודע שגזלם (או שיש ריעותא לכך כפי דברינו לעיל בסעיף טז), אזי אין לסמוך על חזקת כשרותו של המוכה. וכ"ש שגורם לו שיגזול עוד כמ"ש במשנ"ת הל' תשובה ד. וע"פ משמעות הברייתא תוספתא חולין י א "הלוקח גז צאנו של חברו ולא הפריש הימנו ראשית הגז הלוקח פטור, חומר בזרוע ובלחיים ובקיבה מבראשית הגז" - וכפירוש *המנחת ביכורים* תוספתא חולין י א שם שהחומרא מתבטא בכך שהלוקח מחוייב להעביר הזלו"ק לכהן שהרי הזלו"ק נמצאים ברשותו - יש אפוא מקום לילך לפנים משורת הדין ואע"פ שיש היתר לאכילה אין לסמוך ע"ז להעלים עין מלברר בכל קנייה אם זלו"ק הללו באו לידי המוכר באופן כשר של מכירה מכהן (בדעת שלם ובלי לחצים וכו', כדברינו לעיל דף קמד-ה) - ובפרט בימינו אשר רוב הציבור אינם מודעים לכל החששות הללו.

אי אפשר לומר כלל כיון דאיפסקא כבר לעיל הילכתא כרב חסדא אלא על כרחך כפירוש הר"ן לפי דעת הרמב"ם ורב יוסף ואביי דב"ק ע"כ לא סבירא להו כרב חסדא דלעיל ולהכי אמר התם שפיר מאי עם הראשון אף עם הראשון (וכ"כ בחידושי הרשב"א והובא גם בפרי חדש ס"ק מו דלרב ור"א לית להו דרב חסדא דלעיל ע"ש) אלא דרבינא דסידר הש"ס והוא הרי אמר דהדי לעיל דף קלב עמוד א דהילכתא כרב חסדא ע"כ מפרשינן הסוגיא דדף קלד הנ"ל כהר"ן לפי דעת הרמב"ם ומתיש' לפי זה קושיא הנ"ל.
באופן אחר יש לומר דאף במס' ב"ק ס"ל כרב חסדא דלעיל אלא דס"ל כלישנא קמא דלעיל דטעמא מוזה כו' ולא משום דה"ל ממון שאין להם תובעין דוזה בלאו הכי איצטריך למעט חזה ושוק כקושית התוספות לעיל דף קל עמוד ב בד"ה ואיבעית אימא כו' ע"ש ותירוץ התוספות לא סבירא ליה אלא על כרחך כלישנא בתרא ולפי זה אילו הם בעין פטור הלוקח לגמרי אי מתנות כהונה נגזלות כנ"ל וע"כ דסוגיא דחולין דף קלד לפי זה מתפרשת כהר"ן לדעת הרמב"ם ע"כ.

לב. אמר לטבח מכור לי בני מעיה של פרה זו, נותנם לכהן ואינו מנכה לו מן הדמים. לקחו ממנו במשקל, נותנם לכהן ומנכה לו מן הדמים:

≈○ משפט הכהנים ○≈

אמר לטבח מכור לי כו': בגמ' חולין קל עמוד ב הובא מימריה דרב חסדא "המזיק מתנות כהונה או שאכלן פטור מלשלם", והקשה מהר"י קורקוס משנה תורה הלכות ביכורים ומתנות כהונה פ"ט מאין בא הוספת הרמב"ם והמחבר להוסיף *מכרן* וכקושייתנו לעיל סעיף לא דף קמד-ו. ובס' *פתח הבית* להר"א טיקטין, סי' יט כתב בזה"ל "..יוצא לנו מחלוקת הרמב"ם וטור בזרוע ולחיים וקיבה; דלדעת הרמב"ם אף אי מכרן פטור ולדעת הטוש"ע משמע דחייב - הואיל והשמיטו הך דמכרן" ע"כ. ואם כן, לדעת הטור מצינן לחייב המוכרן, ואע"פ שטעם דידיה לא מצאנו, ומצאנו *בחסדי דוד* לתוספתא חולין פרק הזרוע שחילק לומר דרש"י ודעימיה חולקים על הרמב"ם בעניין מכרן עיי"ש.

ובשו"ת נוב"י מהדו"ק אה"ע סי' עז ע"פ תמורה ה א 'והרי תורם מן הרעה על היפה', *שדה חמד* כללים מערכת כ כלל סט הובא דאליבא דסובר שהעובר על איסור תורה לא הועילו מעשיו אף העובר על *איסור עשה* לא מועיל מעשיו, ולפי"ז במקרה שהשוחט יעבור על ציווי תורה של **וְנָתַן לַכֹּהֵן** נמצא עובר על איסור עשה, ובכך לכאורה לא מהני ליה לקונה שום קנייה בזלו"ק ואף אם יכוון לגוזלם, ויוצא לפי הדין *דבתר חיובא* דעצם הזלו"ק *אזלינן* ובכל מקום שהם יש להמחזיקים להעבירם ליד כהן - וכדברי המשנה 'נותנן לכהן'.[258]

ומכל מקום נראה לומר שמדובר בסעיף זה על השוחט שלא למען רווחא דעיסקא - דאילו מדובר בשוחט למען עיסקא, מדרבנן מחייבינן ליה לאלתר מטעם *תקנת זקני דרום*.

ובמקרה שהזלו"ק כבר יצאו מתחת יד השוחט ומחפשים בעלי האיטליז להשתכר במכירתן, יש גם רשות לב"ד לגזור שאין לקנות ממנו עד שיחזור מסורו, וכן פסק הרמב"ם הלכות ביכורים ומתנות כהונה פרק ט הלכה ט (ומדבריו יוצא "חידוש" שיש איזה שלב טרם הנידוי והוא שבאים ב"ד מיד למקומו להוציא הגזילה מתחת ידו), וז"ל; " ואם קבע בית מטבחיים למכור אין ממתינין לו אלא מוציאין ממנו מיד ואם נמנע מליתן מנדין אותו עד שיתן" והוא דכן היה לעולמים בבית דינו של המבי"ט והרדב"ז דגזרו; "..נראה לנו להודיע לנזהרים שלא יקנו הזרוע אלא יניחוהו לבעליהן ויאכלו הם איסור הגזלה אשר הם גוזלים לכהנים בכל יום".

---

258 וכתבנו לעיל שאזלינן בתר חיובא במקרה שנשחטה הבהמה בחיוב לאפוקי השוחט לנכרי או לכהן לשולחנם הפרטי דאז רשאי איש הכהן/נכרי לעשות בעצם הזלו"ק כרצונו, ועיי"ש דאפילו ישראל השוחט לכהן/נכרי יהיה חייב אם כוונתו למכירה.

לג. גר שנתגייר והיתה לו פרה, נשחטה עד שלא נתגייר, פטור. משנתגייר, חייב. אם ספק, פטור, שהמוציא מחברו עליו הראיה:

≈○ משפט הכהנים ○≈

שהמוציא מחברו עליו הראיה: בספרי איתא; "מֵאֵת זֹבְחֵי הַזֶּבַח; אין לי אלא בשעת זביחה בלבד, מכאן אמרו גר שנתגייר ..נשחטה עד שלא נתגייר פטור ..ספק פטור והמוציא וכו'" ע"כ, ובפי' *חסדי דוד* ספרי ע"פ רד"פ דברים יח ג ד"ה מאת כ' שבמשנה חולין י ד גורסים 'ספק פטור *שהמוציא* מחבירו..' ומבאר שיש הבדל גדול בין *שהמוציא* לבין *והמוציא*, שהראשון הוא כנותן טעם ואילו השני משמע דין אחר וחדש לגמרי, והחידוש הוא שתנא דספרי מלמדנו שאם חטף כהן הזלו"ק מאת הגר אזי אין מוציאין מידי הכהן, וכן הרמב"ם הל' ביכורים פרק ט הלכה יג כתב נוסח ההלכה כגי' הספרי וי"ל שזה תואם גם לפסקו בדין ספק בכור, שגם שם פסק שאם חטפו כהן אין מוציאין מידי הכהן.

ביאור דין המע"ה

ויש לבאר שדין המוציא מחבירו עליו הראיה הוא רק כשאיכא *ספק* חיוב, ולא כשיש וודאי חיוב[259] אלא שהישראל אינו יודע מי הוא כהן שאז עליו לברר מי הוא כהן, וזה החלנו;

בפי העולם שגור דבכהנים שבזמנינו שהם רק כהני חזקה יש דין *המוציא מחבירו עליו הראיה*, דהוי ספק ממון ולקולא, וסמכו בזה על מה שנזכר במשנה חולין י ד בנוגע לזלו"ק דאיכא בהו דין המע"ה; "גר שנתגייר והיתה לו פרה, נשחטה עד שלא נתגייר, פטור. משנתגיר, חייב. ספק, פטור, שהמוציא מחברו, עליו הראיה" ע"כ. וכלשון רש"י חולין קלד עמוד א "מתנות אין בהן קדושה אלא דין ממון, והמוציא מחבירו עליו הראיה".

אבל באמת דין של המע"ה לענין הזלו"ק במקום ספק אינו מוכרח כלל, דהנה במשנה גירסת הגמ' חולין קלד עמוד א **איתא** כנ"ל; "גר שנתגייר והיתה לו פרה נשחטה עד שלא נתגייר פטור משנתגייר חייב ספק פטור שהמוציא מחבירו עליו הראיה" ע"כ, ובגמרא איתא;

> "כי אתא רב דימי אמר רמי ליה רבי שמעון בן לקיש לרבי יוחנן תנן ספק פטור אלמא ספיקא לקולא, ורמינהו חורי הנמלים שבתוך הקמה הרי אלו של בעל הבית ושלאחר הקוצרים העליונים לעניים והתחתונים של בעל הבית רבי מאיר אומר הכל לעניים שספק לקט לקט כו', אמר רבא הכא פרה בחזקת פטורה קיימא קמה בחזקת חיובא קיימא, אמר ליה אביי והרי עיסה נעשית עד שלא נתגייר פטור מן החלה משנתגייר חייב ספק חייב אמר ליה ספק איסורא לחומרא ספק ממונא לקולא"

עכ"ל, והנה חזינן דבפרה איכא ב' טעמים לקולא, לענין חיוב גר:

- חזקת פטור, מכח חזקא דמעיקרא שלפני שנתגייר.
- המע"ה.

ובמצות לֶקֶט איכא חזקת חיוב, ולכן לא אמרינן המע"ה אע"פ שהוא ספק ממונא, ובאיסורא היינו עיסה (חלה), אמרינן לחומרא אע"פ דאיכא חזקה לפטור.

והנה נחלקו הפוסקים במה שאמרו "הכא פרה בחזקת פטורה קיימא, קָמָה בחזקת חיובא

259 ולכאורה גם שוחט הבא מלכתחילה לשחוט אצל נכרי בכוונה שתיקרא זביחתו בגדר ספק - אם היא בבעלות ישראל או בבעלות גוי - אינו דומה לדין זה להיקרא בגדר ספק (ראה בשולחן ערוך הרב סימן תסז סעיף לט ושם; 'ספק שהוא מחמת חסרון ידיעה אינו נקרא ספק כלל' ע"כ), כיון שמייצר הספק בידיעה גמורה וכו'.

לג. גר שנתגייר והיתה לו פרה, נשחטה עד שלא נתגייר, פטור. משנתגייר, חייב. אם ספק, פטור, שהמוציא מחברו עליו הראיה:

≈○ משפט הכהנים ○≈

קיימא[260]", אם נתפוס לשון ראשון, היינו שבפרה בעינן לחזקת פטור, ואם לא היה שום חזקה לא לפטור ולא לחיוב היה מחויב, או נתפוס לשון אחרון שבעינן חזקה לחיובא לא היינו מחייבים כלל.

הר"ן נדרים ז עמוד א כתב לדייק מסיפא דאי לאו דהוה בקָמָה ספק לחיובא לא הוה מחייבינן, כיון דאמרינן המע"ה. ובטורי אבן הקשה עליו מה ראיה היא זו, הא בלאו הכי דברי הגמרא סותרים אהדדי ועל כרחך צריכא למימר דחד מנייהו לאו דוקא. ובמצפה איתן (שם) יישב דעת הר"ן ודחה דברי הטורי אבן, דלעולם תרוייהו הוי דווקא, דבפרה איכא חזקה דהשתא לחיובי כיון דהשתא נתגייר ואיכא מ"ד דחזקה דהשתא מועילה להוציא ממון עי' ב"ב קנג עמוד ב ולכן צריכא למימר דאיכא חזקה דמעיקרא לפטור, משא"כ בקמה דליכא שום חזקה דהשתא וודאי הוה פטרינן אי לאו דאיכא חזקה לחיובא.

והמעיין בר"ן שם יראה דפליג בזה על דעת הרשב"א והרמב"ן דסבירא להו דכל ספק ממון עניים לחומרא, ונראה מזה דהרשב"א והר"ן ס"ל כהטורי אבן דליכא ראיה מהסוגיא כלל, כיון דבא לאפוקי ממ"ד חזקה דהשתא מועיל אפילו להוציא ממון קמ"ל דאיכא חזקה דמעיקרא לפטור. ונמצא דלפי שיטתם כל מילתא דממונא שיסוד חיובו הוא *איסורא* אמרינן ספיקא לחומרא, כל דליכא חזקה לפטור, ולפי זה הוא הדין בבהמה שלא הורם השוחט הזלו"ק הימנה, כיון דליכא חזקת פטור, הוי חייב.

נמצא דלפי דעת הרשב"א והר"ן בכל ספק בדין נתינת הזלו"ק לכהן חייב ליתן מדין ספקא דאורייתא לחומרא, ורק באופן שיש חזקה דמעיקרא לפטור אז דווקא יש צד לומר המע"ה, וכן ס"ל הטורי אבן כפי שנתבאר. ונראה דכן הוא גם דעת הב"ח שכתב בטעם מה שכוי חייב בזלו"ק, שאע"פ שהוא ספק חיה ספק בהמה מ"מ חייב ליתן כדי לצאת ידי שמים מספיקא, הרי להדיא דס"ל דלא אמרינן בזה המע"ה אלא אם כן יש חזקה מעיקרא לפטור.[261]

ואדרבה יש מקום למימר שבכל בהמה שהשוחט לא הרים ממנה את הזלו"ק, איכא חזקת איסור לגבי שאסור לאכול הזלו"ק, כיון דאיכא על הבהמה גם חזקת איסור אבר מן החי ואע"פ שידוע שנשחטה[262] הרי אסור לאכול הזלו"ק עצמן לכו"ע ומנא לן למישרי הזלו"ק, ולפ"ז גם הר"ן יודה שאסור לאכול הזלו"ק דלא אמרינן המע"ה כיון דאיכא חזקת איסור ובאופן כזה לא אמרינן המע"ה כדחזינן במצות לֶקֶט.[263] ובפירוש *ספרי חיים* לספרי הרב חיים פאלאג'י מביא[264] שבמקרה של אבידת הגר, ויש ספק אם אבדו משנתגייר או קודם שנתגייר, אמרינן שאחיך מקרי להשיב לו אבידתו, ושם לא איפשט

260 ובתלמוד ירושלמי פאה ד ז איתא; "היה לו קמה אם ספק שמא לפני שמא אחרי נקצר רבי יהודה בן חגרא מחייב", ועיי"ש.

261 וב*רמון פרץ* חולין קלד עמוד א כ' שכאן הפרה הייתה בחזקת פטורה קיימא כיוון שהייתה ברשות גוי ולא שייך צדקהו משלך.

262 בתוס' גיטין דף ב עמוד ב ד"ה עד מוכח דיש חזקת איסור דאבר מן החי גם לאחר שחיטתה אם לא ידוע אם היא כשרה לאכילה דהיינו אם הוכשרה ונשחטה בכשרות וכיו"ב, עיי"ש.

263 ולכאורה זה ליכא כיון שכל מהות האיסור אינו אלא ממוני, אבל בזה גופא יש חולקין לומר שאין זה דיני ממונות לחוד כ"כ בשולחנו של אברהם יור"ד ס"א סק ג שלחומרא מקשינן ללמוד מדין תרומה, עיי"ש.

264 *ספרי חיים* לספרי דברים פיסקא קסה בשם ס' *דובר משרים* שאלוניקי ה'תפ"ח דף רכז ושם מציין להשמטות *מדבר במישור* להרב דוד פ'ראנסיא (ולא מצאנו).

לג. גר שנתגייר והיתה לו פרה, נשחטה עד שלא נתגייר, פטור. משנתגייר, חייב. אם ספק, פטור, שהמוציא מחברו עליו הראיה:

≈○ משפט הכהנים ○≈

הדין.

ובס' *ערוך השלחן* להרז"ו פורילה יור"ד סיס"א הביא שלכאורה גדר הזלו"ק הוי דין ממונות לחוד, ולכן ע"פ הכלל *שאין הולכין בממון אחר הרוב* א"א להסתפק בכך שרוב הכהנים הם מיוחסים וכשרים, ומתרץ ע"פ *ס' ההפלאה* סופ"ק דכתובות שבמקום שיש רוב שהוחזק אזי מתהפך גדרם כדין ודאי ושפיר יכולים להוציא ממון, ומביא סימוכין לזה ע"פ הרמב"ם הלכות איסורי ביאה טו כה שבמקום שיש רוב ישראל מחזירין האבידה לפי שאין להמוצא האבידה *חזקת ממון* בהחפץ, ומסיים שה"ה כאן דבעיקר אין לבעלים חזקת ממון בהזלו"ק כי אין הזלו"ק שלו אלא של הכהן ולכן שפיר נלך אחר הרוב.[265]

ומוסיף שם שהכהנים הכשרים-ביחוסם הם *הרוב המצוי* והכהנים הבלתי-כשרים (ח"ו) הם *מיעוט שבלתי מצוי*. ובנוסף, אין לבעלים המחזיק בזלו"ק טענת ברי שכהן זה פסול ח"ו רק טענת *שמא* יש לחשוש וכו' ואין זה מהני בדיני ממונות להפקיע הכהן ממתנות חלקו, עכתו"ד.

כהן מוחזק

ועד"ז רגיל בפומא לאמר לכהן הבא ראיה שאתה כהן וטול, ובאמת מצאנו בירורים שונים והתייחסות אחרת במצות זלו"ק ומהם שאין צורך דווקא בכהן מיוחס אלא די לנו בכהן מוחזק בעלמא.

ויש למצוא דיוק נוסף ועיקרי בזה שלשון הכתוב במצות זלו"ק הוא **וְנָתַן לַכֹּהֵן**, היינו שאין שום מצוה לכהן לתבוע מתנתו - ואדרבא, מצוה על השוחט לבצע את הנתינה וגם אפוא למצוא לו כהן מוחזק להפקיע עצמו מחיובו, ואפילו אם כן יבא הכהן ויביא כל הראיות שהוא מיוחס בלי שום חששות וכו' יכול הנותן לדחותו ולומר איני נותן לך אלא לכהן אחר (ואין לכהן להכריח הנתינה דווקא אליו כדברי התוס' רי"ד לעיל סעיף כט דף קלה-ו) וכו'.

ובהסבר זה גם פקע טענת *השבת אבידה* עד שידרוש אחיך וכו' וגם טענת *המוציא מחבירו עליו הראייה*. כאמור, כי אין שום מצוה על הכהן לדרוש הזלו"ק ולהביא הראיות על אמיתות ייחוסו ואדרבה, יכול תביעתו ליחשב לו כגנאי,[266] אלא החוב על השוחט לעשות את המוטל עליו ולשמור הנתינה ככל יתר מצוות עשה כנ"ל וכ"ש ע"פ דרשת חז"ל על הפסוק **וּבָאתָ אֶל הַכֹּהֵן אֲשֶׁר יִהְיֶה בַּיָּמִים הָהֵם** ופירש"י שם "אין לך אלא כהן שבימיך כמו שהוא".[267]

265 ומציין שסברא זו - דהיכא דליכא חזקה לחפץ מודה שמואל, נמצא בתוספות בבא מציעא דף כג עמוד א ושם בענין השבת אבידה כשיש סימן בחפץ; ושם בתוס' ד"ה אתלתא קרנתא; "וא"ת דרב אמר בפ' אין מעמידין (ע"ז דף לט עמוד ב ושם) חבי"ת אסור בחותם אחד ושמואל נמי לא פליג עליה אלא בחלב אבל בשר יין ותכלת מודה ומפרש ר"ת דהתם מיירי בישראל חשוד וכן משמע דמיירי התם לעיל בחבר ועם הארץ וישראל חשוד לא מרתת כמו נכרי" ע"כ.

266 ועל כגון דא אמר הרמב"ם פירוש המשניות, מסכת חולין י ג; 'ואמרו **וְנָתַן לַכֹּהֵן**, "**וְנָתַן**" ולא שיטול מעצמו לפי שאין מותר לו לזלזל בעצמו וליטול מתנותיו ואין ראוי לנו להצריכו לכך' ע"כ.

267 וזה לעומת זה עשה אלקים ומידה כנגד מידה שכשם שבנ"י מקדשים הכהנים כן מתקדשים ע"י הקב"ה, וכן כ' הרקאנטי ס' ויקרא פר' אמור עה"פ; "**וְקִדַּשְׁתּוֹ כִּי אֶת לֶחֶם אֱלֹהֶיךָ הוּא מַקְרִיב קָדֹשׁ יִהְיֶה לָּךְ כִּי קָדוֹשׁ אֲנִי ה' מְקַדִּשְׁכֶם** הכוונה ..יהיה לך ג"כ קדוש בעבור שאני מקדשכם" ע"כ, ויש להוסיף שבמילא יכירו בזה גם העמים, שלא יבאו לטעון - כאשר טוענים הישמעאלים בימינו - שאמת הדבר

קס וְזֶה יִהְיֶה מִשְׁפַּט הַכֹּהֲנִים מֵאֵת הָעָם מֵאֵת זֹבְחֵי הַזֶּבַח

לג. גר שנתגייר והיתה לו פרה, נשחטה עד שלא נתגייר, פטור. משנתגייר, חייב. אם ספק, פטור, שהמוציא מחברו עליו הראיה:

ויש לציין שלא הזכיר המחבר את התלבטות הזו לומר שאין לנו כהן בנמצא ויש ספיקות ביחוסם וכו' כדי להוציא השוחט מידי חובתו. אלא אדרבא, מדבריו נראה ברור שהמצוה חלה במלוא תוקפה, וראיה גדולה לכך הוא כי הקדיש בשולחן ערוך שלו סימן שלם שכולל כל פרט בדיני נתינת הזלו"ק לכהן. ואילו היה הדבר בספק אצלו, או שהיה אפשר להתחמק מהמצוה בקלות, לא היה מאריך אלא מקצר (ואפילו מדלג) הענין.

ועד"ז מצאנו בכמה אחרונים שאדרבא, כי גדר *כהן מוחזק* הוא חזקה אלימתא, ודי החזקה לקיים מצות הנתינה,[268] ויש עוד להאריך על כוחם היפה של הכהנים בחזקתם לכהונה ואכ"מ כי המחבר לא נגע בזה כל עיקר.

שארץ ישראל ניתן מאת הקב"ה לבני ישראל אלא שאין אנו ח"ו בני ישראל "המיוחסים" ו"האמיתיים".

268 '..נותנים המתנות הזרוע והלחיים והקבה לכהן ואין אנו מצריכין אותו להביא ראיה על יחוסו' -מהרי"ט א סי' פה, וראה גם שו"ת אבן השוהם סי' כט, וכנסת הגדולה (לבית יוסף) יורה דעה סא:מא, ובית יצחק ליורה דעה סימן סא (תיקון הבית ס"ק א), וערך השלחן ליורה דעה (להרז"ו פורילה) ח"ב, סימן סא, הלכות מתנות כהונה.

מילואים

ומאמרים מורחבים

סימן א

שאלה: כהן שדחוק לו מאוד ורוצה לשקוד על התורה ועל העבודה ואין נותנים לו זלו"ק מה יעשה, ויש לדון האם מותר לו לבקש מבית דין שיכפו את השוחט ליתן הזלו"ק, שאפשר שהשוחט יתן לו כיון דהישראל הוא אוהבו והוא מכירי כהונה שלו ואם יתן וודאי יתן לו, דכיון דהוא אינו מבקש בעצמו מהישראל אלא מבית דין ובית דין כופין את הישראל ליתן לאיזה כהן, אפשר דחשיב *וְנָתַן* דרך כבוד. עוד יש לדון אם הדיין הוא כהן אי מותר לו לכפות שוחטין על כפיית הזלו"ק או דחשיב נוגע בדבר.

בגמרא חולין קלב עמוד ב איתא "אמר רב חסדא האי כהנא דלא מפריש מתנתא ליהוי בשמתא דאלהי ישראל, אמר רבה בר רב שילא הני טבחי דהוצל קיימי בשמתא דרב חסדא הא עשרים-ותרתי שנין למאי הלכתא, אילימא דתו לא משמתינן להו והא תניא במה דברים אמורים במצות לא תעשה אבל במצות עשה כגון אומרים לו עשה סוכה ואינו עושה לולב ואינו עושה עשה ציצית ואינו עושה מכין אותו עד שתצא נפשו, אלא דקנסינן להו בלא אתרייתא כי הא דרבא קניס אטמא רב נחמן בר יצחק קניס גלימא".

חזינן מגמ' זו דכופין את הכהנים עצמם ליתן הזלו"ק, וכפייה זו היא על ידי שמתא או קנס או בכל כפייה שהיא, דהוי ככל מצות עשה שכופין אותו ומכין אותו עד שתצא נפשו.

והנה רבא קניס אטמא, וידוע מחלוקת הראשונים אי רבא היה כהן או לא, דרש"י כותב לקמן שהיה כהן, וכן כתבו עוד מהראשונים, ומדלא הוקשה להם איך כפה רבא לשוחטים ליתן זלו"ק, על כרחך דס"ל דמותר לדיין כהן לפסוק ולכוף בדיני זלו"ק, דכיון דהוי ממון שאין לו תובעים ויכול לומר השוחט "אתן לכהן אחר" (או לפי הגמ' שדייני בית דין מחלקים הזלו"ק, הם יפסקו לשוחט לתת לכהנים אחרים ולא לעצמם) על כן לא חשיב נוגע בדבר כלל.

וכן יש להביא ראייה מרב חסדא שהיה כהן כידוע, וקיבל זלו"ק וגם מצאנו שקנס את השוחטים הכהנים ליתן מתנות על ידי שקללם בשמתא, והרי רב חסדא לא היה שוחט ולא היה צריך לתת זלו"ק, נמצא שהיה לו רווח בדבר במה שהכהנים הביאו זלו"ק לכהנים אחרים, דהוא היה רק מהמקבלים ולא מהנותנים, ומסתמא גם היו נותנים לו הרבה פעמים מתנות הזלו"ק כיון שהיה כהן תלמיד חכם מפורסם שיש להדר להביא לו זלו"ק.[1]

1 אלא דיש להעיר שרב חסדא היה עשיר כדאיתא במו"ק כח עמוד ב, ובתוס' חולין דף קד עמוד ב שכתב דעני ע"ה קודם לת"ח כיון שמצווין להחיותו, וז"ל התוספות ד"ה [חלת חוץ לארץ כו'] וניתנת לכל כהן שירצה. "פירש בקונטרס דאפילו אינו מחזיק בתורת ה' יתנו לו חלת חוצה לארץ, ואין נראה לר"י דהא הוו דומיא דהנהו ששונה אחר משנה זאת ואלו ניתנין לכל כהן שירצה כו' וחשיב בהדייהו הזרוע והלחיים והקבה, ואמרינן לקמן

אלא דיש לדון אם הבית-דין מחוייבים לדון בדין זה כיון דהוי ממון שאין לו תובעים, או דמה דהבית-דין דנין בזה הוא רק מדין כפיית בית-דין על הצדקה כו' ודנין בזה בית דין מתי שירצו אבל אין שייך בזה דין טוען ונטען.

אמנם עיין *בים של שלמה* חולין פרק תשיעי סימן ב שכתב וז"ל; "ועתה אשיב על דבריו מה שתמה הלא אפילו איתנהו בעינייהו אין לו תובעים, נראה דלא קשה מידי דבוודאי יש לו תובעים וכל כהן התובעו ראשון צריך להשיב לו ואם משיב לו לא לך אתננה אלא לאחר צריך להוציא מידו וליתן לאחר או ליד בית דין שיתנו לאחר, ולא עוד אלא נראה בעיני דאם נראה בעיני בית דין שהיה רוצה להפקיע כגון שאומר לכהן אחר אתננה ולא אמר להם לאיזה כהן מפקיעין ממנו ונותנים לכהן ראשון התובעו, דאל"כ שום כהן לא יתבענו, וגדולה מזו נראה שאפילו לא היה תובעו שום כהן ורואין הבית דין שאין נותן מתנות כופין אותו לכך ומכין אותו עד שתצא נפשו עד שיקיים המצוה המוטלת עליו אם איתא בעין" עכ"ל.

ובחידושי רבי מאיר שמחה על חולין ציין שכן מפורש בירושלמי פ"ב דקידושין שאם הישראל אינו רוצה ליתן המתנות לשום כהן וממילא אז מוציאין מידו.

בפרק הזרוע דף קל עמוד ב שאינן ניתנות למי שאינו מחזיק בתורת ה', לכך נראה לרבינו יצחק דהכא מיירי בדליכא כהן חבר, אי נמי איכא כהן חבר שהוא עשיר ואינו רוצה לקבל, ואפילו רוצה לקבל כיון ד(כהן עשיר זה) אין צריך וזה (כהן) ע"ה עני וצריך שמצווים להחיותו שאם לא יתנו לו יצטרכו לתת לו חולין, וקמ"ל דיכול ליתן (לאותו כהן ע"ה) אע"פ שאין בקי בטומאה וטהרה, ולא חיישינן שמא יאכלנו בימי טומאתו אבל חלת הארץ אינה ניתנת אלא לכהן חבר שישמרנה בטהרה אפי' ליכא עתה כהן חבר אל יתננה לכהן ע"ה אלא ימתין עד שיזדמן לו כהן חבר" ע"כ התוס'.

סימן ב

היכן נוהגת המצוה

במשנה ריש פ"י דחולין מובא: "הזרוע והלחיים והקבה נוהגין בארץ ובחוצה לארץ בפני הבית ושלא בפני הבית".

ובגמ' חולין דף קלו עמוד ב מובא דעת רבי אלעאי החולקת (לכאורה) על כך; "תניא רבי אלעאי אומר מתנות אין נוהגין אלא בארץ וכן היה רבי אלעאי אומר ראשית הגז אין נוהג אלא בארץ, מאי טעמא דר' אלעאי אמר רבא יליף נתינה נתינה מתרומה, מה תרומה בארץ אין בחוצה לארץ לא אף ראשית הגז בארץ אין בחוצה לארץ לא". ובמסקנת הגמרא איתא, "אמר רב נחמן בר יצחק האידנא נהוג עלמא כהני תלת סבי, כר' אלעאי בראשית הגז דתניא רבי אלעאי אומר ראשית הגז אינו נוהג אלא בארץ וכו'".

למרות שלפי שיטתו של רבי אלעאי מקור החיוב בראה"ג בחו"ל הוא מגזירה שווה של "נתינה - נתינה", וא"כ מקור הפטור בחו"ל לראשית הגז (ולזרוע לחיים וקיבה) שווה לכאורה, למרות זאת הנהוג עליו מעיד רב נחמן בר יצחק ושנהפך למעשה רווחת בתוקף מסויים השנוי במחלוקת (ראה בהמשך) הוא רק על ראשית הגז, ואכן ברמב"ם פ"י הל' בכורים הלכה א' פוסק כדיעה זו "מצות עשה ליתן לכהן ראשית הגז ... ואינה נוהגת אלא בארץ בין בפני הבית בין שלא בפני הבית כראשית הדגן", ולעומת זאת בזרוע לחיים וקיבה פוסק הרמב"ם פ"ט הלכה א' "מצות עשה ליתן כל זובח בהמה טהורה לכהן הזרוע והלחיים והקיבה, שנאמר וְזֶה יִהְיֶה מִשְׁפַּט הַכֹּהֲנִים ואלו הם הנקראים בכל מקום *מתנות*, ומצוה זו נוהגת תמיד בין בפני הבית בין שלא בפני הבית, ובכל מקום בין בארץ בין בחוצה לארץ".

ואכן מהגמרא עצמה עולה ברורות שחיוב נתינת זלו"ק היה נוהג בבבל במלוא תוקפו בתקופת האמוראים, כפי שמעידים המעשים המובאים בבבלי לגבי עולא שהפריש ונתן זלו"ק חולין קלא עמוד ב, ואמוראים - שהיו כהנים, שקבלו זלו"ק חולין קלב עמוד ב, קלג עמוד א, ועל רב חסדא - הכהן, שהעביר זלו"ק שקבל לאמורא אחר שמסר לו שמועה בשם רב שבת דף י עמוד ב. יתר על כן, מסופר על אמוראים רבים שנידו או הורו לנדות שוחט שלא הפריש זלו"ק, אפילו אם אותו השוחט הוא בעצמו כהן חולין קלב עמוד ב, ברור אם כן שהמנהג בבבל היה לתת הזלו"ק לכהן.

לעומת זאת אין כל אזכור בגמרא למנהג שנהגו חז"ל בנוגע לראשית הגז, ומכאן ראייה שלא נהגו בבבל כלל לתת ראשית הגז. ראייה זו הובאה גם על ידי רבינו מאיר מרוטנבורג

קסו וְזֶה יִהְיֶה מִשְׁפַּט הַכֹּהֲנִים מֵאֵת הָעָם מֵאֵת זֹבְחֵי הַזֶּבַח

(מובא במרדכי ריש פרק הזרוע והובא להלן במילואו).

בדורות מאוחרים יותר בזמן הראשונים, היו מקומות בהם התפשט המנהג שלא לתת זלו"ק - ועכ"פ במדינת צרפת. והדבר תמוה לכאורה, מה ראו לשנות ממנהג שנהגו אבותיהם בימי התלמוד לנדות כל שוחט שמונע לתת זלו"ק? בשאלה זו נתחבטו גדולי הראשונים. *האור זרוע* (הלכות מתנות כהונה סימן תע"ט) כותב (לאחר שמביא את כל הראיות הנ"ל שמהן מוכח בבירור כי אמוראי בבל נהגו להפריש זלו"ק) "הא למדת שהיו נוהגין אחר חורבן הבית בחוץ לארץ להפריש מתנות, אם כן על מה הם סומכים עתה שאינן נותנין - ומצאתי להם סמך וסעד טוב, שכבר שאלו לדבר זה לרבינו שלמה זצ"ל, והשיב (התשובה הובאה במילואה לקמן) "*ששאלתם על זרוע והלחיים והקיבה למה לא נהגו ליתנם לכהן והרי משנה שלימה שנוהגים בפני הבית ושלא בפני הבית ונהגו בהם אמוראי בתראי, נאמנים על דבריכם, מי ימחה ביד הנותנים, אלא כל הנותן תבוא עליו ברכה, אבל נהוג העם כרבי אלעאי דאמר עליהם ועל ראשית הגז שאינן נוהגים אלא בארץ, כדתניא בפרק ראשית הגז, רבי אלעאי אומר מתנות אינן נוהגים אלא בארץ, וכן היה ר' אלעאי אומר ראשית הגז אינו נוהג אלא בארץ*".

בהמשך דבריו מיישב (ע"פ ציטוט מתשובת רש"י ז"ל) גם את הקושיות הנ"ל, מדוע רב נחמן בר יצחק העיד רק על מנהג העם בראשית הגז ולא בזלו"ק "*ודקשיא למר דאמר רב נחמן בר יצחק נהוג עלמא כרבי אלעאי אבל במתנות לא אמר, בימי רב נחמן בר יצחק לא נהוג אכתי, השתא חזי מר דנהוג, וכי היכי דלא מיחו אמנהג דראשית הגז מלעבד כרבי אלעאי אנן נמי כי הדור נהוג במתנות סמכינן עליה ולא מחינן, דתרווייהו חד טעמא להו דגמר נתינה נתינה מתרומה*" ע"כ, מסקנתו היא כי אכן קודם זמנו לא נהגו כך, אך כיום שנוהגים כך ניתן לסמוך על רב נחמן בר יצחק שמדבריו נראה שניתן לסמוך על דבריו של רבי אלעאי.

את דבריו מסיים (ע"פ לשון תשובת רש"י ז"ל) "*והנותן יטול שכר שלם, דכל היכא דאמר נהוג לא מבעיא דלא דרשינן בפרקי אלא אפילו אורויי לא מורינן ואי עביד לא מהדרינן להו*" כלומר – ההלכה הפסוקה היא שצריך לתת הזלו"ק בחו"ל וכן לרבנים להורות לרבים לכשיבואו לשאול דבר הלכה מפיהם, אלא אם ישראל השוחט לשולחנו הפרטי סומך על הדיעה המקלת, אם משום טענת *קים לי* אם משום טענה אחרת כמו שנראה להלן - יש לרב-מורה להעביר הדבר בשתיקה ולא למחות בידו.

ככל הנראה ניתן היה לומר, שמדבריו של האור זרוע (שהם בעצם תשובת רש"י כדלקמן), שבכל מקום שכתוב בגמ' לשון נהוג (ולא כ' 'נוהג' או 'מנהג') אין לרב לפסוק כך את

ההלכה אלא יחיד לעצמו יכול לסמוך על דיעה זו, ניתן להבין את דעתו של הרמב"ם, שבהלכות זרוע לחיים וקיבה לא הזכיר שום מקום להתיר אי-נתינה בחו"ל. אך אי אפשר לומר כך, שהרי הרמב"ם עצמו מזכיר את ההיתר בהלכות ראשית הגז, ועוד כפי שנראה מטעמו המפורש של רבי אלעאי (היינו שילפינן ראה"ג מתרומה), ויתכן שהרמב"ם סובר שב'נהוג' יש כעין פסק הלכה של רב נחמן בר יצחק שניתן לסמוך על הנהוג, ושלא כדעתו של האור זרוע, ומכיון שרב נחמן בר יצחק הזכיר את ההיתר של 'נהוג' רק לעניין ראשית הגז בחו"ל, נראה שהחליט מטעמיו שבחו"ל ניתן לסמוך על רבי אלעאי רק בראשית הגז ולא לענין זרוע לחיים וקיבה. וכן בתשובת מהר"ם מרוטנבורג התייחס לטענות המיקילות האלו וחלק על הסברא שעולה מגמ' *שהוא הדין מתנות* - וכתב שאדרבא, דדוקא בראה"ג הוא הדין לפטור בחו"ל ולא בזלו"ק, וכן התייחס לטענה שרב נחמן קנס גלימא קודם הניהוג ולא אחריו וביטלו בכל תוקף, ולכאורה דבריו בזה הוי ראייה אלימתא, שברור שאמוראי הגמ' ידעו היטב אודות הסברות להקל ואעפ"כ שמתו ונידו וגזרו וכו' לכל שוחט שמבטל הנתינה.

שיטת תוספות

ובתוספות חולין דף קלו עמוד ב ד"ה כרבי אלעאי בראשית הגז **ביאר מימריה דרב נחמן בר יצחק** שהאידנא נהוג עלמא כתלת סבי בראשית הגז וכו', וכתב; "והוא הדין במתנות כדפירש בקונטרס, אע"ג דכולהו אמוראי בפרק הזרוע חולין דף קלב עמוד א **סברי שנוהג בחוצה לארץ** דהוו יהבי מתנתא בבבל אפילו הכי הלכה כרבי אלעאי ..ואם תאמר ..בפ' הזרוע חולין דף קלב עמוד ב אמר דרב נחמן בר יצחק קניס גלימא? ושמא קודם דנהוג הוה קניס גלימא" ע"כ, ובהגהות היעב"ץ על הש"ס חולין קלו עמוד ב **תמה על התוס'**:

> "צריך עיון מנליה (לתוספות) הא (שזלו"ק שווה לראשית הגז להיפטר בחו"ל) והתנן חומר במתנות והוה ליה לרב נחמן בר יצחק למינקט רבותא (היינו היה לו לומר האידנא נהוג עלמא כרבי אלעאי בזלו"ק שזה חידוש יותר)?

ונראה לי אע"ג דמן התורה אין המתנות נוהגות בחוצה לארץ כתרומה כדלעיל[2] מיהו מינה מה תרומה נוהגת בחוצה לארץ נמי מדרבנן כבשלהי ידים[3] ובגמ' ר"פ קמא

2 כמאמר הגמ' חולין קלו עמוד א 'מה תרומה בארץ אין בחו"ל לא', היינו שתרומה אינו נוהג מן התורה אלא בארץ ישראל ובחו"ל רק מדרבנן, וכמובא ברמב"ם (סוף הל' תרומות); "כל האוכל תרומה מברך ברכת אותו המאכל ואחר כך מברך 'אשר קדשנו בקדושתו של אהרן וציוונו לאכול תרומה' וכך קיבלנו וראינום מברכין אפילו בחלה חוצה לארץ שגם אכילת קדשי הגבול כעבודה שנאמר במדבר יח ז **עֲבֹדַת מַתָּנָה אֶתֵּן אֶת כְּהֻנַּתְכֶם**".

3 משנה ידים פרק ד משנה ג, ובפיה"מ להרמב"ם שם, ושם מובא דדוקא בארצות הסמוכות לארץ ישראל תיקנו חכמים לתת לכהן תרומה ומעשר, אבל לפי דברינו לקמן שונה זלו"ק מתרומה, כיון דזלו"ק הוי מצוה

וְזֶה יִהְיֶה מִשְׁפַּט הַכֹּהֲנִים מֵאֵת הָעָם מֵאֵת זֹבְחֵי הַזֶּבַח

דביצה באיסורייתא דחרדלא[4] הכי נמי מתנות דכוותא רבנן אחמירו בהו ועלמא נהוג בה קולא".

לפי"ז יוצא - כפי ביאור היעב"ץ - שאין במשמעות דברי רב נחמן בר יצחק שהשוחט בחו"ל פטור מנתינת זלו"ק ואדרבא, משמעות דבריו היא לחיוב (כי אם היה בדעתו לפטור הו"ל למנקט רבותא ולומר *נהוג עלמא ..במתנות* כנ"ל), אבל החיוב הוא רק מדרבנן ואמנם אליבא דהרמב"ן (לקמן) אינו נוגע כ"כ למעשה אם זה דרבנן או דאורייתא כי בין כך ובין כך יש לבצע את הנתינה בחו"ל בפועל ממש, ואילו המהר"ם מרוטנבורג מחמיר עוד יותר - שקרוב הדבר יותר לומר שהחיוב בחו"ל הוא לא רק מדרבנן אלא מן התורה ממש, וכדלקמן.

מחלוקת מהר"ם מרוטנבורג על רש"י

יש דיעות נוספות בראשונים הסוברים שהמנהג שלא לתת זלו"ק, בטעות יסודו. המרדכי בריש פרק הזרוע והלחיים, מצטט את תשובת רש"י הנ"ל, אך לאחר מכן מביא את דעתו של רבינו מאיר מרוטנבורג (תשובתו הובאה לקמן במילואה): "ורבינו מאיר כתב דדבר פשוט הוא דמתנות נוהגות אף בחוץ לארץ", וז"ל ומביא לשון תשובת מהר"ם;

"בהא סלקינן דמתנות נוהגות אף בחו"ל, ואע"ג דאמרינן פרק ראשית הגז אמר רב נחמן בר יצחק נהוג עלמא כתלתא סבי, כרבי אלעאי בראשית הגז שאין נוהג בח"ל, והתם מפרש טעמא דרבי אלעאי דיליף נתינה נתינה מתרומה, ואיהו פטר בין במתנות בין בראשית הגז מהאי טעמא כדתניא התם רבי אלעאי פוטר במתנות וכן היה רבי אלעאי פוטר בראשית הגז, ומיהו אנן לא קיי"ל כוותיה אלא בראשית הגז ולא במתנות מדלא קאמר נהוג עלמא במתנות ובראשית הגז כרבי אלעאי, ורב נחמן בר יצחק גופא דאמר נהוג עלמא כרבי אלעאי בראשית הגז ובמתנות אשכחן ליה דקניס גלימא למאן דלא יהיב מתנתא (פרק הזרוע), וליכא למימר שהיה מחמיר אע"פ שלא היה צריך, דאי בעי לאחמורי אנפשיה דוקא הוה ליה לאחמורי ולא אאחרים למיקנסינהו שלא כדין אי איתא דקיי"ל כרבי אלעאי במתנות, וליכא למימר מקומות מקומות יש, איכא דוכתא דנהוג כרבי אלעאי במתנות ובראשית הגז ואיכא דוכתא דלא נהוג ורנב"י דקניס גלימא בדוכתא דלא נהיג כרבי אלעאי הוה, דהא ליתיה, דמדקאמר נהוג עלמא משמע דכולי עלמא נהוג כן, ועוד מדקאמר נהוג

שהיא חובת הגוף ולכן נוהג בכל מקום בחו"ל ולא רק בארצות הסמוכות לארץ ישראל.

4 בגמ' מסכת ביצה דף יב עמוד ב (בסוגיא לפני האיסורייתא דחרדלא) בעניין גרבא דחמרא דתרומה, להביאה לכהן (שהלכה כרבי יוסי).

עלמא משמע דלכל הפחות במקומו נהוג כן וקניס גלימא משמע נמי במקומו, אלא על כרחך בראשית הגז נהגו כרבי אלעאי ולא במתנות, וכמו שאפרש הטעם, ועוד טעם דאשכחן טובא אמוראי שבבבל דהוו מפרישין מתנות ולא אשכחן שום אמורא שבבל שהיה מפריש ראשית הגז, והיינו טעמא משום דנהוג כרבי אלעאי בראשית הגז ולא במתנות כו' ובתשובת רב האי גאון כתוב שמי שאינו נותן חייב נדוי דאמר רב חסדא האי טבחא דלא יהיב מתנתא כו'"[5]

ע"כ, וכן כותב הרמב"ן לחלק בין ראשית הגז לזלו"ק, וז"ל;

"אבל יש לי לעיין כיון דתרומה ומעשרות גופיהו נוהגין בחוצה לארץ כגון בבבל, ואותן מקומות שבמסכת ידים מתקנת נביאים ומתקנת זקנים, דלמא משום הכי נהגו בבבל במתנות מדבריהם אבל מן התורה כרבי אלעאי עבדי, הלכך בשאר חוצה לארץ שאין תרומה נוהגת אף מתנות לא ינהגו.

ויש להשיב אם כן אף ראשית הגז נוהג בבבל והרי רב נחמן בר יצחק ודאי על מקומו העיד שנהגו כרבי אלעאי בראשית הגז, עוד יש לומר שאפילו לדברי רבי אלעאי תקנו מתנות בכל מקום כמו שתקנו חלה בכל מקום, ולא תקנו ראשית הגז כמו שלא תקנו תרומה, ואפילו באותן מקומות שתקנו תרומה לא משמע דחשו למיתקן ראשית הגז משום דלא קדיש ולא טביל כתרומה ונהוג ביה עלמא קולא, אבל מתנות עשאום כחלה שנוהגת בכל מקום, והטעם משום דלכל יש חלה ואין לכל שדה וחשו עליה שמא תשתכח תורת חלה, וכן במתנות הכל שוחטים ולוקחים זרוע ולחיים ותבא להשתכח תורת מתנות כהונה, משום הכי אי דאורייתא אי דרבנן נוהגות הן המתנות בחוצה לארץ ובכל זמן נהגו בהן.

ויש אומרין דלא קיי"ל כרבי אלעאי במתנות, דלרבי אלעאי מתנות כהונה טובלות דגמרינן מתרומה וגבי ראשית הגז הוא דכתיב תִּתֶּן לּוֹ דברים יח ד אבל הכא לא, ולחומרא מקשינן. והינו טעמא דרבי יוחנן דאמר כאלו אוכל טבלים וכבר אפסיקא הלכתא דליתיה לרבי יוחנן, ולא היא דמתנות כיון שמופרשות ועומדות אינן טובלות וליכא למגמר מתרומה אלא ראשית הגז דדמי ליה, ומכל מקום כיון דחזינן לכלהו רבנן דגמ' דמפרשי ומשמתי עלה וקנסי אפילו בכהן, ראוי להחמיר ולהפריש כדפרישית אלא שאין כח לשמת ולקנוס" עכ"ל.

5 וכן מוכח מכתבי המרדכי המובאים כאן, והרא"ש בפירושו למסכת חולין דף קלו והתשב"ץ תשב"ץ קטן סימן שפ"ז דכן סבר המהר"ם מרוטנבורג להלכה וכן נהג המהר"ם בעצמו, ולא כנדפס בטור יור"ד סי' סא ששם משמע שסבר מהר"ם להיפך (ויש מיישבים הגי', עיי"ש בב"ח). וראה ס' באר שבע חלק השו"ת נז שזו א' מארבע מקומות שיש מחלוקת בין הפוסקים על דעתו של המהר"מ מרוטנבורג; בענין ברכה על נטילת ידים, ביציאה מבית הכסא, בענין נטילת ידים לדבר שטיבולו במשקה, בענין נהיגת אבילות בפורים וכאן אודות נתינת זלו"ק בחו"ל.

ואמנם בתורת הבית שער שלישי סוף שער שני להרשב"א תלמיד הרמב"ן, ספרד ד'תקצ"ה - ה'ע
מתחבט אף הוא בענין לאחר שמעיד כי "נהגו בכל מקומותינו שלא ליתן", ומסיק שכל
הנראה מה שהיה מנהג רווחת בבבל לתת הזלו"ק לכהנים היא תקנת חכמים במקומות
הסמוכות לארץ ישראל שבהם נהגו בתרומות ומעשרות אף בחו"ל, אך במקום שלא נהגו
כך אין חיוב כלל לתת הזלו"ק, וכן מסקנתו להלכה. אך כאמור מדובר בדעה יחידאית ולא
נמצא בראשונים זולתו שסבירא להם כן, ולכן בשו"ע הביא דעה זו של הרשב"א כדעה
שנייה ובדעת יחיד "ויש מי שאומר" והגם שהמחבר מסיים "וכן נהגו" אין להסיק שכן
מסקנתו להלכה - אלא כוונתו היא שאין בידינו לכוף, וכמו שכתבו מהר"ם מרוטנבורג
והרמב"ן והחינוך ועוד ראשונים - ולכן מוסיף הרמ"א מיד "ועיין בספר החינוך מצוה
תק"ו", וכתבו המפרשים שכוונתו להכריע כדעה האומרת שזלו"ק נוהג גם בחוץ לארץ,
אלא שאין בידינו לכוף. ולמעשה נהגו הרבה מגדולי ישראל שדרו בחו"ל להביא זלו"ק
לכהן, וכן נהג הגר"א[6] וכן נהג החת"ס (שו"ת יו"ד תשובה ש"א), וכ"כ כרתי ופלתי (סימן ס"א
סק"ז) שכן צריך לנהוג, עיי"ש.

רבי אלעאי או רבי אליעזר?

ומרומז קצת בתשובת המהר"ם מרוטנבורג שאינו ברור כל עיקר שרבי אלעאי סבור
שהזובחים בחו"ל פטורים מנתינת הזלו"ק, שהרי לא מצאנו בבירור שאמר פטור רק
כלפי ראשית הגז בלבד, וההרחבה לכלול גם זלו"ק בתוך הפטור אינו מחוור כ"כ, ובלשון
המהר"ם מרוטנבורג;

"והשתא קשה לי טובא פתח במתנות ומפרש טעמא דראשית הגז, ולדברריי ניחא
משום דלא קיימא לן כרבי אלעאי בהא דיליף *נתינה - נתינה* דמתנות מתרומה אלא
בראשית הגז קיימא לן כוותיה, לא חשש רבא לפרש טעמא דידיה במתנות אלא
בראשית הגז דקיימא לן כוותיה"

ודבר זה תמוה קצת שלא מצאנו בהדיא שאמר רבי אלעאי שאין מצוות זלו"ק בחו"ל
וצ"ע. ובשולי הדברים נראה, שהיו גירסאות שונות בידי המהר"ם מרוטנבורג ורש"י, ויש
קצת לסעד נוסח מינכן אע"פ שפותח ברבי אלעאי ומסיים ברבי אליעזר, דיבואר זה על פי
התוספתא זבחים ב ד ובגמ' מנחות דף יח עמוד א המעידה על שיווי הדיעות בין רבי אלעאי לרבו
רבי אליעזר; "..מפני שיהודה בנו של רבי אלעאי ואלעאי תלמידו של רבי אליעזר לפיכך
הוא שונה משנתו של רבי אליעזר." ע"כ. ולפי גירסת בעל האגודה דף רסז טו"א לגמ' שבת ד

---

6 כדאי' במעשה רב אות ק"ג, ושם; "וגם שחט עגל ונתן זרוע ולחיים והקיבה לכהן ובירך גם כן שהחיינו..".

6

קעד כתב; "האידנא נהוג עלמא כתלת סבי..וכרבי אליעזר בראשית הגז", היינו לרבי אליעזר רבו של רבי אלעאי.[7]

וע"פ הנ"ל יש מקור לומר שהדברים שאין ראשית הגז נוהג אלא בארץ ישראל יצאו מפי רבי אליעזר, ועכ"פ במשנה דידן משנה חולין יא א לא פסק כוותיה אלא ראה"ג אכן נוהג בחו"ל; "ראשית הגז נוהג בארץ ובחוצה לארץ, בפני הבית ושלא בפני הבית.." ע"כ.

בירורים בשיטת רבי אלעאי

וע"פ הגי' בגמ' חולין קלו עמוד א, י"ל אפוא שגם רבי אלעאי לעולם לא סבר לפטור בחו"ל, ושם;

"אמר רב חנינא מסורא ליתנהו להני כללי, דתניא בהמת השותפין חייבת במתנות ור' אלעאי פוטר מאי טעמא יליף נתינה נתינה מראשית הגז מה להלן דשותפות לא אף כאן דשותפות לא ואי ס"ד בתרומה מיחייב נילף נתינה נתינה מתרומה אלא ש"מ בתרומה נמי פוטר אי מה תרומה בארץ אין בחוצה לארץ לא אף מתנות בארץ אין בחוצה לארץ לא אמר רבי יוסי מנהרביל אין והתניא רבי אלעאי אומר מתנות אין נוהגין אלא בארץ וכן היה רבי אלעאי אומר ראשית הגז אין

גירסת המהר"ם מרוטנבורג, והב"ח	גי' רש"י, המהרש"ל, ומהר"ם מלובלין מינכן 95
"..אי מה תרומה בארץ אין בחוצה לארץ לא אף מתנות בארץ אין בחוצה לארץ לא? אמר רבי יוסי מנהרביל אין והתניא רבי אלעאי אומר מתנות אין נוהגין אלא בארץ וכן היה רבי אלעאי אומר ראשית הגז אין נוהג אלא בארץ	אי מה תרומה בארץ אין ובחוצה לארץ לא אף ראשית הגז בארץ אין ובחוצה לארץ לא? אמר רב יוסף אין והתניא ר' אלעאי אומר מתנות אין נוהגות אלא בארץ וכן היה ר' אליע' אומר ראשית הגז אינו נוהג אלא בארץ

[7] ומצאנו גם בגמ' ששיבחו את רבי אליעזר בכך שלעולם לא אמר דבר שלא שמע מרבו (ריב"ז); "שאלו את רבי אליעזר פלוני מהו לעולם הבא א"ל לא שאלתוני אלא על פלוני מהו להציל רועה כבשה מן הארי אמר להם לא שאלתוני אלא על הכבשה מהו להציל הרועה מן הארי אמר להם לא שאלתוני אלא על הרועה ממזר מה הוא לירש מהו ליבם מהו לסוד את ביתו מהו לסוד את קברו לא מפני שהפליגן בדברים אלא מפני שלא אמר דבר שלא שמע מפי רבו מעולם". וברש"י שם ד"ה לא שהפליגן; "והפרישן לדברים אחרים כאדם המתכוין לדחות כשאינו יודע להשיב אלא יודע היה אבל לא אמר דבר שלא שמע מרבו" ע"כ, לפי זה מוצאים אנו קשר אמיץ בין רבי אלעאי לרבי אליעזר הגדול ולרבו של רבי אליעזר שהוא רבן יוחנן בן זכאי. ובתלמוד ירושלמי ברכות דף כו עמוד ב מובא ניהוג העם בחו"ל כשיטת רבי אלעאי בנתינת ראשית הגז; "אמר רבי יעקב בר אחא ונהגין תמן כרבי אלעי בראשית הגז דתנא רבי אלעי אומר אין ראה"ג אלא בארץ" ע"כ.

נוהג אלא בארץ מאי טעמא דר' אלעאי אמר רבא יליף נתינה נתינה מתרומה מה תרומה בארץ אין בחוצה לארץ לא אף ראשית הגז בארץ אין בחוצה לארץ לא אמר ליה אביי אי מה תרומה טובלת אף ראשית הגז טובלת

ורש"י שם ד"ה והתניא כ' 'בניחותא' היינו שאין זו תמיהה אלא עובדא, ולכאורה יש מקום לפרש (שלא כפירש"י) אלא שהגמ' *תמיהה* ב'והתניא' הזה, ושואלת היתכן שאמר רבי אלעאי שאין זלו"ק נוהג בחו"ל? אלא (זה אינו כן, אלא) כן היה רבי אלעאי אומר שדקווא ראה"ג אין נוהג אלא בארץ (כלומר שלא פטר רבי אלעאי אלא ראה"ג בלבד ולא בזלו"ק ולא כפי שחשב רב יוסי מנהרביל[8]), ובזה מיושב שפיר מימריה דרבא שבא מיד אחריו, ש"יליף נתינה - נתינה מתרומה, מה תרומה בארץ אין בחו"ל אף ראשית הגז" כו', כי מוכח בכל מקום בש"ס שהיה זלו"ק נוהג בחו"ל בימי הגמ', וכפי שהאריך המהר"ם מרוטנבורג על המעשים שכל חכמי התלמוד היו מנדים שוחט סרבן על כך.

ולפי הכלל ד"*יחיד ורבים הלכה כרבים*" היינו פוסקים כדעת הרבים כנגד רבי אלעאי, אבל במשנה לא הובא שיש שיטת הרבים לחייב בחו"ל אלא הובא החיוב בחו"ל בשם *סתם תנא* דמתניתין, ולא מצאנו במשנה שום דעה שחולקת. ולכאורה בכל אופן תהיה ההלכה כסתם משנה ובפרט כשלא מובא שום דעה אחרת - כנ"ל שאין בחז"ל אפילו יחיד שאמר שזלו"ק פטור בחו"ל. ולפי הכלל ד*אפושי במחלוקת לא מפשינן*,[9] לכאורה לא היה ניתן להרחיב שיטת רבי אלעאי לכלול דין זלו"ק כי עי"כ מוסיפים במחלוקת להוסיף חילוק-דיעות בין רבי אלעאי להסתם משנה מה שלא מצינו בהדיא.

8 ויש להביא עוד סעד לזה שלעולם לא דיבר רבי אלעאי על זלו"ק כלל ועיקר, דהמימריה דסבר רבי אלעאי לפטור זלו"ק בחו"ל נאמר רק ע"י רב יוסי מנהרביל שהיה בימי רבא (ספר יוחסין) בתקופה של *שבע דורות* אחר התנא רבי אלעאי, והיה היחיד שאמר שמועה כזו ובא הגמ' לתקן דבריו שלא כך סבר התנא אלא בראה"ג ודו"ק.

9 ובכללי התלמוד בתרייתא *להכנסת הגדולה* ס"ק עד מביא דעת *ר"ש טאיטאסאק* דסבור דאף אם יש סברא לחלוק על הסברא העיקרי, אין לתלות שפלוני סובר כאותו סברא - ואם יתלה נקרא עליו שהוסיף במחלוקת, ועיי"ש.

סימן ג

הדין עם הטבח

על מי מוטל חיוב הנתינה

בשו"ע (סעיף א') כתב חייב כו', ויש לדון על מי נופל החיוב. ולכאורה יש להביא ראיה ממש"כ סעיף כ"ה; "השוחט לכהן ולעובד כוכבים, פטור מן המתנות", ומשמע שמיירי עד עכשיו על השוחט. וכן משמע בהדיא בסעיף כ"ח, שכתב בלשון חיוב על השוחט, בכל אופן התמיהה קיימת לכל בא בשער סימן דידן, שפתח מרן בלשון חייב ולא פירש מי החייב.

ומקור הדברים שהשוחט הוא האיש החייב ליתן הזלו"ק הוא בגמ' חולין קלב עמוד ב; "אמר רבא זאת אומרת הדין עם הטבח", וכתב רש"י ד"ה זאת אומרת; "דבעלמא היכא דקשחיט בהמת ישראל הדין עם הטבח, דינו של כהן[10] לתבוע מתנותיו מן הטבח" ע"כ.

ויש לדון מה כוונת 'טבח', אחר שמצאנו שטבח הרי הוא קצב (היינו מי שחותך חלקי הבשר למכירה) וכן בלשון המשנה מסכת ביצה ג ז; "לא יאמר אדם לטבח שקול לי בדינר בשר, אבל שוחט ומחלקים ביניהן" היינו שטבח הוא גם שוקל ומוכר, וכן במסכת חולין ה ד בענין ארבעה פרקים בשנה דזקוקים העם לבשר העמידו חכמים על דין תורה שמעות קונה (היינו שכסף קונה אף בלי משיכה), ושם "משחיטין את הטבח בעל כרחו" והרמב"ם מפרש "בארבעה פרקים אלו משחיטין את הטבח על כורחו שאפילו שור שוה אלף דינר ואין ללוקח אלא דינר כופין אותו לשחוט.." ע"כ, וברע"ב שם; "משחיטין את הטבח בעל כרחו - שאם קיבל דינר מלוקח ליתן לו בדינר בשר" ע"כ, הוה אומר שהטבח הוא המקבל מעות ובעל האיטליז.[11]

אולם יש מקומות שמשמעות המילה *טבח* היא כלפי השוחט עצמו ובלי שום הו"א אחרת. וכן הבין רש"י בפשטות עה"פ בראשית לז לו **וְהַמְּדָנִים מָכְרוּ אֹתוֹ אֶל מִצְרָיִם לְפוֹטִיפַר סְרִיס פַּרְעֹה שַׂר הַטַּבָּחִים** שכ' "הטבחים" - שוחטי בהמות המלך ע"כ. וכעי"ז בתוספתא דמאי (ה יח) "לא יתן ישראל בהמתו לטבח כהן לשחוט (פי' *המנחת יצחק* שם שישחוט בחינם ויטול לעצמו הזלו"ק בשכר השחיטה) ולא לרועה כהן לרעות" ע"כ. וכמימריה דרב אשי שבת קנו עמוד א לענין מזלו של אדם; "האי מאן דבמאדים ..או טבחא או מהולא" משמע כמו כן שטבחא היינו שוחט הבשר.[12] ובס' *רמון פרץ* על מסכת חולין דף קלב כתב; "אלו

10 ובכמה מקומות בחיבור ביארנו שלאו דוקא הכהן בעצמו תובע אלא התביעה היא מצות בית דין.

11 ובמשנה סנהדרין ו ד; "כיצד תולין אותו ..רבי יוסי אומר הקורה מטה על הכתל ותולה אותו כדרך שהטבחין עושין" ע"כ, אבל אין ראייה משם כ"כ דאפשר שהשוחט בעצמו היה תולה הבהמה אחר השחיטה.

12 היינו כשם *שמוהלא* היינו המוהל בעצמו ומוציא דם מהנימול כן משמע שטבח היינו השוחט בעצמו שמוציא דם הבהמה. ובגמ' בב"מ דף כד עמוד ב בעניין מציאת בשר כתוב שבמקום שרוב *טבחי* מישראל רשאים

וְזֶה יִהְיֶה מִשְׁפַּט הַכֹּהֲנִים מֵאֵת הָעָם מֵאֵת זֹבְחֵי הַזֶּבַח

שרגילים לזבוח ויקראו שמם בישראל זובח או טבח" ע"כ. ועד"ז אפשר להביא ראיה לנדו"ד מלשוה"כ **וְזֶה יִהְיֶה מִשְׁפַּט הַכֹּהֲנִים מֵאֵת הָעָם מֵאֵת זֹבְחֵי הַזֶּבַח כו'**.. שנוקט הכתוב לשון *זובחי הזבח* והיינו שוחט היינו זובח.

והאבן עזרא משלי ט ב כ' שלפי הניקוד יש חילוק במשמעות המילה טבח, ניקוד הטי"ת משמע עניין זביחה ואילו ניקוד החי"ת משמע ענין בישול. ובפי' *המלבי"ם* ישעיה לד ו, כ' *שזבח* משמע סעודה להנאה ואילו *טבח* משמע ענין טביחה לנקמה,[13] ובכל אופן מוכח שטבח בלשון הגמ' הינו תרגום של זובח ושוחט - היינו מי שמוליך ומביא בסכינו על צוואר הבהמה והוא האיש החייב בנתינה ולא זולת.

החוב על השוחט

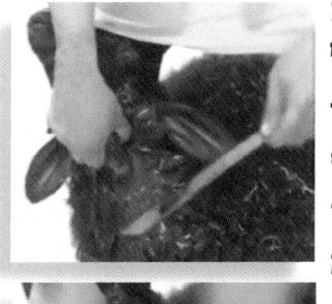

ובגמ' חולין דף קלב עמוד ב "אמר רבא זאת אומרת הדין עם הטבח", לכאורה משמע שהוא דין תביעה בעלמא, וכן משמע ממה שכתב הר"י *מלוניל* פרק הזרוע אות ד', דהא דהטילה התורה את חובת הנתינה על הטבח, משום דכיון שלהכשירה לאכילה חייב לשוחטה מוטל עליו גם לפרוע חוב המוטל על הבהמה. וכן משמע בלשון *המאירי* שכתב (עמ' ת"נ) "ופירשו בגמרא ממה שאמרו שהכהן מוציא המתנות מיד השוחט, אף על פי שאין הבהמה שלו, הואיל והבהמה בת חיוב, אין השוחט רשאי לעכב ולומר חכה עד שיבוא בעליה, או שתלך אתה לפניהם", ועי' בפמ"ג סימן ס"א במשב"ז אות כ"ט.

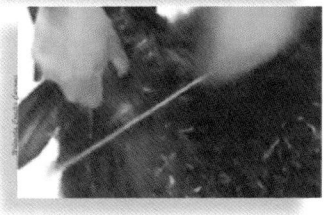

הדין עם הטבח; מצוות נתינת הזלו"ק לכהן מוטלת על השוחט.

והיוצא מדבריהם שמה שאמרו בגמ' הוא רק לומר שאין השוחט רשאי לעכבם, אלא מיד עם השחיטה מצוה הבאה לידך אל תחמיצנה ואין לאף אדם רשות לומר תעכבנה. אמנם הרשב"א בתורת הבית (השער השני) כתב וז"ל, "דבר תורה השוחט בהמה חיב ליתן לכהן מתנות כהונה ממנו כמו שחייב אדם ליתן מפירותיו התרומה והמעשר שנאמר וזה יהיה משפט הכהנים מאת העם זובחי הזבח כו'". ויש להקשות על דבריו;

- איך אפשר לדמות חיוב זלו"ק לפירות במילים 'כמו שחייב אדם', כיון דבזלו"ק מיירי בשוחט ולא בבעל הבית?

המוצא בשר לאכלו.

13 וצ"ע עה"פ **וּטְבֹחַ טֶבַח וְהָכֵן** בראשית מג טז, ועה"פ **וַיֹּאמֶר שְׁמוּאֵל לַטַּבָּח תְּנָה אֶת הַמָּנָה ..וַיָּרֶם הַטַּבָּח אֶת הַשּׁוֹק וְהֶעָלֶיהָ וַיָּשֶׂם כו'** שמואל א ט כג ששם כ' לשון טבח ואין בהם משמעות של נקמה.

► מה כונתו להביא סימוכין מתרומה ומעשר?

ונראה לתרץ שתי הקושיות זה בזה, שהרשב"א קמ"ל דכמו שיש מצוה גמורה על אדם להפריש מפירותיו תרומה ומעשר, כך יש מצוה וחיוב גמור על השוחט ליתן הזלו"ק, דכיון שאין חלקי הזלו"ק של השוחט כלל כיון דהזלו"ק חשובים כנכס הכהן אפילו טרם ההפרשה, על כן אין לבעלים בהם כלום כיון דהחיוב לתת מוטל על השוחט בלבד, ולפי זה נמצא דלפי הדעה דס"ל דיש לברך על נתינת הזלו"ק (או על ההפרשה), השוחט הוא המברך ולא הבעלים (וכבר כתבנו זאת לעיל בהערותינו לשו"ע סימן ט).

וכן מצאנו ש*בקונטרס ביאורים* ביאר על דרך זה את דברי הרשב"א בחידושיו על הש"ס (חולין קל"ב) שכתב שאם השוחט נתן הזלו"ק לבעלים עבריין, הרי דינו כמזיק מתנות כהונה או שאכלן שפטור, ומשמע שהרשב"א ס"ל דעצם מצות דין נתינה על השוחט, ועיי"ש שהוסיף וס"ל דלהרשב"א אפילו טובת הנאה היא להטבח, שכל עצם דין נתינת הזלו"ק נאמר על הטבח ואין לבעלים שייכות לזה.

אמנם על חלק האחרון (כלומר בענין טובת הנאה) יש לפקפק, משום דיש לומר שאפילו אם טובת הנאה לבעלים, יש לבעלים רשות לומר למי ליתן, אבל אם יודע השוחט שאין בדעת הבעלים ליתן לכהן כלל כגון שמוחזק הני בעלים כעבריין בענין זה או דהוי מומר לכל התורה כולה, אסור לו להניח את הזלו"ק בידי הבעלים, ואם הניחן בידי הבעלים חשיב כמזיק מתנות כהונה - וי"ל עוד יותר מזה שאינו רשאי לשחוט בהמת הני בעלים כלל ועיקר ולא מהני לשוחט לטעון שמעשה השחיטה היא מקצוע שלו ופרנסתו, דמאי חזית שפרנסת השוחט עדיף מפרנסת הכהן? ובכה"ג מיירי הרשב"א, שהרי פשוט דאם אחר שהשוחט נתן הזלו"ק לידי הבעלים, חזר הבעלים ונתנן לכהן אין כאן שום דין מזיק.[14]

ונראה נפקא מינה בזה למעשה בשוחט בחו"ל, שמערכת בית הכשרות ורוב הציבור רוצים לנהוג כדעת רוב הראשונים שס"ל שאיכא מצוה וחיוב נתינה אף בחו"ל, ובעל הבהמות אינו רוצה, דלא מיבעי' לדעת הרשב"א שהוא חיוב גמור ומצוה על השוחט, ואין לבעל הבית שום דעה בזה. ויש לומר, דאפילו אליבא למ"ד שטובת הנאה היא של בעל הבית, מכל מקום בדין זה שהשוחט יתן הזלו"ק לכהן, אין בעל הבית יכול לעכב ביד השוחט שלא ליתנם, כיון דהרי קי"ל לכו"ע דהדין עם הטבח, היינו מאת השוחט שיתן הזלו"ק ואף שלא ברשות בעל הבית כנ"ל.

14 וראה בפירושינו *משפט הכהנים* לסימן כז בפרק 'טובת הנאה' שהארכנו לבאר האיסור של טובת הנאה בזלו"ק ע"פ הגמרא במסכת בכורות ועוד, עיי"ש.

סימן ד

תביעה באופן של היתר

יש לדון האם הזהירות[15] שכהן לא יתבע מתנותיו שייך לכל האופנים ובכל מקרה - ובפרט היכן שיבקש איזה כהן לא עבור עצמו אלא עבור כהן אחר, או שתובע על כללות יישום המצווה בעת שהשוחטים אינם נזהרים בנתינה, ואפשר שזה תלוי בשני הטעמים, שלפי הטעם "וְנָתַן - ולא שיטול מעצמו" אם כן בעינן דוקא שיתן השוחט מעצמו, אבל לפי הטעם "ויטו אחרי הבצע רבי מאיר אומר בני שמואל חלקם שאלו בפיהם", אפשר שהזהירות הוא ב"חלקם" דווקא, אבל אם שואל חלק אדם אחר אזי שרי ועוד מומלץ.

ונראה דזה תלוי בטעם הזהירות לבקש הזלו"ק בפה, ולפי הלשון **וַיִּטּוּ אַחֲרֵי הַבָּצַע** משמע שהזהירות הוא משום שקבלת הזלו"ק על ידי הכהן צריך להיות לא כדי להרוויח ממון (אלא כדי לקיים מצות התורה **דלְמָשְׁחָה** וכו' ולהיפנות לעסק התורה כדין למען יחזקו בתורת ה'), ומכיון שכך אין לכהן לבקש שיתנו לו דווקא הזלו"ק, דאם טעמו הוא כדי שיתקיים דין **דלְמָשְׁחָה** מה לו אם מביאין לו או לכהן אחר, ולכן הדבר מורה שהוא רודף-בשר ואינו מתכוין לשם שמים, ולכן אין לו לבקש הזלו"ק בפיו ורק אם יתנו לו יקבל, ורק כך נעשית המצוה בשלימותה. ועוד אפשר שזה חלק מדין **דלְמָשְׁחָה**, שלא יבקש הזלו"ק אלא שיתנו לכהן דרך גדולה וכבוד - ומה שמבקש זה סתירה לדין גדולה וכבוד וסתירה **דלְמָשְׁחָה**. ונפקא מינה בין שני הטעמים הוא, אם הכהן עצמו אינו מבקש אבל אדם אחר מבקש שיביאו לאיזה כהן הזלו"ק או שהכהן תובע על כללות יישום המצווה שחסר בעירו, דלפי הטעם הראשון פשוט שאין בזה פגם, דהזהירות הוא רק כשהכהן עצמו רודף אחרי הבצע, ולא כשאחר מבקש לו או כשמבקש על כללות העניין, אך לפי הטעם השני צ"ע דאפשר שדרך גדולה וכבוד הוא שהשוחט והבעלים דווקא ירדפו אחרי הכהן ליתן לו - כדרך המלכים שכבוד הוא ליתן להם.

ויש להביא קצת ראיה לטעם זה שכתבנו, שהאיסור משום שנראה שהוא רודף אחר הבצע, דהנה בגמרא חולין קלד עמוד ב איתא "ההוא שקא דדינרי דאתא לבי מדרשא קדים רבי אמי וזכה בהן, והיכי עביד הכי והא כתיב **וְנָתַן** ולא שיטול מעצמו, רבי אמי נמי לעניים זכה בהן, ואיבעית אימא אדם חשוב שאני, דתניא **וְהַכֹּהֵן הַגָּדוֹל מֵאֶחָיו** שיהא גדול מאחיו בנוי בחכמה ובעושר. אחרים אומרים מנין שאם אין לו שאחיו הכהנים מגדלין אותו תלמוד לומר **וְהַכֹּהֵן הַגָּדוֹל מֵאֶחָיו** - גדלהו משל אחיו" עכ"ל הגמרא. הרי חזינן דעניין של **וְנָתַן** אינו שייך כשיקח הכהן לעצמו מדין התורה דגדלהו משל אחיו, דהרי אין כוונתו לרדוף

15 דייקנו לומר "זהירות" ולא לשון "אסור" כי כן לשון המחבר לעיל סימן יא "אין לו לכהן לחטוף המתנות ואפילו לשאול אותם בפה.." ולא נקט לשון "אסור", וכדלקמן שיש אופני היתר.

אחר הבצע.

אמנם יש להביא עוד ראיה שאפשר לכהן לבקש הזלו"ק, דהנה בגמרא חולין קלג עמוד א איתא "רבא ורב ספרא איקלעו לבי מר יוחנא בריה דרב חנא בר אדא ואמרי לה לבי מר יוחנא בריה דרב חנא בר ביזנא עביד להו עגלא תילתא א"ל רבא לשמעיה זכי לן מתנתא דבעינא למיכל לישנא בחרדלא", ופרש"י זכי לי מתנתא;"תן לי רשות ליקח מתנותיך לאוכלם, מפני שהלשון עם הלחיים ניתן לכהנים, ובעינן למיכל לישנא בחרדלא שהוא דבר חשוב ..ואף על גב דרבא נמי כהן הוה דקיימא לן ראש השנה דף יח עמוד א דמבני עלי אתא, ובבכורות דף כז עמוד א נמי אמרינן רבא הוה מבטל תרומת חוצה לארץ ברוב ואכיל לה בימי טומאתו, מיהו מנפשיה לא מצי שקיל דכתיב וְנָתַן ולא שיטול מעצמו, ומימר נמי לא בעי למימר הבו לי דתניא חלקם שאלו בפיהם, להכי שקלם בתורת זר על ידי נתינת כהן ואף על גב דלא מטא לידיה דשמעא סמך רבא אדרב יוסף דלעיל" עכ"ל.

ובאופן אחר ניתן איפוא לפרש שרבא ביקש הזלו"ק (הגם שלא עשה על צד היותר טוב כי לא אתו לידי השמעיה שהיה כהן) שראה לעצמו איזה טעם שע"י בקשתו יראה בזה חביבות המצווה דמתנות כהונה -ודווקא בבית הנשיא (היינו מר יוחנא, שהיה משלשלת בית דוד כמובא באיגרת רש"ג), והגם שהכין לו הנשיא עיגלא תילתא שזה המשובח שבעגלים, והגם שיש בבהמה חלקים טובים יותר מהזלו"ק, בזה עמד רבא לבקש דווקא הלשון ולאוכלו דווקא באופן של למשחא (היינו בחרדל) וכ"ז על שולחן בית הנשיא, וי"ל שבזה גופא שיש אמנם חלקי-בשר טובים יותר מהלשון, רצה להראות שזה טוב לו יותר מבשר שולחן הנשיא כיוון שהלשון הוא מנת חלקו משולחן הקב"ה והווה חשוב יותר בעיניו.

ובדעת הרמב"ם פ"ט מהל' בכורים ה"ט דהזהירות שלא לבקש הזלו"ק הוא משום שאין זה דרך גדולה וכבוד, ושם "לא יחטוף הכהן המתנות ולא ישאל בפיו אלא אם כן נותנין לו בכבוד נוטל, ובזמן שהם רבים בבית המטבחים הצנועים מושכין ידיהם והגרגרנים נוטלין" עכ"ל, וכעי"ז כ' הרמב"ם בפירוש המשניות, וז"ל; "ואמרו וְנָתַן לַכֹּהֵן 'ונתן' ולא שיטול מעצמו לפי שאין מותר לו לזלזל בעצמו וליטול מתנותיו" ע"כ שהיינו שיש לחשוש לזלזול שכהני ה' יצטרכו לבקש פרנסתם מאת העם. ולפי זה אין נ"מ כ"כ מי הוא המבקש, כל שאין בצורת הנתינה לכהן דרך גדולה וכבוד עדיין לא הגיע למצוות הנתינה בשלימותה, אבל מאידך יש אחרונים תפארת יעקב יורד סא:ח, רימון פרץ לחולין פ' הזרוע שהתביעה והבקשה הוה מותר ואף מומלץ כשהיא נעשית באופן שמראה שאיכפת לו לכהן מה שזיכה לו הקב"ה וכנ"ל ממעשה רבא שהראה שטוב לו מנת שולחן גבוה ממעדני שולחן מלכים.

סימן ה

יבואר שע"י נתינת מ"כ מגשימים ייעודם של הכהנים בני אהרן להורות בתורה לְמַעַן יֶחֶזְקוּ בְּתוֹרַת ה'

ייעוד הכהן כמורה הוראה בישראל

תחילתו של הכהן כמורה הוראה נעוצה כבר מלוי בן יעקב, כמובא ברמב"ם (פ"א מהלכות עבודה זרה ה"ג); "ויעקב אבינו לימד בניו כולם והבדיל לוי ומינהו ראש והושיבו בישיבה ללמד דרך השם ולשמור מצות אברהם. וצוה את בניו שלא יפסיקו מבני לוי ממונה אחר ממונה כדי שלא תשכח הלמוד, והיה הדבר הולך ומתגבר בבני יעקב ובנלוים עליהם ונעשית בעולם אומה שהיא יודעת את ה'". הרי שכבר מאותה תקופה נועד לוי וזרעו לשמש כ"ראש" ללמד דרך ה' ולשמור מצותיו ועל ידו נקבעה התורה בישראל.

גם לאחר מכן אנו מוצאים המשך לתפקיד זה של לוי ע"י משה רבינו ראש הנביאים שבעם ישראל, שקיבל התורה מפי נותנה ומסר אותה לעם ה', בברכה הקשורה להיות הכהנים החלק הנבחר משבט לוי **וּלְלֵוִי אָמַר ..יוֹרוּ מִשְׁפָּטֶיךָ לְיַעֲקֹב וְתוֹרָתְךָ לְיִשְׂרָאֵל יָשִׂימוּ קְטוֹרָה בְּאַפֶּךָ וְכָלִיל עַל מִזְבְּחֶךָ** דהיינו הם המורים והם המקריבים, וגם לאחר ששמע לעצתו של יתרו ומינה תחתיו את שרי האלפים, המאות החמישים והעשרות,[16] הוסיף הוא עצמו ושימש כ"מוראה הוראה – על", כאשר כל הדבר הקשה אשר נעלם מידיעתם של שאר הדיינים, יקריבון אליו.

כוח זה של משה רבינו ניתן על ידו לכל בני השבט, שהוא משבח את לוי **כְּאִישׁ חֲסִידֶךָ**, וזאת על אי השתתפות בניו בחטא המתלוננים, **אֲשֶׁר נִסִּיתוֹ בְּמַסָּה**, ולאחר שהוא מוסיף ומפאר את מעשיו בכך שבחטא העגל לא חטאו בני שבט לוי, ולא די בכך אלא שהוסיפו והרגו את קרוביהם, בני דודיהם מצד האם, ואפילו סביהם מצד האם, אלו שחטאו בעגל, **הָאֹמֵר לְאָבִיו וּלְאִמּוֹ לֹא רְאִיתִיו וְאֶת אֶחָיו לֹא הִכִּיר וְאֶת בנו [בָּנָיו] לֹא יָדָע כִּי שָׁמְרוּ אִמְרָתֶךָ**,[17] ולא די בכך אלא שגם **וּבְרִיתְךָ יִנְצֹרוּ**, שאותם שנולדו במדבר של ישראל לא

16 וכ' בנימוקי רי"ד עה"ת שמות יח כא עה"פ "שרי אלפים.." שאלו השרים היו דווקא משבט לוי (אפילו פחות משישים, וי"ל כפי מאמר רבא לא מצי צורבא מרבנן דמורי וכו') ומן הזקנים שבישראל אבל רק אלו שהיו מעל ששים שנה.

17 וכן בבארות *בני יעקן* בסוף הארבעים שנה חוזר ונשנה אי-השתתפות בני לוי ברצון לחזור למצרים וכו': "**בָּעֵת הַהִוא הִבְדִּיל ה' אֶת שֵׁבֶט הַלֵּוִי** מלמד שבקשו ישראל לחזור לאחוריהם ועמדו כנגדם שבט לוי ..וכן עמד שבט לוי כנגדם כשאמר משה **מִי לַה' אֵלָי**, אמר הקב"ה לשבט הלוי 'אתם דבקתם אחרי אף אני עושה שתהיו חלקי' שנאמר **אֲנִי חֶלְקְךָ..**" ע"כ מדרש ילמדנו, הובא ב'בתי מדרשות', כרך א דף קעד.
ומדרש זה הובא ע"י רבינו בחיי, בהסברה למה נסמך הפסוק **בָּעֵת הַהִוא הִבְדִּיל ה' אֶת שֵׁבֶט הַלֵּוִי** לפסוק **וּבְנֵי**

היו מלין את בניהם והם היו מולין, הוא מברך אותם בברכה **יוֹרוּ מִשְׁפָּטֶיךָ לְיַעֲקֹב וְתוֹרָתְךָ לְיִשְׂרָאֵל**. במעמד זה, מברך משה רבינו את שבט לוי שישמשו כמורי הוראה לעם ישראל.

כאשר אנו מתבקשים לעיין לאיזה חלק בשבט זה התכוין משה רבינו למסור את כח ההוראה, אנו מגיעים למסקנה המובילה להשערה שהתכוין בעיקר לכהנים, לאותם **שֶׁיָּשִׂימוּ קְטוֹרָה בְּאַפֶּךָ וְכָלִיל עַל מִזְבְּחֶךָ**, וכך היא אכן מסקנתו של רש"י בפירושו על הפסוק מלאכי ב, ז **כִּי שִׂפְתֵי כֹהֵן יִשְׁמְרוּ דַעַת וְתוֹרָה יְבַקְשׁוּ מִפִּיהוּ** "כי שפתי כהן - עליהם מוטל לשמור דעת, למה? שהרי תורה יבקשו מפיהם, שכבר דבר זה מסור להם **יוֹרוּ מִשְׁפָּטֶיךָ לְיַעֲקֹב**" ע"כ פירש"י.

הספרי

איתא בספרי על הפסוק "**יוֹרוּ מִשְׁפָּטֶיךָ לְיַעֲקֹב**; מלמד שכל הוריות אינן יוצאות אלא מפיהן, שנאמר **וְעַל פִּיהֶם יִהְיֶה כָּל רִיב וְכָל נָגַע**, **רִיב** אלו ריבי פרה וריבי סוטה וריבי עגלה, **נָגַע** אלו נגעי אדם ונגעי בתים ונגעי בגדים" ע"כ. בתחילת דברי הספרי, נראה שכח הפסיקה של הכהנים הוא מוחלט וראשון "שכל הוריות אינן יוצאות אלא מפיהן", אבל בהמשך דבריו הסתייג לומר שהפסוק מתייחס בעיקר להוראות שאליהם לא נצרכת בקיאות או חכמה מיוחדת, אלא אך ורק פסיקה שכוחה נגזר מגזירת הכתוב, כנגעים, טהרת אפר פרה אדומה, פרשת עגלה ערופה, והשקיית הסוטה במי המרים המאררים.

ובהלכות אלו, משמש הכהן לא כמכריע ספיקות בדווקא, אלא בעיקר כמבצע פעולות רוחניות, שעל ידן נגזרים דינים והלכות שונות: בפרשת הסוטה הוא משקה את הסוטה ומכריע על ידי ההשקיה אם אכן אסורה היא על בעלה או מותרת, בפרשת הנגעים הוא קובע על ידי אמירתו שהנגע יהיה טמא או טהור, ולמרות שהוא עצמו לאו-דוקא בקי בהלכה הרי הרב הבקי בהלכה מורה לו לומר טמא או טהור והוא אומר אחריו,[18] וכך נקבע

יִשְׂרָאֵל נָסְעוּ מִבְּאֵרֹת בְּנֵי יַעֲקָן מוֹסֵרָה; ללמדנו שאף במעשה שאירע בבארת בני יעקן עמדו בני לוי באמונתם להקדוש ברוך הוא ולא טעו לחזור לארץ מצרים. ובנוסף לכ"ז אף בחטא המרגלים לא נכשלו בני-לוי.

18 וכבר הארכנו בפירושינו *טהר הכהן* לספרא פרשת נגעים שמכל מקום עדיף להדר בתר כהן שידע מאי קאמר בדיני נגעים - ומצווה לדרוש תורה מפיו דווקא כמקביל לכהן שאינו בקי בנגעים וכ"ש כהן שוטה ל"ע, ובמקרה שאין כהן בקי, אעפ"כ בעינן לכה"פ כהן דמסברי ליה וסבר, וז"ל הספרא; "הא כיצד? חכם שבישראל רואה את הנגעים ואומר לכהן, אעפ"י שוטה 'אמור טמא', והוא אומר טמא. 'אמור טהור', והוא אומר טהור" ובלשון המשנה "הכל כשרים לראות את הנגעים, אלא שהטמאה והטהרה בידי כהן; אומרים לו אמור טמא, והוא אומר טמא. אמור טהור, והוא אומר טהור" ע"כ. היינו שבמשנה הושמט לגמרי הענין של כהן שוטה, והלא דבר הוא. וכתב הרא"ש שם ד"ה הכל כשרים: לאתויי (כהן) שאינו בקי בהם ובשמותיהן והוא דמסברו (החכם) ליה (לכהן) ומסבר ובתורת כהנים (היינו בספרא כאן) דריש "..אומר לכהן אע"פ שהוא שוטה אמור טמא.." - ולאו דוקא (כהן שהוא) שוטה (ממש) דהא בעינן דמסברו ליה וסבר, אלא לגבי חכם ישראל קרי ליה שוטה"

וְזֶה יִהְיֶה מִשְׁפַּט הַכֹּהֲנִים מֵאֵת הָעָם מֵאֵת זֹבְחֵי הַזֶּבַח

דין הנגע. כמו כן דווקא הכהן הוא זה שמזה אל הטמא כדי לטהרו מטומאתו, ורק באופן זה פורחת ממנו הטומאה.[19]

דיינות

עם זאת, קיימות ראיות האומרות, שאע"פ שישנם שני סוגי הוראות; **א)** הוראות הבאות לברר את הדין הקיים זה מכבר, שכוחן קלוש יותר ויכולות להתבצע גם על ידי אדם שאינו כהן, **ב)** הוראות שעל ידי ההוראה חלה (מלשון "חלות") טומאה או טהרה, או איסור והיתר, שהוראות אלו אינן חלות אלא על ידי הכהן, נראה כי גם בהוראות מהסוג הראשון, העדיפה התורה את הכהן, ואף נתנה לו כח מיוחד.

אסמכתא וראיה לכך, ניתן למצוא בדברי חז"ל - בתלמוד בבלי, מסכת סנהדרין לד עמוד ב כתוב: "תניא היה רבי מאיר אומר מה ת"ל *על פיהם יהיה כל ריב וכל נגע*, וכי מה ענין ריבים אצל נגעים? אלא מקיש ריבים לנגעים, מה נגעים ביום דכתיב ויקרא יג יד **וּבְיוֹם הֵרָאוֹת בּוֹ**, אף ריבים ביום, ומה נגעים שלא בסומין דכתיב ויקרא יג יב **לְכָל מַרְאֵה עֵינֵי הַכֹּהֵן** אף ריבים שלא בסומין, ומקיש נגעים לריבים, מה ריבים שלא בקרובים אף נגעים שלא בקרובים, אי מה ריבים בשלשה אף נגעים בשלשה, ודין הוא ממונו בשלשה גופו לא כל שכן ת"ל ויקרא יג ב **וְהוּבָא אֶל אַהֲרֹן הַכֹּהֵן אוֹ אֶל אַחַד** וגו' הא למדת שאפילו כהן אחד רואה את הנגעים".

סוגי הוראות שנאמרו לאהרן ובניו

לשון הכתוב	ספרא	תלמוד בבלי
לְהַבְדִּיל בֵּין הַקֹּדֶשׁ וּבֵין הַחֹל	דיני ערכין	דמין וערכין חרמין והקד־שות
וּבֵין הַטָּמֵא וּבֵין הַטָּהוֹר	דיני טומאה וטהרה	דיני טומאה וטהרה
וּלְהוֹרֹת אֶת בְּנֵי יִשְׂרָאֵל	הוראות	הוראה
אֵת כָּל הַחֻקִּים	הוראת מדרש	מדרשות
אֲשֶׁר דִּבֶּר ה' אֲלֵיהֶם	הוראת הלכה	הלכה
בְּיַד מֹשֶׁה	הוראת מקרא	תלמוד

ע"כ דברי הרא"ש. אם כן, הספרא כאן מדבר בכהן שהוא 'שוטה' רק בדיני נגעים אבל הוא 'חכם' בשאר דבריו, ואכמ"ל יותר.

19 במשניות מסכת פרה תחילת פרק ג וסוף פרק ד מבואר דבעינן עמידת כהן במעשה הפרה אדומה. ולהסברה איך שייך 'ריב' בעשיית הפרה ראה ספרי ע"פ הר' דוד פארדו, דברים לג,י. וכן בפירוש *זרע אברהם* להספרי שם. וע"פ מקורות התרגום דווקא הכהן הוא המזה מי החטאת; **וּמַזֵּה מֵי הַנִּדָּה יְכַבֵּס בְּגָדָיו** 'ולחוד כהנא דמדי מי אדיותא יצבע לבושוי' (תרגום יונתן במדבר יט כא, וכן תירגם בכל הפרשה) ועוד על הפסוק תהלים נא ט **תְּחַטְּאֵנִי בְאֵזוֹב וְאֶטְהָר** מתרגם 'תדי עלי היך כהנא דמדי באזובא על כהנא'. וכן בקטטה דבין רבי יהושע ורבן גמליאל ענה ר"ג ברכות דף כח עמוד א: 'מזה בן מזה..' ופירש"י שם: כהן בן כהן יזה את מי חטאת ולאידך ראה המהרש"ם (הובא בליקוטים למשניות מסכת פרה יב, י מהדו' זכר חנוך) שמציין *לכנסת חכמי ישראל* סי' רסג *שתמה שלכאו'* הכל כשרים להזות, ועיי"ש.

ובהמשך הגמרא מובא, ששאר החכמים חולקים על רבי מאיר וסוברים שאין להקיש ריבים לנגעים לכל דבר ועניין, ולענין פסול סומא לדון אין מקישים ריבים לנגעים, וכך נפסק להלכה. עם זאת, אנו לומדים מדברי הגמרא, שהכוונה במילה "ריב", אינה לריבי פרה וריבי סוטה וריבי עגלה כדברי הספרי, אלא אכן לדיני חושן משפט רגילים שבין אדם לחבירו. ואם כן, לפי פשטות הגמרא נמצא, שאכן ניתנה עדיפות מיוחדת לכהן לדון גם דיני ממונות.

ואכן כך נאמר בתוספתא נגעים א, ה: "מי שנסמית אחת מעיניו אינו רשאי לדין, שנאמר ויקרא יג יב **לְכָל מַרְאֵה עֵינֵי הַכֹּהֵן**, ואומר דברים כא ה **עַל פִּיהֶם יִהְיֶה כָּל רִיב וְכָל נָגַע**, מקיש ריבים לנגעים מה נגעים לכל מראה עיני הכהן אף ריבים לכל מראה עיני הכהן" ע"כ.

ייתכן, אמנם שדיני חושן משפט דומים יותר לריבי סוטה וריבי עגלה מאשר לשאר ההלכות הכתובות בחלקי אורח חיים ויורה דעה. והחילוק בכך, טמון בהסברו של ר"ש הכהן שקאפ, שהקשה: כיצד יתכן *שספיקא ממונא לקולא*, והלא יש כאן ספיקא דאורייתא, שהרי אסור לאדם להחזיק בממון חבירו והדבר אסור בלאו של "לא תגזול"? ומתרץ שההיפך הוא הנכון: דיני חושן משפט נקבעים אך ורק בבית דין, ולכן אם פסקו בית הדין לפי כללי משפט התורה, שהמוציא מחבירו עליו הראיה מכיון ש"סברא היא מכאן דכאיב ליה כאיבא אזיל לבי אסיא", אם כן גם הממון שייך לגמרי לזה שמחזיק בו, ואין עליו לאו של "לא תגזול". הרי שבדיני חושן משפט מוחלט כוחו של הדיין לקבוע וכאשר פסק כן הוא מדין ודאי ולא מדין *ספק*.

בהלכות איסור והיתר

אך למעשה, קיימות ראיות האומרות שלא רק בדיני חושן משפט גדול כוחו של הכהן והוא מועדף על שאר העם, אלא אף בדיני איסור והיתר. וכך נאמר בפסוק ויקרא י ח-יא: **וַיְדַבֵּר ה' אֶל אַהֲרֹן לֵאמֹר. יַיִן וְשֵׁכָר אַל תֵּשְׁתְּ אַתָּה וּבָנֶיךָ אִתָּךְ בְּבֹאֲכֶם אֶל אֹהֶל מוֹעֵד וְלֹא תָמֻתוּ חֻקַּת עוֹלָם לְדֹרֹתֵיכֶם. לְהַבְדִּיל בֵּין הַקֹּדֶשׁ וּבֵין הַחֹל וּבֵין הַטָּמֵא וּבֵין הַטָּהוֹר וּלְהַבְדִּיל בֵּין הַקֹּדֶשׁ וּבֵין הַחֹל וּבֵין הַטָּמֵא וּבֵין הַטָּהוֹר. וּלְהוֹרֹת אֶת בְּנֵי יִשְׂרָאֵל אֵת כָּל הַחֻקִּים אֲשֶׁר דִּבֶּר ה' אֲלֵיהֶם בְּיַד מֹשֶׁה.** את הפסוק מפרשת הגמרא בכריתות דף יג עמוד ב "ת"ר **וּלְהַבְדִּיל בֵּין הַקֹּדֶשׁ וּבֵין הַחֹל** אלו חרמין וערכין והקדשות, **בֵּין הַטָּמֵא וּבֵין הַטָּהוֹר** אלו טומאות וטהרות, **וּלְהוֹרֹת** זו הוראה, **אֵת כָּל הַחֻקִּים** אלו מדרשות **אֲשֶׁר דִּבֶּר ה'** זו הלכה **בְּיַד מֹשֶׁה** זה תלמוד", ופרש"י "ולהורות – ההוראה של איסור והיתר".

הכוונה במילים **וּלְהוֹרֹת אֶת בְּנֵי יִשְׂרָאֵל אֵת כָּל הַחֻקִּים**, מלמדת לכאורה שזהו מתפיקדי הכהן בישראל, ויתכן שלמרות שאכן כל ישראל ת"ח מותר בהוראה, הרי מפסוק זה לומדים חז"ל שכל מורה הוראה אסור בהוראה כשהוא שיכור, עם זאת חמור הדבר אצל הכהן. הכהן במהותו הוא מורה הוראה, ותפקידו זה הוא חלק מתפקידו ככהן, ולכן זלזולו של הכהן בתפקידו זה, כרוך בעונש חמור – מיתה.[20]

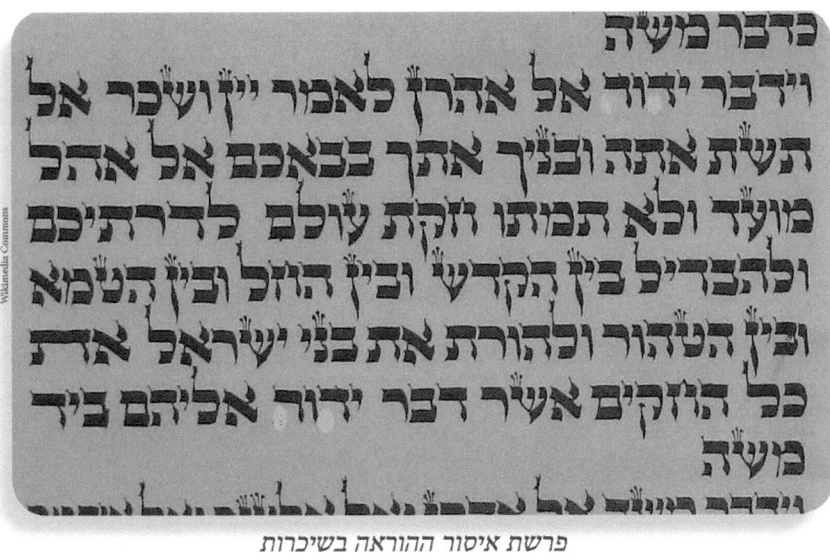

וכך כותב בפירוש *עזרת כהנים* לספרא שהוא *אורחא דמילתא* (דרך הרגיל) לבקש הוראה בתורה מפי כהן, ואילו גם כל בנ"י כשרים להורות. ולמציאות זו של האורחא דמילתא מתייחסת התורה. וככל הנראה, הסיבה לכך היא שתפקידו של הכהן בישראל הוא להיות מורה הוראה.

פרשת איסור ההוראה בשיכרות

באופן דומה כותב הרלב"ג על הפסוקים הנ"ל, ומבאר שהגם שהאיסור להורות בתור שיכור משותף גם לשאר השבטים, עם זאת מכיון ש"לפי שהדין הזה יהיה יותר ראוי בכהן, כי השגגה תהיה בהוראתו תזיק יותר לפי שהוא משותף לכל ישראל, כענין שנאמר דברים לג י **יוֹרוּ מִשְׁפָּטֶיךָ לְיַעֲקֹב**, ואמר בפרשת שופטים דברים יז ח-ט **כִּי יִפָּלֵא מִמְּךָ דָבָר לַמִּשְׁפָּט (...) וּבָאתָ אֶל הַכֹּהֲנִים הַלְוִיִּם**" ע"כ, כלומר, אכן גם לישראל מותר להורות, אך תפקיד זה מיועד בעיקר לכהן, ואליו באים לשאול, ולכן המכשול שיתהווה בהוראתו כשיכור חמור יותר כי הוא משותף לכלל ישראל.

אסמכתא לכך, וגם היא מוזכרת בדברי הרלב"ג האמורים, הם דברי התורה בפרשת שופטים דברים יז, יח **כִּי יִפָּלֵא מִמְּךָ דָבָר לַמִּשְׁפָּט בֵּין דָּם לְדָם בֵּין דִּין לְדִין וּבֵין נֶגַע לָנֶגַע**

20 כך מובן בפשטות המקרא שכהן המורה הוראה בשכרות חייב מיתה, ולולא דרשות חז"ל (הספרא נוקט ק"ו לפוטרו מדין מיתה וראה ב*מזרחי* שאע"פ שה"ו של **וּלְהַבְדִּיל** וה"ו של **וּלְהוֹרֹת** מחבר את תוכן הפרשה לחיוב הכהן מיתה, יש בפסוק יתרון של **אַתָּה וּבָנֶיךָ אִתָּךְ** שנחשב כ"מיעוט" ומשמעותה כאן שאינו חייב מיתה על הוראה מתוך שכרות, אבל מקשה על סברא זו כי אין זה לכאורה נחשב כמיעוט אלא כעיקר המקרא ועיי"ש, ובקיצור *מזרחי* להר' יצחק הכהן) היה מעונש בכך. ואילו בפשטות הקרא כלפי מורה הוראה שאיננו כהן אין שום הו"א לחייבו מיתה על הוראתו בשכרות.

דִּבְרֵי רִיבֹת בִּשְׁעָרֶיךָ וְקַמְתָּ וְעָלִיתָ אֶל הַמָּקוֹם אֲשֶׁר יִבְחַר בּוֹ ה' אלקיך, וּבָאתָ אֶל הַכֹּהֲנִים הַלְוִיִּם וְאֶל הַשֹּׁפֵט אֲשֶׁר יִהְיֶה בַּיָּמִים הָהֵם וְדָרַשְׁתָּ וְהִגִּידוּ לְךָ אֵת דְּבַר הַמִּשְׁפָּט ע"כ. אם כן, מדברי התורה נראה שהשופט ומורה ההוראה הרגיל בישראל הוא הכהן מזרע אהרן, אלא שקיימת אפשרות נוספת - וְאֶל הַשֹּׁפֵט, היינו גם שופטים משאר השבטים כשרים להוראה.[21]

ואכן, כך מפרש הרלב"ג שם: "ובאמת אל הכהנים הלויים, לפי שנאמר בהם יוֹרוּ מִשְׁפָּטֶיךָ לְיַעֲקֹב וְתוֹרָתְךָ לְיִשְׂרָאֵל, אמר תחילה הכהנים הלויים כי מהם ראוי לבחור לסנהדרי גדולה אם יש בהם ראויים לזה, ואל השופט אשר יהיה בימים ההם כלומר אף על פי שלא יהיה לא כהן ולא לוי" כו'.

ואכן הרמב"ם כותב שתפקידם של הלויים, באופן כללי, הוא להיות מורי הוראה, וז"ל (פי"ג מהל' שמיטה ויובל הלי"ב), "ולמה לא זכה לוי בנחלת ארץ ישראל ובביזתה עם אחיו, מפני שהובדל לעבוד את י"י לשרתו ולהורות דרכיו הישרים ומשפטיו הצדיקים לרבים, שנאמר יוֹרוּ מִשְׁפָּטֶיךָ לְיַעֲקֹב וְתוֹרָתְךָ לְיִשְׂרָאֵל, לפיכך הובדלו מדרכי העולם, לא עורכין מלחמה כשאר ישראל ולא נוחלין ולא זוכין לעצמן בכח גופן. אלא הם חיל השם שנאמר דברים לג יא בָּרֵךְ י"י חֵילוֹ. והוא ברוך הוא זוכה להם שנאמר במדבר יח כ אֲנִי חֶלְקְךָ וְנַחֲלָתְךָ".

וכך גם פוסק הרמב"ם למעשה, שלכתחילה צריכים להיות בסנהדרין גם כהנים: "ומצוה להיות בסנהדרין גדולה כהנים ולויים שנאמר ובאת אל הכהנים הלוים. ואם לא מצאו אפילו היו כולם ישראלים הרי זה מותר",[22] ומפרשי הרמב"ם מביאים שמקורו בספרי פרשת שופטים; "אֶל הַכֹּהֲנִים הַלְוִיִּם, מצוה בבית דין שיהיו בו כהנים ולוים, יכול מצוה ואם אין בו פסול, ת"ל וְאֶל הַשֹּׁפֵט אפילו שאין בו כהנים ולוים כשר" ע"כ. ובלחם משנה מוסיף על כך, שהרמב"ם הבין שדברי הספרי אמורים רק בדיני סנהדרין גדולה, שהרי באותו פסוק שבו נאמר "אל הכהנים הלוים", כתוב "וקמת ועלית", שהכוונה בזה היא לעלייה לבית המקדש ששם מקום הסנהדרין הגדולה. ועה"פ דברים יט טז-יז כִּי יָקוּם עֵד חָמָס בְּאִישׁ לַעֲנוֹת בּוֹ סָרָה. וְעָמְדוּ שְׁנֵי הָאֲנָשִׁים אֲשֶׁר לָהֶם הָרִיב לִפְנֵי ה' לִפְנֵי הַכֹּהֲנִים וְהַשֹּׁפְטִים אֲשֶׁר יִהְיוּ בַּיָּמִים הָהֵם משמע ברבינו בחיי עה"ת מוסהר"ק, מהדו' ר"ד שעוועל שיש עדיפות לכהן כמורה הוראה גם בכל שעריך, ועיי"ש.

21 וכ' הרא"ש שהַשֹּׁפֵט היינו הממונה על הכהנים שהוא הכהן גדול. וי"ל שהַשֹּׁפֵט קאי על הכהן גדול שכן "השפט" בגי' 'הכהן מורה בהלכה' (ע"ה, גי' שצד). ובגמ' סנהדרין יד עמוד ב "תניא רבי אליעזר בן יעקב.. וְיָצְאוּ זְקֵנֶיךָ וְשֹׁפְטֶיךָ דברים כא ב זְקֵנֶיךָ זו סנהדרין, וְשֹׁפְטֶיךָ זה מלך וכהן גדול ..כהן גדול דכתיב וּבָאתָ אֶל הַכֹּהֲנִים ..וְאֶל הַשֹּׁפֵט" ע"כ, וקשה כי לכאורה איך יהיה הכוונה כלפי המלך כיון שמלך לא דן ואינו יושב בסנהדרין וכו', וראה ש"ך עה"ת פר' שופטים ד"ה כי ימצא חלל.

22 מלשון 'ואם לא מצאו' משמע קצת שלכתחילה יש לחפש אחרי כהנים שראוים לכך על מנת שימצאום.

הוראה באופן מעשי

עוד לא קם החוקר שיבדוק לעומק את אחוזי מורי הוראה בקרב הכהנים והלוים ביחס לכמות הכהנים והלוים בעם ישראל, אך על כך מעיד רבא יומא כו עמוד א "לא משכחת צורבא מרבנן דמורי אלא דאתי משבט לוי או משבט יששכר, לוי דכתיב יוֹרוּ מִשְׁפָּטֶיךָ לְיַעֲקֹב כו'", כלומר רבא מפרש את הפסוק לא רק כנתינת רשות או כהענקת סמכויות לבני לוי, אלא אף כנבואה על כך שהלוים ישמשו מעשית כמורי הוראה.[23]

מעשית, לא ידוע לנו על כל התנאים והאמוראים מי מהם נמנה על איזה שבט, אך מבין הכהנים ידוע כי שמעון הצדיק היה כהן, רבי אלעזר בן עזריה היה עשירי לעזרא הכהן ברכות כז עמוד ב, רבי ישמעאל כהן גדול, יוחנן כהן גדול, רבי אליעזר בן הורקנוס, רבי אלעזר בן שמוע, רבי חלפתא, רבי חנינא בר חמא, רבי חנינא סגן הכהנים, רבי טרפון, יהודה בן טבאי, רבי יהושע בן פרחיא, רבי ישמעאל ברבי יוסי, רבי מנחם ברבי יוסי, רבי אלעזר ברבי צדוק, רבי יוסי בן זמרא, רבי שמעון בן יהוצדק, רבי שמעון בן אלעזה, שמעון הצדיק, יוסי בן יועזר, רבי יוסי הכהן, רבי יהודה הכהן, רבי אבא כהן ברדלא,[24] רבי יהושע בן חנניה היה לוי, ועוד.

מבין האמוראים ידוע כי רב חסדא היה כהן, ולרב חסדא היו ששה בנים שהיו אמוראים כמפורט בתוספות בבא בתרא, והם: רב נחמן ב"ב ח עמוד א. מר ינוקא ומר קשישא שם ז ע"ב, רב חנן מסכת עבודה זרה יא עצוד ב, רב מרי ורב פנחס בבא קמא קיז עמוד א. גם רב כהנא היה כהן, כמו כן רבי אבטולס ונכדו רבי עזרא שהיו נכדים של ראב"ע מנחות נג עמוד א.

כמו כן אביי ורבא (או לגרסא אחרת – רבה, שבלא"ה היה דודו של אביי, עי' חולין קלג. ורש"י שם, ר"ה יח עמוד א) מבית עלי הכהן קאתי, וממילא גם רב ביבי בנו של אביי, אביו של רבא – הוא רב יוסף בר חמא, ובניו של רבא – רבה בריה דרבא, וי"א שאף רב אחא בריה דרבא היה בנו. אף לרבה היו מספר בנים שהיו אמוראים. ונוסיף להרשימה גם את ר' זעירא, ר' חייא בר אבא, ר' מנא, ר' יסא, ר' הונא, ר' אחא, שמואל (אמורא), ר' אסי ור' אמי. ובתלמוד ירושלמי גם הוזכרו הרבה אמוראים וייחוסם ככהנים, ומהם רבי אימי כהן,

23 ועיין במאמרי אדמו"ר מהר"ש תרכז, מהדו' קה"ת עמוד שי שביאר מנין בא כח זה לשבט לוי. ובס' *הכהנים והלוים*, מנחם הכהן ריזיקוו, ד' ה כ' שלא משכחת צורבא מרבנן דכתיב יורו וכו' ופירש"י אליבא דהלכתא להורות כדת וכהלכה.. וי"ל שכן משמעות מילת יורו - שזה הלשון משמע כמין ציווי שיורו, מזה יש ראיה שיורו כדין שה' יסייע אותם שיפסקו כהלכה שכן הוא רצון הקב"ה אבל גבי יששכר כתיב סתם **יודעי בינה** ר"ל שהם מלומדים אבל אינם מחויבים כבני לוי, וע"ז כתיב תהלים פב א **אֱלֹהִים נִצָּב בַּעֲדַת אֵל** (היינו שהם - הכהנים הדיינים - הם עדת אל, ועיי"ש לשונו.

24 יש מפרשים את שם 'בר-דליא', היינו כהן שהשתייך למשמרת דְּלָיָהוּ, המשמרת הכ"ג מבין כ"ד המשמרות.

רבי בון בר כהנא, רבי בא בר כהן, רבי חייא בר בא, רבי יהודה בן פזי, רבי יוסי, רבי לעזר כהן, רבי שמואל בר נחמן, רבי שמעון בר אבא (בר בא), רבי ינאי, רבי הושעיא ועוד עד כי נמנה מעל שלושים וחמשה אמוראים שמיוחסים ככהנים בני אהרן.

וכתב הר"ן בדרשותיו דרוש י"א: "והנה רוב השופטים היו משבט לוי, לפי שהם היו יותר פנויים מצד שלא היו טרודים בעסקיהם כי לא היה להם חלק ונחלה עם ישראל, וכן שנינו בספרי וּבָאתָ אֶל הַכֹּהֲנִים הַלְוִיִּם וְאֶל הַשֹּׁפֵט, מצוה בית דין שיהיו בהם כהנים ולוים, וזהו שאמר הכתוב דברים לג יוֹרוּ מִשְׁפָּטֶיךָ לְיַעֲקֹב, ולפיכך התחיל הכתוב בסדור ותקון ענינם ואמר

הקדמת המחבר

ד' צבאות עמנו משגב לנו אלהי יעקב סלה

למען ... שואל ומשיב ...

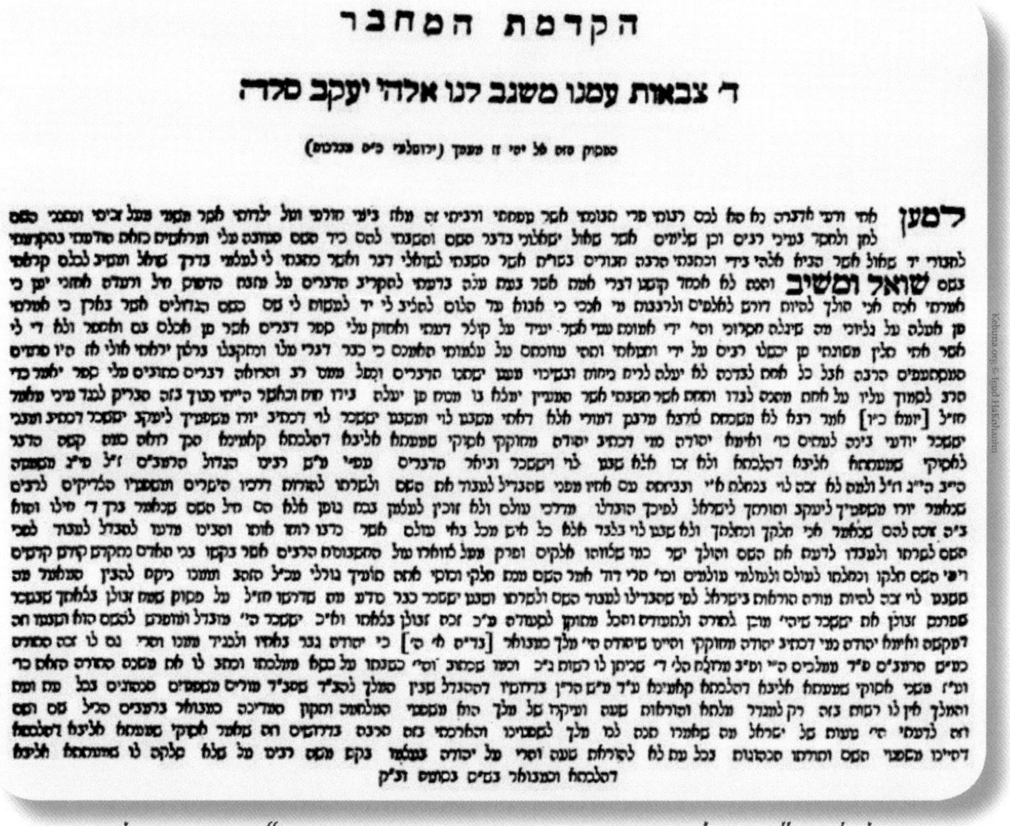

בעל ס' השו"ת שואל ומשיב קודם שהמציאות הוכיחה שרוב המו"צ הם כהנים ולוים

שאין ראוי שיהיה לכהנים חלק עם ישראל בעבור שלא יטרידם עסקם נחלתם מהשלים כל מה שצריך במקדש שיהיו פנוים בלמוד התורה למען ישפטו העם משפט צדק, וזכה להם מהקרבנות הנעשים מקדש כו' ומאת העם זכה להם כל מה שיצטרך למחיתם באמרו וְזֶה יִהְיֶה מִשְׁפַּט הַכֹּהֲנִים וגו' רֵאשִׁית דְּגָנְךָ, והנה זה כולל כל צרכי האדם הכרחיים, כי הנה יש להם תרומות ומעשרות דגן ותירוש ויצהר ומזבחי המקדש מאת זובחי הזבח בשר ללפת בו את הפת, ומראשית הגז יסתפקו במלבושים הצריכין להם כי לצורך מלבושיהם זכתה אליהם תורה ראשית גז, ומפני זה אמרו במסכת חולין דף לז עמוד א כבשים שצמרן קשה

פטורים מראשית הגז שנאמר ומגז כבשי יתחמם, כי אחר שלא זכתה תורה לכהנים ראשית הגז רק לצורך מלבושיהם, הכבשים שצמר קשה ואינם ראויים לכך פטורין ממנו" ע"כ.

ובס' תורת הלוים הר' י. קאפשטיין כתב וז"ל;

"במהדו"ק כתבתי שעל פי רוב מצינו דהיכא שנחלקו שני חכמים ואחד מהם כהן או לוי דקי"ל הלכה כהכהן או כהלוי, ועיין ר"ן ריש סוכה ובר"ן נדרים (דף כ"ז) ולרבא שכתב שנקטינן כרבה לחומרא לחומרא אף שיש סברא ג"כ לפסוק כרבא דבתרא הוא וכו' עכ"ל (הר"ן) ולפי דברינו יש לומר שהוא ג"כ מטעם שרבה היה כהן ויש סברא נוספת לפסוק כוותיה, וכהאי גונא ראיתי ג"כ להגאון רבי אליהו שיק זצ"ל בעין אליהו סנהדרין (ד' ה') מתרץ שם קושיית התוס' על רב חסדא שאורי בכפרי בשני דרב הונא והלא היה תלמידו ואסור להורות אף חוץ לשלש פרסאות, וכתב "דאפשר דהא דאסור חוץ לשלש פרסאות אינו רק לחומרא ורב חסדא כהן היה והשבט הזה מוחזק לאסיק שמעתתא אליבא דהלכתא ואצלם אינו נוהג חומרא זאת" עיי"ש, ועיין במהדו"ק שציינתי איזה מקומן נחלקו החכמים ואחד מהם כהן או לוי דקי"ל להלכה כהכהן או הלוי נגד ישראל, אכן יש מקומות שיוצאים מכלל זה עיין תוס' עירובין ד"ה אדעתא שכתבו דקיי"ל הלכה כרב ששת נגד רב חסדא אף שרב חסדא כהן היה" עכ"ל.

וכדבריו, יש מקומות יוצאים מן הכלל, שהרי רבי ישמעאל ורבי עקיבא קיי"ל כר"ע אף דרבי ישמעאל היה כהן, ורבא (לשיטתו) דלא היה כהן א"כ קשה אמאי פסקינן כוותיה לגבי אביי שהיה כהן, וכן רבי טרפון היה כהן ואין הלכה כמותו ברוב מקומות, כללו של דבר שלשה כתרים הם וכו' וכתר תורה מונח ועומד וכל הרוצה יבוא ויטול, ורק כששני המ"ד שוים ויש סברות שוות להכריע ביניהם אז אנו מכריעים כהכהן בהתאם למצוות עשה של וְקִדַּשְׁתּוֹ.

סימן ו

בירורים בגדר כהנת

על דברי המחבר בסעיף ח *נותנים אותם לכהנת אפילו היא נשואה לישראל* הצענו בדרך אפשר שלפי כמה מקורות אין הדבר מוכרח שהמילה *כהנת* כולל בכ"מ גם בת כהן שנישאה למי שאינו כהן, ויש להביא סימוכין לדבר זה דעל פי הרוב בלשון חז"ל (המילה *כהנת* לא הוזכרה בתנ"ך כלל), המילה איננה כוללת בת כהן שנישאה מחוץ למשפחות הכהונה, וכן הדבר בכמה דוכתי בש"ס, כגון במס' בסנהדרין נ עמוד ב - נא עמוד א ושם;

"ת"ר ובת איש כהן כי תחל ויקרא כא, ט, יכול אפילו חללה את השבת ת"ל 'לזנות', בחילולין שבזנות הכתוב מדבר, יכול אפילו פנויה, נאמר כאן אביה ונאמר להלן אביה, מה להלן זנות עם זיקת הבעל אף כאן זנות עם זיקת הבעל, או אינו אומר אביה אלא להוציא את כל האדם כשהוא אומר 'היא מחללת' הוי כל אדם אמור הא מה אני מקיים אביה נאמר כאן אביה ונאמר להלן אביה, מה להלן זנות עם זיקת הבעל אף כאן זנות עם זיקת הבעל, אי מה להלן נערה והיא ארוסה אף כאן נערה והיא ארוסה, נערה והיא נשואה, בוגרת והיא ארוסה, בוגרת והיא נשואה ואפילו הזקינה מנין, תלמוד לומר 'ובת כהן' מכל מקום, בת כהן אין לי אלא שניסת לכהן, ניסת ללוי ולישראל לעובד כוכבים לחלל לממזר ולנתין מניין, ת"ל 'ובת איש כהן' – אף על פי שאינה כהנת".

מלשון הגמרא *אף על פי שאינה כהנת* חזינן שבת כהן שנישאה חוץ למשפחות הכהונה (כלומר שנישאה ללוי, לישראל, לחלל, לממזר, לנתין וכו') אינה מוגדרת יותר *ככהנת*, וכסיום הברייתא שם "אף על פי שאינה כהנת" כלומר שפקעה ממנה תואר זה. וכן במשנה, ברוב המקומות שנזכר המילה, אין שום משמעות שבת כהן כנ"ל נכללת, ונביא כמה דוגמאות;

- <u>כהנת שנתערב ולדה בוולד שפחתה הרי אלו אוכלין בתרומה..</u> יבמות יא ה; פשיטא לומר כאן שהמילה כהנת שייכת רק לאשת כהן, כי בת כהן הנישאת חוץ למשפחות הכהונה אין זרעה אוכלת בתרומה.
- <u>לא תהא כהנת כפונדקית</u> (יבמות סוף פרק טז); כאן אין הכרע כ"כ.
- (בדין הכתוב בתנאי כתובה) <u>לא כתב.. בכהנת אהדרינך למדינתיך, חייב</u> (לפרוק אותה וחייב לה כתובתה אע"פ שבעל כרחו מגרשה - רע"ב) <u>שהוא תנאי בית דין</u> (מסכת כתובות ד ח); גם כאן פשיטא דמדובר על אשת כהן כי בת כהן שנישאה חוץ למשפחות הכהונה רשאית לחזור לבעלה הישראל אם נאנסה.

∫ המדיר את אשתו מלהנות לו עד שלשים יום יעמיד פרנס, יתר מכן יוציא ויתן כתובה. רבי יהודה אומר, בישראל חדש אחד יקיים ושנים יוציא ויתן כתבה. ובכהנת שנים יקיים ושלשה יוציא ויתן כתובה ופירש הרע"ב לשיטת רבי יהודה "ובכהנת: שאם יגרשנה לא יוכל להחזירה יהבו ליה רבנן זימנא טפי.." כתובות ז א; וגם כאן נראה דמילת כהנת קאי על אשת כהן, כי אם נכלול בת כהן שנישאה חוץ למשפחות הכהונה אין קפידא אם ירצה הבעל לשוב לקחתה וכנ"ל כבמסכת כתובות ד ח דישראל מותר להחזירה ולא כהן.

∫ מה בין כהן לכהנת.. כהן אוכל בקדשי קדשים ואין כהנת אוכלת בקדשי קדשים (סוטה ג ה-ז); גם כאן נראה דמדובר באשת כהן או בבת כהן שנמצאה עדיין בבית אביה. כי אם נאמר שמדובר גם על בת כהן שנישאה חוץ לשבטה מאי רבותא לומר דאינה אוכלת קדשי קדשים דהא מילתא אמורא ויקרא כב יב **הִוא בִּתְרוּמַת הַקֳּדָשִׁים לֹא תֹאכֵל** (גם ברישא של המשנה דמובא ש"כהנת שנישאת לישראל מנחתה נאכלת" אולי י"ל דיצאה מכלל שם כהנת אחרי הנישואין וצ"ע).[25]

∫ המקדש ..ואמר סבור הייתי שהיא כהנת והרי היא לויה קידושין ג ה; גם כאן נראה דהמילה כהנת קאי על בת כהן שעדיין לא נישאת (ועדיין אוכלת בתרומת בית אביה).[26]

∫ כל מקום שיש קידושין ואין עבירה.. איזו זו, זו כהנת לויה וישראלית שנישאו לכהן וללוי ולישראל קידושין ג יב-ג; גם כאן לפום הריהטא נראה ד*כהנת* קאי על בת כהן.

∫ (בענין כהן הבא לישא כהנת) הנושא אשה כהנת צריך לבדוק אחריה ארבע (קידושין ד ד); גם כאן פשיטא לפום ריהטא דמדובר על בת כהן.

ובתלמוד ירושלמי פסחים דף א הובא מימריה דרבי זכריה חתניה דרבי לוי; "נידה חופפת וסורקת כהנת אינה חופפת וסורקת (שטובלת לאכול בתרומה -פני"מ, קה"ע) ..תני רבן גמליאל ברבי איניונא קומי רבי מנא; נידה שהיא מפסקת כל שבעה חופפת וסורקת, כהנת שהיא טובלת בכל יום אינה חופפת ואינה סורקת" ע"כ. נמצאנו גם מכאן שהמילה קאי על בת-כהן (או אשת-כהן) הסמוכות על שולחן אביה/בעלה ולא על בת-כהן שנישאה חוץ למשפחת הכהונה כי היא איננה אוכלת בתרומה.[27]

---

25 וכן עד"ז נביא מסוגיית הגמ' סוכה כג עמוד א אודות ההבדלים הרבים בין בת ישראל לבת כהן; "בת ישראל שנשאת לכהן מנחתה נשרפת וכהנת שנשאת לישראל מנחתה נאכלת, מה בין כהן לכהנת מנחת כהנת נאכלת ומנחת כהן אינה נאכלת, כהנת מתחללת וכהן אין מתחלל, כהנת מטמאה למתים ואין כהן מטמא למתים, כהן אוכל בקדשי קדשים ואין כהנת אוכלת בקדשי קדשים" ע"כ לשון הגמרא.

26 ורחוק לומר שהיא בת ישראל מבית אביה ואשת כהן הייתה לשעבר, כי למה ירצה אדם בכך זולת אם חפץ באשה שמכרת בדיני טומאה וטהרה, וצ"ע.

27 חוץ ממקרה אלמנותה או גרושה. וכלשון הכתוב ויקרא כב יב: **וּבַת כֹּהֵן כִּי תִהְיֶה אַלְמָנָה וּגְרוּשָׁה וְזֶרַע אֵין לָהּ וְשָׁבָה אֶל בֵּית אָבִיהָ כִּנְעוּרֶיהָ מִלֶּחֶם אָבִיהָ תֹּאכֵל.** ועוד ראייה קטנה מתוספתא יבמות ו ט ושם;

אכיל בשביל אשתו

ואם נמשיך עם סברא זו, נציע בדרך אפשר דכל הני אמוראי דאכלו *בשביל נשותיהם* היו בעצמם כהנים.[28] וקרוב לומר דרב כהנא היה כהן,[29] ויש גירסא בשאילתות - במקום *רב כהנא אכיל בשביל אשתו* - גורסין "*רב הונא* אכיל בשביל אשתו". ורב הונא היה כהן כמשמעות התלמוד ירושלמי מעשר שני דף לא עמוד א וכמפורש במסכת ערכין כג עמוד א "לסוף איגלאי מילתא דכהן הוה".

והזכרת רב פפא בין האוכלים בשביל נשותיהם לא נמצא בגי' הרי"ף, וכן יש גי' בש"ס שאין שמו מופיע בו כל עיקר.[30] ויש קצת ראייה שגם רב פפא היה כהן, על סמך זה שהובא במדרש תנחומא כ"פ *אבא בר פפא הכהן*, ואולי הוא אבא בר רב פפא המובא כמ"פ בש"ס (ב"מ מג עמוד ב ועוד). ויש עוד להביא ראייה שגם רב פפא וגם רב אידי בר אבין היו כהנים, דאיתא בגמ' פסחים מט עמוד א על רב פפא שנשא כהנת ונתעשר, ועל רב אידי בר אבין דנשא כהנת ויצא תרי בני דסמיכי, ובפשטות הביאור הוא, דהוא המשך למה שאמר רבי יוחנן שהוא מעלה לתלמיד חכם אפילו ישראל לידבק בזרעו של אהרן, אמנם י"ל עוד דקיים בעצמו כפי המובא ברש"י דכהן וכהנת הוי סעודת מצווה, וכלשון רש"י ביבמות פ"ד עמוד ב שפירש דברי הגמרא "כשרה לכהנת", ושם; "דקיי"ל כהן כל זמן שמוצא לישא בת כהן לא ישא בת ישראל וכו'" עכ"ל, וכן איתא בתוספות ישנים ובריטב"א שם.[31]

ובמס' במגילה דף כא עמוד ב – לפי גי' רב עמרם גאון[32] (ושם: "רב פפא איקלע לבי כנישתא דאבי גובר קם קרא ראשון ארבעה ושבחיה אבי גובר לרב פפא") – עלה רב פפא לקרות

"בת כהן שנשאת לישראל ומת בעלה אוכלת בתרומה לערב ואינה חוששת שמא מעוברת היא", ושם לכאורה היה לתוספתא לנקוט תיבת 'כהנת' ולא 'בת כהן' כי כהנת קצרה יותר, אלא הוא הדבר אשר דיברנו שבת-כהן שנשאת מחוץ לכהונה פקעה ממנו התואר כהנת.

28 חוץ מעולא, דאין היותו כהן מוכרח מלשון הגמ', כי אפשר לומר כי רק בעצמו עשה כן או לפי גירסת השאילתות הכריז הבו מתנתא לכהנתא, היינו לכל כהנתא דתיתי לבית המטבחיים. ולאידך, יש להביא קצת ראיה שגם עולא היה כהן על סמך זה שמצאנו *שרב אחא בר עולא היה כהן* (וגם הוא נמנה בין ה'נחותים' (היורדים) מא"י לבבל). ובאנציקלופדיה *לחכמי התלמוד* הובא הדעה שסתם *עולא* היינו *עולא ביראה*, שעיר ביראה (ביריה) התיישב בכהנים מבני *משמרת יָקִים* (ראה ס' *ארץ הגליל* דף קלא להר"ש קליין).

29 והאומרים שלא היה כהן אין מביאים ראייתם אך ורק מסוגיא דידן דכתיב שאכיל בשביל אשתו ושומעים מזה דהוא בעצמו לא היה אוכל זולת נישואיו עם בת כהן.

30 כת"י מסכת חולין (הובא במאגר עדי הנוסח של מכון ליברמן מס' 121) ושם גרסינן;
".. הוי מיעוט אחר מיעוט ואין מיעוט אחר מיעוט אלא לרבות, רב כהנא אכיל בשביל אשתו רב אידי בר אבין אכיל בשביל אשתו רב יימר אכיל בשביל אמ' רבינא אמ' לי מרימר הילכת' כוותיה דרב חסדא והילכת' כוות' דרב אדא בר אהבה ואליב' דמר בריה דרב יוסף דאמ' רב אדא.." ע"כ.

31 ועיין בערוך *לנר* שם שמעורר דברי"ף וברמב"ם ובשו"ע לא הובא איסור זה. ועיין מהרש"א שם ח"א בד"ה עיר אחת וכו' שכתב שהיו מדקדקים כ"כ ביחוס שכהן ישא כהנת וכו'. ו*בהלכות גדולות* כ' דלא גרסינן 'בר אבין', (וגירסת מדרה"ג הוא *בר אבון*, אם כן אולי הוא בעצם רבי בון בר כהן).

32 סדור רב עמרם גאון, סדר שחרית לשבת.

ראשון בתורה, ולפי"ז ג"כ קצת ראייה שהיה כהן.

אמנם לפי הגמ' בפסחים מט עמוד א **נראה דרב כהנא ודאי ישראל היה, שאמר אי לא נסיבנא כהנתא לא גלאי**, ובפשטות הוה עונש על שהיה ישראל ונשא כהנת,[33] אך אין זה קשה עלן, דבחולין גרסינן להשאילתות רב הונא, ולשיטתיה אזיל. ואופן אחר דיש גירסא,[34] במקום רב כהנא *"אמ' רבא אי לא דנסיבי כהונתא לא גלאי.."*.[35]

כהן ישא כהנת

ובזה יתיישב הקושיא על רש"י יבמות פד עמוד ב ד"ה **מאי כשרה לכהונה** ושם: "דקיימא לן כהן כל זמן שמוצא לישא בת כהן לא ישא בת ישראל דאמר בפסחים סעודת הרשות בת ישראל לכהן.." עכ"ל רש"י ז"ל,[36] ויש לתמוה היכן למד כן לפרש דאיכא מצוה על כהן לישא כהנת? דבגמרא פסחים מט עמוד א אין משמע אלא דבת-כהן צריכה לינשא לכהן אבל לא איפכא דכהן צריך לישא בת-כהן בדווקא, ועל פי דברינו הנ"ל נראה דלמד זה מהא דס"ל דרב פפא ורב אידי בר אבין היו כהנים, וראיה לדבר מהא דאכלו זלו"ק בשביל נשותיהם – דס"ל כשיטה הנ"ל דוודאי בת-כהן נשואה לישראל איננה קרויה כהנת. אמנם ברש"י בחולין כתב דרב כהנא הוה ישראל וצ"ע.

ועל הפי' *כהן, שפירשה* רש"י בראשית ב,מ; *'לשון כהן משרת לאלהות הוא'* ו*'לשון פועל עובד ממש'* שמות כט,ל, עולה שפי' ותוכן המילה *כהן* הוא פולחן ועבודה בלשון הווה דווקא, ולפי"ז *כהנת* היא אשה שעובדת (בלשון הווה) כגון באכילת תרומה שהיא מעבודות הכהונה - כהמעשה בגמ' פסחים.[37]

אלמנה או גרושה וזרע אין לה

33 וכבר תמה המהרש"א הא רב כהנא היה תלמיד חכם, ותי' דהחזיק עצמו בעניוות שלא היה בגדר ת"ח. אמנם עדיין הוא פלא, דהוא היה חכם גדול והיה חכם יותר מרבי יוחנן גדול האמוראים, כדמשמע במעשה שהלך לארץ ישראל לישיבתו של רבי יוחנן עיי"ש.

34 גי' מינכן מס' 95 כפי שנמצא במאגר עדי נוסח תלמוד בבלי למכון ליברמן.

35 וידוע שרבא נשא בת רב חסדא - דכהן היה - והגם שלא מצאנו בש"ס דידן מפורש דגלי, אבל ידוע שנסתבך בשלטון שבור מלכא (חגיגה ה עמוד ב ושבועות ו עמוד ב וברש"י שם).

36 ראה פי' *טל תורה* לתלמוד ירושלמי מסכת כתובות דף ו עמוד א נדפס בהוספת בסוה"ס.

37 ושם פסחים עב עמוד ב - עג עמוד א; "תניא מעשה ברבי טרפון שלא בא אמש לבית המדרש, לשחרית מצאו רבן גמליאל אמר לו מפני מה לא באת אמש לבית המדרש? אמר לו עבודה עבדתי, אמר לו כל דבריך אינן אלא דברי תימה וכי עבודה בזמן הזה מנין אמר לו הרי הוא אומר במדבר יח, ז **עֲבֹדַת מַתָּנָה אֶתֵּן אֶת כְּהֻנַּתְכֶם וְהַזָּר הַקָּרֵב יוּמָת** עשו אכילת תרומה בגבולין כעבודת בית המקדש" עכ"ל הגמרא. נמצאנו אומרים לשון כהן בפועל ממש על אכילת תרומה (גם בהעדר בית המקדש, דרבי טרפון היה אחר החורבן), ויש להביא מזה ראייה כלפי כל מצוות הכהונה הנוהגות בימינו כגון פדיון הבן, נשיאת כפים, אכילת זלו"ק צלי בחרדל וכו' דכולם נכללים בכלל 'עבודה עבדתי' על סמך הפסוק במדבר יח ז **עֲבֹדַת מַתָּנָה אֶתֵּן אֶת כְּהֻנַּתְכֶם**.

ובת-כהן שנישאה חוץ למשפחת הכהונה ונתאלמנה או נתגרשה וזרע אין לה ואח"כ חוזרת אל בית אביה, חוזרת גם לאכול בתרומה (ורק בקדשים לא תאכל) ולפי"ז חוזרת לה גם התואר *כהנת*, אבל במקרה *שנתגרשה וזרע הוה לה*, איננה חוזרת לאכילת תרומה, ואכילת תרומה תוכיח להוציאה משם *כהנת*.

ובגמ' יבמות סח עמוד א, איתא; "מדקאמר רחמנא ויקרא כב יג **וְשָׁבָה אֶל בֵּית אָבִיהָ** (...) **תֹּאכֵל** מכלל דמעיקרא לא אכלה, אי מההיא הוה אמינא לאו הבא מכלל עשה כתב רחמנא האי ללאו [לאו] ויקרא כב, י **מוְכָל זָר לֹא יֹאכַל קֹדֶשׁ** נפקא ההוא", ופרש"י שם ד"ה לאו מוכל זר נפקא: "וכל זר לא יאכל קדש, והשתא סלקא דעתך דקסבר דהך בת כהן נמי משתמע מיניה הואיל וניסת לישראל" ע"כ.

מזה חזינן דהגמ' היה לה הו"א דכל זר קאי על בת-כהן הנישאת לישראל, וגם במסקנא אין הגמ' חוזרת מזה לגמרי אלא דס"ל דמכל מקום אינה זרה גמורה, וכלשון רש"י שם "האי מיבעי ליה לגופיה. לזר גמור אבל הך דלאו זרה היא איצטריכא ובת כהן לאסרה", היינו דמכל מקום היא בחפצא 'בת-כהן', אמנם וודאי בדינה זרה היא.

ולפי"ז יוקשא לן פירש"י חולין קלא עמוד ב ד"ה לכהנת על שיטת דבי רבי אליעזר בן יעקב שסובר מידת *מיעוט אחר מיעוט לרבות* בת כהן שנשאה לזר, ושם; "..כיון דקדושה לית להו דאינן אסורים לזרים הרי מותרת בהן ולא דמי לתרומה, ואי משום 'ונתן לכהן' קסבר אפילו כהנת משמע" ע"כ. וקשה לן מהיכן לו זאת, הרי נוכל לפרש שדבי ראב"י התכוונו לענין כהן ששולח את אשתו לבית המטבחיים, וקמ"ל שרשאין לחלוק לה והיא רשאה לאכול, ואילו דבי רבי ישמעאל ס"ל דאין חולקין לאשת-כהן כלל, כמו שאין חולקים תרומה לכהנת על הגורן (עי' יבמות פח עמוד א).

ואפשר לחזק סברה זו עוד יותר על סמך זה שבריש הפסוק כתיב לשון *רבים* – **וְזֶה יִהְיֶה מִשְׁפַּט הַכֹּהֲנִים**, וסיפיה דקרא הוא לשון *יחיד* – **וְנָתַן לַכֹּהֵן** – ונפרש דגם דבי רבי ישמעאל מודים שיש כאן *מיעוט אחר מיעוט*, אבל הריבוי יתיישב לא לרבות כהנת אלא על דרך שסוף הפסוק (המיעוט השני) ירבה נתינה לכהן *יחיד* על פני משמרת הכהונה שבמקדש שהם *הרבים*.[38] ולפי"ז יש לבאר גישת דבי רבי ישמעאל, כי סברו שא"א להוציא מלשון זכר (*מִשְׁפַּט הַכֹּהֲנִים*, *וְנָתַן לַכֹּהֵן*) אל לשון נקבה (ולרבות כהנת) (ובוודאי לא להוסיף על זה ולרבות גם בת-כהן שהגיע אל **וְהִוא בִּתְרוּמַת הַקֳּדָשִׁים לֹא תֹאכֵל**). ואליבא דדבי רבי ישמעאל, אין לתת זלו"ק לאשת-כהן כלל כי ילמד מכתוב מפורש משיירי קרבן מנחה שניתן לכהן ולא לכהנת (ואולי גם כי סברי דבי רבי ישמעאל שיש קדושה בזלו"ק כדעת רבי יוחנן וכדעת רבי אלעאי כביאור הרמב"ן), ואילו לדעת דבי רבי אליעזר בן יעקב שפיר

38 ובזה שונה דין זלו"ק ממתנות-כהונה אחרים שמצוותם דווקא ליתן למשמרת העובדת; כגון *חרמין*, *שדה אחוזה*, *גזל הגר* (משנה בבא קמא פרק ט, משנה יא. ותלמוד בבלי בבא קמא, דף קט, עמוד ב ועוד) כו'.

רשאה אשת-כהן ליטול זלו"ק מבית המטבחיים עבור בעלה.

ובתוס' נראה שהרגיש בחילוק בין בת כהן פנויה ועודנה בבית אביה לבין זו שנישאת לזר וזרע הוה לה, וכ' ד"ה דבי רבי ישמעאל תנא כהן ולא כהנת "נראה דלא ממעט אלא בנשאת לזר אבל לא נשאת כיון דאכלה בתרומה דחמירא כל שכן דיהבי ליה מתנות, ומיהו אפשר דלא יהבינן לה לרבי ישמעאל" ע"כ.

אין דורשין תחילות

ויש להקשות - אליבא דדבי רבי אליעזר בן יעקב - ע"פ הכלל דאין *דורשין תחילות*, כי לכאורה חד לגופיה בעינן.[39] כלומר, שדברי הכתוב אינם מיעוט אחר מיעוט כי **הַכֹּהֲנִים** בא ללמד לגופיה למי לתת ואינו מופנה לדרוש. ואילו **לַכֹּהֵן** הוי ממעט כהן דווקא ולא כהנת (כביאור רש"י שם). ולאידך, יש להקשות על דבי רבי ישמעאל למה קרא המילה **לַכֹּהֵן** בגדר סתום עד שנצרך להביא מרחוק לחמס, על מנת להוכיח שבני אהרן דווקא ולא בנות אהרן, דאילו בעי רחמנא היה מפרש בנות אהרן כמו שפירש לגבי תרומה במדבר יח יט **כֹּל תְּרוּמֹת הַקֳּדָשִׁים אֲשֶׁר יָרִימוּ בְנֵי יִשְׂרָאֵל לַה' נָתַתִּי לְךָ וּלְבָנֶיךָ וְלִבְנֹתֶיךָ אִתְּךָ לְחָק עוֹלָם בְּרִית מֶלַח עוֹלָם הִוא לִפְנֵי ה' לְךָ וּלְזַרְעֲךָ אִתָּךְ** - אם כן, מהסתימה גופה משמע בני אהרן דווקא ולא בנות אהרן.

עכ"פ נמצאנו אומרים שמה שמפורש אצל דבי רבי אליעזר בן יעקב נחשב כסתום לגבי דבי רבי ישמעאל, וי"ל שבזה גופא קא מיפלגי; שאליבא דדבי רבי ישמעאל אין דורשין תחילות, ועם זאת מילת **לַכֹּהֵן** נחשב כסתום שאינו מפורש (ע"פ דקדוק הניקוד **לַכֹּהֵן** שזה כאילו כתוב **לְהַכֹּהֵן** - הידוע - אבל לא פירש הכתוב) איזה כהן ידוע לנו זולת הגילוי מילתא שיש בפרשת אמור אל הכהנים, ולפי דבי רבי אליעזר בן יעקב כן דורשין תחילות.

39 סנהדרין ג עמוד א, ושם; "רבי יונתן אומר ראשון תחילה נאמר ואין דורשין תחילות", ע"כ. וברש"י שם; "..דלגופיה אתא דלבעי מומחין דאלהים לשון גדולה ורבנות" ובמסקנת הגמרא שם שזה דין מוסכם, עיי"ש.

סימן ז

שותפות עם איש הפטור

בגמ' חולין קלג עמוד ב "אמר רב הונא שותף בראש פטור מן הלחי שותף ביד פטור מן הזרוע שותף בבני מעיין פטור מן הקיבה.. שמע מינה בתר חיובא אזלינן שמע מינה" ופסק המחבר "ואם הוא שותף עמו בבני מעיים, אינו פוטר אלא מהקיבה" כלומר שבכל חלק וחלק של הקיבה יש לכהן או לגוי חלק, ובכך פטור השוחט מליתן עצם הזרוע לכהן (ממ"נ; אם שותפו כהן הרי הכהן פטור ואם שותפו גוי הרי הגוי פטור וכאמור יש לכהן או לגוי חלק בכל הזרוע כולה), ולפי דברינו לעיל הסקנו שלאו-דווקא מותר לישראל אחר לקנות הזרוע ולאכלו בעצמו אבל הצענו שבמה דברים אמורים בשלא בא חלק שלם מעצם הזלו"ק לרשות ישראל להיות כולו שלו.

ובים של שלמה הביא מחלוקת הראשונים (כדמשמע מפשטות לשונם) אם שוחט ישראל המשתתף עם הכהן נפטר לגמרי להפריש הזלו"ק שהם מחלקו של הישראל בבהמה או שפטור רק מחלק הזלו"ק שהם חלקי הכהן בבהמה, ולמסקנא מסיק דבאמת כו"ע מודו דפטור לגמרי גם מחלקו של הישראל (אם בירר חלקו בזלו"ק), דאל"כ מה מרוויח הישראל במה שמשתתף עם הכהן כדמשמע בגמרא שיש בזה רווח, והטעם כתבו האחרונים ע"פ התוספות[40] משום דשאני מכוי שאמרינן ביה "אִם שֶׂה; ואפילו מקצת שה", דהכא בצד השה עצמו יש חלק פטור ואיכא הפקעה בגוף המצוה שאינה יכולה לחול החוב על גוף מה שיש לו חלק פטור. וצד זה קשה להבין, דמאי לומר שיש כאן גוף עם חלק פטור, תאמר שיש כאן גוף עם חלק חיוב כמו שאמרינן לגבי כוי, וצ"ב.

ושוב מצאנו שהדבר תלוי במחלוקת האחרונים בפירוש דברי הרמב"ם (פ"ט מהלכות ביכורים הלכה י') וז"ל; "השוחט לעכו"ם ולכהן פטור מן המתנות, והמשתתף עם הכהן צריך שירשום חלקו כדי שיניח המתנות בחלק הכהן, שאם לא ציין חלקו חייב במתנות מפני שאין הכל יודעין שהכהן שותף לו, לפיכך אם היה הכהן עומד עמו במטבחיים ונושא ונותן עמו אינו צריך לרשום, והמשתתף עם העכו"ם אינו צריך לרשום שסתם עכו"ם מרבה דברים ומודיע לכל שהוא שותף ואע"פ שאינו עמו בשעת מכירה" עכ"ל.

וכתב על זה הכסף משנה וז"ל;

---

40 חולין קלב עמוד א תוס' ד"ה וצריך לרשום ושם; "צריך לרשום סימן על הבשר רגילין היו לרשום בשר שפטור מן המתנות והיו מכירין רישומיהן וא"ת כיון דלית ליה לכהן אלא חצי, חצי ליפטר וחצי ליחייב מידי דהוי אצבי הבא על התיישה דמחייבי רבנן בחצי מתנות וי"ל דהתם כל שיות שבו מחייב והכא לא מחייב כל שיות שבו לכך פטרי לגמרי" ע"כ.

"אהא דתנן צריך שירשום פירש"י שיעשה בו סימן שיבינו הרואים שאינו כולו של ישראל והר"ן כתב ישראל המשתתף עמהם שוחטים ומקבלים ביניהם פטור מהמתנות אפילו חלקו של ישראל, ומיהו צריך שירשום ויעשה לו סימן כמו שהיו רגילים לרשום בשר שפטור מהמתנות, וכדי שיבינו הרואים שאין כולו של ישראל ולא יחשדוהו ברשע. והרמב"ם כתב בפ"ט מהלכות בכורים המשתתף עם הכהן צריך שירשום חלקו כדי שיניח המתנות בחלק הכהן שאם לא סיים חלקו חייב במתנות, מפני שאין הכל יודעים שהכהן שותף בו וכו'.

ואיכא למידק [וחלקו] של ישראל אמאי פטור, והא אמרינן בגמרא דכוי הבא מצבי שבא על התיישה דלרבנן חייב בחצי מתנות משום דשה אפילו מקצת שה משמע, וה"נ נהי דחלקו של כהן פטור חלקו של ישראל מיהא ליחייב?

איכא למימר דלא דמי, דנהי דאמרינן דשה ואפילו מקצת שה ה"מ דכל שיות שבו חייב דבכה"ג כוליה שה מיקרי אבל הכא דמקצת שיות פטור כה"ג לא חייב רחמנא עכ"ל. ודע שיש בקצת ספרי רבינו חסרון, וכך צריך להגיה והמשתתף עם העכו"ם אינו צריך לרשום".

עכ"ל הכס"מ, ומשמעות דברי הר"ן היא דגם הרמב"ם סבירא ליה כמו הר"ן דחלק הישראל פטור לגמרי, ולכן הקשה את הקושיא ד"מקצת שה" אחר שהביא דברי הרמב"ם, לומר לך שגם על הרמב"ם קשה אמאי פטר חלקו של הישראל ולא חייבו במקצת מתנה, הינו בחלק הזלו"ק השייך לו, וכן כתב בס' *נאם דוד* על הרמב"ם שם וז"ל;

"פירוש דבריו שאע"פ שהוא פטור מן המתנות צריך שיניח כל המתנות בחלקו של כהן ויקח הוא כנגדן בשאר בשר שאם לא ציין צריך שיתן מחלקו כל המתנות לפי שאין הכל יודעין שהכהן שותף לו, ומרן הכ"מ הביא פירוש רש"י ופירוש הר"ן באופן אחה, ואף על פי כן הקושיא שהקשה הר"ן וז"ל "ואיכא למידק וחלקו של ישראל אמאי פטור וכו'" זאת הקושיא תקשה נמי על דברי רבינו שלדבריו הנזכרים חלקו של ישראל פטור ג"כ. שלהכי שלאחר שכתב והרמב"ם כתב וכו' כתב זאת הקושיא ואיכא למידק וכו' לומר שגם על דברי הרמב"ם תקשה נמי" עכ"ל.

וכן משמע *במרכבת המשנה* שהכסף משנה למד כן בדברי הר"ן, אבל הוא עצמו חולק עליו, וז"ל שם;

"עיין כסף משנה ומ"ש בשם הר"ן, ואינו מובן לי דאע"ג דחייב במקצת שיות ה"ק רבנו שאם לא ציין חייב בכלהו מתנות דאין הכל יודעין השותפות ואיכא חשדא, ובעכו"ם אה"נ דחלקו חייב אלא אם כן חלק עמו והניח המתנות ביד עכו"ם אלא דאינו צריך לרשום דעכו"ם מפעי פעי".

וכן כתב בחסדי דוד (תוספתא חולין ט ב ד"ה ופי' לרשום) וז"ל;

"הרמב"ם פירש שירשום חלקו כדי שיניח המתנות בחלק הכהן שאם לא ציין חלקו חייב במתנות מפני שאין הכל יודעים שהכהן שותף לו ע"כ, ואף על גב דפשט הלשון משמע טפי כפרש"י נלע"ד דנייד הרמב"ם מהך פירוש, משום דקשיא ליה קושיית התוס' שם (חולין קלב עמוד א ד"ה וצריך) דכיון דלית ליה לכהן אלא חצי, חצי ליפטור וחצי לחייב מידי דהוה אצבי שבא על התישה, ולא מסתבר ליה מה שתירצו (התוספות) ז"ל דהתם כל שיות שבו מיחייב מה שאין כן הכא, עיין שם, דסוף סוף קשה דהא הכא נמי כל שיות שבו שייך ביה חיובא אלא משום שבעל השה אינו בכלל עם אלא כהן – פטרתו תורה מליתן לכהן אחר אלא יחזיק לעצמו שגם הוא כהן, וכיון שאין שליטתו אלא על פלגא אמאי ליפטר פלגא אחרינא שהמושל בו הוא בכלל עם, ועוד דאין ברירה בדאורייתא, הלכך סבר הרמב"ם דאין הכי נמי שאם הכהן אינו אלא שותף סתם בפלגא לא מיפטר שותפו מפלגא שבחלקו, אלא הכא במאי עסקינן שמברר החלקים מתחילת השותפות דהיינו שמניח כל המתנות בחלק הכהן ואיהו שקיל בשר אחרינא כנגד המתנות, ולעולם לא מפטר לגמרי אלא בכהאי גוונא אפילו היכא דיתיב כהן בהדיא אמסחתא או אכספתא, אלא ההפרש הוא דאי ליתיה לכהן בהדיא צריך לרשום כלומר לברר ולהודיע הדבר שהכהן הוא שותפו ושהניח מעיקרא המתנות בחלקו, אבל אי איתיה שם אינו צריך לרשום פירוש להודיע הדבר לעולם, מה שאין כן בגוי דאפילו כי ליתיה מפעא פעי, ונודע לכל שהוא שותפו ודמעיקרא הניח המתנות בחלקו של גוי ותו לא שייך חשדא" עכ"ל.

והנה מהחסדי דוד משמע שרש"י ס"ל כשיטת התוס' דהישראל פטור לגמרי, אבל הים של שלמה ס"ל בתחילה דאף שיטת רש"י היא כך, אלא שלמסקנא חזר בו, וס"ל דכו"ע מודו דפטור מכל המתנות, וז"ל;

"השוחט לכהן ולנכרי פטור מן המתנות והמשתתף עמהם צריך שירשום פי' רש"י יעשה בו סימן שיבינו בו שאינו כולו של ישראל, לכאורה משמע מפירוש רש"י שאינו פטור אלא מחלקו של כהן אבל מחלקו חייב ליתן וכן כתב הרמב"ם וז"ל "המשתתף עמהם צריך שירשום חלקו כדי שיניח מחלק של כהן שאם לא ציין חלקו חייב במתנות" ע"כ אכן התוס' כתב וז"ל כו' וכ"כ הרשב"א בחידושיו. גם תמיה בעיני לומר שיהא דעת רש"י והרמב"ם נגד הסוגיא דמשמע להדיא דשיתוף דכהן פטור מן המתנות לגמרי דמדאמרינן התם זיל אישתתף בהדיא טבחי ישראל דמגו דפטרת להו ממתנות משתתפי בהדך.

ואלו היה הישראל חייב ליתן מחלקו אם כן מה ירויח הישראל בהשתתפות עם

הכהן וגם רש"י גופא פירש לשם וז"ל דמגו דפטור להו ממתנות כדאמרינן במתניתין המשתתף עמהן פטור מן המתנות[41] עכ"ל משמע דס"ל לרש"י דפטור מן המתנות לגמרי, גם הנהו פיסקא דאמרינן בגמרא רב הונא אמר שותף בראש פטור מן הלחי שותף ביד פטור דוחק גדול הוא לומר שפטור מחלקו של כהן לחוד, על כן נראה לומר דליכא מאן דפליג בזה שהמשתתף עם כהן דפטור מכל המתנות אף מחלקו, אף הר"ן שכתב בלשון של רש"י כתב שפטור אף חלקו של ישראל, והביא דברי הרמב"ם בלא חולק משמע דס"ל גם דעת הרמב"ם כן שפטור מכל המתנות ובעל כרחך צריך לומר מה שכתב שיניח המתנות בחלקו של כהן ה"ק משום דחלקו של כהן יניח כל המתנות וכן עיקר" עכ"ל.

דין השוחט לפרנסה

אמנם דין זה דהמשתתף עם כהן ועכו"ם אינו אלא בשוחט לשולחנו הפרטי ולא ע"מ רווח ועיסקא, וכמו שמבואר בהמשך הגמרא לענין כהן, והאריך בזה בס' *בעי חיי* לבעל הכנסהג"ד, סי' צו, לחלק בין השוחט לשולחנו להשוחט למכירה ומסיים שכן כיוון רבינו ירוחם, ושם;

"..נראה לי דבכהן טבח שמוכר הבשר לאחרים בין הוא (הכהן) המוכר לבדו בין נשתתף עמו ישראל, בין (הכהן) הוא המוכר בין ישראל הוא המוכר שנים ג' שבתות פטור, אח"כ חייב. ואי קבע מסחתא בין הוא המוכר בין הישראל הוא המוכר חייב במתנות אבל בכהן השוחט לשלחנו בין הוא לבדו בין שותף עם ישראל בין הכהן הוא המוכר בין הישראל הוא המוכר פטור, לכן באושפיזכניה דר' טבלא חייביה רב נחמן במתנות מיד משום דקבע מסחתא כלומר בין הוא בין הישראל דאי לא קבע מסחתא אע"פ שמוכר לאחרים שתים ג' שבתות פטור אחר ג' שבתות חייב וגזרו כן כדי שלא יבואו הישראלים להשתתף עם הכהן ולמכור לאחרים ליפטר מן המתנות דהשתא אחר הגזירה כל שמוכר לאחרים בין הוא שותף עם ישראל בין הוא לבדו אחר ג' שבתות חייב ואי קבע מסחתא חייב מיד כמ"ש התוספות.

ומתני' דהמשתתף עם הכהן דפטור ממתנות הוא בכהן השוחט לשלחנו ונשתתף עם ישראל בבהמה זו ליקח מה שצריך הוא והשאר ימכרנו הישראל לאחרים ומפני שהישראל פטור ג"כ מחלקו מן המתנות צריך שירשום הבשר ולא מהני רשימה אלא בדיתיב כהן אמסחתא או אכספתא לקבל המעות של ישראל וליתנם אח"כ לישראל ולפי זה אין הישראל פטור ממתנות בשותפות הכהן אלא בכהן השוחט לשלחנו דאי

41 במשנה לא כתיב שהמשתתף עמהם פטור אלא "המשתתף עמהם צריך שירשום" ופטור מאן דכר שמיה, וכבר כתבנו על זה לעיל בדברינו לשו"ע סעיף כו, עיי"ש.

שוחט למכור לאחרים אפילו יתיב הכהן אמסחתא או אכספתא (אזי הישראל) אינו פטור"

ע"כ, ויוצא לפי"ז שבמה דברי המשנה אמורים אודות שותפות עם כהן או גוי, דווקא במכר קטן והבהמה נשחטה לשולחנו הפרטי של הכהן/גוי ולא למכירה ועיסקא בשום אופן (וכן שיניח חלקי הזלו"ק ברשות של איש הפטור). וזה מוכרח מתקנת זקני דרום (דמתקריא גם בשם 'עובדא דאושפזיכניה דרבי טבלא') שכל עיקרה היא למנוע תחבולת שירוויחו בעלי עיסקא מביטול המצוה. ועד"ז כתב הפרי *חדש* יורה דעה סעיף כה; "..וכן מוכח מעובדא דאושפזיכניה דרבי טבלא דלא אשכחן דלבתר הכי אשכח תקנתא לאיפטורי ממתנות למשתתף עם הכהן וכן מוכח מדברי התוספות שכתבו דמדרבנן גזרו כשהוא טבח ליתן מתנות כהונה אפילו הבהמה שלו שלא ירגילו טבחי ישראל לשתף כהנים עמהם ליפטר מן המתנות ע"כ וזה ברור". ונהי דלא הזכיר בעל הפר"ח שותפות עם גוי ורק זכר שותפות עם כהן, אבל ראה דברינו לעיל סימן כ"ה דהעלינו לומר שהיינו הך, דהגמ' כללה גם הכהן וגם הגוי בצוותא חדא.

ונבאר הענין: כי הנה יש שלשה דרכים ללמוד דין זה ד"הדין עם הטבח";

∫ **א**) דבאמת עיקר החיוב הוא על בעל הבהמה, אלא שהטבח עושה מעשה שליחות בעלמא ליתן המתנות לכהן, ושליחותא דאורייתא עביד.

∫ **ב**) דשני חיובי איכא, היינו דהחיוב ליתן תלוי בשני תנאים מכיון שכלול בו שני חיובים, האחד הוא חיוב על בעל הבהמה להפריש מבשרו וזהו חיוב של מצווה, והשני הוא חיוב פועלי והוא החיוב המוטל על השוחט להפריש.

∫ ג) דעיקר החיוב הוא על השוחט והוא המקיים המצווה, אלא שתנאי הוא שבעל הבהמה אינו בכלל עם (היינו כהן או גוי) דא"כ פטרה התורה את השוחט מן הנתינה.

והנה באמת הדרך השלישית היא הנכונה, ונביא לזה כמה ראיות. דהנה בפשטות לרש"י שפטור של כהן טבח הוא פטור מהתורה, ונלמד זה מלימוד **דמֵאֵת זֹבְחֵי הַזֶּבַח**, הנה יש לחקור אם הוא ריבוי מכפילות הדברים או שהוא משמעות דקרא. והנראה נלמוד הדבר מדברי רבא "זאת אומרת הדין עם הטבח", והוא חידוש גדול כמובן, כי בפשטות החיוב דזלו"ק הוא רק על בעל הבהמה, וכאן נתחדש שגם השוחט הוא מ"ד כאן, ופעולת העשייה מוטלת עליו, היינו הוא המחויב במצוה מצד הפעולה, אלא שיש לחקור מי משניהם הוא העיקר, אם הבעל הבהמה כיון שהוא המחויב מצד ממונא להרשות לכהן ליטול מבהמתו ולא לעכב עליו, או שמא עיקר המצוה היא על השוחט, וא"כ מסברא היה לנו להסתפק, אם אחד מהם כהן, היינו שהשוחט הוא כהן אבל לא בעל הבית או איפכא, בתר מי אזלינן

לענין חיובא, דבפשטות כיון שעיקר המצוה היא על השוחט, אם כן אם השוחט הוא כהן יש לנו לפטור את הבהמה מדין נתינת זלו"ק כלל.

ובאמת כן הוא סברא דהעיקר מצוה היא על השוחט, וא"כ מסברא באופן שהשוחט כהן היה לנו לפטור הבהמות מדין זלו"ק לגמרי, אלא שעל זה אומרת הגמ' שכיון שבלשון **מֵאֵת זֹבְחֵי הַזֶּבַח** לא כתיב העם, אלא לפני"כ כתיב **מֵאֵת הָעָם** (ולא אמר מאת זובחי הזבח העם, אלא **מֵאֵת** אפסיק ליה), משמע שבאמת חייבה התורה זובח אפילו הוא כהן (והיינו בנעשה טבח למכור), אלא שאחר כך כתבה התורה **מֵאֵת הָעָם** לומר לנו, דמצד חיוב הממונא של בעל הבהמה אין רצון התורה להפסיד הכהנים אלא אדרבה לטובתם נתקנה המצווה, ולכן אם השוחט שוחט לכהן הוא השוחט פטור מדין נתינת זלו"ק, ומסברא זו עצמה יודעים אנו שכהן הנעשה טבח למכור לישראל חייב בזלו"ק.

ויש להדגיש, שמכיון שאנו יודעים שעיקר החיוב להפריש הזלו"ק הוא על השוחט, נמצא שמה שפטרה התורה ישראל השוחט לכהן אינו משום שלכהן שהוא בעל הבהמה אין לו חיוב נתינת זלו"ק, שהרי כאמור לפי גדרי המצוה שעיקר המצוה היא על השוחט היה לן לחייב השוחט לכהן להפריש הזלו"ק כיון שבו תלויה המצוה, שהרי אמרה התורה **מֵאֵת זֹבְחֵי הַזֶּבַח**, ולמדנו מזה שעיקר הדין עם הטבח, אלא שמכל מקום גזירת מלך היא שכיון ששוחט לכהן פטור, ואפשר שאין זה תלוי בגדרי הבעלות של הכהן, היינו שאין הכהן חייב להיות בעל הבהמה בשעת מעשה אלא אם שכרו לשחוט והתנה עמו שימכור לו אח"כ פטור הישראל השוחט מלהפריש הזלו"ק, וכיון דאתינן להכי, אף במכירה כן הוא, שאם נעשה השוחט הכהן טבח למכור, אין לחלק אם הבהמה שייכת בשעת השחיטה לישראל או לכהן או לגוי, אלא כל שידוע לנו בוודאי שתבא הבהמה לידי העם חייבת היא בזלו"ק.[42]

היוצא מכאן, שדין זה שהשוחט לכהן ועכו"ם פטור אינו משום חלק הבעלות של הכהן והעכו"ם, כי הרי המצווה היא על השוחט, אלא שגזירת הכתוב היא כיון שידוע לנו שאתי ליד כהן פטור, ומאותו דין עצמו אם ידוע לנו בוודאי ששוחט (ודעת הגוי או הכהן) למכור הרי הוא חייב בזלו"ק, אע"פ שהשוחט הוא כהן, דגילתה לנו התורה בתיבות **מֵאֵת הָעָם** שמצד הממוני העיקר הוא שיהיה מהפסד הישראל ולא מהפסד הכהנים.

ולפי זה יובן סמיכות הדברים, דאחרי שלמד רבא דהדין עם הטבח, ועיקר המצוה עליו, א"כ הוקשה לו למה השוחט ששוחט לכהן פטור מזלו"ק, והרי השוחט הוא ישראל? ולכן פירש

42 וזה טעם גדול שמזמן שבא למכור בקביעות, לא מהני שותפות עם איש הפטור וזה בעצם תקנת זקני דרום שסתמו הדלת על בעלי כיסין, וזה גם דברי המחבר לעיל סעיף כד "במה דברים אמורים שכהן פטור, כששוחט לעצמו, אבל אם שוחט למכור, אם הוא קבוע למכור בבית המטבחיים חייב ליתן מיד" (והוא הדין ישראל והוא הדין גוי אלא שנקט המחבר החידוש הגדול יותר).

דעל כרחך כן הוא הגדר, דגילתא התורה לנו שאזלינן בתר סיפא וכוונת הדברים, בתר מי שידוע שיבוא בהכרח אליו, ומהא גופא דרש רבא הדין דכהן שנעשה טבח חייב בזלו"ק דהא אזלינן בתר סוף מעשה במחשבה תחילה.[43]

היוצא מזה, דדין זה דכהן טבח שנעשה למכור חייב, אינו הפקעה בכהן היינו שלא חשיב כהן לענין זה (וכמו שכתבנו לעיל), אלא גזירת הכתוב הוא דאזלינן בתר מי שיבואו הזלו"ק אליו כאילו הוא בעל החיובא, ולפי זה אפילו אם מישהו שוחט אצל עכו"ם אבל התנו עמו - או בינם לבין עצמם - שיבואו ליד הישראל, ג"כ חייב הבשר בזלו"ק.

43 ועפי"ז ניתן לפרש גם דברי התוספתא חולין ט ב "נשחטה ברשותן ואח"כ מכרוה לו, פטור מן המתנות" שמדובר בנמלך אח"כ למכור לישראל, כי אם נשחטה בכוונה למכור חייב כנ"ל.

מילואים ב

תשובות, ביאורים וציטוטים מדברי הראשונים

בעניין מצות נתינת הזרוע לחיים וקיבה לכהן

בארץ ישראל ובחוצה לארץ

תשובת רבינו מאיר מרוטנבורג

בעניין מצות נתינת הזרוע לחיים וקיבה בחוצה לארץ

ואיך ינהגו בזה הלכה למעשה

הקדמה

מתשובת המהר"ם מרוטנבורג יוצא ברור שחייב השוחט לתת הזלו"ק מכל שחיטה ושחיטה לכהן גם בחו"ל.

שיטתו בתשובה הנוכחית הובאה בחלקה במרדכי למסכת חולין סימן תשל"ז, אבל לשון המהר"ם כפי שמובא לקמן מרחיב לנו עמדתו וטעמו. התשובה נדפסה בס' 'תשובת מהר"ם מרוטנבורג' ח"ב דף יא, עם הערות מר' י.ז. כהנא מוסד הרב קוק תש"ך, ובראשה מובא תשובת רש"י הנ"ל החולקת עליו בכמה יסודות עיקריים, ובין השורות משמיע לן - שכדינא דתלמודא - אין לשום רב-מורה לעבור בשתיקה באם איזה שוחט מעביר על מצוותו לתת הזלו"ק בחו"ל.

המהר"ם מנמק דבריו בהבאת ילפותא שמשווה בין מצוות זלו"ק לבין מצוות בכור בהמה, ומרחיב הדיבור לשלול כל דימוי בין מצוות זלו"ק לבין מצוות תרומה העלול לייצר קולא כלשהוא ביישום המצווה בחו"ל.

הוספנו קצת תיקונים במילים וכו' למען ירוץ הקורא, ויעויין בתשובת מהר"ם הנ"ל למקור גירסתנו וכן לכמה הערות חשובות של המהדיר הנ"ל.

תשובת מהר"ם מרוטנבורג

השיב רש"י וז"ל; ששאלתם על הזרוע והלחיים וקיבה למה לא נהגו ליתנם בזמן הזה אף בחוצה לארץ והלא משנה שלימה היא ששנינו שנוהגין בפני הבית ושלם בפני הבית ונהגו כן אמוראי בתראי. תשובת רש"י נאמנים על דבריכם מי ימחה ביד הנותנים כל הנותן תבא עליו ברכה אלא נהגו העם כרבי אלעאי דכשם שפטר בראשית הגז בזמן הזה הוא הדין מתנות דחד טעמא הוא דגמרינן נתינה נתינה מתרומה והנותן יטול שכר דכל היכא דאמרינן נהגו לא מיבעיא דלא דרשינן ליה בפרקא אלא אפילו אורויי לא מורינן ואי עביד לא מהדרינן להו.

ורבינו מאיר כתב דדבר פשוט הוא דמתנות נוהגות אף בחוצה לארץ, וזה לשונו;
בהא סלקינן דמתנות נוהגות אף בחוצה לארץ. ואף על גב דאמרינן בפרק ראשית הגז חולין קלו עמוד ב "אמר רב נחמן בר יצחק נהוג עלמא כתלתא סבי, כרבי אלעאי בראשית הגז..", פירש שאין נוהג בחוצה לארץ, והתם מפרש טעמא דרבי אלעאי דיליף נתינה נתינה מתרומה, ואיהו פטר בין במתנות בין בראשית הגז מהאי טעמא, כדתניא התם רבי אלעאי פוטר במתנות. וכן היה רבי אלעאי פוטר בראשית הגז.

מיהו אנן לא קיימא לן כוותיה אלא בראשית הגז ולא במתנות, מדלא קאמר "נהוג עלמא במתנות ובראשית הגז כרבי אלעאי". ורב נחמן בר יצחק גופיה דאמר "נהוג עלמא בראשית הגז כרבי אלעאי", ובמתנות אשכחן ליה דקניס גלימא למאן דלא יהיב מתנתא בפרק הזרוע חולין קלב עמוד ב, וליכא למימר שהיה מחמיר אף על פי שלא היה צריך, דאי בעי אחמורי, אנפשיה דוקא הוה ליה לאחמורי ולא אאחריני למיקנסינהו שלא כדין אם איתא דקיימא לן כרבי אלעאי במתנות.
וליכא למימר דמקומות מקומות יש;[44] איכא דוכתא דנהיג כרבי אלעאי במתנות ובראשית הגז, ואיכא דוכתא דלא נהוג. ורב נחמן בר יצחק דקניס גלימא בדוכתא דלא נהוג כרבי אלעאי הוה, דהא ליתיה, דמדקאמר "נהוג עלמא" משמע דכל העולם נוהגים כן. ועוד, מדקאמר נהוג עלמא כו' [משמע] לכל הפחות במקומו היו נוהגים כן[45], דקניס גלימה נמי משמע במקומו. אלא על כרחך בראשית הגז נהג בעלמא כרבי אלעאי ולא במתנות וכמו שאפרש הטעם.

ועוד ראייה, דאשכחן טובא אמוראי שבבבל דהוו מפרישי מתנות ולא אשכחן שום אמורא שבבבל דהוו מפריש ראשית הגז, והיינו טעמא משום דנהוג כרבי אלעאי

44 הוה אומר שבזה שולל המהר"ם את הדעה ההובא ברשב"א שחכמים תיקנו זלו"ק בחו"ל רק במקומות הסמוכות לא"י - זה אינו וכפי שממשיך המהר"ם.

45 היינו לא להפריש ראשית הגז, ולכה"פ גילה רב נחמן בר יצחק על הנהוג בתקופת כיהונו כראש ישיבת פומבדיתא (שנת ד'קי"ג - ד'קי"ז).

בראשית הגז ולא במתנות.

ועוד ראייה, מדאמר ריש פרק שילוח הקן חולין דף קלח עמוד ב 'כל היכא דתניא בין בארץ ובין בחוצה לארץ שלא לצורך - לבד מראשית הגז לאפוקי מרבי אלעאי דאמר אין ראשית הגז אלא בארץ',[46] ואמאי לא קאמר נמי לבד ממתנות לאפוקי מרבי אלעאי? ואדרבה, טפי הוה ליה למימר לבד ממתנות, דפרק הזרוע והלחיים חולין פרק י נשנה קודם פרק ראשית הגז חולין פרק יא, וכיון דפרק הזרוע תני בארץ ובחוצה לארץ לאפוקי מרבי אלעאי, אם כן הדר קתני בארץ ובחוצה לארץ שלא לצורך בפרק ראשית הגז - דמפרק הזרוע שמעינן ליה לאפוקי מרבי אלעאי כיון דאידי ואידי חד טעמא הוא, ומאן דסבר כוותיה בהאי סבר כוותיה בהאי, ומאן דפליג עליה בהא פליג נמי בהא.[47] או נימא 'כל היכא דתנינן בארץ ובחוצה לארץ שלא לצורך, לבד ממתנות וראשית הגז' לאפוקי מרבי אלעאי בתרווייהו.[48]

אלא ע"כ צ"ל ד'בארץ ובחוצה לארץ' דתנן בפרק הזרוע מחשיב ליה תלמודא נמי שלא לצורך - דפשיטא דלית הילכתא כוותיה, וליכא מאן דסבר כוותיה דלא מיסתבר טעמיה, אבל בראשית הגז לצורך הוא ואף על גב דמסתבר טעמיה לן כוותיה בהא, תנא דמתני' לא סבר כוותיה.[49] והטעם נראה לי דבראשית הגז קיימא לן כוותיה משום דאיתקשי להדדי תרומה וראשית הגז וחד נתינה קיים אתרווייהו בשוה דברים יח ד **רֵאשִׁית דְּגָנְךָ תִּירֹשְׁךָ וְיִצְהָרֶךָ וְרֵאשִׁית גֵּז צֹאנְךָ תִּתֶּן לּוֹ.**

והא דקאמר יליף נתינה - נתינה לאו גזירה שוה ממש קאמר, אלא הכי פירושו יליף נתינה כו', שתהא נתינה דתִּתֶּן דראשית הגז כמו נתינה דתרומה דהא חד תתן כתוב אתרווייהו, הלכך מה תרומה אינה בחוצה לארץ, אף ראשית הגז, וכעין זה פירש ר"י ריש פרק החובל

46 ושם; "רבי אבין ור' מיישא חד אמר כל היכא דתנן בארץ ובחו"ל שלא לצורך לבד מראשית הגז לאפוקי מדר' אלעאי דאמר ראשית הגז אינו נוהג אלא בארץ" ע"כ.

47 כלומר אם ראשית הגז וזלו"ק חד טעמא הוא (ששניהם נלמדים מתרומה ופטורים בחו"ל מדאורייתא), היתה הגמרא צריכה לומר 'כל היכא דתנן בארץ ובחו"ל שלא לצורך לבד מזלו"ק' היינו להקדים ולאפוקי מדרבי אלעאי כבר אודות הזלו"ק שדיניה מסודרים במשנה קודם לדיני ראשית הגז - והיינו יודעים בדרך ממילא שהוא הדין ראשית הגז, ומדלא אמרה כן הוה אומר שזלו"ק וראה"ג אינם חד טעמא כדמסיים המהר"ם.

48 אם אכן ראה"ג וזלו"ק חד טעמא הוא הייתה הגמ' צריכה לשלול את דעת רבי אלעאי לא רק בראה"ג אלא גם בזלו"ק. כאן נוטה המהר"ם לומר שיש חיוב גם בראשית הגז בחוצה לארץ וזה בעצם כדין הגמרא לאפוקי מסברת רבי אלעאי שפוטר, ובאמת מעיקר הדין יש חיוב לתת ראה"ג לכהן בחו"ל דהוה מצוה שהיא חובת הגוף ולא חובת הקרקע, ורק 'נהוג עלמא כתלת סבי', ולכן לא מהדרינן להו וכדלעיל מהגמ' בתענית ש'מאן דאמר נהגו אורויי לא מורינן.. וכו', ולהבא לשאול יש לפסוק שיש חוב לתת לכהן בחו"ל - אבל ממשיך המהר"ם לומר דקיימא לן כרבי אלעאי בראה"ג דיליף נתינה - נתינה מתרומה, וצ"ב למה המהר"ם אינו פוסק כתנא דמתניתין שבא לאפוקי מדרבי אלעאי גם בראה"ג כי נהי דתרומה בחו"ל פטור מדין תורה, מדרבנן כן חייבוה בחו"ל (כדמצינו ברמב"ם סוף הלכות תרומות, ירושלמי חלה כז עמוד א, שביעית יח עמוד א ועוד). ומצאנו שכן נהג החת"ס בחו"ל, (חת"ס יור"ד סימן שא) שבכל יום טוב היה שוחט בהמה ונתן ממנה ראשית הגז, עיי"ש.

49 היינו שהתנא דמתניתין חייב ראשית הגז במלוא תוקפה גם בחו"ל - אך נהוג עלמא בזה כרבי אלעאי ראה הערה הקודמת.

מֵרֵאשִׁית עֲרִסֹתֵיכֶם תִּתְּנוּ לַה' תְּרוּמָה לְדֹרֹתֵיכֶם -במדבר טו כא

וַיְדַבֵּר ה' אֶל אַהֲרֹן וַאֲנִי הִנֵּה נָתַתִּי לְךָ אֶת מִשְׁמֶרֶת תְּרוּמֹתָי לְכָל קָדְשֵׁי בְנֵי יִשְׂרָאֵל לְךָ נְתַתִּים לְמָשְׁחָה וּלְבָנֶיךָ לְחָק עוֹלָם -במדבר יח ח, פרשת קורח

גבי אתי' מכה מכה דלאו גזירה שוה היא אלא סמוכין, ועיין שם.[50]

אי נמי איכא דילפי' גזירה שוה נתינה-נתינה מתרומה, דהכא כתיב **תִּתֶּן לוֹ** ובחלה כתיב **תִּתְּנוּ תְרוּמָה**, ו**תִּתֶּן** ו**תִתְּנוּ** דמו להדדי לגמרי, אלא דבחלה דכתיב בלשון רבים שייך לשון **תִּתְּנוּ** ובראשית הגז דכתיב בלשון יחיד כתיב **תִּתֶּן**. אבל **וְנָתַן** דכתיב גבי מתנות לא ילפינן מ**תִּתֶּן** ומ**תִּתְּנוּ** דלא דמו להדדי כלל. וכיון דאיכא דדמי ליה, מדדמי ליה ילפינן **תִּתֶּן** מ**תִּתְּנוּ**,

אלא[51] ילפינן דברים יח ג **וְנָתַן** דמתנות **מִלְּךָ נְתַתִּים לְמָשְׁחָה** במדבר יח ח דפרשת קרח, וכתיב התם במדבר יח יז **אַךְ בְּכוֹר שׁוֹר** וכו' וילפינך מהתם מתנות; מה בכור נוהג בחוצה לארץ אף מתנות. ובכור איתיה בחוצה לארץ, כדמשמע בפרק ז דבבא קמא ובתמורה בפרק אילו קדשים.[52]

וע"כ צ"ל דילפינן מתנות **מִלְּךָ נְתַתִּים לְמָשְׁחָה** - דאי לא תימא הכי מנא ליה לרב חסדא דמתנות אינן נאכלין אלא צלי ובחרדל מדכתיב **לְמָשְׁחָה** חולין קלב עמוד ב, והא מתנות לא כתיבי התם בפרשת קרח, וכן הא דקאמר התם חולין קלג עמוד ב דכל כ"ד מתנות כהונה נתנו לאהרן ולבניו בכלל ופרט וברית מלח - הא מתנות וראשית הגז לא כתיבי התם וכולהו שאר מתנות כתיבי התם, אלא ע"כ **מִלְּךָ נְתַתִּים לְמָשְׁחָה** ילפינן.

הכי נמי לעניין מתנות בחוצה לארץ ילפינן מהתם מבכור כדפרישית. ואף על גב דמצינן

50 תוס' ב"ק פג עמוד ב ד"ה החובל ושם: "**מכה בהמה ישלמנה** וסמיך ליה ואיש כי יתן. נראה לר"י דל"ג וסמיך ליה דהא מכח סמוכים לא דריש אלא מכח ג"ש כדאמר לקמן אנן הכאה הכאה קאמרינן ואמר נמי לקמן וכי מאחר דכתיב לא תקחו כופר לנפש רוצח האי מכה מכה למה לי משמע דג"ש היא ולא סמוכים ועוד כי פריך בסמוך מאי חזית דילפת ממכה בהמה נילף ממכה אדם ומאי קושיא והלא מכח סמוכים הוא בא ומכה אדם אין סמוך לאיש כי יתן מום וא"ת וכיון דמג"ש קא יליף למה הוצרך לאתויי קרא דמכה נפש בהמה ישלמנה ושביק קרא דמכה בהמה דמייתי לעיל וי"ל דמכה בהמה איצטריך לתנא דבי חזקיה ומאן דלית ליה דריש בריש הנחנקין סנהדרין דף פד עמוד ב מה מכה. בהמה לרפואה פטור כו' א"נ כיון דהדר ליה ממכה אדם דהוי בקטלא הדר ביה לגמרי ונקט האי קרא דמכה נפש בהמה דסמיך לאיש כי יתן מום ולפי זה מצי למגרס וסמיך ליה דמשום דסמיך ליה נקט האי קרא ולא משום סמוכים", ע"כ.

51 בשו"ת מהר"ם מרוטנבורג דפוס מוסהר"ק, המהדיר תיקן מילת 'אלא' ל'ולא', וזה אינו נכון כי כאן המהר"ם מראה בבירור שיש ילפותא בין זלו"ק בחו"ל לבין בכור בהמה בחו"ל, ופשוט.

52 בדפוס הנ"ל מצויין למסכת ב"ק דף סג עמוד א ותמורה דף כא עמוד ב ולא מצאנוה שם, אבל אל תתמה על עיקר הדבר שמתן בכור לכהן נוהג בחו"ל וכן גם משמע ברבינו בחיי עה"ת עה"פ **וּבְכֹרֹת בְּקָרְךָ** דברים יד כג שכתב: "דע כי הבכור יש בו קדושה לעולם ואפילו בזה"ז בחו"ל, והראיה רבי חייא לרב ..יתיר בכורות אל יתיר סנהדרין ה עמוד א והנה בבל חו"ל הוא ועוד ההוא שרוע דאתא לקמיה דרב אשי בבבל בכורות לא עמוד ב, ועוד ..ההוא גברא דאייתי בוכרא קמיה דרבא ביצה כז עמוד ב שבבבל היו מדקדקין הרבה בענין הבכור בקדושתו ובמום עובר ולא היו עושין כן אלא מתוך שיש בו קדושה ואפ' בחו"ל" עיי"ש. וכעי"ז גם במדרש הגדול שמות כב כט בזה"ל; "**בְּכוֹר בָּנֶיךָ תִּתֶּן לִי כֵּן תַּעֲשֶׂה לְשֹׁרְךָ לְצֹאנֶךָ**; מה בכור אדם בגבולין כך בכור בהמה בגבולין אלא שאין עולין לירושלים אבל נאכלין במומן בכל מקום". ועוד במדרש הגדול במדבר יח יח; "**וּבְשָׂרָם יִהְיֶה לָּךְ**; ..לימד על הבכור בעל מום שמתנה לכהן שלא מצינו בכל התורה כולה (שבעל מום ניתן לכהן).. ואידך נפקא ליה **מובשרם יהיה לך אחד תם ואחד בע"מ**". ועוד במדרש הגדול דברים טו כ; "אין תלמוד לומר **לְךָ יִהְיֶה** במדבר יח יח, להביא את בכור בעל מום שיהא מתנה לכהן שלא שמענו מן התורה" ע"כ.

למילף לפטורא נתינה מוּאֲנִי הִנֵּה נָתַתִּי לְךָ אֶת מִשְׁמֶרֶת תְּרוּמֹתָי במדבר יח ח **מה תרומה** **בחוצה לארץ לא אף מתנות**, דכך דומה ונתן לנתינה כמו שהוא דומה לנתתים דלא להאי דמי לגמרי ולא להאי דמי לגמרי מכל מקום קולא וחומרא לחומרא מקשינן.[53]

ועוד ראייה גדולה לדבריי דפרק ראשית הגז פריך חולין קלו עמוד א **אי מה תרומה בארץ אין בחוצה לארץ לא, אף מתנות וכו'**. ומשני אין, דתני רבי אלעאי אומר אין מתנות נוהגת בחוצה לארץ, וכן היה רבי אלעאי אומר ראשית הגז אינו נוהג אלא בארץ, מאי טעמא דרבי אלעאי יליף נתינה נתינה מתרומה, מה תרומה בארץ אין בחוצה לארץ לא, אף ראשית הגז כן.

והשתא קשה לי טובא פתח במתנות ומפרש טעמא דראשית הגז? ולדבריי ניחא משום דלא קיימא לן כרבי אלעאי בהא דיליף נתינה נתינה דמתנות מתרומה אלא בראשית הגז קיימא לן כוותיה, לא חשש רבא לפרש טעמא דידיה במתנות אלא בראשית הגז דקיימא לן כוותיה - מיהו איהו יליף תרוייהו נתינה נתינה מתרומה.[54]

ועוד יש להביא ראייה מתרומה[55], שבספר האלפסי האריך הרבה בפרק הזרוע ודלג פרק ראשית הגז - וכן דרך האלפסי לכתוב דבר שפסק יוצא ולדלג דבר שאין פסק יוצא, אלמא סבירא ליה דמתנות נוהגות בזמן הזה ולא ראשית הגז.

ויש לכל אדם להפריש ולהזהר מקללת רב חסדא, דאמר האי כהנא טבחא דלא אפריש מתנתא ליהוי בשמתא די"י אלהי ישראל - וכל שכן ישראל,[56] אלא אם כן הוי שותף עם

אַךְ בְּכוֹר שׁוֹר אוֹ בְכוֹר כֶּשֶׂב אוֹ בְכוֹר עֵז לֹא תִפְדֶּה קֹדֶשׁ הֵם אֶת דָּמָם תִּזְרֹק עַל הַמִּזְבֵּחַ וְאֶת חֶלְבָּם תַּקְטִיר אִשֶּׁה לְרֵיחַ נִיחֹחַ לַה'. וּבְשָׂרָם יִהְיֶה לָּךְ כַּחֲזֵה הַתְּנוּפָה וּכְשׁוֹק הַיָּמִין לְךָ יִהְיֶה
-במדבר יח יז-יח, פרשת קורח

53 לחומרא מקשינן; יבמות ח עמוד א, ושם "אמר רבי יונה ואיתימא רב הונא בריה דרב יהושע אמר קרא ויקרא יח, כט **כִּי כָּל אֲשֶׁר יַעֲשֶׂה מִכֹּל הַתּוֹעֵבוֹת הָאֵלֶּה וְנִכְרְתוּ** הוקשו כל העריות כולן לאשת אח מה אשת אח שריא אף כל עריות נמי שריין כתב רחמנא עליה אמר ליה רב אחא מדפתי לרבינא מכדי כל עריות איכא לאקושינהו לאשת אח ואיכא לאקושינהו לאחות אשה מאי חזית דאקשת לאחות אשה אקשינהו לאשת אח איבעית אימא לקולא וחומרא לחומרא מקשינן" ע"כ.

54 ראה לעיל דף קעב בכותרת 'בירורים בשיטת רבי אלעאי'.

55 היינו להביא ראייה לזה ממשנת הרי"ף שסבירא לו שרק ראשית הגז ילפינן מתרומה ותו לא ולכן דלג הרי"ף את הלכות ראשית הגז כי אינו שייך להלכה בחו"ל משא"כ בדיני זלו"ק האריך הרבה, וזה מראה באצבע שדיני זלו"ק נוהגים בחו"ל, וכן הבינו רבינו ירוחם והבית יוסף בדעת הרי"ף שכל עת שמאריך בהלכה זה מוכיח שכן דעתו הלכה למעשה, וזה לשונם;

☛ "הרי"ף ..נראה שסובר דלא אמרי הא דרבי אלעאי דאינו נוהג אלא דווקא בראשית הגז אבל זרוע ולחיים וקיבה נוהגין בין בארץ בין בחוצה לארץ ולפיכך פירשתי כל דיניו כמו שפירשתי בשאר איסור והיתר" -רבינו ירוחם.

☛ "דעת הרמב"ם ..נראה שהוא דעת הרי"ף שלא כתב הא דא"ר אלעאי אין מתנות נוהגות אלא בארץ" -בית יוסף.

56 וכן פירש הראבי"ה שה"ה ישראל וזה פשוט כפי שהארכנו בדיני שמתא לעיל. וככל המהר"ם לא ראה הגירסא בגמ' גי' כתי"ו Ebr. 120-121; "אמר רב כהנא, טבחא דלא מפריש מתנתא ליהוי בלו בשמתא די"ה אלהי ישראל" (היינו שיש לנקד 'אמר רב כהנא, טבחא..' ולא 'אמר רב, כהנא טבחא..') **שבפשטות מדובר על כל שהוא טבח.**

הכהן, או עם הכהנת, או עם הגוי ועיין בפרק הזרוע.[57]

ושוב מצאתי כתוב גם כן כדבריי בשם רב האי גאון זצ"ל דמתנות נוהגוה בחוצה לארץ, וכל עדת ישראל יעשו אותו. ע"כ תשובת מהר"ם

57 היינו כפי ההגבלות שבגמ' שם כגון תקנת זקני דרום, וחובת הרשימה, וראה גם דברינו במאמר 'בבירורים בגדר כהנת' לקמן במילואים והמחלוקת בין דברי רבי ישמעאל ודבי רבי אליעזר בן יעקב.

וְזֶה יִהְיֶה מִשְׁפַּט הַכֹּהֲנִים מֵאֵת הָעָם מֵאֵת זֹבְחֵי הַזֶּבַח רח

בירורים בתשובת מהר"ם מרוטנבורג

יש להביא סימוכין לדברי המהר"ם מרוטנבורג שחייב השוחט לתת זלו"ק בחו"ל מזה שהיא מצוה מסוג *חובת הגוף*, ומצוה מסוג זה מלווה את גוף האדם בכל מקום בעולם ואיננה תלוייה בקרקע ארץ ישראל, מקור הדברים הוא בגמ' קידושין דף לז עמוד א;

"אמר רב יהודה.. יכול כל המצות כולן לא יהו נוהגים אלא בארץ? תלמוד לומר **כָּל הַיָּמִים אֲשֶׁר אַתֶּם חַיִּים עַל הָאֲדָמָה** דברים יב א **אי כל** הימים יכול יהו נוהגים בין בארץ בין בחוצה לארץ - תלמוד לומר **בָּאָרֶץ** דברים יב א, אחר שריבה הכתוב ומיעט צא ולמד ממה שאמור בעניין דברים יב ב **אַבֵּד תְּאַבְּדוּן אֶת כָּל הַמְּקֹמוֹת אֲשֶׁר עָבְדוּ שָׁם**.. מה עבודת כוכבים מיוחדת שהיא חובת הגוף ונוהגת בין בארץ בין בחוץ לארץ אף כל שהיא חובת הגוף נוהגת בין בארץ בין בחוצה לארץ"

טעמים לחייב הנתינה בחו"ל (בנוסף לטעם חובת הגוף)	
ספרי	**אם שור אם שה:** בין בארץ בין בחוץ לארץ. והלא דין הוא; חייב כאן וחייב בראשית הגז - מה מצינו בראשית הגז שנוהג בארץ ובחוץ לארץ, אף מתנות נוהגת בארץ ובחוץ לארץ, או כלך לדרך זו חייב כאן וחייב בתרומת ראשית מה תרומת ראשית, אין חייב אלא בארץ, אף מתנות אין חייב עליהם אלא בארץ נראה למי דומה - דנים דבר שאין תלוי בארץ [ואינו] מקודש, מדבר שאין תלוי בארץ ואינו מקודש; ואל תוכיח תרומת ראשית, שהיא תלויה בארץ ומקודש או כלך לדרך זו - דנים דבר שנוהג בין במרובה [בין במועט, מדבר שנוהג בין במרובה] בין במועט; ואל יוכיח ראשית הגז, שאינו נוהג אלא במרובה תלמוד לומר אם שור אם שה, בין בארץ בין בחוץ לארץ
רב נטרונאי גאון	חלה בחוצה לארץ נוהגת בזמן הזה דמדרבנן, כל שכן מתנות כהונה דמדאוריתא
רמב"ן	מתנות עשאום כחלה שנוהגת בכל מקום. והטעם משום דלכל יש חלה ואין לכל שדה וחשו עליה שמא תשתכח תורת חלה, וכן במתנות הכל שוחטים ולוקחים זרוע ולחיים ותבא להשתכח תורת מתנות כהונה. משום הכי אי דאוריתא אי דרבנן נוהגות הן המתנות בחוצה לארץ ובכל זמן נהגו בהן
מהר"ם מרוטנבורג	לעניין מתנות בחוצה לארץ ילפינן מהתם מבכור כדפ־רישית. ואף על גב דמצינן למילף לפטורא נתינה מ**וַאֲנִי הִנֵּה נָתַתִּי לְךָ אֶת מִשְׁמֶרֶת תְּרוּמֹתָי** מה תרומה בחוצה לארץ לא אף מתנות, דכך דומה ונתן לנתינה כמו שהוא דומה לנתתים דלא להאי דמי לגמרי ולא להאי דמי לגמרי מכל מקום קולא וחומרא לחומרא מקשינן

ע"כ, לפי זה יוצא שכח ההתחייבות בחו"ל נובע ממידת *דבר הלמד מעניינו* - אחת מהי"ג מידות של רבי ישמעאל, ולכאורה היכן מצאנו מידה חזקה ממנה להוציא ההתחייבות?

ובתשובת רש"י כ'; "ודקשיא ליה למה, רב נחמן בר יצחק בראשית הגז נהגו כרבי אלעאי במתנות לא אמה, בימי רב נחמן אכתי לא נהוג.." נראה שרש"י תולה הניהוג בעלמא בהעברת זמן ובבירור העם לעצמם ניהוג מסויים וזה גובר על מידת דבר הלמד מעניינו באופן ש'אי עביד לא מהדרינן להו'.[58]

ויש לתמוה על היתלות חיוב המצווה בחוצה לארץ *בזמן* כי לכאורה ממ"נ, אם ננקוט כפי הסתם משנה לחייב הנתינה בחו"ל וכפס"ד הרמב"ם במשנ"ת, נראה שהתורה מחייבת הנתינה בכל זמן ואין להפסיק המצווה אחר זמן. וכ"ש אחר שראינו בגמ' דקנסי אמוראי טובא על השוחטים שלא נתנות הזלו"ק לכהן (רבא אטמא ורב נחמן בר יצחק קניס גלימא וכו' והני טבחי דהוצל וכו') וזה תואם לחיוב מצוה שהיא חובת הגוף בין בארץ בין בחו"ל (כגון כיבוד אב ואם, הנחת תפילין, שמירת שבת, וכן במצוות לא תעשה; איסורי עריות, איסור אכילת בשר בהמה טריפה, איסור סירוס וכו').

ורש"י פסק שאורויי *לא מורינן* לשוחט לא ליתן הזלו"ק, ויחד עם זה גם כתב שלא מהדרינן להו ולא מחינן בהו בקום ועשה, מובן מדבריו שרשאי כל מורה להעביר ביטול המצווה בשתיקה, אבל בצד חיובי עולה שדעת רש"י הוא שיש לרב מורה להורות *לבאים בשאלה* שהשוחט בחו"ל חייב במצוה. והמהר"ם מתייחס למידת *דבר הלמד מעניינו* בכך שמוצא טעמו לחייב הוא מבכור בהמה. ולדעתו, לא ילפינן זלו"ק ממצוה שהיא תלוייה בקרקע (תרומה) אלא דווקא ממצוה שהיא כמוה בבחינת חובת הגוף (היינו בכור בהמה), ולעולם מחייבינן זלו"ק בחו"ל מדאורייתא ככל מצוה שהיא מסוג חובת הגוף - כי לחומרא מקשינן, לכן אין לרב להעביר ביטול המצוה בחו"ל בשתיקה. והרמב"ן בא כמתווך בין הדיעות וקבע שכל הבירור אם חוב הנתינה בחו"ל הוא מדאורייתא או מדרבנן אינו נוגע למעשה המצווה כי בין כך או כך יש לעשותו בפועל ממש.

המשך הנתינה בחו"ל

מבואר מתשובת המהר"ם דמחייבינן השוחט בחו"ל לתת זלו"ק, ואילו רש"י מעיד שבימיו (לכה"פ העדה שחיו באזור מגוריו בצרפת) נהגו בזה להקל, אבל לפי כמה מקורות נאמנים מצאנו שלא נתפשט שום קולא בכל תפוצות ישראל,[59] ואדרבא, והנה תמציתם;

58 ואה"נ שכמה אחרונים סמכו על דברי רש"י במסכת שבת יו"ד ע"ב ד"ה הוה נקט לומר דניהוג העם גובר עד כדי כך, וגם הורו כניהוג באופן של לכתחילה, ועיקר הדברים צע"ג כי רש"י נקט שאורויי *לא מורינן* ופשוט מדבריו שאין להפוך הניהוג להלכה רווחת כשעצם הניהוג רעוע.

59 וזה נפק"מ גדולה כי לכאורה כיון שלא נתפשט בכל תפוצות ישראל א"א לקבוע הניהוג כ'מנהג ישראל תורה היא' ולומר שהמנהג מבטל את המצווה ח"ו. וכן בשועה"ר שוה"ר תריג יט הובא מרמב"ם הביא מהרמב"ם ש'אין מנהג להתיר את האסור אלא לאסור את המותר' וראה גם בפי' אבן עזרא לזכרי' ז ג-ז, ח יח וכ"ש שחז"ל והראשנים ניסחו את הקולא בחו"ל בלשון 'נהוג' ולא לשון 'מנהג' וראה תשובת רש"י לעיל ורש"י תענית כו עמוד ב.

רי וְזֶה יִהְיֶה מִשְׁפַּט הַכֹּהֲנִים מֵאֵת הָעָם מֵאֵת זֹבְחֵי הַזֶּבַח

» בתלמוד ירושלמי ברכות כו עמוד ב הובא מאמרו של רבי יעקב בר אחא שנהגו בבבל כרבי אלעאי בראשית הגז ואילו אין זכר לניהוג בעניין נתינת הזלו"ק, ומן השתיקה ברור שנהגו השוחטים לתת הזלו"ק.

» בתשובת רב נטרונאי גאון (גאון סורא בשנות ד'תרי"א-ט"ז) עולה שנוהג היה נתינת הזלו"ק בימיו ותקופתו היה כחמש מאות שנה אחר תקופת רב נחמן בר יצחק ראש ישיבת פומבדיתא ד'קי"ג - ד'קי"ז.

» ב*הגהות מרדכי הגדול*, העדה שחיו תחת ממשלת לותייר מלך צרפת ד'תש"א - ד'תשמ"ז בערך שמרו מצות נתינת הזלו"ק.[60]

» לפי עדותו של רב *יהודה בן קלונימוס משפיירא* ד'תת"פ - ד'תתקס"ה בערך, היו השוחטים במגנצא נוהגים בנתינת הזלו"ק לפני ההרג-רב של גזירות ד'תתנ"ו ספר "יחוסי תנאים ואמוראים", מהדורת י. ל. מימון, עמוד תעח.

» בפירוש הר' יחיא צאלח המהרי"ץ, ה'תע"ג - ה'תקס"ו, לעולם נהגו השוחטים בארץ תימן לתת הזלו"ק.[61]

60 *הגהות מרדכי הגדול* כתב יד 673 בספריית בית המדרש לרבנים בניו יורק, ספריית בודליאנה כת"י 678 עמוד שצ תודותינו להרב רועי הכהן זק שהביא מקורות הללו בחיבורו '*השתלשלות החיוב החל בחוץ לארץ בהפרשת ראשית הגז והזרוע הלחיים והקיבה*' רמת-גן תשס"ה, פרק ג סימן ז, ושם; "בשוליו של ספר הגהות מרדכי גדול, המשמש כאחד מהמקורות החשובים ביותר להכרת תורתם של חכמי אשכנז שלפני תתנ"ו, מובאת הערה ארוכה בנושא נתינת זלו"ק, כדלקמן: "חסידי' הראשוני' היו נוהגי' במלכו' לותיר לתת מתנות כהונה, הזרוע ולחיים וקיבה. ואיפשר לכל הבא ליטהר לקיים הדבר ולנהגו, אפי' במקום שאין כהן, יחשוב דמיהם ויצרפם כפי מה שיעלה לשנה או חצי' וישלחם אצל כהן. ושמעתי על הגאון רבי' יהוד' כהן ובנו שמואל כהן שקשה היה בעיניהם שלא היו העם נוהגי' לשלוח למו" ע"כ.

61 פי' זבח תודה יורה דעה סוף סימן ס"א.

תשובת רש"י לרבי נתן ברבי מכיר

בעניין מצות נתינת הזרוע לחיים וקיבה בחוצה לארץ

ואיך יורו בזה מורי הוראה

הקדמה

בגמרא שבת דף י עמוד ב גרסינן; "אמר רבא בר מחסיא אמר רב חמא בר גוריא אמר רב, הנותן מתנה לחבירו צריך להודיעו שנאמר לָדַעַת כִּי אֲנִי ה' מְקַדִּשְׁכֶם.. שמות לא, יג רב חסדא כהן הווה - פירש"י שם הוה נקיט בידיה תרתי מתנתא דתורא אמר כל מאן דאתי ואמר לי שמעתתא חדתא משמיה דרב יהיבנא ליה ניהליה א"ל רבא בר מחסיא הכי אמר רב הנותן מתנה לחבירו צריך להודיעו שנאמר לָדַעַת כִּי אֲנִי ה' מְקַדִּשְׁכֶם יהבה ניהליה אמר חביבין עלך שמעתתא דרב כולי האי א"ל אין א"ל היינו דאמר רב מילתא אלבישייהו יקירא א"ל אמר רב הכי בתרייתא עדיפא לי מקמייתא ואי הוה נקיטנא אחריתי יהיבנא לך" עכ"ל בגמרא

ושם בפירש"י ד"ה הוה נקיט תרתי מתנתא דתורא: 'זוג של זרוע לחיים וקיבה שנתנה לו ורשאי להאכילן לישראל' ע"כ, ואח"כ בפירש"י כ' להוציא שם הו"א דזלו"ק נוהג בחוצה לארץ; "ואע"ג דרב חסדא בחוצה לארץ הוה לא ילפינן מהכא דמתנות נוהגות בזמן הזה, דהאידנא נהוג עלמא כתלתא סבי ברכות דף כב.; כרבי יאשיה בכלאים וכרבי יהודה בטבילת בעלי קריין לתלמוד תורה וכרבי אלעאי בראשית הגז שהיה אומר אינו נוהג אלא בארץ וכן מתנות בימי רב חסדא אכתי לא נהוג כרבי אלעאי ובימי רב נחמן בר יצחק נהוג כוותיה בראשית הגז ולא במתנות. והשתא קא חזינא דנהוג אף במתנות וכי היכי דאחזו במנהג בראשית הגז בימי רב נחמן ולא מחינא בהו ונהגנא כולא כוותיה השתא דנהוג אף במתנות לא משנינן מנהגא"

ע"כ בגמ' וברש"י שם, ולפנינו נעבור אל תשובתו של רש"י לרב נתן ברבי מכיר בנדו"ה.

שאלה מרש"י ז"ל:[62]

וששאלתם על הזרוע לחיים וקיבה למה לא נהגו בהם והרי משנה שלימה היא חולין י א "נוהגין בפני הבית ושלא בפני הבית", ונהגו בהן אמוראים אחרונים[63] והעידו באיגרתו של רבינו הקדוש[64] שלא מיחה בידו מליתנן;

נאמנים עלי דבריו, מי זה ימחה בידן, הנותנין תבא עליהם ברכת טוב. אבל, נהגו העם כרבי אלעאי דאמר[65] עליהן ועל ראשית הגז אינן נוהגין אלא בארץ. דתנן אין מתנות נוהגות אלא בארץ וכן היה רבי אלעאי אומר אין ראשית הגז נוהג אלא בארץ.

ודקשיא ליה למר,[66] רב נחמן בר יצחק בראשית הגז נהגו כרבי אלעאי במתנות לא אמר,[67] בימי רב נחמן אכתי[68] לא נהוג, השתא חזינא מה דנהוג.[69] וכי דנהוג בראשית הגז לא מיחו בידם חכמים מלסמוך על רבי אלעאי השתא נמי כי הדור ונהוג במתנות סמכינן[70] עליה ולא

62 שאלה זו נשאלה מרש"י מאת רב נתן ברבי מכיר ונדפסה בספר הפרדס לרש"י דף צח עמוד א במרדכי חולין סימן תשל"ו, ראבי"ה חולין א'קכ"ה, בחפש מטמונים סימן י, והובא באור זרוע הלכות מתנות כהונה וגם בריש תשובת מהר"ם מרוטנבורג ועוד.

63 מעשים דאמראי בעצמן שנתנו הזרוע הלחיים והקיבה לא מצאנו, אבל בגמ' מצאנו כמה מעשים שקנסו אמוראי אותם השוחטים שלא נתנו הזלו"ק; כי הא דרבא קניס אטמא רב נחמן בר יצחק קניס גלימא חולין קלב עמוד ב הני טבחי דהוצל וכו'.

64 זה אינו רבינו הקדוש שבמשנה ופשוט, ויש אומרים כי מדובר על רב יצחק בן יהודה תלמיד רבינו גרשום, שאותו קראו בימי רש"י בשם רבינו הקדוש. האיגרת המדוברת, בה העידו התלמידים הסכמתו-בדרך-שתיקה של "רבינו הקדוש" רב יצחק בן יהודה שמהווה תמיכה וברכה לשוחטים הנותנים הזלו"ק לכהן לא ידוע לנו כיום.

65 פירש"י חולין קלו עמוד א ד"ה והתניא שרבי אלעאי אמר על הזרוע והלחיים והקיבה דפטור בחו"ל, ועל הגמ' זה גופא 'דתנן אין מתנות נוהגות אלא בארץ' ובגמ' לפנינו 'והתניא רבי אלעאי אומר מתנות אין נוהגין אלא בארץ וכן היה רבי אלעאי אומר ראשית הגז אין נוהג אלא בארץ' הקשה המהר"ם; "קשה לי טובא - פתח במתנות ומפרש טעמא דראשית הגז? ומתרץ ש"משום דלא קיימא לן כרבי אלעאי ..לא חשש רבא לפרש טעמא דידיה במתנות אלא בראשית הגז דקיימא לן כוותיה" ע"כ. וקושיא זו של המהר"ם שהגמ' פותחת בזלו"ק ומפרש טעמא דראה"ג מראה איפוא כמו שהצענו לקמן שרבי אלעאי אמר דינו רק על ראשית הגז ולא אמר מידי על זלו"ק, דהיינו שה'התניא' שבגמ' שם הוי קושיא ראה לעיל לפי שינוי הגי' שהבאנו בדף קעב בכותרת 'בירורים בשיטת רבי אלעאי', ובכל אופן חלק המהר"ם על רש"י כמובא באריכות בתשובתו.

66 היינו מה שהקשה רב נתן ברבי מכיר לרש"י בעובדה שאצל רבינו הקדוש הסכים לחייב בחו"ל בזה "שלא מיחה בידו מליתנן", ואילו אצל שאר רבני דורו אין הוראה ברורה לחייב השוחט בחו"ל.

67 וקושייתו לרש"י היא שבגמ' לא דיבר רבי אלעאי על זלו"ק אלא על ראשית הגז בלבד.

68 פי' עדיין כבגמ' 'אכתי עבדי דאחשורוש אנן' - מגילה יד עמוד א, כלומר שעדיין בימיו היו מנהג רווחת לתת (ורש"י אינו כותב בבירור מתי הופסק הנתינה אלא שבימי רב נחמן בר יצחק עדיין היו נותנים בחו"ל, וראה דברינו לקמן אודות עדויות שונות שהמשיכו הנתינה בחו"ל).

69 היינו בימי רש"י והיינו קהילת בני צרפת.

70 היינו חכמים שבימי רש"י סמכינן על רבי אלעאי, ויש לתמוה קושיא עצומה על סברא זו, שהרי מצאנו שהחכמים בימי התלמוד מיחו בכל תוקף כנגד השוחטים המקילים חולין קלב עמוד ב, והוי ראוי שיהיה הדין שכשם שמיחו אז כן יש למחות עכשיו, ומסתמא ידעו חכמי התלמוד היטב על שיטת רבי אלעאי (אם אכן סבר

מחינן[71] דתרוויהו חד טעמא דגמרי נתינה - נתינה מתרומה.[72]

והנותן נוטל שכר דכל היכא דאמרינן *נהגו* לא מיבעיא דלא דרשינן בפרקא אלא אפילו אורויי לא מורינן ואי עביד לא מהדרינן להו.[73]

יפה כיוון חביבי לומר שלפי שרוב המקומות כהנים אינם מצויין[74] ועוד דמתנות לא טבילן[75] החלו העם לנהוג בהם קל. ע"כ תשובת רש"י ז"ל

להקל בזלו"ק כדלקמן).

71 היינו שסמכינן על רבי אלעאי רק שלא למחות ביד השוחטים שאינם נותנים עד כדי ש"לא מחינן" המורים כנגד מה שהעם נוהגים בזה להקל וכדמסיים רש"י "אי עביד לא מהדרינן להו". אבל להבא לשאול מאת הרב יש איפוא להורות דחייב וכדמסיק לקמן ד"אורויי לא מורינן" להקל בשום אופן (שמכלל לאו שומעים הן).

72 בתשובת מהר"ם מרוטנבורג פליג שאין במשמעות הגמרא להשוות בין תרומה לזלו"ק, ואדרבא וכו' עיי"ש. ובמעדני יום טוב חולין פי"א ס"ק י הובא מדברי הרמב"ן והר"ן עיי"ש כ' הטעם שבראשית הגז חלקו של ישראל מעורב עם חלקו של כהן ואילו בזלו"ק חלקו של כהן מובדל ועומד.

73 *נהגו* דייקא ולא *מנהג*, וראה לקמן אודות ההבדל העיקרי שביניהם.

74 צ"ע כוונת רש"י, כי לכאורה דין מפורש הוא שבמקום שאין כהן מעלים הזלו"ק בדמים.

75 בד"א דלא טבלין היינו שאר בשר הבהמה, ואילו עצם הזלו"ק אסור לישראל לאוכלם כפס"ד המחבר לעיל סעיף לא, וככל הנראה דעתו כמו שפירש לגבי בכור בהמה מס' בכורות לו עמוד ב בד"ה הכי השתא שגזל אינו אלא 'לאו בעלמא' שבזה דרך בנ"א להקל משא"כ לגבי קדשים שדרך בנ"א להחמיר, ועכ"פ איסור גזל איכא ויש להחמיר.

בירורים בתשובת רש"י ז"ל

השוואה בין הגי' ברש"י בגמ' לבין תשובת רש"י הנ"ל

בהשוואה בין תשובת רש"י לבין לשון רש"י בגמ' אשר לפנינו, בולטים כמה הבדלים בנתינת הזלו"ק לכהן בחו"ל. והיות שכל עצם דברי רש"י עוסקים בפרט איך יורו מורי ההוראה, מוכח שברש"י למס' שבת חסר התמיכה שהשוחט בחו"ל ישמור הנתינה, ואף (לכאורה) חסר הזהירות שהמורים לא יורו קולא לנשאלים.

ויש ליישב בין שני המקורות על דרך שאינם סותרים זה את זה, היינו ששני הביטויים, לא משנינן ולא מחינן היינו-הך הם, ולעולם אין למורי הוראה להורות קולא בדין נתינה בחו"ל, באופן שהביטוי *לא משנינן* פירושו בגמ' הוא גם לשון שינון וגירסא[76] וגם לשון שינוי, תמורה והחלפה.[77] וזה תלוי בניקוד, שעניין 'גירסא' ו'שינון' מנקדים מַשְׁנינן ואילו לשון תמורה ושינוי מנקדים מְשַׁנינן. ואם נפרש דהוא לשון שינון ניתן ליישב שהדברים ברש"י שבת דף י עמוד ב, ד"ה הוה נקיט פירושם לומר דהגם 'דהשתא דנהוג אף במתנות, לא מַשְׁנינן מנהגא' כלומר שאין לדרוש ולהורות שזה 'מנהג ישראל' ואין להורות הלכה למעשה שאפשר להקל כי 'לא דרשינן ליה בפירקא', ולפי"ז אין סמכות לשום מורה הוראה להורות להקל במצות עשה זו - דאוריי לא מורינן וזה שלא מהדרינן להו זה רק בדיעבד ומה דהווה הווה - אבל הנה שָׁם רש"י שוברו בצידו שאורויי לא מורינן להקל בשום אופן.

השוואה בין הגי' ברש"י בגמ' לבין תשובת רש"י לר"נ ברבי מכיר

	דפוס רש"י למס' שבת דף יו"ד ד"ה הוה נקיט	תשובת רש"י
הנהוג בעלמא	כי היכי דאחזו במנהג בראשית הגז בימי רב נחמן ולא מחינא בהו ונהגנא כולא כוותיה השתא דנהוג אף במתנות לא משנינן מנהגא	השתא חזינא מה דנהוג. וכי דנהוג בראשית הגז לא מיחו בידם חכמים מלסמוך על רבי אלעאי השתא נמי כי הדור ונהוג במתנות סמכינן עליה ולא מחינן
תמיכה לשוחט ליתנם בחו"ל	ליתא	והנותן נוטל שכר
הוראת הרב להבא לשאול הדין	לא משנינן מנהגא	כל היכא דאמרינן *נהגו* לא מיבעיא דלא דרשינן בפרקא אלא אפילו אורויי לא מורינן

76 כגון 'ושינויי דחיקי לא משנינן לך' -כתובות מב עמוד ב.

77 כגון 'רבא אמר רבי אליעזר היא דאמר מכשירי מצוה דוחין את השבת ומודה ר' אליעזר דכמה דאפשר לשנויי משנינן' -ערובין קג עמוד א.

רטז וְזֶה יִהְיֶה מִשְׁפַּט הַכֹּהֲנִים מֵאֵת הָעָם מֵאֵת זֹבְחֵי הַזֶּבַח

ויש שהלכו בדרך אחרת וטענו שדברי רש"י שבדפוס מסכת שבת דידן ד"ה "הוה נקיט" אינם דברי רש"י ממש אלא תוספת מאיזה תלמיד או תלמידא דתלמיד,[78] ולפי טענותם, כל הנדפס ברש"י ד"ה *הוה נקיט* האו אמנם מיוסד על תשובת רש"י הנ"ל לר"נ ברבי מכיר אבל חסרים בו שני דברים עיקרים של תמיכת רש"י בעד קיום המצוה בחו"ל, שהם;

1. **כל הנותן תבא עליו ברכה** -לשבח יד השוחטים שנותנים הזלו"ק בחו"ל

2. **אוריי לא מורינן** -שלא יורו בעלי הוראה להקל ביישום המצוה בחו"ל

ונכון הוא שהגירסא שברש"י ד"ה הוה נקיט נראו לראשונה בדפוס ראשון של מסכת שבת (ובכל הדפוסים מאז) אך לא נמצאו בכתבי-יד של רש"י (שנכתבו כמה מאות שנה לפני יצירת מלאכת הדפוס) למסכת שבת הידועים מכל כל,[79] והנה הגשנו שתי אפשרויות ביישוב הסתירה בין רש"י לרש"י והבוחר יבחר הי מינייהו עדיף, וזה חידוש שלפי שתיהם גם יחד יוצא ברור בדעתו של רש"י שלא הרפה ח"ו מצוה זו מקהל ה'.

נהוג כמקביל למנהג

בתשו' רש"י הביא מהגמ' במסכת תענית ד'אוריי לא מורינן' דהיינו שאין למורה הוראה להראות שום קולא להבא לשאול ההלכה מפיו. ודברי רש"י מכוונים כלפי הגמרא 'האידנא *נהוג* עלמא כתלת סבי כו'..' ומשמעות המילה *נהוג* מבואר בגמ' תענית כו עמוד ב, ושם; "אמר רב יהודה אמר רב הלכה כרבי מאיר, ורבי יוחנן אמר נהגו העם כרבי מאיר ורבא אמר מנהג כרבי מאיר, מאן דאמר הלכה כרבי מאיר דרשינן לה בפירקא מאן דאמר **מנהג** מידרש לא דרשינן אוריי מורינן ומאן דאמר נהגו אורויי לא מורינן ואי עביד עביד ולא מהדרינן ליה ע"כ.

ובשו"ת מן השמים סימן יח הביא דברים נוראים שגם הם מיוסדים על דקדוק זה בין המילים 'נהגו' ל'מנהג', וז"ל שם; "הזורעים ירקות בכרמיהם וסומכים אהא דאמרי נהגו עלמא כר' יאשי׳ בכלאים שאינו חייב עד שיזרע חטה ושעורה וחרצן במפולת יד ואומרים מדקאמר נהגו מכלל דמותר וכ״ש ירק בכרם, ועוד דבארץ גופא אין איסור ירקות בכרם אלא מדרבנן מכלל דבחו״ל שרי. ויש אוסרים ואומרים דכי אמרו נהוג עלמא כתלת סבא

78 ספר רש"י לר' ליפשיץ (דף קיד הערה 1) ובספר *גלגולו של שיבוש בפירוש רש"י בדפוסים שבידינו*, הר' דוב פוגל דף קכט ודף קעה.

79 שהם כ"י פריס 324 [מספר סרט בספריה הלאומית בי"ם; 4335], כי"ו 138 [מספר סרט: 08694], כ"י הספריה הבריטית לונדון Or. 5975 [מספר סרט: 06526], כ"י פרמה 1324/2087 [מספר סרט: 13164], כ"י ניו-יורק Rab. 841 [מספר סרט: 42276], כ"י ניו יורק Rab. 718 [מספר סרט: 39356].

תודתנו נתונה לר' רועי הכהן זק וספרו "השתלשלות החיוב החל בחוץ לארץ בהפרשת ראשית הגז וזרוע לחיים וקיבה" דף נה-עב ששם ביאר עמדת רש"י והביא כל מקורות הללו עיי"ש טיב מלאכת האומן.

לא רצו לומר כיון דנהוג עלמא מותר אלא החכם שאמר נהוג עלמא כהני תלת סבא דואג היה וחרד על המנהג שנהגו העולם להתיר דברי האסור. ושאלתי הלכה כדברי מי והשיבו "חטא ישראל ואת ישראל אשר חטא מן הקודש ישלם שבעתיים".

ע"כ בשו"ת מן השמים, א"כ יוצא שמן השמים פירשו הפשט בגמרא זו, והווה אומר שרב נחמן בר יצחק לעולם לא אמר מימרתו של "נהוג עלמא כהני תלת סבי כרבי אלעאי בראשית הגז כרבי יאשיה בכלאים כרבי יהודה בן בתירא בדברי תורה" כתמיכה להחזיק ידיהם של בני דורו והנהוג הרווחת אשר בימיו - אלא כדואג וחרד על הדבר ובמה דברים אמורים כלפי ראשית הגז שכן הסתם משנה פוסקת לחייב נתינת ראשית הגז בחוצה לארץ וכן דעת החכמים, ואילו לגבי זלו"ק מאן דכר שמיה שבוודאי יש לחייב וכל זה תואם למעשה ידיו של רב נחמן בר יצחק שקנס אגלימא בפועל ממש לשוחט סרבן במצווה.

מילואים ג

תשובות האחרונים

בעניין מצות נתינת הזרוע לחיים וקיבה לכהן
בארץ ישראל ובחוצה לארץ

תשובת מוה"ר יוסף צייח[80]

שאלה; יורינו רבינו על מה שנהגו ישראל בזמן הזה בחוצה לארץ שאינם מפרישים המתנות של כהונה מן הבהמות ששוחטים להם אם יפה הם עושים או לא:

תשובה; לענ"ד נראה שהם חייבים להפריש המתנות וליתנם לכהנים חברים, אם ימצאו שם, והן קודמין לכהן עם הארץ, שהרי משנה שלימה שנינו במסכת חולין בריש פרק הזרוע וז"ל, הזרוע והלחיים והקיבה נוהגים בארץ ובחוצה לארץ בפני הבית ושלא בפני הבית, בחולין אבל לא במוקדשין ע"כ. וכ"כ הרא"ש ז"ל בפסקיו שם, וכן כתב הטור ביורה דעה בסימן ס"א שהרי לא חילק שם לשון הרמב"ם ז"ל שכתב בפרק ט מהלכות ביכורים שנוהגים בין בארץ ישראל בין בחוצה לארץ, ובכל זמן, מה שלא עשה כן במצות ראשית הגז שכתב שם בסימן של"ג וז"ל דבר תורה ראשית הגז נוהג האידנא בחוצה לארץ אלא שלא נהגו כן עכ"ל, וכתב כן משום הא דאמרינן התם נהוג עלמא בראשית הגז כרבי אלעאי - והוא ז"ל כתב שם בסימן ס"א כי רש"י ז"ל פסק שאין נוהגים בזמן הזה כן כתב הרמב"ם ז"ל, עוד כתב שם בסוף דבריו כי כן נוהגים העולם, וזה משום דאמרינן התם בפרק ראשית הגז דנהוג עלמא בראשית הגז כרבי אלעאי בזמן הזה, א"כ הוא הדין נמי במתנות דכולהו חד טעמא הוא דגמרינן נתינה נתינה מתרומה, ולא כתב כן הדין בפירוש לפי שאמרו שם נהגו וכל היכא דאתמר נהגו לא מבעיא דלא דרשינן ליה בפרקא אלא אפילו אורויי נמי לא מורינן ואי עבדי לא מהדרינן להו.

ואיברא כי הרב (ר"י בעל הטורים) ז"ל[81] לא דק בלשניה דקאמר בשם רש"י שאין נוהגין בזמן הזה דהא רש"י ז"ל לא תלה הדבר בזמן אלא במקום, דהכי איתא בפרק ראשית הגז אמר רב נחמן בר יצחק האידנא נהוג עלמא כתלת סבי כרבי אלעאי בראשית הגז דתניא רבי אלעאי אומר ראשית הגז אינו נוהג אלא בארץ, וכתב רש"י ז"ל כרבי אלעאי בראשית הגז והוא הדין במתנות כיון דחד טעמא הוא דיליף נתינה נתינה מתרומה, דכן מצינו בפרק קמא דשבת דקאמר התם רב חסדא היה נקיט בידיה תרתי מתנתא דתורא כו' וכתב שם

80 כך חותם שמו בסוף התשובה "יוסף בן לא"א אברהם ן' צייח" (או ציית). וראה אודותו באוצר *הגדולים* ח"ד ובס' 'תולדות חכמי ירושלים'. תשובה זו נדפס באבקת רוכל להמחבר הב"י, סימן י. מהר"י אבן צייח גם כ' פירוש לספר אוצר הכבוד בשם *אבן השוהם*.

81 טור, יורה דעה סימן סא.

רש"י ז"ל;

"אע"ג דרב חסדא בחוצה לארץ הוה לא ילפינן מהכא דמתנות נוהגות התם בזמן הזה דהאידנא נהוג עלמא כרבי אלעאי בראשית הגז וכן מתנות בימי רב חסדא אכתי לא נהוג עלמא כרבי אלעאי ובימי רב נחמן בר יצחק נהוג כותיה בראשית הגז ולא במתנות והשתא קא חזינא דנהוג אף במתנות וכי היכי דאחזוק במנהג בראשית הגז בימי רב נחמן ולא מחינא בהו ונהגנא כותיה השתא דנהוג במתנתא ולא משנינן ממנהג""

עכ"ל, ועוד נמצא בתשובה לרש"י והביאה המרדכי ז"ל בפרק הזרוע וכן הביאה בעל אור זרוע, והביאה בשמו בהגהה בפסקי הרא"ש ז"ל בפרק הזרוע וז"ל;

וששאלתה על הזרוע והלחיים והקיבה למה לא נהגו ליתנם בזמן הזה בח"ל, והלא משנה שלימה היא ששנינו שנוהגין בפני הבית ושלא בפני הבית בכל מקום, ונהגו כן אמוראי בתראי - תשובה לרש"י ז"ל; נאמנים עלי דבריכם מי ימחה ביד הנותנים כל הנותן תבא עליו ברכה, אלא נהגו העם כרבי אלעאי דכשם שפטר בראשית הגז בזמן הזה בחוצה לארץ, הוא הדין מתנות דחד טעמא הוא דגמרינן נתינה נתינה מתרומה והנותן יטול שכר דכל היכא דאמרינן 'נהגו' לא מיבעיא דלא דרשינן ליה בפרקא אלא אפילו לאורויי נמי לא מורינן ואי עבדי לא מהדרינן להו עכ"ל.

והרא"ש ז"ל כתב בשם הרב רבינו מאיר מרוטנבורק שמתנות כהונה נוהגין בכל מקום, כמ"ש הרמב"ם ז"ל בפ"ט מהלכות בכורים אע"פ שבפרק עשירי מהלכות בכורים כתב כי ראשית הגז אינו נוהג אלא בארץ כרבי אלעאי, עכ"ז במתנות כתב שנוהגין בין בארץ בין בחוצה לארץ, וכן כתב המרדכי ז"ל בפרק הזרוע וז"ל ורבינו מאיר כתב דדבר פשוט הוא דמתנות נוהגות אף בחוצה לארץ וז"ל;

דהא סלקינן דמתנות אף בחוצה לארץ ואע"ג דאמרינן בפרק ראשית הגז, אמר רב נחמן בר יצחק נהוג עלמא כתלת סבי כרבי אלעאי בראשית הגז שאין נוהגין בחוצה לארץ, והתם מפרש טעמא דרבי אלעאי דיליף נתינה נתינה מתרומה, ואיהו פטר בין במתנות בין בראשית הגז מהאי טעמא, כדתניא התם רבי אלעאי פוטר במתנות, וכן היה רבי אלעאי פוטר בראשית הגז, ומיהו אנן לא קיימא לן הכי כוותיה אלא בראשית הגז ולא במתנות, מדלא קאמר נהוג עלמא במתנות ובראשית הגז כרבי אלעאי ורב נחמן בר יצחק גופיה דאמר נהוג עלמא כרבי אלעאי בראשית הגז במתנות אשכחן ליה דקניס גלימא למאן דלא יהיב מתנתא בפרק הזרוע, וליכא למימר שהיה מחמיר אע"פ שלא היה צריך דאי בעי לאחמורי אנפשיה דוקא היה

ליה לאחמורי, לא לאחרים למקנסהו, שלא הן הדין אם איתא דקיימא לן כרבי אלעאי במתנות וליכא למימר מקומות מקומות איכא דוכתא דנהוג כרבי אלעאי במתנות וראשית הגז ואיכא דוכתא דלא נהוג, ורב נחמן בר יצחק דקניס גלימא בדוכתא דלא נהוג כרבי אלעאי הוה, דהא ליתא מדקאמר נהוג עלמא משמע דכולי עלמא נהוג כן, ועוד מדקאמר נהוג עלמא דלכל הפחות במקומו נהגו כן, וקניס גלימא משמע נמי במקומו, אלא ע"כ בראשית הגז ולא במתנות, וכמו שאפרש הטעם, ועוד ראיה דאשכחן אמוראי טובא בבבל דהוו מפרשי מתנות, ולא אשכחן שום אמורא בבבל שהיה מפריש ראשית הגז והיינו טעמא משום נהוג עלמא כרבי אלעאי בראשית הגז ולא במתנות.

ועוד ראיה דאמרינן פרק שלוח הקן כל היכא דתניא בין בארץ בין בחוצה לארץ שלא לצורך לבד מראשית הגז, לאפוקי מרבי אלעאי דאמר דאין ראשית הגז נוהג אלא בארץ, ואדרבא טפי הוה ליה למימר ממתנות דפרק הזרוע נשנה קודם ראשית הגז, והא דפרק הזרוע תני בארץ ובחוצה לארץ, לאפוקי מדרבי אלעאי, אם כן הדר קתני בארץ ובחוצה לארץ בראשית הגז שלא לצורך דמפרק הזרוע שמעינן לאפוקי מדרבי אלעאי דאידי ואידי חד טעמא הוא, והאי דסבר כוותיה בהאי סבר בהאי, ומאן דפליג עליה בהאי פליג עליה נמי בהאי,[82] ובתשובות רב האיי גאון ז"ל כתוב שמי שאינו נותן חייב נידוי, דאמר רב חסדא האי טבחא דלא יהיב מתנתא כו' עכ"ל, וכן פסק רב אלפס ז"ל דמתנות נוהגות אף בחוצה לארץ, אבל רבותינו בעלי התוס' ז"ל נדחקו על הא דקאמר לבד מראשית הגז, וכתבו דהוא הדין לבד ממתנות וחדא מינייהו נקט עכ"ל.

אמנם הרא"ש ז"ל בפסקיו דפרק ראשית הגז כתב וז"ל;

"ופרש"י ז"ל כיון דנהוג עלמא כרבי אלעאי בראשית הגז הוא הדין נמי במתנות דחד טעמא נינהו, משום דיליף נתינה נתינה מתרומה, ואע"ג דלעיל בפרק הזרוע סברי כולהו אמוראי דמתנות נוהגות בחוצה לארץ, גם בראשית הגז היו נוהגים בו באותם הדורות,[83] ושוב בדורות אחרונים חזרו לנהוג כרבי אלעאי בשניהם, ולהכי קאמר

---

82 ראה שכאן חסר קטע שלם מתשובת המהר"ם בעניין הילפותא מבכור בהמה ראה התשובה לעיל בשלימותה, וכנראה לא היה זה לעיני מהר"י ציית כדמוכח מזה שמצדד לחייב רק הארצות הסמוכות לא"י ואילו המהר"ם נוקט שהחיוב הוא בכל מקום בחו"ל.

83 יש לתמוה על כך, כי לא הובא בתלמוד בבלי ולא בתלמוד ירושלמי איזה ראייה לכך שנהגו בשום תקופה בחו"ל לתת ראה"ג לכהנים - ואדרבא, בתלמוד ירושלמי איתא ברכות כו עמוד ב בשם רבי יעקב בר אחא "ונהגין תמן כרבי אלעי בראשית הגז" (כלומר שנהגו להקל, משא"כ בדין כלאים וטבילת בעל קרי כדלקמן שיש ראיות ברורות מן התלמוד שלא נהגו כרבי יאשיה ולא רבי יהודה בן בתירא), ובתשובת המהר"ם האריך שבגלל שמסתבר טעמא של רבי אלעאי בראה"ג נהגו כוותיה רק בראה"ג - ולא נהגו כוותיה בזלו"ק.

האידנא נהוג עלמא אע"פ שעד עתה לא נהגו כן, וכן לענין כלאים ברוב המקומות בתלמוד סוברים האמוראים דלא כרבי יאשיה, בשבת בפרק תולין שלחו ליה בני בשכר ללוי כשותא בכרמא מהו, שלח להו כשותא בכרמא ערובא, ופריך ולישלח להו כרבי טרפון דאמר כשות בכרם אינו כלאים, ולא פריך ולישלח להו כרבי יאשיה, וכן קאמר התם בפרק תולין שבת קלט עמוד א מכריז רב עמרם האי מאן דזרע כשותא בכרמא ליזרע כרבי טרפון,[84] אבל כרבי יאשיה לא קאמר, וכן בפרק מי שמתו ברכות כב עמוד א רוב תנאים ואמוראים סברי דלא כרבי יהודה בן בתירא ואפילו הכי פסיק הכא הלכתא כרבי יאשיא, וכרבי יהודה בן בתירא, וכרבי אלעאי וסבר רב נחמן בר יצחק אלו השלשה יחד לפי שנשתנה בהם המנהג,[85] ואיהו גופיה קאמר לעיל דקניס אטמא, כי כן היו נוהגים בתחלת ימיו ועל זה סמכו ונהגו כן בדורו האחרונים, והרמב"ם ז"ל כתב דנוהגין בזמן הזה, וכן כתב רבינו מאיר מרונטבורק (שזלו"ק נוהג בזה"ז, אבל מכל מקום), והעולם לא נהגו כן"

עכ"ל, עוד כתב (הרא"ש) שם שלהי פרק ראשית הגז וז"ל;

"ואע"ג דאמר רב נחמן בר יצחק האידנא נהוג עלמא כרבי אלעאי בראשית הגז ופרישנא דהוא הדין במתנות, הא הצריכו רבנן בהלכותיהן ומשום דרב נחמן בר יצחק לא פסק בהדיא הלכתא אלא אמר דנהוג עלמא הכי, ואי איכא דוכתא דלא נהוג שידעו הלכותיהן"

עכ"ל, והנה כתב הרב רבינו נסים ז"ל בפירוש להלכות דבפרק ראשית הגז וז"ל;

כתב רש"י ז"ל דהוא הדין במתנות שאין נוהגות אלא בארץ ישראל, וטעמו משום דאמרינן בגמ' דסבירא ליה לרבי אלעאי דמתנות וראשית הגז אין נוהגות אלא בארץ ישראל, ויליף תרוייהו מנתינה נתינה דתרומה, דמה תרומה בארץ ישראל אין בחוצה לארץ לא, אף הכא נמי בארץ ישראל אין בחוצה לארץ לא, וכיון דנהוג עלמא כרבי אלעאי בראשית הגז אלמא דסבירא להו דילפינן נתינה נתינה ומעתה הוא הדין למתנות.

אבל הדבר קשה, דהא כוליה פרקין דהזרוע דהיינו במתנות נוהגות בחוצה לארץ, דהא רבנן בתראי דבבל קנסי בהו אטמא וגלימא, ובפרק הבא על יבמתו נמי אמרינן גבי חברי דאתו לבבל גזרו על שלשה בשביל שלשה, על בשר מפני המתנות, אלמא מתנות ראוי לנהוג בהן בכל מקום, לפיכך יש לומר דנהי דמאן דאית ליה הלכתא

84 לפי גרסתינו שבת קלט עמוד א מכריז רב האי מאן דבעי למיזרע כשותא בכרמא ליזרע, רב עמרם חסידא מנגיד עילויה.

85 ראה לקמן שמדובר על 'נהוג' דייקא ולא מנהג.

כרבי אלעאי בראשית הגז פסק נמי כוותיה במתנות מטעמא דכתבינן אפילו הכי רב נחמן לא פסיק הלכתא כרבי אלעאי, אלא נהוג עלמא קאמר, וכל היכא דאמרינן 'נהגו' אי אתו לאורויי לא מורינן כדאיתא בפרק בתרא דתעניות, הילכך אע"ג דמתנות כהדדי נינהו בהדי ראשית הגז אפילו הכי אי נהוג נהוג ואי לא נהוג לא מקילינן להו.

ויש אומרים עוד שאפילו נהוג כוותיה במתנות לאו מנהגא הוא, דאע"ג דטעמא כרבי אלעאי ראשית הגז ובמתנות משום דיליף נתינה - נתינה הוא, ולדבריו אי אפשר לחלק ביניהם אפילו הכי נהוג עלמא כוותיה בראשית הגז, ולאו מטעמיה אלא משום דאמרינן בגמרא גבי פלוגתא לרבי אלעאי ורבנן בבהמת השותפין אי מחייבא בראשית הגז או לא, דטעמא דרבי אלעאי משום דכתיב כו' ולא של שותפות, ואמרינן דלדידיה לא צריך למיעוטי שותפות גוי, דנפקא ליה מרישיה דקרא דכתיב **רֵאשִׁית דְּגָנְךָ** ולא של שותפות, הילכך גמר כאן בראשית הגז מתרומה לענין שותפות גוי, ומיותר ליה צאנך למעוטי שותפות ישראל, ומשום הכי נהוג עלמא בראשית הגז כוותיה משום דבהאי קרא הוקש ראשית הגז לתרומה לא מטעמא דנתינה נתינה, ולפיכך מתנות שלא הוקשו נוהגות בחוצה לארץ דילפותא דנתינה - נתינה ליה לן.

ואין זה נוח לי דבגמרא מוכח דהא לא הקשה הוא כדי שנלמוד ראשית הגז מתרומה, למה שלא הוזכר בפסוק זה דהא אמרינן התם אי בעית אימא שותפות דגוי בתרומה דרבנן חיובי מחייבי, ואם אימא דהקישה גמורה היא הוה ליה למיפטר שותפות דגוי בתרומה מהקישה דראשית הגז, דוק ותשכח, אלא ודאי משמע דהאי דאמרינן לרבי אלעאי לאו בתורת הקישה אלא דקרא הכי משמע, והיינו דאמרינן נפקא ליה מרישיה דקרא, כלומר דאפילו לא כתב רחמנא **צֹאנְךָ** כיון דכתב ברישא **דְּגָנְךָ** משמע ולא של שותפות, אפילו לא כתב אלא **רֵאשִׁית גֵּז** בלבד משמע דקאי אמאי דלעיל מיניה דהיינו שלך ולא של שותפות. ומעתה צריך ליתן טעם למה נהגו כרבי אלעאי בראשית הגז ולא במתנות, והרב רבינו זרחיא הלוי כתב דאפשר דלא נהוג עלמא במידי דאכילה כרבי אלעאי, הואיל ונפק מפומיה דרבי יוחנן כל האוכל מבהמה שלא הורמו מתנותיה כאילו אוכל טבלים ותרומה טבלא בחוצה לארץ מדרבנן ובהא אפילו רבי אלעאי מודה וגם זה איננו מחוור.

ואפשר לי לומר שראו דבריו של רבי אלעאי בראשית הגז, ולא ראו אותם במתנות, משום דראשית הגז מעורב עם חלקו של ישראל דומה לתרומה,

> וראוי ללמוד ממנה בנתינה נתינה, משא"כ במתנות שהם מובדלות ועומדות דמש"ה נמי פרכינן עליה דרבי אלעאי בגמרא אי מה תרומה טובלת אף ראשית הגז טובל, ומפרקינן עליך אמר קרא וְרֵאשִׁית גֵּז צֹאנְךָ תִּתֶּן לּוֹ אין לך בו אלא מראשית ואילך, ולא פרכינן הכי במתנות דפשיטא לן דמתנות לא דמה לתרומה, אע"ג דרבי אלעאי מתנות יליף נמי מתרומה נתינה - נתינה, ומש"ה אנן נמי כיון דראשית הגז דמי לתרומה טפי ממתנות מסתברא לן טעמיה דרבי אלעאי לראשית הגז, דְוְנָתַן אמר רחמנא בתרומה לאגמורי אראשית הגז דדמיא ליה כלביה, ולא מסתברא לן במתנות דלא דמו לתרומה וכן דעת הרמב"ם ז"ל שהמתנות נוהגות בכל מקום אע"פ שראשית הגז אינו נוהג אלא בארץ, עכ"ל הר"ן ז"ל.

וכן נראה שהוא דעת הריא"ף ז"ל שלא כתב הא דרבי אלעאי דקאמר אין מתנות נוהגות אלא בארץ, וכתב ג"כ הרב הגאון מוהררי"ק נר"ו בפי' לס' יורה דעה בסימן ס"א, וז"ל;

> "וראיתי מי שכתב דעל כורחין לא אמר הרמב"ם ז"ל דמתנות נוהגות בח"ל אלא במצרים ובבל וכיוצא בהם שהם סמוכות לארץ ישראל ותרומה ומעשר נוהגות בהם, אבל בשאר חוצה לארץ אין מתנות נוהגות בהם"

ואני (במעני אני) לע"ד נראה שאין אלו אלא דברי נביאות, לפי שהרמב"ם ז"ל היה לו לפרש דין זה לגבי מתנות כאשר פירשו לגבי תרומה בהלכות תרומה בפ"א, וז"ל "התרומות אינן נוהגים מן התורה אלא בא"י בין בפני הבית בין שלא בפני הבית", דהכי מוכח במסכת חולין פ"ק ובע"ז פ' רבי ישמעאל דף נח עמוד ב דקאמר התם ריש לקיש איקלע לבצר חזינהו דאכלי פרי דלא עשרי כו', ובספרי פרשת קרח ובחלה פ"ב, עוד כתב שם הרב הנזכר כי נביאים התקינו שיהיו נוהגות אפילו בארץ שנער מפני שהיא סמוכה לארץ ישראל ורוב ישראל הולכים ושבים שם, דהכי איתא בירושלמי ראש פרק האשה שנתארמלה וירושלמי דשבועות פ"ו: עוד כתב שם הרב הנזכר כי חכמים הראשונים התקינו שיהיו נוהגות אף בארץ מצרים, ובארץ עמון ומואב מפני שהם סמוכות לארץ ישראל דהכי מוכח בכמה דוכתי בתלמודנו בברכות פ' כיצד מברכין לו עמוד א לגבי מעשר צלף, ובבכורות פ' עד כמה לגבי תרומה, וכן בפ"ק דביצה דף יב עמוד ב לגבי גרבא דחמרא בתרומה, ובנדה בפ' בנות כותים דף לב עמוד א לגבי מעשה והטבילוה כו' וכן בכמה דוכתי בתלמודנו ובתלמוד ירושלמי, ואי הוה דינא הכי לגבי מתנות לא לשתמיט תנא בשום דוכתא לאשמועינן הא, דהא אע"ג דיליף מתנות מתרומה בנתינה - נתינה, לאו לכל מילי יליף להו, אלא ודאי היכא דאיתמר איתמר, היכא דלא איתמר לא איתמר, ולא ילמוד סתום מן המפורש, וא"כ למה נפרש בדבריו מה שלא נתפרש בתלמוד ולא פסקו שום פוסק שבעולם, ועל הדרך שכתבנו ואע"ג דילפינן נתינה - נתינה מתרומה לאו לכל מיל' ילפינן להוי, דהא קיימא לן

דלית הלכתא כההיא דאמר רבי יוחנן כל האוכל מבהמה שלא הורמו מתנותיה כאילו אוכל טבלים אע"ג דילפינן נתינה - נתינה מתרומה, לאו להא מילתא ילפינן להו והיינו נמי דפריך התם אי מה תרומה טובלת אף ראשית הגז, ומשני והדר פריך אי מה תרומה חייבים עליה מיתה וחומש אף ראשית הגז, ומשני כו' כדאיתא התם הא קמן דלאו לכל מילי ילפינן להו, והנה גם הרב בעל ספר מצווה גדולות כתב בחלק מצווה עשה בסימן קמ"ב וז"ל;

"ועוד שנינו המתנות נוהגות בכל מקום אף בחוצה לארץ ואף שלא בפני הבית ונוהגות בחולין אבל לא במוקדשין, ופי' רש"י ז"ל במס' שבת מאמר שנהגו העולם כרבי אלעאי בראשית הגז שאינו נוהג אלא בארץ, ואנו רואין שנהגו גם כן במתנות לא משנינן מנהגא, ויש ליתן טעם דמחד טעמא נפ"ל מדרבי אלעאי דתרווייהו יליף נתינה נתינה מתרומה, וכמו כן עושה ג"ש זו מתנות מתרומה לענין אחר בפ' ראשית הגז"

עכ"ל, ואני כבר הוראתי למעלה בתשו' רש"י ז"ל דאין מורין כן להשואל על זה, וגם כי הנותן מתנות בחוצה לארץ תבא עליו ברכה ולא הוי עושה דבר שאינו צריך דנקרא הדיוט, כדאיתא בירושלמי א"כ גבי הוראה לנשאל כוליה עלמא מודים שמורים לחייב בחוצה לארץ לתת המתנות.

זאת לא זאת כי גדולה מזאת אני אומר לע"ד נראה, כי נוכל להורות אף לבלתי נשאל המתנות בחו"ל, הואיל והדבר יצא מפי הגדולים הלא הם רב האיי גאון והריא"ף והרמב"ם ז"ל אשר אנחנו נוהגים על פיו בכל הגלילות הללו א"י וסביבותיה, עוד יש להוכיח שראוי להורות כן אף לרחוקים בח"ל, מאחר שגם רבים וגדולים מהגאונים האחרונים מסכימים שיש לתת המתנות בח"ל, וכמ"ש ראוי לפסוק כמוהם מאחר שגם הם ראו המנהג, וכדברי הראשונים המקיימים אותו ועכ"ז חלקו עליהם בהוכחות נכוחות, אינהו קים להו דברי הראשונים טפי מינן, ואילו חזו בהו דאינון חזו למיסמך עליהון לא הוו פליגי עלייהו. ויש לי ראיה ע"ז ממה שכתב הריא"ף ז"ל בהלכות דסוף מסכת עירובין וז"ל;

"ואנן לא סבירא לן הכי דכיון דסוגיא דגמ' דילן להיתרא לא איכפת לן דמאי דאסרי בגמ' דבני מערבא דעל גמ' דילן סמכימנן דבתרא הוא, ואינהו הוו בקיאי בגמרא דבני מערבא טפי מינן ואם לאו דקים להו דהאי מימרא דבני מערבא לא דסמכא היא לא קא שרו לה אינהו"

עכ"ל, הרי לך להדיא שהוא פוסק כבתראי אפילו לקולא, ומה גם עתה בנושא דידן דבתראי מחמירי ומוכיחים דבריהם בהוכחות נכוחות למבין על הדרך שכתבנו. עוד יש לי ראייה ע"ז מהא דגרסינן בכתובות דף סט עמד א פרק מציאת האשה תלי ליה רב לרבי ביני חיטי האחים

ששעבדו מהו כו' עד בין מכרו ובין משכנו מוציאין לפרנסה כו' עד ורבי יוחנן אומר אחד זה ואחד זה אין מוציאין כו' איבעיא להו לרבי ממנן לא שמיע ליה הא דרבי, ואי שמיע ליה הוה מקבלה או דילמא משמע שמיע ליה ולא קבלה כו' ושקיל וטרי התם למיפשט דשמיע ליה ודחי לה' וכתב רב האיי גאון ז"ל בתשוב' וז"ל;

"עכשיו באנו לחקור דברי רבי יוחנן שהוא בתראה מימר אמר ששמע דברי רבי מוציאין לפרנסה וראה בהם קושיא ודחאם, וכיון שדחאם רבי יוחנן שהוא בתראה לא עבדינן כרבי או דילמא לא שמע אותם שאילו שמען לא היה חולק עליו, ת"ש כו' עד נמצא דלא מיפשיטא אי שמיע ליה אי לא שמיע ליה הלכך מספקא לא מחזקינן פלוגתא בין לרבי יוחנן בין לרבי"

עכ"ל, וכן כתב מוהרי"ק ז"ל בתשובותיו בשורש פ"ד וז"ל;

"שהרי בכמה מקומות אנו פוסקים כדברי האחרונים ומשום האי טעמא פסקו הגאונים אשר מסרו לנו את התורה, דמאביי ורבא ואילך הלכתא כבתראי, ואפי' בתלמיד נגד הרב והטעם מתבאר יפה מתוך דברי הריא"ף ז"ל שכתב בשלהי מסכת עירובין כו' עד והרי לך דאע"ג דאוירא דא"י מחכים וחד מינייהו כתרין מינן כדאמרינן בכתובות פ' המדיר וכן במנחות בפ' התכלת מ"מ הלכה כתלמוד בבלי נגד תלמוד א"י משום דבתראה הוא וידע במילי דתלמוד א"י טפי מינן ואפי' להקל סמכינן אגמרא דילן מהאי טעמא כמו שכתב רב אלפסי וה"ה והוא הטעם להלכה כבתראי מאביי ורבא ואילך, לפי שנראה לע"ד משום דבתראי ידעי במילי דקמאי, אבל קמאי לא ידעי במילי דבתראי, ומדחזינן דבתראי לא חשו למילי לקמאי אלמא דקים להו דמאי דאמרי קמאי בהאי לאו מילי דסמכא נינהו כו' עד דעד אביי ורבא לא היו התלמידים לומדים אלא ע"פ קבלת רבותיהם כפי מה שהיו שונים להם, מהם היו שונים על פי רבי חייא ורבי הושעיא ומהם ע"פ משנת בר קפרא או מתניתא רבי לוי או מתני רבי שמואל וכן כולם, ומשום כך ראוי לפסוק כדברי הרב, כיון שהתלמיד לא ידע אלא מתוך דברי רבו, דברי הרב ודברי התלמיד דברי מי שומעין, אבל מאביי ורבה ואילך למדו כל הדעות, ר"ל משנת רבי חייא ורבי הושעיא ובר קפרא כו', ולפיכך ראוי הוא לפסוק כדברי התלמיד, משום דבתרא הוא ולפעמים שהרב הולך לשיטת אחד מהברייתות כגון משנת רבי חייא ורבי הושעיא והאחרון זקוק מכח ברייתא אחרת כגון משנת בר קפרא או אינך דאין הלכה כן או בהפך או לפעמים לא עיין הרב בחדא מהני מתניתא והתלמיד עיין בה ודקדק ממנה שלא כדברי רבו וכמו שהוכיח הוא ז"ל במישור דבריו שם"

ע"כ, וכ"כ ג"כ הוא ז"ל בתשובותיו בשורש צ"ד ע"ש. וא"כ ראוי והגון הוא להיות נוהגים המתנות אף בכל מקום בח"ל, וכל ישראל שלא יהיה נשוי לויה או כהנת או שלא נשתתף בבהמה ההיא עם גוי או עם כהן ירשם חלקו בכולה כשישחט אי זו בהמה או כוי ראוי לתת לכהן חכם אם אפשר שימצא שם והוא קודם לכהן ע"ה ויתן לו המתנות שהם הזרוע הימני ממנה, והוא מפרק הארכובה הנמכרת עם הראש עד כף היד שקורין איספאלדה, והם שני פרקים והלחיים והם מפרק של לחי עד פירקא של גרגרת שהיא טבעת הגדולה, ויתנם עם הלשון שביניהם ועם העור ועם הצמר שבראש הכבשים והשער שבראש התיישים שאינו רשאי למלוג הראש ולא להפשיט עורו קודם שיתננו לכהן והקיבה צריך לתנה לו עם כל חלבא פנימי וחיצון, אלא א"כ נהגו הכהנים בא"י להניח החלב לבעלים אז רשאים לעכבו.

ויכול ליתן הזרוע לאחד וקיבה לאחד ולחיים לשנים ובשור הגדול יכול לחלק הזרוע לשנים לכל אחד פרק אחד. ואם אין שם כהן ישום המתנות בדמים ושווים ונותן הדמים לכהן כשימצא דבהא אמרינן מה לי הן מה לי דמיהן, וכן אם יש שם כהן ונתפשר עמו בדמים אם מעט ואם הרבה יתן הדמים לכהן ויאכל המתנות,[86] שהרי כאן יכול ליתן לישראל המתנות ואפילו במתנה, ולהיות המתנות ממון שאין לו תובעים, לפי שלכל איזה כהן שירצה יתנם, ומצי לדחויי לכולהו[87] וקיימא לן בפרק הזרוע לא נתן הבהמה לכהן אלא אכלן או הפסידן פטור מדיני אדם וחייב בדיני שמים, ולצאת ידי שמים צריך לפרוע דמיהן כשיווייהן לכהן, לכן אמרו רז"ל כי הדין של כהן עם הטבח, ועל כן ראוי לטבח שלא ישחוט לשום ישראל החייב במתנות או לכהן ולוי השוחטים ומוכרים עד שידע בודאי שנתפשרו עם הכהן בכל אשר יחפץ או שיקח המתנות תחת ידו לתתם לכהנים ובזה יצא ידי חובתו.

ועתה אומר אני במעני עני, לבל יחשדני שומע לומר כי נתייהרתי בהוראה זו והפרזתי על מדותי להורות ונכנסתי לפנים ממחיצתי להורות כנגד המנהג אשר הכל נהגו משנים קדמוניות, והלא אפילו גדולי המורים המחמירים בזה גאונים ראשונים ואחרונים לא יוכלו לבטלו, ואיך ימלאני לבי ליקרב הלום ובמקום גדולים עדיפי לכלום, ואיך אכריע דבריהם בדין התורה ודעתי קצרה וסרה ואף כי במקום אריות שבחבורה אשר לא יחטיאו השערה, לכן להשיב על תוכחתי אומר כי להשיב לשואל באתי, ומתוך כך פי בהוראה הרחבתי יען וביען מאמר רבי נזכר ונזכרתי ובהוראת האמת בחרתי את אשר אהבתי, ובדרך המאמר

86 ראה בתשובת מהר"י קורקוס שסבר בפירוש שאין לעשות כן ועיי"ש.

87 ובים של שלמה חולין פרק תשיעי סימן ב כתב דלא מצי לדחויי, ושם; "ועתה אשיב על דבריו מה שתמה הלא אפילו איתנהו בעינייהו אין לו תובעים, נראה דלא קשה מידי דבוודאי יש לו תובעים וכל כהן התובעו ראשון צריך להשיב לו ואם משיב לו 'לא לך אתננה אלא לאחר' צריך להוציא מידו וליתן לאחר או ליד בית דין שיתנו לאחר, ולא עוד אלא נראה בעיני דאם נראה בעיני בית דין שהיה רוצה להפקיע כגון שאומר לכהן אחר אתננה ולא אמר להם לאיזה כהן מפקיען ממנו ונותנים לכהן ראשון התובעו, דאל"כ שום כהן לא יתבענו, וגדולה מזו נראה שאפילו לא היה תובעו שום כהן ורואין הבית דין שאין נותן מתנות כופין אותו לכך ומכין אותו עד שתצא נפשו עד שיקיים המצוה המוטלת עליו אם איתא בעין" ע"כ.

ההוא דרכתי, כדאיתא במס' חולין פ"ק ו עמוד ב דגרסינן התם העיד רבי יהושע בן זרוז בן חמיו של רבי מאיר לפני רבי, על רבי מאיר שאכל עלה של ירק בבית שאן, והתיר רבי את בית שאן כולה על ידו חברו עליו אחיו ובית אביו, אמרו לו מקום שאבותיך ואבות אבותיך נהגו בו איסור אתה תנהוג בו התר דרש להן מקרא זה מלכים ב יח ז **וְכִתַּת נְחַשׁ הַנְּחֹשֶׁת אֲשֶׁר עָשָׂה מֹשֶׁה כִּי עַד הַיָּמִים הָהֵמָּה הָיוּ בְנֵי יִשְׂרָאֵל מְקַטְּרִים לוֹ וַיִּקְרָא לוֹ נְחֻשְׁתָּן**, אפשר בא אסא ולא ביערו בא יהושפט ולא ביערו, והלא כל ע"ז שבעולם אסא ויהושפט בערום, אלא מקום הניחו לו אבותיו להתגדר בו.

אף אני מקום הניחו לי אבותי להתגדר בו מכאן לת"ח שאמר דבר הלכה *שאין מזיחין אותו* ואמרי לה *אין מזניחין אותו* ואמרי לה *אין מזחיחין אותו* ע"כ שהרי ראוי בזה בכמה מקומות כי לו לבד עושה איסור בעל הבהמה בעוברו על מצווה עשה של תורה[88] כפי סברת הרמב"ם ז"ל, והרי"אף ז"ל ורבינו האיי גאון ז"ל ושאר הפוסקים האחרונים אשר זכרנו אלא גם אוכל מבשר הבהמה ההיא עובר באיסור אם יודע שלא הורמו מתנותיה וכמו שכתבו רבותינו בעלי התוס' ז"ל פרק הזרוע, וז"ל בדיבור המתחיל הכי גרסינן בפי רבינו חננאל שבעה נכסי כהן כו', ולא חשיב הכא כל עשרים וארבעה מתנות כהונה דרשי' לקמן בפרקין דלא חשיב הכא אלא הנך דאסורי' לזרים והם ממון כהן, והא דחשיב מתנות אע"פ שמותרות לזרים משום דטבילי ודמו לתרומה, כדאמרינן לקמן אע"ג דלית הלכתא הכי היינו דלא הוי כאוכל טבלים, אבל מכל מקום איסורא איכא לאכול הבהמה שלא הורמו מתנותיה אינך לא חשיב אלא מידי דבר אכילה עכ"ל.

ולכן לע"ד נראה שכל אנשי חוצה לארץ אשר בגלילות הללו סביבות ארץ ישראל, מאחר שהם נוהגים כל דבריהם עפ"י הרמב"ם יש לנהוג כמוהו גם במתנות, ומה שנהגו שלא לתת המתנות עד עתה היה מנהג בטעות, ולא מפני שנהגו כרבי אלעאי שהרי גם בא"י מקודם בזמנינו לא היה נוהגים לתת המתנות דלא כחד ואפילו פה ירושלים תובב"א לא נהגו לתת המתנות אלא מקרוב עפ"י החכם השלם הרב כמוהר"ר לוי ן' חביב זלה"ה שהוא הנהיג בהסכמת הכהנים לתת דמי המתנות חצי כסף לגדי ולבהמה דקה כסף ולבהמה גסה שני כספים.[89] ומינה כשם שנפל הטעות בזה בא"י כך נפל הטעות בח"ל במקומות אשר נוהגים עפ"י הרמב"ם ז"ל גם בשאר הדברים,[90] וסבת הטעות לראשונים בזה הוא להיות שהמתנות הם ממון שאין לו תובעים לכן הכהנים לא שתו לבם גם לזאת, וגם החכמים הקדומים חלקם בחיים העלימו עין בדבר כי לא היה מוטל עליהם יען שלא נתרעם

88 נראה דלא דק, כי באמת כל חוב המצווה מוטלת רק על השוחט ולא על בעל הבהמה סעיף כח ועוד.

89 וראה בתשובת מהר"י קורקוס שקרא תגר על מנהג זה וסבר הן דווקא ולא דמיהן, עיי"ש.

90 לא כן ביהדות תימן שהקפידו על מצווה זו כדעת הרמב"ם במשך כל הדורות, וכפי המובא בפי' *זבח תודה* ליורה דעה, סוף סימן ס"א וז"ל; "דע כי המנהג קדמון היה בכאן להפריש מתנות אלו כסברת הרמב"ם מאריה דאתרין, ולא טוב עשה מי שהרפה מצווה זו מקהל ה' כיון שהמנהג פשוט בינינו מעולם כך" עכ"ל.

לפניהם שום כהן ע"ז לחושבו שאם לא נתנו אותם אליו אולי נתנו אותם לזולתו, וחלקו אין ראוי לשאול בפיו והצנועים מושכים את ידיהם[91] גם כי בעוונותינו בין הגויים אנו יושבים והמעוט ממנו הם השוחטים בהמות שלהם[92] ואולי להיות הישראל נשוי כהנת או לויה[93] פטור ממתנות ממנו למדו האחרים המועטים דהא כ"ע לאו דינא גמירי ועמי בעצו ישאל ומקלו יגיד לו ולכן לא שתו לבם גם לזאת.

ולזה אני אומר כי במקומות שהם נוהגים כהרמב"ם ז"ל בשאר הדברים יש להם לנהוג במתנות כמותו, וראייה ממה שכתב הרשב"א ז"ל בתשובותיו בסימן רנ"ג וז"ל בסוף התשובה ההיא;

"ומן הדרך הזה כל שנהגו לעשות כל מעשיהם ע"פ אחד מגדולי הפוסקים במקום שנהגו כל מעשיהם ע"פ הלכות הרב אלפסי ז"ל, ובמקום שנהגו כל מעשיהם על פי החבור הרמב"ם ז"ל והרי עשו אלו הגדולים כרבם כו'"

עכ"ל, ואל תשיבני ממה שכתב הריב"ש בתשובותיו בסימן רנ"ו וז"ל;

עוד שאלת במקום שנהגו היתר אם ראוי למחות באותו מנהג ולאסור, ומן הטעם הזה נאמר אם יש איזה ענין שנוהגים בו דלא כהרמב"ם ז"ל במקומות אשר נהגו כמותו כמולייתא וכיוצא בזה בשאר הדברים הוא מנהג בטעות, וראוי להחזירם לנהוג כמותו גם בדבר ההוא אם לא שיתברר כי המנהג ההוא נתייסד ע"פ וותיקין מימי עולם בשנים קדמוניות, דבהא ודאי נימא דבמאי דנהוג נהוג ובמאי דלא נהוג לא נהוג,

והיינו טעמא שמתחילה היו סוברים כי בית שאן היה ארץ ישראל להיות סמוכה לה, וכבשוה עולי מצרים, עם היות שלא כבשוה עולי בבל קא סברי קדושה ראשונה קדשה לשעתה וקדשה לעתיד לבא, והיו נוהגים במעשרות שם על פי טעותם, והיתה בזה חומרא דאתי לידי קולא, כי הדר שם יחשוב שהוא דר בא"י, והדבר לא כן, ולכן חזר רבי ותיקן היותה ח"ל, ובזה תהיה קולא הבאה לידי חומרא, כי הדר שם בחושבו שהוא א"י לא ילך לא"י, ומנהגם בתחלה היה בטעות כי אילו הוו יודעים כי בית שאן היה בחוצה לארץ, והיו נוהגים להחמיר בה בענין המעשרות להיותה סמוכה לארץ

91 ראה דא עקא לכהנים, שאם לא יבקשו אולי יש לטעות שלא איכפת לכהן על ביטול המצווה, וראה במילואים בפרק 'תביעה באופן של היתר', ועיי"ש.

92 ראה בפירושינו *משפט הכהנים* לעיל לשו"ע סעיף ו ושם הבאנו דברי התוס' רי"ד שכ' לגבי זלו"ק דאין נפק"מ אם הבהמה שייכת לגוי, ושם; "מדתני השוחט לכהן ולנכרי פטור מן המתנות דמשמע דוקא אם שחט ישראל הבהמה לצורך הכהן והנכרי הוא פטור ישראל מן המתנות ..איצטריך למיתני דוקא אם שחט ישראל בהמת הכהן (וה"ה בהמת גוי) לצורך הכהן (או הגוי) אבל אם שחטה לצורכו - כגון שקנאה ממנו - חייב הוא, מפני שהדין עם הטבח ..דדוקא מעשרות דטבלי אזלינן בתר מי שגדלה אצלו אבל מתנות ..דלא טבלי אזלינן בתר טבח" ע"כ, ועיי"ש.

93 צ"ע מנין שהנשוי לבת לוי פטור מזלו"ק, ועיין דברינו לעיל לשולחן ערוך סעיף כ"ה.

רל וְזֶה יִהְיֶה מִשְׁפַּט הַכֹּהֲנִים מֵאֵת הָעָם מֵאֵת זֹבְחֵי הַזֶּבַח

ישראל, ולא היה מקום לרבי להתיר להם מטעם עדותו של רבי יהושע ולומר כי מקום הניחו לי אבותי להתגדר בו, דהא קיימא לן דברים המותרים ואחרים נהגו בהם איסור אי אתה רשאי להתירם בפניהם (ראה תלמוד ירושלמי פסחים פרק מקום שנהגו),

ולהכי רבי מביא ראייה לקולא זאת מענין נחש הנחושת אשר ביערו חזקיהו, אף על פי שאסא ויהושפט לא ביערוהו עם היות שביערו כל עבודה זרה שבעולם, לפי שהם היו סבורים כי הוא אסור לבערו לפי שעשאו מרע"ה על פי הדבור, וטעו בזה והניחו מקום לחזקיהו להתגדר בו להסכים להלכה וביערו,

ומזה הטעם נמי במסכת שבת שלהי פרק במה בהמה, דגרסינן התם תניא רבי יוסי אומר ואת הבמות אשר על פני ירושלים אשר מימין להר המשחה אשר בנה שלמה מלך ישראל לעשתרות שיקוץ צדונים כו' אפשר בא אסא ולא ביערם, והלא כל ע"ז שבא"י אסא ויהושפט ביערום, ומשני אלא מקיש ראשונים לאחרונים מה האחרונים לא עשו ותלה בהן לשבח, אף ראשונים לא עשו ותלה בהם לגנאי ולא משני, כדמשני בפ"ק דחולין מקום הניחו לו אבותיו להתגדר בו, משום דלגבי במות כמה היו טועים להניחם ולא היו מניחים מלבערם, וכ"כ רבותינו בעלי התוספות ז"ל שם, וכן משמע בירושלמי ראש פ"ג דדמאי דרבי התיר קסרין והתיר בית שאן, אע"פ דבזמן ר"ש בן גמליאל שהיה קודם רבי היו נוהגין איסור כדמוכח התם,

והטעם כמ"ש כי מתחילה היו מחזיקין אותו בא"י כדמוכח התם רפ"ב דדמאי, דבימי רבי יוסי היו מחזיקין אותה בא"י, ולזה אמר אתרוג זה בא לידי מקסרין כו'. והרמב"ם ז"ל כתב בפ"א מהלכות תרומות וז"ל ורבינו הקדוש התיר בית שאן מאותן המקומות שלא החזיקו בהן עולי בבל והוא נמנה על אשקלון ופטרה מן המעשרות"

עכ"ל, והכי מוכח בירושלמי דשביעית פ"ג ומעתה מבוארת התשובה אם רבי מחומרא לקולא הורה והביא ראייה מקולא לחומרא מביעור ע"ז, גם אני בדעתי הקצרה הוכחתי להעביר מנהג דקולא ולנהוג במתנות כדין התורה דהיינו חומרא כהוגן וכשורה נאם הצעיר הדובר עד הלום.

שוב ראיתי אחרי רואי ואשמע קדוש מדבר ה"ה הר"ב *כפתור ופרח*, וגם מדבריו בספר ההוא מצאתי און לי סמך וסעד לדברי, שכתב שם פרק ט"ז וז"ל;

בתורה כתוב ונתן לכהן הזרוע והלחיים והקיבה, ואמרינן במס' חולין פ' הזרוע והלחיים והקיבה נוהגין בארץ ובח"ל בפני הבית ושלא בפני הבית, וכ"כ הרב האלפסי ז"ל והרמב"ם ז"ל בהלכות בכורים פרק ט', אבל בראשית הגז פסקו כרבי אלעאי שאינו נוהג אלא בארץ ורש"י כתב הוא הדין למתנות דכי הדדי גמירי נתינה נתינה מתרומה, וכן נמי כתב הר"ז הלוי זלה"ה וכתב עליו הראב"ד ז"ל והאי פסקא לא

מחוורא כו' וסיים דבריו ואין ללמוד ממנהג רע על איסור, והרי במתנות קונסים אטמא וגלימא ומשמתין אפילו בכהן טבח.

והר"ב תורת הבית כתב מתנות אלו אינם נוהגות אלא בארץ ישראל, לפי שהוקשו המתנות וראשית הגז לתרומה וכשם שאין התרומה נוהגת בחוצה לארץ כך המתנות וראשית הגז אינם נוהגות בח"ל, וכבר אמר חכמים שנהגו בראשית הגז כרבי אלעאי שפוטר בח"ל וממנו אתה דן למתנות שאינן נוהגות אלא בא"י או במקומות שבח"ל שנהגו בהם חכמים להשריש עם התרומה, ויש מחמירים ומחייבין במתנות אפילו בח"ל ונראין דברי המתירין וכן נהגו בכל גלילות אלו עכ"ל.

עוד כתב הרב הנז' ז"ל פי"א מהספר ההוא וז"ל;

נמצא שכל סביבות א"י הם חייבים בחוקי המתנות וכמו שהזכרנו בפרק עשירי עמון ומואב מצווין בכל כדאיתא במסכת ידים פ"ד סוריא, ומההיא דמסכת גיטין פרק קמא ומסכת אהלות פ' בתרא וכבר ידעת שדמשק מכלל אותה הארץ, וכמו שהזכירם הרמב"ם ז"ל בחיבורו וכתוב בדברי הימים ויך דוד את הדד-עזר מלך צובא חמתה בלכתו להציב יד בנהר פרת. סיחון ועוג חיובם מאין יצא זכרנוהו בפ' מ"ז.

עכ"ל, עוד כתב הוא ז"ל פי"ג, וז"ל;

חלקי העולם לענין זה שלשה א"י סוריא ח"ל, א"י נחלקת לשנים, כל שהחזיקו עולי בבל חלק א' והשאר שהחזיקו עולי מצרים בלבד חלק שני וח"ל נחלקת ג"כ לשנים ארץ מצרים ובבל ועמון ומואב, וכבר ביארנו שמצוות התלויות בארץ נוהגות בהם מדברי נביאים וסופרים, וכדאיתא במס' ידים אמר עוד וכ"ש ארץ סיחון ועוג כו' סוריא היא הארץ שכבש דוד המלך כו', והארץ ההיא מא"י ולמטה כנגד ארם נהרים וארם צובא כל יד פרת עד בבל כגון דמשק וחל"ב וחר"ן וכיוצא בהם סוריא היא שיש בה דברים כא"י ויש בה דברים כח"ל, הקונה בה קרקע כקונה בא"י לענין תרומות ומעשרות וכל אלו הדינים שם מדרבנן והכי אמרי במס' גיטין פ"ק כו'.

הא קמן דהגון הדבר להנהיג המתנות לכל הפחות בח"ל במקומות הסמוכות לא"י אשר הנהיגו בהם החכמים להפריש המעשרות וכנראה כי הם הם המקומות אשר נהגו בהם לעשות ע"פ הרמב"ם ז"ל וכפי מה שכתבתי.

ואתה הבט והבין במראה בענין השלשה לשונות, אשר באור בתלמוד במסכת חולין פרק קמא[94] במאמר אשר התנצלנו בו באומרו מכאן לת"ח שאמר דבר הלכה שאין מזיחין אותו, כמה דאת אמר ולא יזח החשן מעל האפוד, לומר שלא יעברו על דבריו למיעוט

94 דף ז עמוד ב.

ידיעתו בעינינו וגאוני עולם הקדומים לא הכריחו להנהיג כדעתו, אמר עוד ואמרי לה אין מזניחין אותו, כמה דאת אמר כל לא יזנח לעולם ה'[95] לדורות שלא להבזות את דבריו מאחר שהראשונים לא הכריחו עליהם, עם היות כי לבם היה כפתחו של אולם, וזה מטעם מקום הניחו לו אבותיו להתגדר בו ואין לך שופט אלא שבימיך, דכתיב דברים כו ג **וּבָאתָ אֶל הַכֹּהֵן אֲשֶׁר יִהְיֶה בַּיָּמִים הָהֵם**, וכי תעלה על דעתך שיבא אל הכהן אשר לא היה בימיו, אלא לומר לך יפתח בדורו כשמואל בדורו, והיינו **וּבָאתָ** אֶל הַכֹּהֵן דהיינו ר"ת ואל **בינתך אל תשען**, אמר עוד ואמרי לה אין מזחיחין אותו דתנן משרבו זחוחי הלב רבו מחלוקות בישראל דהיינו שלא לחושדו, כי ברום לבבו בגאוה ובוז לא החשיב את אשר לפניו גאונים ראשונים ואחרונים, וקצה לעלות ולהכריע בדעתו את כולם רק לדונו לכף זכות, דהא לא תסור מכל הדברים אשר יאמרו לך ימין ושמאל, וארז"ל ואפי' יאמרו לך על ימין שהוא שמאל ועל שמאל שהוא ימין, שהרי כל חכם יש לו מקור אצילות אור בפני עצמו, ומצוה מיוחדת כתובה במרום על שמו, ומקום הניחו לו אבותיו להתגדר בו, וכן הוכיחו מקרא דכתיב בראשית לז כא **וַיִּשְׁמַע רְאוּבֵן וַיַּצִּלֵהוּ מִיָּדָם**, שהיה כתוב עליו במרום וכן מקרא דבועז דכתי' רות ב יד **וַיִּצְבָּט לָהּ קָלִי וַתֹּאכַל**,

ופן יש להוכיח עלה מההיא דמציעה פרק השוכר את הפועלים בההוא עובדא דרבה בר נחמני דקאמר התם קא מפלגי במתיבתא דרקיעה אם בהרת קודמת לשער לבן טמא, ואם שער לבן קודם לבהרת טהור ספק הקב"ה אומר טהור וכולהו מתיבתא דרקיעה אמרי טמא אמרי מאן נוכח רבה בר נחמני, דאמר רבה בר נחמני אני יחיד בנגעים אני יחיד באהלות כו', עד כי הוה קא נחייא נפשיה אמר טהור טהור, יצאת בת קול ואמרה אשריך רבה בר נחמני, שגופך טהור ויצאת נשמתך בטהרה, וכדאיתא נמי בפסיקתא על פסוק ושם האחד אליעזר כו', דגרסינן התם רב אחא בשם רבי יוסי בר חנינא אמר כשעלה משה למרום שמע קולו של הקב"ה יושב ועוסק בפרשת פרה, ואומר אליעזר בני אומר פרה בת שתים ועגלה בת שנתה, אמר משה לפני הקב"ה רבש"ע העליונים והתחתונים ברשותך ואתה יושב ואומר הלכה משמו של בשר ודם, אמר לו הקב"ה משה עתיד צדיק כו' לעמוד בעולמי, ועתיד לפתוח בפרשת פרה תחילה רבי אליעזר אומר פרה בת שתים כו' אמר לפניו רבש"ע יהי רצון שיהיה מחלצי, אמר לו הקב"ה חייך שיצא מחלציך, הדא הוא דכתיב ושם האחד אליעזר ושם אותו המיוחד אליעזר,

והנה עם היות שאין הלכה כרבי אליעזר, מלכו של עולם היה שונה דבריו במרום, וזה הדרך מה שאמרו במסכת חגיגה ג עמוד ב **נְטוּעִים בַּעֲלֵי אֲסֻפּוֹת** קהלת יב יא **אלו תלמידי** חכמים שיושבים אסופות אסופות, ועוסקים בתורה הללו מטמאין והללו מטהרים הללו אוסרין והללו מתירין הללו פוסלין והללו מכשירין, שמא יאמר אדם היאך אני לומד תורה

95 ובאיכה ג לא; "כִּי לֹא יִזְנַח לְעוֹלָם אֲדֹנָי".

מעתה? תלמוד לומר **כולם נִתְּנוּ מֵרוֹעֶה אֶחָד** אל אחד נתנן פרנס אחד אמרן מפי אדון כל המעשים ב"ה, דכתיב שמות כ א **וַיְדַבֵּר אֱלֹהִים אֵת כָּל הַדְּבָרִים הָאֵלֶּה לֵאמֹר**, וכבר אמרו מפני מה לא קבעו הלכה כרבי מאיר לפי שלא יוכלו חביריו לעמוד על סוף דעתו שהיה אומר על טמא טהור ומראה לו פנים, ועל טהור טמא ומראה לו פנים, ותלמיד ותיק היה לרבי מאיר שהיה מטהר את השרץ, מקל וחומר מנחש כו', כי התורה נדרשת במ"ט פנים טהור ובמ"ט פנים טמא, כמספר **וְדִגְלוֹ עָלַי אַהֲבָה** שה"ש ב ד והוא מוכיח על גלגול גלגל האצילות כתר חכמה בינה גדולה גבורה תפארת נצח הוד יסוד מלכות העולם, כמספר ישראל וחשב מחשבות לבלתי ידח ממנו נדח בסוד וסלח והנדח, בענין דין כל בני חילוף, והנה התרנגולים באוכלן שקצים ורמשים נהפכים אברים שלהם לאבריהם ושבים חלק ממנה, ואנחנו אוכלים אותה והביצה המתהוית בה ודי בזה למבין ודורש, ודרשו כן בנות צלפחד דוברות פרשה זו כתובה לפני במרום, ובחיות כתיב יחזקאל י יד **פְּנֵי הָאֶחָד פְּנֵי הַכְּרוּב וּפְנֵי הַשֵּׁנִי פְּנֵי אָדָם** כפל בהם הפנים, אנפי רברבי ואנפי זוטרי מה שלא עשה כן באחרים, כי בצלם אלהים ברא את האדם, וכתיב תהלים לט ז **אַךְ בְּצֶלֶם יִתְהַלֶּךְ אִישׁ** והוא ענין דמות דיוקנא של יעקב החקוקה בכסא הכבוד.

נמצא כי עם היות בית שאן נחשבת מגבול א"י, דכתיב ביהושע יהושע יז יא **וַיְהִי לִמְנַשֶּׁה בְּיִשָּׂשכָר וּבְאָשֵׁר בֵּית שְׁאָן וּבְנוֹתֶיהָ** כו', ובספר שופטים א כז כתיב **וְלֹא הוֹרִישׁ מְנַשֶּׁה אֶת בֵּית שְׁאָן וְאֶת בְּנוֹתֶיהָ** כו', ובס' שמואל א לא י כתיב **וְאֶת גְּוִיָּתוֹ תָּקְעוּ בְּחוֹמַת בֵּית שָׁן** כו', ובדברי הימים א ז כט כתוב **וְעַל יְדֵי בְנֵי מְנַשֶּׁה בֵּית שְׁאָן וּבְנֹתֶיהָ** כו' ובערובין פ' עושין פסין יט עמוד א, אמר רבי שמעון ב"ל אם בא"י היא בית שאן כו', שלהי כתובות קיב עמוד א ת"ר מברכותיה של ארץ ישראל בית סאה עושה שבעה כורין כו', דתניא ר"מ אומר אני ראיתי בבקעת בית שאן בית סאה עושה שבעים כורים, ועכ"ז תחשב כחוצה לארץ דאמרינן בפ"ק דחולין ז עמוד א על בית שאן הרבה כרכים כבשום עולי מצרים ולא כבשום עולי בבל כו', וקא סבר קדושה ראשונה קדשה לשעתה ולא קדשה לעתיד לבא כו'.

ומעתה אל תשיבני מדוע אתה מורה כן לענין המתנות לנהוג בח"ל במקומות הסמוכות לא"י, ואין אתה מורה כן לענין תרומות ומעשרות דהא כולהו חד טעמא נינהו, דיש להשיב כי מצינו שכתב רב צמח גאון ז"ל בר פלטוי גאון ז"ל בתשובה הביאה הר"ב כפתור ופרח בפ' ט"ו מהספר ההוא וז"ל;

"כתב רב צמח בר פלטוי גאוני פומבדיתא כתבו בתשובה ז"ל כך, ואינו כי בודאי לא נהוג תרומה ומעשר בזמן הזה, וליכא מצות הפרשת תרומה בח"ל אלא רבנן הראשו' שאנו אומרים הלכה מפיהם היו מחמירים על עצמם בכל דבריהם, ושאני דין חלה שמפרישין מן העיסה מדין תרומה דגן תירוש ויצהר משום דחלה מילתא

וְזֶה יִהְיֶה מִשְׁפַּט הַכֹּהֲנִים מֵאֵת הָעָם מֵאֵת זֹבְחֵי הַזֶּבַח רלד

דשכיחא מש"ה גזרו בה רבנן בח"ל, ונהגו הכל בה משום חלת א"י שלא תשכח ועיקר המילתא בפסחים אבל בתרומה לא שכיחא כי היכי דנילפו מיניה לתרומת א"י, ומש"ה לא גזרו בה רבנן הילכך מאן דאכיל עיסה בטבלתא לא מזמנין עליה"[96]

עכ"ל, וא"כ המתנות שנוהגים בא"י ומן התורה נוהגים בכל מקום וניתנין לכהנים גם בזמן הזה, ראוי שיתנהגו שהם גם בח"ל לכל הפחות במקומות הסמוכות לארץ ישראל, עם היות כי עולא[97] יליף מתנות מתרומה בנתינה - נתינה בג"ש וע"ד שביארנו.

שוב ראיתי לאסור אות' לגמרי ונראה שראוי לבטל המנהג ההוא, דאמרי' בפ"ק דר"ה טו עמוד ב כי נהגו במקום איסורא מי שבקינן להו, ואם היה הדבר זה מחלוקת קדומה בין החכמים ז"ל זה אוסר וזה מתיר ועשו כדברי הא' להקל מפני שהיה רבם, או שחכמי המקום נטו אחר דעתו דכגון זה מניחין אותם על מנהגם אע"פ שיש הרבה מקומות לאסור, כי ההיא דמוגרמתא דרב ושמואל בפ"ק דחולין ותרבא דאייתורא בפ' אלו טרפות וכן בפ' כל הבשר חולין קטז עמוד א, שבת קל עמוד א בההיא דלוי איקלע לבי יוסף רישבא קריבו ליה רישא דטווסא בחלבא, ולא אכל ולא אמר ליהו ולא מידי אתא לקמיה דרבי אמר ליה מאי טעמא לא שמתינהו, א"ל משום דמקומו של רבי יהודה בן בתירא הוה, ודילמא דרש ליהו כרבי יוסי הגלילי עכ"ל דהא על כרחין אדרבא משם יש לנו ראייה, וממקום שבאת טול לך מה שהבאת דרב יהודה בן בתירה לצדדין קתני, דקאמר להקל מפני שהיה משמע דלהחמיר כנגד רבם לא,

והרי הרמב"ם ז"ל הוא רבם בגלילות אלו, ואין מקום להקל בהם מפני רבם וראייה מדקתני בפרק קמא דחולין יח עמוד ב כי סליק רבי (זירא) אכל מוגרמתא דרב ושמואל אמרי ליה לאו מאתרא דרב ושמואל את אמר להו, מאן אמרה יוסף בר חייא יוסף בר חייא מכ"ע גמיר כו', הא קמן שאם לא יתברר לון שנתייסד המנהג ההוא על פי וותיקין אין לסמוך עליו, וכמו שכתב ריב"ש ז"ל בסימן הנזכר באומרו או שחכמי המקום הלכו אחר דעתו כו', משמע מזה שאם לא נטו חכמי המקום אחר דעת המקל, או שהיה הרב של המקום ההוא דעתו להחמיר אין לנו לזוז מדבריו, דאי לא תימא הכי לימא שנהגו ונטו חכמי המקום אחר דעתו לבד, ולא לימא חלוקא קמייתא ותו לא מידי, וראייה מהא דתניא בחולין בפרק כל הבשר וביבמות פרק קמא יד עמוד א, ובשבת פרק רבי אליעזר דמילה, ובמנחות פרק שתי הלחם, ופרק רבי ישמעאל יבמות יד א במקומו של רבי אליעזר היו כורתין עצים לעשות פחמים

96 אם ניזיל בתר הטעם ד<u>עיקר המצווה בחלה</u> הוא לא ההפרשה אלא ה<u>נתינה לכהן</u> ורק ע"י הנתינה נצא מהחשש שלא *תשתכח תורת חלה* (וגם מהחשש שלא יאמרו ראינו תרומה נשרפת וכו' ויחשבו שהמצוה בשריפה ח"ו), לכאורה גם היום יש להקפיד שיתנו החלה בחו"ל לכהן לאכילה (בתנאי שאין טומאה יוצאה עליו מגופו), וראה הערותינו לעיל ב*משפט הכהנים* לשו"ע סעיף ט, דף ס-סא.

97 אוצ"ל רבי אלעאי.

לעשות ברזל במקומו של רבי יוסי הגלילי היו אוכלין בשר עוף בחלב.

והכי אמרינן נמי ביבמות פ"ק יד עמוד א ובשבת פרק כירה מו עמוד א דרבי אבהו כי מיקלע באתריה דרבי יהושע בן לוי הוה מטלטל שרגא, וכי מיקלע לאתריה דרבי יוחנן לא הוה מטלטל שרגא משום כבודו של רבי יוחנן אע"ג דסבירא ליה דרבי יהושע בן לוי, ואע"ג דאמרינן במגילה שתי בתי דינין בעיר א' ליכא משום לא תתגודדו הני מילי כשקבלום עליהם לכל מילי, אמנם בגלילות הללו לא קבלו עליהם לכל מילי, אלא הרמב"ם ז"ל להיות רבם כמפורסם לכל ועל המפורסמות אין צריך להביא ראייה, הא קמן דלהקל כרבם במקום רבם מצי, אבל לא להחמיר כנגד רבם במקום רבם משום כבודו כי הא דראש פ' ערבי פסחים ק עמוד א, במאמר רבי יוסי הגם לכבוש את המלכה עמי בבית כו' וכי מיתה לאחר מיתה שאני לא היא שהרי מאחר שקבלוהו עליהם ונהגו איסור על פיו, אין להם מקום טוב לבטל המנהג ההוא, אלא ודאי מנהג בטעות היה וכמו שכתבנו אין עוד להאריך, והדברים ברים כאשר הוכחנו בהוכחות למבין וישרים למוצאי דעת הלכה למעשה בתלמוד גדול שמביא לידי מעשה והדברים מתוקים דברי צדיקים כראי מוצק.

הצעיר יוסף בן לא"א אברהם ן' צייח נב"ת

תשובת מהר"י קורקוס[98]

שאלה: על מה שנהגו בקצת מקומות בא"י איש אשר ישחט שור או כשב או עז מוכרו לזרים במתנותיו ואח"כ נותן לכהן פרוטה בעד המתנות והכהן לוקח ומתרצה בו אם קיים בכך מצות מתנות כהונה דמה לי הן מה לי דמיהן או לא ואת"ל דלא קיים, אם נתן הפרוטה קודם שימכור המתנות לזרים ונתרצה הכהן בכך אם יצא בזה ידי חובתו ויורשה למכור המתנות לאחרים או לאכלם או לא.

תשובה: גרסי' בפ' הזרוע קלב עמוד ב ומייתי לה הרמב"ם בפ"ט מהלכות בכורים מקום שאין שם כהן מעלה אותם בדמים ואוכלן מפני הפסד כהן דוק מינה טעמא דאין שם כהן משום הכי מעלה אותן בדמים הא יש שם כהן הן ולא דמיהן ודוקא מעלה אותן בדמים כלומר לשום אותם בשויים דלשון *מעלה אותן בדמים* בכל מקום הכי משמע.

ורש"י ז"ל כתב שם את דמי המתנות משמע דשומא מעולה בעי אבל פחות מכאן איכא גזל השבט, ודוקא נמי לשום אותן תחלה ואח"כ אוכלן אבל לאכול אותם ואח"כ לשום אותם בדמים לא, וכמו שדקדק הר"ן ז"ל לשון מגעילן ומטבילן מלבנן ומטבילן[99] א"כ בנ"ד דאיכא כהני במתא לית דין ולית דיין שלא קיים מצות מתנות כהונה עד שיתן הן ולא דמיהן אפילו שיתן שיווין כל שכן שכפי הנראה בנ"ד פעמים שאינו נותן אחד מעשרה בשוויים והוי בכדי שאין הדעת טועה.

וא"כ אפילו יתנו הפרוטה לכהן קודם מכירת המתנות או אפילו שיוויים, כיון דלא אתו לידיה דכהן לא נתקיימה מצות וְנָתַן לַכֹּהֵן דהן ולא דמיהן - ואפילו כשאין כהן בעיר היה אפשר לומר שיוציא המתנות ויניחם אפילו יפסידו אם לא מפני הפסד כהן, והיינו דמסיים וקאמר *מפני הפסד כהן* כלומר דאם לא מפני הפסד כהן היה ראוי להוציא המתנות עצמן ואם יפסדו קודם שיזדמן כהן - יפסדו, אלא שחשו להפסד כהן. וא"כ איך אנו לא ניחוש להפסד כהן מצוי ומזומן בעיר ונתקן לתת פרוטה בדבר השוה כפלי כפלים ולהפסיד מתנותיו בידים? זו ודאי אינו תורה.

ואין לדחות דמאי דקאמר אם אין שם כהן דלרבותא נקטיה דלא מיבעיא כשיש שם כהן דצריך

98 תשובת מהר"י קורקוס נדפס במשנ"ת להרמב"ם (דפוס פרנקל) הל' בכורים ומתנות כהונה פ"ט ה"כ, ובס' אבקת רוכל סי' טז (ד' לח), ובשו"ת רדב"ז סי' ש"מ.

99 ר"ן למסכת ע"ז דף לט עמוד ב בדפי הר"ן ד"ה ת"ר הלוקח כלי תשמיש מן העכו"ם, ושם; "נראה שצריך להכשיר הכלי תחלה לפי מה שהוא בהדחה או בהגעלה או בלבון - ואחר כך יטבילנו, אבל אם הטבילו תחלה הרי הוא בשעת טבילה בטומאתו כטובל ושרץ בידו והכי דייק לישנא דברייתא דקתני מדיחן ומטבילן מגעילן ומטבילן מלבנן ומטבילן" ע"כ.

לתת הן או דמיהן אלא אפילו אין שם כהן סד"א שנפטור אותו לגמרי קמ"ל דמעלה אותם בדמים. חדא, לישנא לא משמע הכי ועוד דא"כ לא הוה ליה לאפוקי עלה *מפני הפסד כהן* דמשמע שבא לתת טעם למה יועילו הדמים במקום המתנות ולא נאמר שיוציא מתנות עצמן ואם יפסידו קודם בא כהן יפסדו ומשני מפני הפסד כהן אלמא משמע דאל"כ הייתי אומר הו"ד דאי עיקר חידושיה הוי לאשמעינן דאינו נפטר לגמרי לא שייך עלה לאפוקי מפני הפסד כהן וטעמא דאינו נפטר לגמרי הוי משום דנתינה כתיבה בהו כדקאמר בגמ' א"כ על כרחך לומר דלישנא דאין שם כהן בדוקא נקטיה דאם יש כהן בעיר ודאי דהן ולא דמיהן אפילו יתן שיוויים.

תו גרסינן בפרק הנזכר חולין קלג עמוד א אמר רב יוסף האי כהנא דאית ליה צורבא מרבנן בשבבותיה דדחיקא ליה שעתא ליזכי ליה מתנתא ואע"ג דלא אתו לידיה במכירי כהונה ולוייה ע"כ. מוכח מהכא דטעמא דהוי צורבא מרבנן דדחיקא ליה שעתא וטעמא דהוי מכירי כהונה ולוייה הא לאו הכי בעינן דאתו לידיה דכהן ואי לא - לא מצי מזכה ליה, דבעינן וְנָתַן לַכֹּהֵן וליכא, אלא דבמכירי כהונה משום שמשנשחטה הבהמה הרי המתנות כאילו אתו לידיה ומשום דוחקא דצורבא מרבנין סמכו על זה ואפילו הכי איפשר דדוקא כשמוציא אותם הטבח מתחת ידו ונותן אותם לאחר דהיינו צורבא מרבנן דדחיקא ליה דאז ישראל במקום כהן עומד וקרינן ביה ונתן לכהן כיון שהטבח נותן וצורבא מרבנן מכח הכהן הוא זוכה אבל לישאר ביד הטבח אפילו הוי צ"מ ודחיקא ליה ואפילו אם הכהן מתרצה בכך - אין לנו.

ואין לחלק ולומר דשאני התם דקא מזכי ליה בחנם אבל היכא דנותן פרוטה פרוטה זו במקום מתנות עומדת ואע"ג דלא דחיקא ליה שעתא ולא הוי מכירי כהונה יועיל, הא ליתא דכיון דדבר ידוע הוא דפרוטה זו אינה אחד מעשרה בשיוויים אם יכול למחול השאר ודאי שיכול למחול גם הפרוטה - דמה לי מקצתם מה לי כולם, ועוד דאם איתא דנתינת פרוטה יועיל ישמיענו רב יוסף תקנה זו שמועיל אפילו דלא הוי מכירי כהונה ולוייה דבנתינת פרוטה יכול לזכות במתנות וכיון שהוא בא לתת תקנה למאן דדחיקא ליה שעתא לא היה לו לשתוק מתקנה זו שהיא יותר מצויה ויותר קרובה ולא יצטרך למכירי כהונה ולוייה דאיפשר דלא שכיח.

הנה הוכחנו מכאן פשוט וברור שאפילו יתרצה הכהן לקחת פרוטה או שתי פרוטות במתנות אינו מועיל כלום אלא היכא דאתו לידיה ואפילו יתן שיוויים נראה שאינו מועיל כלום שאם היה יכול למוכרם אע"ג דלא אתו לידיה גם במתנה היה יכול לנותנם - דמה לי מכר מה לי מתנה, וכן נראה גם מלשון הרמב"ם ז"ל הלכה כ וז"ל 'אם רצה הכהן למכור המתנות או ליתנם במתנה וכו' עד מאכילן שאין בהם קדושה כלל'. מוכח בהדיא שהן שוין דאם איתא דיכול למוכרם אע"ג דלא אתו לידיה ואינו יכול לנותנם במתנה אלא היכא דאתו לידיה לא הוה ליה לערובינהו ולמתנינהו אלא ה"ל לפלוגי בינייהו כיון דלא שוו בדינייהו.

תו גרסינן בפרק הנזכר חולין קלג עמוד א רבה ורב ספרא איקלעו לבי מר יוחנא בריה דרב חונא בר אדא ואמרי לה לבי דרב חנא בר ביזנא עבד להו עגלא תילתא א"ל רבה לשמעיה פרש"י ז"ל לשמשו של בעה"ב זכי לי מתנותיך דבעינא למיכל לישנא בחרדלא רבה אכל רב ספרא לא אכל ופרש"י ז"ל רבה אכל אע"ג דלא מטא לידיה דכהן סמך אדרב יוסף דלעיל רב ספרא לא אכל דלא מטא לידיה דשמעא איקרייוה לרב ספרא מעדה בגד ביום קרה וכו' ואסיקנא דכלפי רבה איקריוה הכי דלא אמרה רב יוסף אלא היכא דלא איפשר ליה ודוקא באחר אבל שמעיה בעל כרחיה מזכי ליה.

ואם איתא דבנתינת הטבח פרוטה מועיל למה לא נתן רב ספרא פרוטה דמועיל אע"ג דאיפשר ליה ויאכל לשון בחרדל ולא יטיל קנאה בסעודה? אלא ודאי מוכח דמאן דאיפשר ליה אין תקנה אלא שיבאו לידי כהן ולכך רב ספרא לא אכל לפי שלא באו לידי כהן כדפרש"י ז"ל. כל שכן דאם איתא דבנתינת פרוטה יועיל והוא דבר שאין הדעת טועה בו לומר שהוא שיווי לכל המתנות אלא שמוחל השאר מה לי מחילת קצתן מה לי מחילת כולן מה לי מכר מה לי מתנה וזה ברור.

תו גרסינן בפרק הנזכר חולין קלג עמד א המשתתף עמהן צריך לרשום ואפילו עם הגוי ורמינהו וכו' ואסיקנא קלג עמוד ב דיתיב גוי אכספתא אבל כהן אמרי הימוני הימניה פי' ויבאו לומר שלא נתן מתנות וכיון שרואים שמוכרים אומרים שגזלם ואם איתא דאין צריך לתת מתנות עצמם למה יאמרו שגזלם אדרבא יתלו שנתן פרוטה או דמיהן לכהן דאחזוקי אינשי בגזלני לא מחזקינן אלא היכא דמוכח, אלא ודאי מוכח בהדיא שצריך להפריש המתנות ולתתם לכהן עכ"פ אם לא שנאמר שאין להתיר אלא כשיבואו לתלות בדבר שהוא כן וכמו שכ' (הר"מ במס') [המ"מ בהל'] שבת (פ"ו הט"ו) דכד מעיינת תשכח בהדיא דלא דמי.

תו גרסי' בס"פ ראשית הגז חולין קלח עמוד א - ב אמר רבא האי תנא הוא דתנן אמר לו מכור לי בני מעיה של פרה זו והיה בהן מתנות נותנן לכהן ואינו מנכה לו מן הדמים לקח ממנו במשקל נותנן לכהן ומנכה לו מן הדמים אלמא מתנות דכהן לא מזבין איניש וכו' פי' נותן לוקח לכהן ואין הטבח מנכה לו כלום לפי שלא מכר לו המתנות מסתמא לקח ממנו במשקל דהשתא ודאי זבין ליה מנכה לו מן הדמים שמשנשחטה זכו הכהנים במתנותיהן והדין על הטבח.

גם הרא"ש ז"ל כתב עלה וז"ל "ולא דמי ללוקח מתנות במשקל דהוי כמו פירש - שהרי שקל לו חלקו של כהן ואפילו הכי נותנן לכהן, דהתם משנשחטה הבהמה זכו הכהנים במתנותיהן ואין מכירתו בהם כלום, אבל בראשית הגז וכו'", הא קמן בהדיא דאי אפשר בשום אופן להפטר מן המתנות בדמים ולכך מזיק מתנות כהונה או שאכלן פטור מן התשלומין - דהן ולא דמיהן.

תו גרסינן במסכת גיטין פרק כל הגט גיטין ל עמוד א המלוה מעות את הכהן ואת העני להיות מפריש עליהן בחלקן מפריש עליהן בחזקת שהן קיימין, ופריך בגמ' ואע"ג דלא אתו לידיה ופרש"י ז"ל בתמיה אע"פ שאינו נותנן לכהן ויחזירם לו קתני מתניתין דיפריש עליהם וכיון דלא מטו לידיה מאן זכי ליה להאי כהן הך תרומה שיקבלנה זה בחובו והיאך יצא ידי נתינה. ומשני רב במכירי כהונה ולויה כלומר כיון דמילתא דפשיטא היא דלדידהו יהיב לנו דאינו רגיל לתת תרומות ומעשרות אלא לכהן זה אסחו שאר כהני דעתייהו והוי כמאן דמטו לידייהו דהני, ושמואל משני דמזכה לכהן על ידי אחר, פי' כשהוא מפריש - מוסר מעשרות ביד אוהבו ואומר 'זכי במעשר זה לפלוני לוי' והוה ליה כמאן דמטא לידיה והחזירן לו, הא תמן בהדיא שאעפ"י שהכהן מתרצה לקחת דמים תמורת המתנות לאו כל כמיניה[100] עד דאתו לידיה ויחזיר אותם לו אם לא במכירי כהונה או במזכה ע"י אחר.

וזו ראיה גמורה אין דרך לנטות ממנה ימין ושמאל דאין לחלק בין מקדים מעות לנותן אותם בשעתן דודאי דא ודא חדא היא, גם בגמ' מוכח כן ואע"ג דעולא משני הא מני רבי יוסי היא דאמר עשו את שאינו זוכה כזוכה לא קי"ל כוותיה אלא כרב ושמואל וכרבנן דפליגי עליה דרבי יוסי וכן פסק הרמב"ם ז"ל פ"ז מהלכות מעשר (ה"ו), כל שכן דעשו מפני תקנה אבל לקלקל לא עשו ואין לומר דכיון שכבר נהגו בכך ומתרצים בכך כבר מחלו ודמיא להיא דאמרינן חולין קלד עמוד ב הקיבה להביא חלב שע"גהקיבה ואפילו הכי אמר רבי יהושע כהנים נהגו בו עין יפה ונתנוהו לבעלים. הא ליתא דחלב שע"ג הקיבה שאני דאתי מריבוייא ומקיים מצות ונתן במאי דכתיב בהדיא. ותו, דחלב שע"ג הקיבה אנן סהדי דמחלי בעין יפה שהוא דבר מועט וניתן למחילה ומאן דלא מחיל הוי עין רעה והיינו לישנא דנקט נהגו בו עין יפה וכולהו בהני מחלי כלומר נהגו בו עין יפה - אבל למחול כל המתנות או רובה אין לנו.

ואפילו יתן דמי כולם היכא דאיכא כהני במתא צריך לקיים מצות נתינה כדכתיבנא דיש מי שרוצה בהן ולא בדמיהן. גדולה מזו אמרו בעובדא דרבה ורב ספרא כי אמרי אנא באחר אבל שמעיה בעל כרחיה מזכי, פירוש כיון שהוא נתארח בבית בעל הבית שמא בעל כרחו הוא מזכה לו המתנות מפני כבוד בעל הבית. הרי לך ראיה ברורה לנ"ד שאפילו שברצון שלם זכה לרבה במתנות כפי הנראה כיון שאיפשר שהוא בעל כרחו כלומר מפני כבוד בעה"ב אינה מועילה זכייתו כל שכן בנ"ד דבעל כרחם הם מוחלין כי אם לא יתרצה באותה פרוטה לא יתנו לו דבר דממון שאין לו תובעים הוא ויירא שמא יקדמנו אחר כל שכן אם מנהג זה נתקן ע"י חכם שבעיר דודאי אנוס הוא וצועק ואינו נענה.

ועוד יש טעם אחר וראיה אחרת לבטל מנהג זה דאמרינן בגמרא חולין קלב עמוד ב דצריך לתת כדי נתינה ולכך לא יתן חצי זרוע לאחד אלא בשור גדול - ואיך אנו נוהג לתת על כל המתנות

100 היינו מאן דכר שמיה שאין לפתות את הכהן לכך - עוד יותר מזה שאין סמכות להכהן עצמו לקבל הממון עד לאחר שיבואו הזלו"ק לידו ממש (אם לא באופני ההיתר של הלוואת ממון בשעת דחקו או זכייה לישראל-ת"ח-עני וכו' עם כל ההגבלות שבדבר כמו שהארכנו לעיל בסעיף י ע"פ המחנה אפרים עיי"ש).

דבר שאין בו כדי נתינה - זו אינה תורה, אלא ודאי ברור ומוכח מכל הני דכתיבנא שצריך שיבואו המתנות לידו של כהן ואז יעשה הכהן מה שירצה למוכרם או לתתם למי שירצה דמתנות אלו אין בהם קדושה אבל למוכרם קודם שיבואו לידו אינה מכירה אפילו ימכור אותם בשיוויים - דאימת קנה האי כהן שיוכל למוכרם לישראל? ונמצא דמוכר דבר שאינו שלו, כל שכן למוכרם פחות משיוויים בכדי שאין הדעת טועה, דודאי נראה כי חוכא ואיטלולא.

עוד אני אומר שיש איסור אחר במנהג זה דהוי ככהן המסייע בבית הגרנות ובבית המטבחיים שעליהם הכתוב אומר מלאכי ב ח **שִׁחַתֶּם בְּרִית הַלֵּוִי** ואומר במדבר יח לב **וְאֶת קָדְשֵׁי בְנֵי יִשְׂרָאֵל לֹא תְחַלְּלוּ וְלֹא תָמוּתוּ** דהאי נמי כיון שמוכר לו דבר השוה עשר בשנים מוכח דמוזיל גביה כדי שיתן לו שאר מתנותיו ודמי להיא דאמרינן בבכורות פרק עד כמה בכורות כו עמוד ב **אם** אמר לו הכהן בתוך הזמן תנהו לי הרי זה לא יתן לו ואמרינן בגמ' מ"ט אמר רב ששת מפני שהוא ככהן המסייע בבית הגרנות. הא קמן דמפני שעושה הכהן טובת הנאה לישראל שלוקח הבכור קודם זמנו נקרא כהן המסייע בבית הגרנות. וגרסינן תו התם בכורות כז עמוד א **ישראל** שהפריש תרומה מכריו ומצאו ישראל אחר ואמר לו הילך סלע זה ותנהו לבן בתי כהן מותר ואם היה כהן לכהן אסור ופרש"י ז"ל אם היה כהן נותן סלע כדי שיתנו לכהן אחר קרובו אסור כיון דלדידיה חזיא הוי כהן המסייע בבית הגרנות א"כ בנדון דידן נמי הוי ככהן המסייע בבית הגרנות.

תו איכא טעמא לאיסורא במנהג זה דאתו לזלזולי במתנות כהונה וכההיא דאמרינן בבכורות בפרק הנז' ותנא מאי טעמא לא קאמר מתנות כהונה אמר לך תרומה היא דקדושת הגוף היא דכיון דלא מתחלא לא אתי למיטעי בהו אבל מתנות אתי למטעי דבר מחל קדושתייהו ארבע זוזי ואתי למנהג בהון מנהג דחולין. ופרש"י ז"ל אבל הני מתנות ובכור דקדושת דמים נינהו דאם רצה כהן למכור בשר בכור וזרוע ולחיים וקיבה מוכרן לישראל ותו לא בעי ישראל לאכלן בצלי וחרדל כי היכי דעביד כהן הילכך אתי האי כהן למטעי וסבר כיון דבני קנייה נינהו תתחיל קדושתייהו ארבע זוזי דיהיב אבי אמו ואתי למנהג בהו מנהג חולין שלא יאכלם בצלי וחרדל כדינן וכו' הא קמן שהחמירו במתנות כהונה דזרוע ולחיים וקיבה יותר מבתרומה ומעשר ומשום חששא דשמא לא יאכלם צלי וחרדל. אם כן בנדון דידן שכיון שרואים שלעולם אין נותנין מתנות כהונה אלא מסלקין אותן בפרוטה או שתי פרוטות יבואו לזלזל בהן ואפילו כשיתנו להם מתנות עצמם לא יקפידו לאוכלם צלי וחרדל כדינן, כל שכן שכפי מנהג זה שמא באורך הזמן ח"ו ישתכח זרוע ולחיים וקיבה ויטעו ויחשבו הרואים שאינן בני תורה שאין המצוה רק לתת פרוטה או שתי פרוטות על כל בהמה לכהן כמכס ממכסי המלכים ח"ו ונמצאת תקנה זו קלקלה וזלזול ח"ו.

כל שכן בעונותינו שרבו, שמצות כהונה נשארו בידינו מעט מהרבה כי ראוי ומחוייב להזהיר

ולכפות ולקיים אותן כהלכתן וכתקנן שלא תשתכח תורת כהונה ומתנותיה מישראל, ומוטל על כל איש אשר רוח אלהים בקרבו להשתדל בביטול המנהג הרע הזה, ואין להישמט ולומר דמצוה זו על הטבח היא מוטלת ואיהו דאפסיד אנפשיה ומתנות כהונה לא טבלי, דאי דמשום הא לא אירייא חדא דאע"ג דמתנות כהונה לא טבלי מכל מקום כתבו התוס' קלא עמוד א לחד תירוצא דאיסורא דרבנן מיהא איכא[101] ואפילו לדעת הרב אלפסי והרמב"ם ז"ל דסברי דאפילו איסורא דרבנן ליכא מ"מ מודו דמדת חסידות מיהא איכא.

וכדאשכחן ביחזקאל הנביא ע"ה דקאמר יחזקאל ד יד **וְלֹא בָא בְּפִי בְּשַׂר פִּגּוּל** **ואמרו** חולין לז עמוד ב משום רבי נתן שלא אכלתי מבהמה שלא הורמו מתנותיה. ובפ' בני העיר מגילה כח עמוד א נמי אמרינן שאלו תלמידיו לר' פרידא במה הארכת ימים וכו' עד לא אכלתי מבהמה שלא הורמו מתנותיה. כל שכן דהמתנות עצמן אסור לקנותן והקונה אותן מחזיק ידי עוברי עבירה דלאו עכברא גנב אלא חורא גנב וכ"כ הרמב"ם ז"ל פ"ט הי"ד והקונה אותם אע"פ שאינו רשאי מותר לאוכלן ע"כ - ובפירוש המשניות החמיר יותר עיין עלה,[102] גם מהתוספתא השנויה בחולין מוכח שאין לקנותן והביאה רמב"ם ז"ל בפרק הנז' (הט"ז) וז"ל המשלח בשר לחבירו והיו בו מתנות אינו חושש שמא עבר זה וגזלן, מוכח טעמא דלא ידיע אי גזל אותם אם לא דאחזוקי אינש בגזלני מספק לא מחזקינן ותלינן בגווני דהיתירא או שמא מגוי לקחה או מכהן או שותף לגוי או לכהן[103] הוא וגווני אחריני - אבל אי ידע דגזל אותם המוכר הלוקח יחוש לעצמו ולא יקבל והדבר מוכרח מעצמו דמידי מחזיק ומסייע ידי עוברי עבירה לא נפיק דאסור לקנות דבר גזול (גזילה רפ"ה) וזה ברור.

א"כ מעתה ראוי להשתדל ולהרים מכשול מלפני המוכרים והקונים, ואע"פ שדברים אלו שכתבתי פשוטים הם בעיני להיות כי ידעתי כי יש מפקפקים בדבר בטענות חלושות לע"ד וגם כי מנהג זה כפי הנראה הנהיגו אותו על פי חכם או חכמים לכך כתבתי ובירתי הדברים, ולא רציתי להאריך ולהביא ראיות עוד כי לע"ד האריכות בזה מותר וגם כי ספרי כעת אינם אתי והנלע"ד כתבתי.

101 ושם בתוס' ד"ה הכי גרסי' בפי' ר"ח שבעה נכסי כהן; "ולא חשיב הכא כל כ"ד מתנות כהונה דחשיב לקמן בפירקין (דף קלג עמוד ב) דלא חשיב הכא אלא הנך דאסורים לזרים והם ממון כהן - והא דחשיב מתנות (היינו זלו"ק) אע"פ שמותרות לזרים משום דטבלי ודמו לתרומה כדאמר לקמן (חולין קלב עמוד ב) אע"ג דלית הלכתא הכי היינו דלא הוי כאוכל טבלים אבל מכל מקום איסורא איכא לאכול מבהמה שלא הורמה מתנותיה" ע"כ.

102 ושם בפיה"מ חולין י; "..אין מותר לקנות ממנו המתנות כדי שלא תחזיק ידיו על הגזל ואם עבר העובר וקנה אותו אינו נאסר באכילה לפי שעיקר בידינו שמתנות כהונה נגזלות ואין הכהן רשאי לתבוע אלא לטבח ולא למי שיאכל ולפי דעתי זהו לענין הדין ממי מוציא הדמים אבל <u>אכילת המתנות האמתיות בעצמן מכל מקום הוא גזל ואיני רואה שום צד להתיר זה לכתחלה</u>" ע"כ.

103 ראה לעיל בפירושינו *משפט הכהנים* לשו"ע סעיף כב גדר חוב הרשימה ודעת הרמב"ם בזה.

תשובת המבי"ט

הקדמה

רבי משה ב"ר יוסף מטראני ה'רס"א - ה'שמ"א, בן למשפחה שהתייחסה לרבי ישעיה דיטראני, בגיל 25 התמנה לחבר בית הדין של רבי יעקב בירב, וזכה להיסמך על ידי מורו יחד עם הרב יוסף קארו שהגיע גם הוא לצפת באותן שנים שלאחר גירוש ספרד. במשך נד שנים ישב המבי"ט כאב"ד בצפת ת"ו והיה חברו של רבי יוסף קארו והם הרבו לדון יחד בענייני הלכה.

התשובה הנוכחית שנחתם על ידי המבי"ט והרדב"ז עוסק בפסק-דין הלכה למעשה, ומטרתה היא להחזיר מצות נתינת הזלו"ק ליישום יום-יומי.

וְזֶה יִהְיֶה מִשְׁפַּט הַכֹּהֲנִים מֵאֵת הָעָם מֵאֵת זֹבְחֵי הַזֶּבַח רמד

חלק ב, סימן קטו

בשנים שעברו, נתקבצנו בבית הוועד לפקח על בקיעי העיר כי רבו ולגדור גדר כרם ה' צבאות אלהי ישראל, ובכלל מה שתקננו אז הזכרנו קצת מצות הנשכחות מבני אדם ובכללם מצות מתנות כהונה זרוע ולחיים וקיבה לקצבים ישראלים שהבהמות הן משלו ונקבעת הלכה לדורות והיו זוכים הכהנים בזרוע, כי הלחיים והקבה הן למלך[1] ונמשך ענין זה כמה שנים ואח"כ שבאו שני חירום[2] ויוקר נתבטל הדבר ועבר מעט זמן ולא יכולנו להחזיר הדבר לישנו ומתנות כהונה נגזלות ביד הטבחים.

ואפילו הכי נראה לנו להודיע לנזהרים שלא יקנו הזרוע אלא יניחוהו לבעליהן ויאכלו הם איסור הגזלה אשר הם גוזלים לכהנים בכל יום כהרי כתב הרמב"ם ז"ל פ"ט מהלכות בכורים;

> ובמתנות עצמן אסור לישראל לאוכלן אלא ברשות כהן עבר ואכלם וכו' אינו חייב לשלם מפני שהוא ממון שאין לו תובע ידוע והקונה אותם אעפ"י שאינו רשאי הרי זה מותר לאכלן מפני שמתנות כהונה נגזלות ע"כ.

הרי שכתב הרב ז"ל אסור לישראל לאוכלן אלא ברשות כהן וקאי אטבח עצמו שחייב לתת המתנות מפני שהוא גזלן ואינו נותנן אסור לו לאוכלן והקונה מהם מותר לאכלם מפני שמתנות כהונה נגזלות ופי' רש"י ז"ל;

> "מר סבר נגזלות ונתחייב גזלן בגזלתו לשלם דתורת גזל עליהן ומר סבר אינן נגזלות אין כח לגזלן וכל זמן שהן בעין כל מקום שהולכים החוב מוטל על מי שהם אצלו לתתו לכהן והראשון לא נעשה גזלן עליהם"

ע"כ, ורב הוא דסבר נגזלות והלכתא כוותיה, אפילו הכי אינן רשאין לקנות ממנו כמו שכתב הרב ז"ל אינו רשאי דאע"ג דנגזלות והגזלן הוא שחייב ליתן אותם מי שקונה אותם הוא מסייע ידי עובד עבירה ומה שכתב רש"י ז"ל אליבא דרב ונתחייב גזלן לשלם היינו כשהן בעין אז נתחייב לשלם אלא שאין לו תובעים, והרב כתב שאינו חייב לשלם כשאינם בעין ולאו דוקא כשקונה המתנות עצמם אינו רשאי אלא אפילו לקנות רביע הבהמה שיש בה הזרוע או אפילו כל הבהמה ובכללה הזרוע הרי קונה המתנה של כהן, ואם שקלה לו נותנה הוא לכהן ומנכה לטבח מן הדמים וכדאמר גבי בני מעים אם לקחן במשקל.

והר"ן כתב לא שנו דטבח אינו חייב לכהן כלום אלא ששקל לעצמו, אבל שקלו לו טבח דינו עם הטבח משום דמשתרשי ליה זוזי דכהן. והרא"ש ז"ל כתב הדין עם הטבח דמתנות כהונה נגזלות והוה ליה גזל ולא נתיאשו הבעלים רצה מזה גובה רצה מזה גובה כרב חסדא.

וכתב הר"ן ז"ל מדברי הרמב"ם ז"ל נראין דהכי קאמר לא שנו דחייב הלוקח ליתן לכהן אלא ששקל לעצמו אבל לא שקל לעצמו רשאי הלוקח לאכלן, שהראשון הוא שגזלן וכו' והיינו משום דלא כתב הרב ז"ל אלא לקחן ממנו במשקל נותנן לכהן וכו' כלישנא דמתני' ומה שכתב לדעת הרב

---

1 ככל הנראה מכוון הרב לשלטון *הממלוכים ששלטו* בא"י בין השנים ה'כ' - ה'רע"ז, והיה מלכם תובע הלחיים והקיבה של כל בהמה שנשחטה והיה מניח הזרוע לבעלים.

2 'שני חירום ויוקר' מכוון הרב להתקופה של כבישת א"י בידי העות'מאנים בשנת ה'רע"ח מעלה מטה.

ז"ל רשאי הלוקח לאכלן היינו אחר שקנאן - אבל אינו רשאי לקנותן כמו שכתב הרב ז"ל.

הכלל כי הטבח אסור לאכול המתנות ואין שום אדם יכול לקנותן לא המתנות עצמן ולא עם בשר אחר ואם קנם במשקל נותנן הלוקח לכהן ומנכה מן הדמים כמו שכתב גבי בני מעים שלקחן במשקל ומה שכתב למעלה דהקונה מותר לאוכלן היינו אם לא רצה לתתם ונתן דמיהם.

אי נמי יש לומר דיותר חומרא יש כשקונה המתנה בכלל בני מעים או בכלל בשר אחר ממה שיקנה המתנה עצמה, דכשקונה המתנה עצמה הרי המוכר גוזל אותה בפירוש ומוכרה, ומתנות כהונה נגזלות ומשום הכי מותר לאכלן אעפ"י שאינו רשאי לקנות, מפני שהוא מסייע לעובר עבירה שאם לא ימצא למכור לא יגזול, אבל כשקונה בכלל בני מעים או בכלל בשר אחר אינו גוזל בפירוש אפילו מכרן במשקל ונמצא דגזל ביד הקונה ואסור לו לאוכלן אלא נותן לכהן ומנכה לו (למוכר) מן הדמים כיון שקנם במשקל וגם לדעת הרא"ש ז"ל שכתב הדין עם הטבח אף אם הטבח יש לו דין עם הקונה.

ומפני שיחזור הדבר לישנו שיחזרו הטבחים לתת המתנות לכהנים כמו שהיה קודם וכמו שהוא דין תורה נראה לי לגזור על הטבחים שלא ימכרו הזרוע ולהודיע בבתיהם שהוא אסור לאוכלו וגם אם יעברו וימכרו להודיע לעם שאם יקנו שחייבים לתתו לכהן ואחר כך יתבעו הם מן הטבח ועל ידי אזהרות אלו אולי יבואו לתת כיון שאין בנו כח להכריחם.

נאם המבי"ט, וחתם הרב ה"ר דוד ן' זמרה נר"ו

(הרדב"ז)

מפתח

ספר זה נדפס בסיוע ולזכות

ר' **ליפא יעקב צבי** שיחי'

וזוגתו מרת **אלכסנדרא רחל** שתחי'

ובנותיו **לאה, שרה מיינא** תחי' ובנו **אלתר דוד** שי'

ליבערמאן

לעילוי נשמת אביו המנוח אי"א וו"ח רודף צדקה ושלום

ר' **זיסא בן-ציון** בן לוי ע"ה

ליבערמאן

נבש"מ ח"י כסליו, ה'תשע"ג

תנצב"ה

יהי רצון שזכותו של אהרן הכהן שושבינא דמטרוניתא וזכות זרעו הכהנים העומדים לברך בשם ה' יעמוד להם ולזרעם לראות רוב נחת ושפע ברכה מכל יוצאי חלציהם שיחיו מתוך בריאות נכונה והצלחה מרובה ורוב שפע בעסק הפרנסה

ספר זה נדפס בסיוע ולזכות

ר' **מיכאל יוסף** שי'

וזוגתו מרת **פייגא רבקה** תחי'

ובנותיו **רחל, טובא, מלכה** תחי'

ובנו **ברוך שלמה** שיחי'

קרסיינטה

יהי רצון שזכותו של אהרן הכהן שושבינא דמטרוניתא וזכות זרעו הכהנים העומדים לברך בשם ה' יעמוד להם ולזרעם לראות רוב נחת ושפע ברכה מכל יוצאי חלציהם שיחיו מתוך בריאות נכונה והצלחה מרובה ורוב שפע בעסק הפרנסה

ספר זה נדפס בסיוע ולזכות

ר' **גבריאל הלוי** שי'

וזוגתו מרת **בילא** תחי'

וכל יוצאי חלציהם שיחיו

רובאשקין

יהי רצון שזכותו של אהרן הכהן שושבינא דמטרוניתא וזכות זרעו הכהנים העומדים לברך בשם ה' יעמוד להם ולזרעם לראות רוב נחת ושפע ברכה מכל יוצאי חלציהם שיחיו מתוך בריאות נכונה והצלחה מרובה ורוב שפע בעסק הפרנסה

ספר זה נדפס בסיוע ולזכות

ר׳ **אברהם נחום** שיחי׳

וזוגתו מרת **רחל** שתחי׳

ובניו ובנותיו, חתניו וכלותיו ונכדיו שי׳

גראסס

לעילוי נשמת אביו המנוח אי״א סי״ב וו״ח

ר׳ **אליהו אריה ליב** בן יוסף ע״ה

גראסס

נבש״מ יום שמיני עצרת, כ״ב תשרי, ה׳תשנ״ה

תנצב״ה

יהי רצון שזכותו של אהרן הכהן שושבינא דמטרוניתא וזכות זרעו הכהנים העומדים לברך בשם ה׳ יעמוד להם ולזרעם לראות רוב נחת ושפע ברכה מכל יוצאי חלציהם שיחיו מתוך בריאות נכונה והצלחה מרובה ורוב שפע בעסק הפרנסה

ספר זה נדפס בסיוע ולזכות

ר׳ **אהרן** שי׳

וזוגתו מרת **העניא** תחי׳

וכל יוצאי חלציהם שיחיו

בארטפילד

לעילוי נשמת אביו המנוח אי״א וו״ח רודף צדקה וחסד

ר׳ **צמח מנחם מנדל** בן יצחק אייזיק ע״ה

בארטפילד

נבש״מ ו ניסן, ה׳תשע״ב

יהי רצון שזכותו של אהרן הכהן שושבינא דמטרוניתא וזכות זרעו הכהנים העומדים לברך בשם ה׳ יעמוד להם ולזרעם לראות רוב נחת ושפע ברכה מכל יוצאי חלציהם שיחיו מתוך בריאות נכונה והצלחה מרובה ורוב שפע בעסק הפרנסה

ספר זה נדפס בסיוע ולזכות

ר׳ **אהרן** שי׳

וזוגתו מרת **גוטל** תחי׳

ובנותיו **חיה-גרוניה**, ו**ראשע רוזה** תחי׳

ובנו **ישראל** שיחי׳

ציבין

ולזוכת בתו **רבקה** וחתנו הר׳ **בנימין**

ונכדיו **צבי הירש** ו**מנוחה ברכה**

גרמן

יהי רצון שזכותו של אהרן הכהן שושבינא דמטרוניתא וזכות זרעו הכהנים העומדים לברך בשם ה׳ יעמוד להם ולזרעם לראות רוב נחת ושפע ברכה מכל יוצאי חלציהם שיחיו מתוך בריאות נכונה והצלחה מרובה ורוב שפע בעסק הפרנסה

ספר זה נדפס בסיוע ולזכות

ר׳ **יוסף יצחק** שי׳

וזוגתו מרת **שיינא בתיה** תחי׳

וכל יוצאי חלציהם שיחיו

דריזין

לעילוי נשמת אביו המנוח אי״א וו״ח רודף צדקה וחסד

ר׳ **ישראל** בן אברהם (מאיר) ע״ה

דריזין

נבש״מ י תמוז, ה׳תשס״ד

יהי רצון שזכותו של אהרן הכהן שושבינא דמטרוניתא

וזכות זרעו הכהנים העומדים לברך בשם ה׳ יעמוד להם

ולזרעם לראות רוב נחת ושפע ברכה מכל יוצאי חלציהם

שיחיו מתוך בריאות נכונה והצלחה מרובה

ורוב שפע בעסק הפרנסה

ספר זה נדפס בסיוע ולזכות

ר׳ **זלמן** שי׳

וזוגתו מרת **אסתר** תחי׳

ובנותיו **מערא**, ו**צביה** תחי׳

ובנו **אברהם** שיחי׳

סקאבלא

יהי רצון שזכותו של אהרן הכהן שושבינא דמטרוניתא

וזכות זרעו הכהנים העומדים לברך בשם ה׳ יעמוד להם

ולזרעם לראות רוב נחת ושפע ברכה מכל יוצאי חלציהם

שיחיו מתוך בריאות נכונה והצלחה מרובה

ורוב שפע בעסק הפרנסה

32.   If a buyer tells a shochet-seller "sell me the innards of this cow", the buyer then proceeds to give the abomasum to the kohen but doesn't subtract its value from the purchase price. However, if he buys the innards by weight, he is also to give the abomasum to the kohen but may subtract it's cost from the sale.[30]

33.   If the cow of a convert was slaughtered prior to his conversion, the shochet is exempt, whereas a post-conversion slaughter is liable. If it is uncertain, he[31] is exempt, as 'he who seeks to withdraw is required to bring proof'.[32]

Plausibly, we presented in *mishpat hakohanim* that it is preferable not to buy these cuts of meat *lecatchila*, especially to serve at a *seudat mitzvah*.

30   In both the first and second scenario, the gift is given to the kohen, with the sole difference being <u>who</u> assumes the cost of the abomasum. Thus showing that the actual gifts - even if they change hands - must be handed to the kohen by he who currently has physical possession of them.

31   "He" in this instance refers to a kohen who had already taken posesion of the gifts of the said cow, thus we don't take them back from the kohen as they are already in his posesion (Sifri, Rabbi Dovid Pardu, Rambam).

32   Achronim caution against *lecatchila* creating a 'status of uncertain ownership' of the animal in order to apply this principal of 'he who seeks to withdraw is required to bring proof' (as reason to exempt the shochet). Likewise, today's *kohen muchzak* is sufficient in terms of kehuna status to be given these gifts, see *mishpat hakohanim* for a briefing of both topics.

27.   If a kohen sells the head of his animal but excludes its body from the sale, the buyer is obligated to give its cheeks.

28.   When a shochet slaughters the animal of a yisroel, the shochet is obligated to give its foreleg, cheeks and abomasum to the kohen. But if he slaughters the animal of a kohen or a non-jew,[23] he is exempt.

29.   A kohen who sells his cow to a yisroel on condition "I am selling this cow aside for its gifts", that condition is valid and the yisroel buyer must give the animal's gifts to the kohen seller, but if the kohen told him "on condition that it's gifts are mine" that condition isn't valid but the actual sale is valid, meaning the yisroel may give them to any kohen of his choice.[24]

30.   A yisroel who sold his cow to a yisroel shochet but excluded the foreleg, cheeks and abomasum from the sale, the shochet buyer is still required to give the foreleg, cheeks and abomasum to the kohen - even though the seller excluded them from the sale, as the obligation is on the buyer as he is the shochet.[25]

31.   A yisroel is forbidden from eating the actual foreleg, cheeks and abomasum unless the kohen grants permission.[26] If a yisroel transgressed and ate the gifts, or damaged them, or sold them, he isn't required to pay as they don't have specific claimants.[27] And one who purchased these gifts - even though he isn't permitted to do so[28] - is allowed to eat them as the kohanic gifts are stolen.[29]

23   For the personal use of the kohen or non-jew and leaves the carcass with them, see our glosses.

24   Tosfot Ri"d explains this as a penalty to the kohen as the kohen isn't to force the gifts to come his way (see par. 11).

25   I.e. the shochet buyer is obligated both due to him being the shochet, and that the actual foreleg, cheeks and abomasum are in his possesion.

26   The kohen's permission should be explicit, as per the concern that he isn't being coerced to give up these gifts, as mentioned in par. 14.

27   See mishpat hakohanim as to a discussion if the makirei kehuna (the kohen who usually received the gifts from a particular shochet) is deemed a specific claimant in this regard.

28   As he is inactively causing the shochet and seller to continue avoiding the mitzvah (and even aiding an act of gezel -see mishpat hakohanim).

29   Not that it is permitted to steal them cha"v, but only once the shochet has already transgressed and stole them, they are then considered 'acquired' as stolen (contrary to Rav Ashi who opines that they can never be acquired as stolen due to their quasi-sanctic state). In other words, the heter to eat the gifts is actually bound with two restrictions;
    1.   The shochet transgressed and didn't give the gifts to the kohen.
    2.   The buyer transgressed as he isn't to purchase those cuts of meat lecatchila.
    3.   (The mabi"t opines that the stolen gifts may be eaten only if the consumer intends on paying their full value to the kohen, otherwise he must give them to the kohen).

the land of Israel[15] and so they have accustomed themselves.[16]

22.   Kohanim are exempt from giving these gifts.[17]

23.   It is uncertain if levi'im are required to give the gifts, therefore they are exempt. But if the kohen took them from the levi's possession he isn't required to return them.

24.   A kohen shochet is exempt only when slaughtering for non-commercial use. But if a kohen slaughters for commercial use and is a fixed seller at the slaughterhouse, he is immediately liable to give the gifts. Whereas if he isn't yet stationary at the slaughterhouse, he is exempt from giving the gifts for a period of two to three weeks. From then on he is fully liable, and is excommunicated if he then refuses to give the foreleg, cheeks and abomasum to another kohen.[18]

25.   A shochet who slaughters an animal for the personal need of a kohen or a non-jew[19] is exempt from giving the gifts from that animal.[20] And a shochet who partners with them must mark the animal,[21] while if his exempt partner physically sits with him at the slaughterhouse, he (the shochet) is then not required to mark the animal.

26.   A partnership with a kohen or a non-jew is grounds for exemption only if the partnership involves the entire animal - even a minute part.[22] But if the kohen or non-jew is a partner only of the head, the shochet is exempt from giving its cheeks. If the kohen/non-jew is partner only in the foreleg, the shochet is exempt only from giving its foreleg. If the kohen/non-jew is partner in the stomach, the shochet is exempt only from giving its abomasum.

15   The mechaber's halachic opinion is as the former and not the latter (see *mishpat hakohanim* to par. 21).

16   See Rashi's letter (p. 212 of this sefer) as to the distinction between *nahagu* (they have accustomed themselves) and *minhag*, where in regards to giving the foreleg, cheeks and abomasum outside the land of Israel, the queried Rabbi/kashruth organization should not even quote the lenient opinion as an option.

17   Aside for if slaughtering for business purposes, see par. 24.

18   This same din of *niddui* applies to a Yisroel shochet (Mahara"m of Rothenberg, Ravy"a), and no grace period is given.

19   This exemption is valid for non-commercial slaughter only, where the shochet slaughters for the kohen or non-jews personal use (see par. 24. and *mishpat hakohanim* regarding *takanat ziknei darom*).

20   The Rambam explains the exemption as being applicable solely to the physical giving of the gifts, whereas the actual gifts are left in the possession of the kohen or the non-jew.

21   I.e. the shochet must place fixed marks on the actual foreleg, cheeks and abomasum with the intention to leave them with the kohen or non-jew -Rambam.

22   I.e. a minute part of every single part of the animal.

in order to fulfill his heavenly obligation, he must pay their full value to a kohen.

16.   A yisroel who sent meat to his friend - including the foreleg, cheeks and abomasum - the receiver may consume them.[8]

17.   These gifts are applicable when slaughtering an ox and sheep - but not a *chaya*[9] or bird. However, they are applicable to the *kilayim* offspring of a goat and sheep. They also apply to a *koy*[10] animal.

18.   A male deer who mates with a female goat, the offspring is liable for half of the gifts. Whereas a male goat that mates with a female deer, the offspring is exempt from the gifts.

19.   These gifts aren't applicable to a *kodoshim* animal, nor to a *bchor* animal.

20.   Although gifts need not be given from a *bchor* animal, if the *bchor* became indistinguishably mixed with non-*bchor* livestock, the shochet must separate gifts from them all. Since the kohen may claim[11] on each one "give its gifts, and if you reply "it is a *bchor*" then give the entire animal".[12]

But a *bchor* with a blemish that was given to the kohen who then sold it[13] to a yisroel, and it then got mixed with other livestock - if many shochtim are slaughtering that bunch, then each shochet is exempt from giving the gifts, as each shochet may claim "mine is the bchor". But if one shochet slaughters them all, he is liable to give the gifts from all slaughtered animals except one.

21.   The giving of the foreleg, cheeks and abomasum is obligatory in all places - both in the land of Israel and outside of it,[14] both when the bet-hamikdash is present and when it is not. But there is he who says that it isn't applicable outside

---

8   As we don't suspect a Jew of theft. But if there is reason to believe the enclosed foreleg, cheeks and abomasum where stolen (taken without the kohen's consent), he must give them to the kohen. The Mabi"t opines that consumption is only an option if the consumer intends on paying the kohen the full value of the gifts.

9   I.e. a deer.

10   I.e. non-domesticated livestock such as an antilope (see *mishpat hakohanim* to this par.).

11   In our Hebrew glosses (*mishpat hakohanim*) we explained that the bet-din claims on behalf of the kohen (as the kohen isn't to verbally request the gifts as mentioned in par. 11).

12   See *mishpat hakohanim* for a discussion of sources that reflect how the *bchor* animal is to be given to the kohen even in chutz learetz.

13   The kohen is permitted to sell a blemished *bchor* animal that is given to him.

14   As per all mitzvot that are a *chovat ha'guf* are applicable both in eretz yisroel and chutz l'aretz. See Rabbi Meir of Rothenberg's responsa (p. 204 of this sefer) for additional reasons as to why this mitzvah is applicable in all places.

gifts. Furthermore, her yisroel husband is exempt from giving the gifts.[5]

9.   The shochet should not distribute the foreleg, cheeks and abomasum to multiple kohanim, as each kohen may not receive a sizable piece. But, he may give the foreleg to one kohen, the abomasum to another kohen and the cheeks to two kohanim. And with a large ox, he may give the foreleg to two kohanim; to each kohen one part of the foreleg.

10.   If there is no kohen present, the shochet is to first calculate the cost of the foreleg, cheeks and abomasum[6] and may then consume these parts. But, he must follow-up and give that money to a kohen.

11.   The kohen shouldn't grab the gifts or even request them verbally, only if they are given it to him in a respectable manner he should[7] accept them. At a time when there are multiple kohanim at the slaughterhouse, the modest kohanim withdraw their hands while the gluttonous ones grab. But if the modest kohen comes to an area where they don't recognize him as a kohen, he may take in order that they realize that he is a kohen.

12.   The kohen may eat the foreleg, cheeks and abomasum in any way he likes, but if all manners of preparation are equally delightful to him, it is preferable that he eat them roasted and in mustard.

13.   The kohen may feed the foreleg, cheeks and abomasum to dogs, sell them, or give them freely to a non-jew.

14.   The kohen who has "regulars" i.e. a shochet who is accustomed to give him the gifts on a fixed basis, may assign a yisroel to take those gifts directly from the shochet. But this is only permitted if that yisroel is 1) a talmid-chochom and 2) is financially distressed and 3) the giving kohen is not under employment of the yisroel - since he may be designating his gifts unwillingly. This restriction (where the kohen isn't allowed to designate the gifts as per concern that his permission is coerced) also applies if the kohen is asked to designate them to a guest-talmid-chochom of his employer.

15.   If the shochet did not give the foreleg, cheeks and abomasum to the kohen but instead ate or destroyed them, he is exempt from earthly bet-din. However,

---

5   See our Hebrew glosses for an advanced discussion on the criteria of a kohenet.

6   Presumably, out of concern the gifts will spoil. In *mishpat hakohanim* we proposed that with the advent of refrigeration etc., this din may not be applicable as it is preferable to give the actual foreleg, cheeks and abomasum to the kohen, this allows the kohen to actuate the din of *lemashcha* where he is to consume these gifts in royalty i.e. eat them roasted and with mustard.

7   The kohen isn't to refuse accepting the gifts, as the kohen's acceptance aids the yisroel in performing his mitzvah of giving them (see *mishpat hakohanim* p. 72).

וְזֶה יִהְיֶה מִשְׁפַּט הַכֹּהֲנִים מֵאֵת הָעָם מֵאֵת זֹבְחֵי הַזֶּבַח

1.   The Shochet is required to give the foreleg, the cheeks, and the abomasum of an ox and sheep to the kohen.

2.   Specifically the right foreleg is given; beginning at the knee joint - which is typically sold together with the head - up until the palm of the hand - which is called the *espalada;* a total of two joints are given to the kohen.

3.   The "cheeks" are from the portion where they begin up until the opening of the trachea - which is called "the great ring", including the tongue between those two points. Also, the shochet is to give the cheeks with the attached skin, and wool that is on the head of sheep and/or the hair that is on the head of goats. The shochet is not permitted to soak the cheeks in hot water in order to remove its skin before giving it to the kohen.

4.   The shochet gives the abomasum to the kohen with all of its fat - both inner fat and outer fat. This is obligatory aside for if the kohanim of his area have a custom to leave the fats with the animal's owner.

5.   Even though it is permitted to eat from the meat of the animal[1] before the shochet separates the foreleg, cheeks and abomasum, it is a mitzvah for the shochet to separate them immediately.[2]

6.   If the shochet is not slaughtering for normal consumption but for feeding his dogs or for health purposes, he is nonetheless obligated to give the foreleg, cheeks and abomasum to the kohen. But if he slaughters and finds the animal *treifah*[3] -the shochet is exempt.

7.   The shochet should initially attempt to give the foreleg, cheeks and abomasum to a kohen who is also a talmid-chochom. But if there isn't a kohen talmid chochom present, he may give them to a kohen am-haaretz.[4]

8.   They are given to a kohenet, even though she is married to a yisroel, and one who gives them to her yisroel husband fulfilled the mitzvah of giving the

---

1   Specifically the others meat cuts of the animal, whereas the actual foreleg, cheeks and abomasum are forbidden for consumption by a Yisroel, as mentioned in par. 31.

2   The shochet is to separate the said portions even before the animal is checked for treifa disqualifications (aside for the immediate checking if the shchita cut was complete, see *mishpat hakohani*m to this par.).

3   Specifically, a *treifah midioraita* is exempt from the foreleg, cheeks and abomasum while a *treifah midirabbanan* is not (see *mishpat hakohanim* to this par.). In argument to the mechaber, the *torat yekutiel* maintains that the shochet *is* required to give the foreleg, cheeks and abomasum even if he slaughters and finds the animal *treifah*, while many achronim add that this is in fact also the opinion of the Rambam.

4   I.e. *zrizin makdimin lemitzvot* takes precedence over finding a kohen talmid chochom.

The mitzvah of giving the foreleg, cheeks and abomasum of every kosher-slaughtered animal to the kohen is unique in the sense that it is to be done by the shochet on a near-constant basis from practically every single shchita of a four-legged animal. This frequency sets it apart from amongst all of the twenty-four matnot kehuna, up to the point where it has been coined just plain "matanot" by chazal.

Unfortunately, this mitzvah has fallen out of practice where even most shomrei torah u'mitzvot are entirely unaware of its detail and its benefits. This sefer seeks to portray the grandness of this long-forgotten mitzvah and b'ezer hashem bring it back to its former and proper place in the lifecycle of shomrei torah u'mitzvot - both in eretz yisroel and chutz l'aretz.

———————⟫•◦•⟪———————

The following is a free-translation of shulchan aruch yoreh deah chapter 61, with footnote additions that highlight some of the Hebrew-language content titled "mishpat hakohanim" found in this sefer.

While this free translation is <u>not</u> accurate word-for-word to the original shulchan aruch text, it may be used as an English introduction or even a brief summary of the laws of giving the foreleg, cheeks and abomasum from every slaughtered animal to the kohen, but it should not be considered as a substitute for the in-depth coverage supplied in the Hebrew part of this sefer.

Shulchan Aruch Yoreh Deah Chapter 61
With *Mishpat HaKohanim* commentary

ISBN: 978-1-4947-7261-1

© 5774/2014 **Igud HaKohanim**

All rights reserved by
Igud HaKohanim/Kehuna.org
866 Eastern Parkway
Brooklyn, New York

Email: Sefer@kehuna.org
Phone: 347-725-1560

Editor: Rabbi Peretz Rivkin
Contributing Editor: Rabbi Yehuda Weingarten
Proofreading: Rabbi Zushe Greisman
Logo, cover design and typsetting: Yossidrizin.com
Images: Igud HaKohanim, Wikimedia commons
Print edition: Lighting Source US, UK and Australia

Shulchan Aruch

Yoreh Deah
Chapter 61

The laws of giving
the Foreleg, cheeks and abomasum
of every kosher-slaughtered animal
to the kohen

An introduction and free-translation
of the original shulchan aruch text

Published and Copyrighted by
Igud HaKohanim
Rosh chodesh Nissan, 5774